国外俄苏研究丛书

美国的俄罗斯学研究

一项基于学术史的批判性考察

万青松◎著

上海人民出版社

本书由上海市哲学社会科学规划课题（中青年理论骨干班专项）资助出版

丛书总序

国外的俄罗斯与苏联研究作为一个学科门类，既年轻又有着丰厚的历史渊源。很多年以来，这个学科门类在整个人文社会科学的发展历程中具有特殊的影响，同时，对于和俄罗斯与苏联有关的国际、国内事务都曾经产生过广泛的影响。随着当代俄罗斯问题日益受人关注，冷战终结后的俄罗斯研究也越来越成为一门比较热门的学问。因此，从学术史角度梳理一下这一知识和学科领域的演进过程，以及当下所受到的各类挑战和发展机遇，展望一下这门学科的未来前景，不仅将有益于从事俄罗斯研究这个领域的专门工作者，而且也有益于各个领域的有关研究者和有兴趣的学习者。

一、为什么要关注国外的俄苏研究

从公元10世纪俄国在基辅罗斯的立国奠基，一直到苏联解体前后所发起的近30年艰难转型的那一阶段为止，国际学术界对于沙俄帝国、苏联和俄罗斯的研究早就形成了涉猎广泛的丰富内容。这一研究领域包括了俄罗斯从居于一隅的公国成长为帝国的复杂经历，涵盖了帝国时期的扩张称霸、内部国家与社会构建的独特进程。在20世纪人文社会科学的各个学科领域迅速发展的前提下，苏联社会主义时期也自然成为各门学科研究的热门。苏联解体之后政治经济社会的艰难转型，以及对外关系的重大变化，不仅涉及各个学科，而且促使不少新研究领域、新研究范式的形成。国外俄苏研究不仅涉及政治、经济、社会、历史、文化、安全、媒体、心理等各个门类，由于与国际政治实际进程关系密切，无疑也受到意识形态较量和地缘政治博弈的深刻影响。

在一个多元文明时代，能否全面而准确地把握犹如俄罗斯这样既有自己独特历史路径，同时又对总体世界历史进程产生深刻影响的国家和文明的演进进程，乃是决定这个多元文明时代的各个国家、各大文明主体能否和谐相处、合作发展的一个重要前提。回顾自维也纳体系建立以来的每一次重要国际秩序的构建，都有俄罗斯以欧洲大国乃至世界大国身份的参与。俄罗斯与西方关系的潮起潮落，决定着维也纳、凡尔赛、雅尔塔乃至冷战终结以后的历次国际社会重构的命运。而这样一种俄罗斯与西方关系的演进，完全离不开对于俄罗斯这个大国独特进程的理解与把握。从世界历史的内部进程来看，无论是作为一个地区的公国，还是帝国、社会主义大国乃至今天的民族国家，俄罗斯都提供了丰富而独到的治理样式。无论这些治理经验成功还是失败，一个不争的事实，乃是俄罗斯作为一个大国历尽艰险而存活至今，并且依然自强不息、活力四散，发挥着远超出国力的巨大影响力。对于这样一个国家演进历程的叙事，显然既不能脱离人类社会发展的基本逻辑，又不能忽视其非常特立独行的个性。所以，无论从外部还是从内部的视角来看，对于俄罗斯作为一个大国历程的叙事构建，还远未终结，有待人们站在历史的新高度，对以往有关俄罗斯的浩如烟海的记载和评说，来作一番系统的考察和总结。

本丛书的内容，侧重于将苏联解体之后的国外俄苏研究作为对象，希望通过对这样一个重要历史阶段的海外对俄研究状况的观察分析，对当前的研究状态与趋势作出概括性描述，总结出有用的学科机理、客观的观点和方法、值得借鉴的学术规范，以期推动本领域研究深入发展。当然，也包含着总结得失成败，从其他国家特别是西方大国俄罗斯研究领域的进展和走过的弯路中取得借鉴。这并不是一件轻而易举、信手拈来的事情。曾经有值得称道的准确认知和把握，超越了意识形态的芥蒂，不仅促进了学术的发展，而且极大地作用于社会进步和国家力量的增长。如，根据列文森奖得主罗伯特·斯基德斯基的记载，当年凯恩斯有关国家宏观调控理论的形成，明显地受到了苏联早期计划经济思想的启发和影响。包括20世纪三四十年代，美苏两国来自媒体和民间的客观友善的相互认知，成为推动两国在第二次世界大战中形成盟友关系的有力纽带。遗憾的是，俄罗斯与西方的相互认知中也有着太多从误解、疑虑开始，一直发展到敌视、仇恨的不幸故事。无论是冷战的起源，还是对于苏联解体问题的一系列错误判断，都导致了大国间关系的一次又一次的严重对立，甚至抗衡。因此，站在一个客观和自主的立场上，去反思国外俄苏研究中的得失成败，显然有助于形成一种相对而言比较成熟的认知。

自21世纪以来，国际变化中的一个重要方面乃是俄罗斯的内政外交。对于俄罗斯问题的认知，越来越成为牵动全局的关键问题。近年来笔者在对美国和西欧国家的学术访问中，深感国外的俄苏研究领域以及关于俄苏问题的舆论环境已经发生了非常大的变化，而且东方与西方已经不由自主地出现了如此巨大的反差——正当普京以前所未有的支持率迎来第四个总统任期之时，一个相当鲜明的对比是，西方舆论对俄罗斯的批判和敌视达到空前高度。面对这样高度分化的学术评价和舆论状况，中国学术界理当去伪存真、去雾廓清，经过严肃认真的研究，对于俄苏的无论是当前、还是历史问题，拿出我们自己的见解。因此，在作出自己的判断之前，充分了解和把握国外学术界对于俄罗斯问题的立场和看法，探究其来龙去脉，就显得十分必要了。

这不仅是因为目前对于俄苏问题存在着尖锐的立场分歧，需要去研究国外俄苏研究的基本态势，还因为俄罗斯本身是一个曾经花了几百年的时间、殚精竭虑地学习西方的一个欧亚国家。西方是其几百年来模仿与学习的对象。西方的学问和知识成为俄罗斯现代化的主要理论渊源。有一位北欧的学者曾经这样来总结苏联的失败，他认为，从俄国到苏联，一直有一个情结缠绕着这个国家，即这个国家过于关注从其他国家搬用和模仿意识形态，以此来代替自己的意识形态。这一批评虽然未必概全，但是却非常精到地指出了问题之所在。既然，从俄国到苏联，整个现代化发展中的灵魂所在曾是对于西方的学习，那么从外部的角度，从被俄苏模仿和学习的主体角度来观察俄罗斯与苏联问题，可能成为一个有效的观察视角。

鉴于国外俄苏研究不仅仅局限于政治、经济、历史等单一专业门类，而且往往是以多学科的方式进行，因此，不仅在国际研究的领域，人们正在普遍地思考如何改进传统的地区研究领域的状况，使之适应高度动态中的国别与地区事务的变化；而且，人文社会科学领域正在严肃思考如何进行学科的构建与配置、分化与组合，在这一重要时刻，通过一个相当热门的俄罗斯研究的学科成长案例，探讨现代人文社会科学的发展逻辑，还是一件具有相当普遍意义的事情。当然，这里还涉及各国都已出现的非常紧迫的国际研究、地区研究的人才培养问题，对俄研究，就如同其他地区研究，不仅要求掌握多学科知识，不仅要求跨文化的研究、交往能力，而且，这项研究对语言的要求也非常高，要求学者们必须掌握不止一门外语，而是两种、甚至是多种语言才能有效地从事研究。因此，通过对海外俄苏研究这一领域的历史和现状的全面分析，探讨真正成熟健全的地区研究学科门类的形成路径，包括重新审视这一门类专业人才培养的方式，显然也是当务之急。

因此，通过对国外俄苏研究领域状况的系统整理与分析，对这一研究领域的知识体系，包括结论、观点、方法、流派、人员、机构等各个方面的全面审视，借他山之石，在相互比较中提升对于俄苏问题本身的认知水平。同时，通过对国外俄苏研究下一番功夫，为构建成熟的国际研究和地区国别研究的学科体系捕获灵感与启示。

二、一段往事：中国改革起步以来的俄苏研究

俄苏现象，与任何以经典欧美方式实现现代化的国家相比较，它有一个很大的特点，即俄罗斯走的是一条通过建立苏联式社会主义模式来推进现代化的非常独特的道路。这曾经是对后发现代化国家有着极大激励意义的一种探索。在相当长时期中，对于苏联模式的模仿与学习，迄今还在俄罗斯留下深重的烙印。因此，如何在这样的历史背景之下，寻求发展和改革这种传统模式的路径，自然而然地成为国外俄苏研究的一个重要领域。对中国这样一个曾与苏联有着千丝万缕联系的国家，要进一步推进改革开放，苏联地区的实验和挫折有着重要的参照意义。

同时，中国改革起步时，苏联依然是世界事务中的重要角色，尤其对于中国对内、对外事务都有着举足轻重的影响。于是，就造成了中国改革开放初期的一个重要历史性现象。当时，推动我国各个领域思想解放进程的，不仅是对于西方市场和民主法治体制的研究和引进，而且包括大量的对于苏联和东欧国家的研究。虽然，在冷战已经接近尾声

的那一个阶段，在正式场合下，苏联和东欧国家在我们出版物中还不能被公开地称为“社会主义国家”，但是实际上，出于改革开放的需要，中国学术界和决策研究部门已经在内部非常急切而系统地研究“社会主义的改革经验”。因为改革的实践，实际上在当时的苏联和东欧国家已经有了几十年的经验积累和教训。

当时，我们研究苏联和东欧国家改革，不仅是探讨对象国本身的问题，听取对象国学者专家的意见，翻译、介绍大量有关苏联和东欧国家改革研究的学术和政论作品，而且广泛地汲取了来自美国、欧洲、日本以及其他国家学术界、决策界对于这一课题的意见和观点。比如，在研究俄罗斯和苏联改革的时候，当时我们耳熟能详的不仅是阿巴尔金、阿甘别吉扬、米格拉尼扬、阿法那西耶夫这样一些经济学家、政治学家和历史学家，而且还有科尔奈、布鲁斯、奥塔·希克、青木昌彦等这样一些世界著名、但是来自西方的研究专家。我们把来自本土的和来自第三方、主要是来自西方的观点与方法加以综合，希望得出对于苏联模式这一复杂现象的客观公允的评价。

从20世纪70年代末开始一直延续到90年代，我国对于俄苏问题的研究始终是以“两条腿走路”的方式。一方面，直接深入观察俄苏包括东欧国家的政治经济过程本身，直接与俄苏和东欧国家的专家学者交往，以取得对当地历史和当代进程的第一手资料；另一方面，我们密切关注西方学界对于俄苏问题的研究成果，力争从比较中获取真谛。

世纪之交，一个新的变化出现了。随着普京执政，对于苏联解体以来在这一地区体制转型过程的全面反思开始了。“华盛顿共识”和新自由主义路线的体制转型模式受到了严重质疑。以市场和民主法治建设为主要内容的传统体制转型过程，应该如何与本土历史文明特征相结合？应该如何确保国家主权的实现？应该如何与有效管理和有序推进的现代化模式相匹配？这一系列问题逐渐成为热议的话题。对于20世纪80—90年代以来一度流行的转型范式本身的拷问开始了。

在这样一个新的局面之下，是否还有必要继续关注国外俄苏研究的进展，继续研究特别是西方国家有关俄苏问题的一系列学术观点，包括其一整套方法？大概可以从以下几个角度来作一番思考和回答。第一，2003年弗朗西斯·福山发表了他的新作《国家重构》，在这本著作中,他提出,传统国家能否顺利转型的关键,在于能否建立一个强劲而有效的政府。显然,福山的立场与20世纪80年代晚期和90年代初写作《历史的终结》时已经有了很大的不同。他总结了俄罗斯从苏联解体到90年代转型的衰败过程,尤其是比较了中国改革的成功,才得出转型过程必须伴之以强大而有效的政府的结论,显然已经与新自由主义的立场有了原则性的区别。第二,正是在世纪之交,在俄罗斯一度执政的自由主义阵营内部出现了对于90年代转型过程的反思,其中既有来自知识分子以及曾经担任高官的一批政治精英,又包括杰弗里·萨克斯这样一些曾经力主以自由主义立场推进改革的来自美国的知名学者的自我批判。于是,对于转型范式问题的全面探讨开始了。第三,大约在2003年至2004年前后,俄罗斯在普京治下,主张以加强国家权力、体现国家主体性,实际上就是以后所说的"保守主义政治路线"开始正式形成。与此同时,西方学界开始发生明显分化。一方面,出现了大量的对于普京政治模式的尖锐批评;另一方面,虽然数量远不及上述"主流"阵营,但是,相当有深度的、主张客观对待俄罗斯"路标转换"的西方学者同时应运而生。理查德·萨科瓦堪称其中一位有代表性的英国学者。这样一些对当代西方"主流"学术立场本身有着强劲批判性的俄苏研究作品,也逐渐被翻译和介绍到国内。上述事实说明,西方的俄苏研究远非铁板一块,而是一个充满争议、也始终保持活力的研究领域,依然有不少重要的见解和成果,值得我们去探讨和研究。

所以,回顾改革开放以来中国的俄苏研究可以看到,我们运用的是"两条腿走路"的方式,即既关注俄罗斯本身的演进,又关注西方关于俄苏问题研究的广泛争论。以这种方式对西方俄苏研究的探讨,不仅有必要延续,而且需要有更多的发掘和深化。

三、冷战后国外俄苏研究中值得关注的几个方面

这套丛书的研究和写作过程中,曾经把这样几个问题置于我们思考的中心:首先,国外对俄苏问题研究的大体进展和问题;其次,国外对俄苏的学术研究和决策资政之间的相互关系;最后,我们也力图考察各国的俄苏研究与本国国情、思想文化背景与学术传统之间的相互关系。

大体上，我们将学术史研究、资政与学术研究之间的关系，以及学科门类发展的国别背景这样一些问题贯穿起来进行考察。这些内容有不少相互交叉，但是大体上又相互独立，形成国外俄苏研究的斑驳杂离、五光十色的现状。

（一）学术史式的鸟瞰

从学术史的角度来看，国外俄苏研究大体上是伴随着整个19世纪末以来的现代学术思潮的兴起和成熟而展示开来的一个知识领域。这里所指的学术当然是指在历史学、文学、政治学、经济学、社会学、人类学等多学科的背景之下对于俄苏现象的观察与研究。上述的每一个学科不仅从各自自身的概念范畴体系出发对俄苏现象进行系统剖析与评判，而且可以发现从冷战终结时刻一直到时隔27年之后的一些重要变化。历史学视角下对于俄苏问题的研究，包括后冷战的俄苏历史问题研究，历来是这一领域的基础性部分。很值得一提的是，1990年美国哈佛大学教授理查德·派普斯(Richard Pipus)的《俄国革命史》这部著作的出版，是海外俄苏研究的一件大事。这部作品的发行在苏联和国外都激起很大反响，一版再版。此书虽然对苏联革命历史也有不少重要的发现和认知，但是总的来说，正当苏联的存在危在旦夕的时刻，派普斯基于自由主义立场对于俄国革命历史系统性的批判，对当时风雨飘摇中的苏联政权给予了沉重打击。但时隔二十多年之后，不仅西方的俄国史学研究出现了“重评学派”这样的旨在超越意识形态立场的主张客观中立的学派，而且，俄罗斯本国史学界在官方推动之下，也出现了主张将本国历史研究置于专业、公正、客观的基础之上的新的史学趋向。在这一背景下的对于十月革命一百周年历史纪念问题的处理就是一个鲜明的例证。经济问题研究在20世纪80—90年代以后的转型研究中占有重要地位。国外俄苏研究不仅着眼于批判苏联的高度集权模式，而且对于从传统模式如何向市场体制的转换作了大量的研究。先是科尔奈、后是萨克斯等人为代表的“转型经济研究”，对于当时打破旧体制和推进私有化过程产生了很大影响。但是，二十多年后一个相当大的转变，乃是90年代的“休克疗法”至少在俄罗斯几乎变成了一个消极的术语，而当年萨克斯等曾经主张激进改革的经济学家，则已经对当时过于激进的转型方式作出了各自的反思。政治学研究领域历来处于俄苏研究的前沿。对于从高度集权的苏联模式向民主法治体制的历史转型，美国塞缪尔·亨廷顿将此视为20世纪70年代以来“第三波”转型，而英国阿奇·布朗将其视为“第四波”转型。多年来，这样一类研究模式几乎覆盖了所有有关政治转型的叙事。但是自2008年之后，无论是在俄罗斯，还是在欧美国家，有关政治威权主义的研究逐渐地演化成这一领域的研究主题之一。有关政治威权主义的辩论十分激烈，影响十分广泛。一种倾向几乎把威权主义类比于极权主义，甚至等同于法西斯主义。而另一种倾向则把威权主义视为政治现代化过程中的一个阶段，或者是多元现代性的一种实现方式。来自保加利亚，但是在维也纳人文研究所工作的学者伊万·特拉采夫质问道：为什么对威权主义进行了那么多的批判和打压，但是被称为威权主义的政权却经久不衰，威权主义的影响不见缩小，反而扩大呢？关于威权主义的激烈辩论依然在持续进行之中。

经历了自20世纪80年代晚期到1991年底的苏联解体，经历了20世纪90年代直至21世纪初的痛苦转型，尤其是目睹了俄罗斯又站在“新兴国家”行列中跃跃欲试的再次崛起，冷战结束之后西方的俄苏研究其自身的确发生了巨大变化。该领域的学者们开始诘问：为什么冷战时期海外苏联学的大量研究，并未能够对苏联解体这样的重大历史事件作出预见？为什么对于冷战终结之后的深刻社会转型最初是出现“华盛顿共识”这样的改革模式？为什么无法预见到冷战结束后包括俄罗斯等新兴经济体崛起这样的重大政治经济变化？为什么没有能预见到进入了21世纪以后整个国际体系本身所面临的巨大改变？虽然，这样的总结和反思还不是冷战后国外俄苏研究的全部，但是，毕竟这是一个阶段性变化的重大标志。

（二）学术与资政之间的相互关系

探讨国外俄苏研究与资政和决策过程之间的相互关系，以判断学术思想对于各国决策过程的影响力，这是一项重要但又艰难的工作。

国际研究的一个重要特点乃是与各国决策进程之间的不同程度的

紧密关联性。俄苏研究尤其具有这样的特点，因为苏联曾是超级大国，今日俄罗斯依然是国际竞争中的枭雄。因此，各国对于俄罗斯、包括对于苏联曾经有过的态度与决策，都与其各自对于俄罗斯的学术研究不可分割。总的说来，这里可以分出不同层次。

处于最高层次的，乃是对决策带有综合性的直接的学术影响力。比如，美国学界权威人物如基辛格和布热津斯基，两位智者从来就是身兼二任的学者和重要决策的参与者。基辛格不仅是权力均衡的专家，著名历史学家尼尔·弗格森为他新写的传记中，称基辛格是一位伟大的理想主义者。因为他从来就是把道义准则视为国际政治的基础。基辛格在他的《大外交》中反复阐述的是遵从道义底线，而不是权力竞争的思想。众所周知，美国总统特朗普已经多次向他咨询关于处理中俄事务的建议。布热津斯基是一个对于结束冷战局面起过与基辛格一样重要作用的战略家。布热津斯基在20世纪70年代末的大国纵横中主张与中国，而不是与苏联合作，因为他敏锐察觉出中国战略文化的特点与苏联战略文化特点不一样，他坚信中国并没有苏联所拥有的那种进攻性的对外意图和非常具有扩张性的意识形态。布热津斯基在乌克兰危机以来的对俄决策中，曾经提出过不少重要的建议。虽然其中很多还未被采纳，但可预见：他关于这场危机的一系列判断，将可为后来的决策提供重要基础。

在西方“旋转门”制度下学者和外交官员身份的互换，乃是经常可见的事。被奥巴马任命为美国驻俄罗斯大使的学者迈克尔·麦克福尔，就是这样一个具有代表性的人物。值得关注的是，与麦克福尔上任之初大家对他的热切期待相比较，他的卸任要显得令人失望得多。出现这一状况的原因之一，在于奥巴马任期之初重启的美俄关系和奥巴马任期之末已经处于危机状态的美俄关系大相径庭。原因之二，一位俄罗斯资深专家曾经告诉笔者，他认为：作为专家型大使的麦克福尔“知道得非常多”，但很遗憾“他又什么都不懂”。可见，学术研究不仅要知然，而且还要知其所以然，才能真正对资政和决策发挥作用。

（三）国外俄苏研究的思想文化背景

将国外的俄苏研究放到相关的学术与思想文化语境之下加以考

察,以求把握俄苏研究与特定学科体系以及思潮文化发展之间的相互关系,这是本项研究的目标之一。

美国国会图书馆馆长、历史学家詹姆斯·比灵顿对于俄罗斯文化史的研究可算是一个范例。总体上说,比灵顿对于俄罗斯文化的总结并没有超出白银时代的俄罗斯文化学家对于自身文化的认知水平。但是,在20世纪60年代这样的历史条件之下,也即在冷战还远未结束的背景之下,他首先揭示了俄罗斯文化在十月革命之前的世纪之交曾经有过如此灿烂辉煌的发展,不仅表达了对于俄国白银时代文化的尊重之意,而且,比灵顿关注的是作为十月革命的超越意识形态的重要思想文化背景。俄罗斯前总统梅德韦杰夫还专门授予比灵顿勋章,褒奖他在沟通两国人民的文化交往当中所发挥的卓越贡献。同样是这位学者还曾提出这样的见解,即在国际研究中,人文研究较之社会科学类的知识,可能更加具有分析透辟性。他的解释是,人文研究虽然没有像可以计算的学科那样有那么多的统计资料,但是,人文研究直接指向人们的心灵。这就为对于俄罗斯的人文与民族特性的研究作了重要的铺垫。

考察国外俄苏研究是在怎样的语境之下诞生问世的,这对于检验和判断各种研究的可靠性问题具有直接意义。迄今为止,很多西方学者对于俄苏问题的见解依然还不能摆脱浓重的意识形态因素,这也是西方与俄罗斯之间的关系迟迟难以得到真正修复的深层次背景之一。被认为是西方俄国史研究大家的理查德·派普斯,无论是在其《俄国革命史》还是《关于俄国历史的三个为什么?》中都非常鲜明地提出了俄国历史发展进程中的先天缺失问题,即俄罗斯并不具备传统的市民社会的发展经历,也没有民主和法治建设的传统基础的条件。但是,这位历史学家始终把民主化的要求置于评判俄罗斯社会进步的主要标准的首位。这样就使人们看到了一个巨大的反差:一方面,俄罗斯并不具备实现民主制度的先天条件;另一方面,作为自由主义历史学家的派普斯又坚决地对俄罗斯提出了推进自由主义体制改革的政治要求,实际上这样一类自我矛盾的想法可以在许多俄罗斯问题研究专家的作品中被发现。

总之,无论是探讨西方俄罗斯研究的知识系统问题,还是研究国外俄苏研究中的决策与学术之间的关系,抑或是去寻求更为深层的思想语义环境对于研究成果的影响,都是可能将俄罗斯研究推向纵深的途径。

四、为什么首先选择美、英、日和北欧的俄苏研究作为主攻对象

本丛书选择了在国际俄苏研究领域基础比较丰厚的几个国家和地区——美国、英国、北欧和日本——的俄苏问题研究。国外的俄苏研究中,有着较为丰厚的学术基础作支撑,有着较为长远的学术历史作借鉴,以及有着较为成熟的规范制度和研究体制作为依托的国家,首先是英国和美国。英国作为老牌帝国,有着深厚的对俄外交的丰富积累,也有着数百年交往中对于俄苏问题的深刻观察。即使是在英国国力衰退的情况之下,作为软实力重要体现的国际研究,特别是对于俄苏问题的研究,始终是在国际同行中受人推崇。美国同行曾经这样对笔者说,就国际研究而言,英国学者经常是美国同行学习和模仿的对象。举例来说,作为国际关系理论大家的爱德华·卡尔,自身又是一名非常优秀的俄国历史学家,他所撰写的《布尔什维克革命》在很多年中曾经是我国苏俄史教学中最重要的参考教材之一。

美国对于俄苏研究的重视程度更是备受国际学界的关注。一向以注重对敌人的研究而著称的美国学界,在冷战开始之后自然将苏俄研究置于至高无上的地位。美国对于俄苏问题研究的发达程度不仅在于其参与人数之多、学科门类之齐全,尤其在于国家对于俄苏研究的长远规划,使得哥伦比亚大学、哈佛大学、斯坦福大学这样一些高等学府成为系统性的培养高级研究人才的基地;冷战结束之后,美国还选择了16所大学作为俄苏研究的国家信息基地。自由开放的学术环境和氛围使得美国出现了一大批从事俄苏研究的学术领军人物,他们不仅在学术研究中自成体系,比如,本丛书中重点介绍的布热津斯基、塔克、比灵顿、麦克福尔等历代俄罗斯研究的权威人物都是在理论上有所独创,并且是在交往和战略决策的实践中起过重大作用的官学两栖的精英。特别值得一提的是,在冷战结束之后,美国的俄苏学界展开了一个非常广泛的反思运动,对于美国学术界为何无法在更早的时候预测苏联解体和冷战终结的现象进行了一场尖锐的自我批评。本丛书中所描述的"美国苏维埃学的衰落"就是指的这一历史性现象。

本丛书所介绍的日本学界对于俄苏研究的状况与历史，与美国和英国同类研究相比，呈现出强烈的反差。如果说，英美学界比较注重的是学者个人创造性学术能力的发挥，那么，在日本，我们看到更多的是日本学者以集体力量构建学术机构的独特风貌。与个性鲜明的西方学人相比，日本学者之所以能够在短短的百年之中实现相当程度的赶超，无疑是作为机构和学术集体的团队力量发挥了作用。日本学界虽然也有着对于问题的不同看法和立场，但是并没有那么多独创的学派，却有着对于研究课题进行分门别类深入分析的能力；日本学者细致入微的研究风格也大大有利于对问题的解析，作为这一现象的基础性前提，那就是对于统计资料的非常苛求的使用。多年以来日本学界给人的印象是善于模仿而不善于创造；但是，日本俄苏学界的风格则正好相反，他们非常注重学术思想的独立，但是又不失东方的稳健和周全。本丛书所介绍的日本北海道斯拉夫研究中心乃是东亚地区俄苏研究的一个典范：大量别出心裁的研究课题；一大批能够使用六七种外语来研究问题的斯拉夫学者；雄厚的资金支持使得其始终保持着人才的高度聚集。剔除其他因素而言，文化上的接近，使得我们看到北海道斯拉夫研究中心有很多值得国人借鉴之处。

结　　语

国外俄苏研究作为一个新兴的研究领域，还只是刚刚开始的一项工作，无论是材料的汇集，还是观点的形成都还有很长的一段路要走。本丛书目前涉及的还只是国外俄苏研究中比较重要的几个板块，但是，内容远未概全。比如有关大陆欧洲国家的俄苏研究也是非常有意思的一部分，这将在以后的研究中逐渐地加以充实；包括理论上的深化，特别是这些研究在国外的资政和学科建设中所起的作用还需要进一步加以细化，有关理论问题的思考也大有进一步推敲的余地。本序言仅是从目前的工作进程中提供的初步认识与感想，以为抛砖引玉。

冯绍雷

2018 年 6 月

序　言

当下我国正加快推进构建中国特色哲学社会科学“三大体系”的战略任务，其中“构建中国自主的知识体系”成为重中之重。近期，“区域国别学”获批成为我国交叉学科门类下的一级学科，有助于更加主动地探索多元化、跨越学科的全新知识生产新模式，其中包括构建中国特色“俄罗斯学”。“俄罗斯学”属于交叉学科范畴，它是由一系列的概念、理论、方法构成的完整“知识体系”，其特色是多学科理论与方法的交叉融合。

当前我国在“俄罗斯学”的学理与方法构建方面，与国际同行相比、与俄罗斯自身千变万化的实际进程相比，还存在较大差距。缩短差距的可选路径就是对“国外俄苏研究”的比照借鉴和批判思考，包括总结出有用的学科机理、客观的观点和方法、值得借鉴的学术规范、得失成败，并从西方大国在俄罗斯研究领域的进展和走过的弯路中取得借鉴。美国的俄罗斯学经历了百余年的发展历程，最终形成今天相对完善的一门学科知识体系，特别在第二次世界大战后独树一帜，研究实力堪称“世界一流”，值得梳理和研究。

美国俄罗斯学的发展历程主要包括三个阶段：第一阶段是19世纪末到第二次世界大战之前，这是美国俄罗斯学开始形成并取得初步发展的阶段，以偏重语言、文化和历史领域的斯拉夫学为主。第二阶段是第二次世界大战后到冷战结束，这是美国俄罗斯学的兴起时期，以苏联学为主，主要包括极权主义与修正主义两大理论范式。第三阶段是冷战结束至今，这是美国俄罗斯学的转型与发展期，以多样化为主。转型时期面临的最大问题是冷战后的美国俄罗斯学何去何从，以及继续研究所遇到的理论与方法论危机。

借助英国哲学家伊姆雷·拉卡托斯提出的“科学研究纲领方法论”,对美国俄罗斯学进行初步批判后认为,极权主义研究纲领是一个退化的研究纲领;修正主义研究纲领可以被视为理论上进步的科学研究纲领,而在经验上是一个退化的科学研究纲领。对简化和肤浅的“转型范式”的批评是有根据的,但“转型范式的终结”并不等同于“转型学的终结”,后者致力于构建现代性的多样化和多方向的政治变革模式。这样的评估有助于更加合理和客观地认识美国俄罗斯学的发展。

基于构建俄罗斯学知识体系的美国经验及其当代启示,同时结合社会转型与人文知识体系重构之间的相互关系,尤其指出正是社会转型带来的无限张力和内驱力,使人文知识体系能够自我更新、不断完善,并逐渐成熟。进而选择以主体性、多样进步间性、内外间性和时代性四种维度为视角,探讨构建中国特色“俄罗斯学”知识体系的可能路径,旨在促进该领域的守正与开新。

目　录

第一章

美国俄罗斯学研究导论

俄罗斯幅员辽阔，横跨欧亚两大洲。因其独特的地理位置，千余年的多民族国家历史，当之无愧的政治大国、军事大国、文化与艺术大国，在外界看来，它是宽广、富饶、豪放、优雅的神秘国度。无论是 18 世纪、19 世纪、20 世纪，还是当下的 21 世纪，俄罗斯的历史活动和历史进程都在现当代人类文明中留下了鲜明的印迹和宝贵的财富。说到俄罗斯著名的作家、画家、历史学家、思想家、哲学家、科学家、政治家，用“灿若群星”来形容也不为过。正因为如此，19 世纪俄罗斯最著名的作家之一费奥多尔·陀思妥耶夫斯基（Фёдор Достоевский）是这样称赞自己的民族：“一个真正伟大的民族永远不屑于在人类社会中扮演重要角色，甚至也不屑于扮演头等角色，而一定要扮演独一无二的角色。”[1] 而与其生于同一世纪同一时期的俄罗斯著名诗人、外交家费奥多尔·丘特切夫（Фёдор Тютчев）更是写下了一首迄今为止广为流传的知名诗歌《俄罗斯不可理喻》：“俄罗斯不可理喻，俄罗斯不可丈量；俄罗斯有她特性，对她只能够相信。”[2]

如果在俄罗斯人眼中，自己的国家都是一个神秘国度，更不用说其他国家的人了。19 世纪德意志帝国的铁血宰相俾斯麦曾谈道：“俄国从来没有成为如她所期望的超级大国，但也从来没有如其他国家所认为的那样衰弱。”[3] 1939 年 10 月，英国著名政治家温斯顿·丘吉尔（Winston Churchill）在一次广播演说中谈到俄罗斯时，就这样说道：“我不能为您预测俄罗斯的行为。这是一个被谜团包裹着的谜中之谜。”[4] 我国俄苏史专家张建华写道：“一个蓄势赶超的民族，一个现代化的迟到者，一个红色风暴的源头，一个东西方文化的汇合带，一个群星灿烂的国度，一个分分合合的欧亚大国，她的落后，她的发展，她的强大，她的衰落，她的昨天，她的今天，她的明天，都是一个个未解之谜。”[5]由此可见，世人对俄罗斯这个国家和民族的印象就像是在迷宫一样，错综复杂，很难找到准确的方向。

俄罗斯真的不可理喻吗？俄罗斯民族真的是世界独一无二的民族吗？俄罗斯之谜可以解开吗？为解答这些困惑，来自不同时代、不同国度、不同领域、不同视角的研究者提出了各种各样的分析路径，丰富与深化了对俄罗斯历史与现实的理解。由此，在长期不断的探索求解、知识积累的过程中，在俄罗斯及世界其他国家逐渐形成了一门综合研究俄罗斯这个国家和民族的学科——“俄罗斯学”（Россиеведение 或 Russian studies）。

第一节 理解“俄罗斯学”

术语“俄罗斯学”，不仅在俄罗斯本国越来越多地被接受，也被世界其他国家的俄罗斯问题研究专家学者所认可和使用。它的出现不仅与俄罗斯千余年历史发展轨迹密不可分，当然在不同历史发展阶段也出现对其内涵的不同理解，并随着时间推移而改变。很难说，国内外学界对术语“俄罗斯学”已经达成完全一致看法，但更多的共识在于有必要进行概念界定，其目的不仅是使概念本身结构化，而且也有助于将科学的颗粒与意识形态和宣传的糠秕分开，增强研究的有效性。下文主要梳理中国、美西方和俄罗斯关于术语“俄罗斯学”的不同表达及其内涵的理解，以及围绕构建“俄罗斯学”学科的相关讨论。

一、理解中国的“俄罗斯学”

对中国而言，自20世纪80年代中国社会科学重建之后，国内学者就提出过建立“欧洲学”（Eurology）、“美国学”（American studies）[6]、“日本学”“非洲学”“韩国学”等学科的主张。尤以20世纪90年代初，陈乐民先生倡议的“欧洲学”影响较大，其出发点就是我国的欧洲研究要在关注“殊相”的同时，不要忘掉了“共相”，处理好“共相”和“殊相”的关系。[7]国内学者也曾对构建“欧洲学”学科的特点和任务进行了热烈的讨论,指出建设“欧洲学”本身就应有科学的态度,从欧洲问题研究到“欧洲学”的架构和形成本身有其发展的规律,尤其是提出以欧洲文明发展为大背景,对当代欧洲各类问题开展综合性的广泛的研究。[8]

与此同时,可以发现我国学界关于“X国学”的学科名称问题讨论非常少见,更不用说对“X国学”与“X国研究”的辨析,背后的原因也是各种各样的,有人认为两者之间没有差别,称之为同义词,如王缉思认为,“美国学”就是美国问题研究(American studies)[9];钱乘旦、胡莉认为,“欧洲学”也就是“欧洲研究”[10];王加兴认为,“国别研究”显然即指俄罗斯研究、俄罗斯学[11];赵传君认为,与俄罗斯学比较类似的学科诸如汉学、印度学、蒙古学等[12]。也有人认为两者是截然不同的,如于滨认为,“美国研究”应该使用更广义的术语America discourse,不仅包括学界、政策研究,也包括媒体、社会等公共空间对美国的认知、讨论、意向,以及“精英”阶层对舆论的导向[13];王缉思也指出,“美国学”在美国也不算一门学科,美国的American studies更多涉及的是族群、多元文化、性别等问题,而非当代政治、经济、外交热点。还有专家认为,两者之间是承前启后的关系,如刘立群认为,欧洲学源于欧洲研究;国玉奇认为,不能把对俄罗斯学的研究与对俄罗斯的研究混为一谈[14]。

与此相关的是“汉学”与“中国学”之争,说明名称之争和分歧依然存在。方维规指出,学科意义上的“汉学”(sinologie, sinology)源于法国,“中国学”(Chinese studies或China studies)专利则在美国。这同第二次世界大战后美国以“区域研究”(area studies)重组人文、社会学科有关,有其知识生产方式的内在逻辑,这不是传统sinology的栖身之地。也有专家直截了当地指出,如果从源流上考察,美国现代中国学可以说是反传统“汉学”的境况下诞生的。[15]抑或美国专家认为Chinese studies涵盖sinology。[16]张建华则持相反的观点,认为sinology更为宏观,后者较为微观。[17]上述梳理表明,我国学者在“X国学”的学科名称问题上暂时没有达成一致的看法。

具体到本研究涉及的“俄罗斯学”,我国提出构建“俄罗斯学”倡议相对“欧洲学”“美国学”等要晚一些。目前学界比较公认的是,我国学者提出“俄罗斯学”概念是在2004年,且是在同一个场合:2004年10月四川外国语大学举办的“第七届中国俄罗斯语言与文化研讨会”

上。也有人认为这个概念最早是由北京大学李明滨、北京外国语大学白春仁提出的[18]，而北京师范大学俄苏史问题专家张建华教授认为，他正式提出了建立中国“俄罗斯学”的建议，并得到国内俄罗斯语言学界、文学界和哲学界的关注。[19]

迄今为止，中国学者围绕“俄罗斯学”的概念内涵、学科定义、研究对象和领域、理论与方法等方面进行了讨论，虽然存在不少分歧，但尝试将“俄罗斯学”作为独立学科的构建任务已经提上讨论议程，同时特别是从事俄语教学和当代俄罗斯现实问题研究的高校和科研机构的专家学者也做出了一些有益尝试[20]，这些都可以被视为国内学界在构建中国特色“俄罗斯学”方面做出的持续性努力。

1. 对“俄罗斯学”术语名称及其内涵的探讨

总体来看，中国学界(主要是从事俄语语言与文化研究的专家)对“俄罗斯学”(россиеведение)术语及其内涵的探讨受到俄罗斯的影响较大。我国学界不仅提及俄罗斯人对术语“俄罗斯学”的历史考证，如早在1929年一批欧亚主义哲学家在《政治·哲学·俄罗斯学》文集中就提出了“俄罗斯学”概念；也有引证俄罗斯词典学的研究成果，如库兹列佐夫(С.А.Кузнецов)主编的1998年版《俄语详解大词典》收录россиеведение，并将其定义为“关于俄罗斯和居住在俄罗斯的各民族的科学”，而特里辛(В.Н.Тришин)主编的2013年版《同义词词典》，将россиеведение与русоведение和русcковедение两个同义词相提并论，但显然россиеведение的使用最为频繁[21]；还有就是更倾向于接受俄罗斯知名学者对“俄罗斯学”的术语界定，比如莫斯科国立大学沙波瓦洛夫(Шаповалов В.Ф.)教授是较早就“俄罗斯学”(россиеведение)的学科内涵进行比较系统阐述的学者，并倡导用跨学科方法来研究俄罗斯。[22]他将俄罗斯学视为一门将俄罗斯视作一个完整的、独特的社会文化现象以及自然和精神机体来进行全面研究的综合学科。[23]另一位时常被引用的代表性专家是俄罗斯科学院社会科学情报研究所俄罗斯学中心主任伊·伊·格列博娃，她对“俄罗斯学”界定是“俄罗斯学研究的是作为社会文化独特整体的俄罗斯，作为独立的文化历史类型的俄罗斯，这一类型相较于西方或东方的诸社会，具有其独特性”[24]。

当然，也有少数专家基于俄罗斯关于术语“俄罗斯学”的探讨，提出了自己的不同看法。比如，国玉奇不仅指出与“俄罗斯学”同名的 русистика 更多聚焦俄语语言和文学范畴，同时也认为，把术语 россиеведение 翻译为“俄罗斯”似乎不太妥当。为此，他使用一个新造的俄语词——“россиология”——来指代中国的“俄罗斯学”，其目的不仅是区别俄罗斯及其他国家的俄罗斯学，还在于突出“俄罗斯学”的中国特色，更加符合“俄罗斯学”确定的研究对象和领域。当然，他也注意到使用新造词“руссология”不妥，认为“русология”可能会与俄罗斯民族的概念联系更紧密，而“россиология”则强调作为国家的俄罗斯，也可以翻译为“俄国学”。

张建华也提出了不同看法，他认为“俄罗斯学”（россиеведение）主要涉及人文科学领域的内容，专注于历时态和长时段的学术问题的研究，如俄罗斯民族起源、俄罗斯民族国家演进、俄罗斯与东西方关系、俄罗斯文化传统、俄罗斯东正教与宗教文化、俄罗斯历史发展特点、俄罗斯文学典型文本和典型形象、俄国和苏联的现代化道路和特点等，类似于国外汉学的“经典汉学”（sinology）。为此，他提出一个不同的“俄国学”（изучение России）的术语，专注于共时态和现当代特征问题的研究，如斯大林体制和苏联模式、苏维埃政治和社会文化、苏联民族问题、苏联经济增长和停滞、转型时期的苏联和俄罗斯，以及涉及当前俄罗斯经济、社会、外交、法律、安全、环境、能源和教育等问题，类似于国外汉学的“中国学”（Chinese studies）。[25]

相较于对俄罗斯关于“俄罗斯学”术语的界定与讨论的丰富梳理，中国学界（主要是文学、历史学）对美国俄罗斯学的认识比较单薄，即使承认西方国家对俄罗斯学的研究早于俄罗斯本土，且学科体系相对完善。王加兴认为，西方的俄罗斯学（Russian studies）承袭先前的“苏联学”特色，具有较为浓厚的地缘政治色彩。所谓“苏联学”（советология），是指冷战时期与苏联处于敌对状态的美国及西欧对苏联体制（及其对民众生活产生具体影响）的研究，因此这一概念属于西方政治学的范畴。[26]张建华指出美国建立的完整“苏联学”（Sovietology）区别于“俄罗斯学”（Russology, русология），不仅偏重于研究苏联政治、外交和经济，更是忽视对苏联民族、文化和宗教等问题的深入研究，因此具有较强的“政府性”和“目的性”的特点。[27]国玉奇注意到“苏联学”的一个分支——克里姆林宫学(кремленология),这一分支专门研究克里姆林宫的苏联最高领导人的动态。[28]

2. 对构建“俄罗斯学”的学科内涵、理论与方法论的探讨

总体而言,我国国内围绕“俄罗斯学”的学科内涵、理论与方法论的探讨是比较丰富的,虽然迄今为止依然没有达成高度一致,但越来越多的共识被凝聚起来。具体而言,围绕“俄罗斯学”学科建设的相关讨论主要是由从事俄罗斯语言与文化的学者发起,并以《中国俄语教学》作为交流平台,随后从事俄苏历史、俄罗斯经济等领域的专家学者也积极加入讨论。

李明滨较早提出认为,“俄罗斯学”类似于“俄罗斯国情学”,是“以俄文原文材料为依据的,研究俄罗斯国情的各门学科之总和,特别是社会科学、人文科学之总和”[29],包括教育和研究两方面[30]。北京外国语大学史铁强认为,“俄罗斯学”就是把俄罗斯作为一个整体来研究。[31]四川外国语大学国玉奇指出,俄罗斯学绝不是俄罗斯国情学,也不是俄罗斯历史、地理、政治、经济等的简单描述,更不是由各个学科内容掺杂的“拼盘”,需要将俄罗斯学视为“一门研究俄罗斯历史、语言、文学、艺术、经济及其他物质、精神文化的综合性学科”,“是一门自成体系的学科”。[32]

张建华认为,中国俄罗斯学应该定位为一门多学科交叉的、综合性的、多元化的、开放型的和宏观视野的学科,以文明史观为基本理论体系,探索不同历史时期俄罗斯文明和俄罗斯文化的核心内容和基本特点,并注重与世界上其他文明和文化类型的比较。与此同时,中国俄罗斯学的研究内容应该包括在人文科学和社会科学范畴之列。[33]他还指出,中国“俄罗斯学”实际上就是“俄罗斯学”在中国的“本土化”,中国学者必须具备本土文化的本位意识,必须借助于来自中国学术传统中优秀的本土资源,将其“内化”为自信稳重的心态和有效可操作的技能,对自俄罗斯的“俄罗斯学”和西方“俄罗斯学”辐射而来的各种信息加以自觉的过滤、消化和甄别,对“俄风西雨”择善而从,而不是一味偏信或一味孤妄,坚持自己的学术思路和独立见解,从而形成中国语境下的“俄罗斯学”。[34]

北京第二外国语学院付晓霞认为,俄罗斯学是研究俄罗斯一切的

学科，其学科体系是多元交叉跨学科的，其中包括四大主体研究范畴：俄罗斯社会、俄罗斯文化、俄罗斯民族和俄罗斯语言文学。[35]

黑龙江大学赵传君对“俄罗斯学”的概念、学科性质、研究对象和研究方法等做了较为全面的阐述。他提出，中国的俄罗斯学不是只研究俄罗斯语言文学的学科，也不是只研究俄罗斯历史与文化的学科，同样，俄罗斯学也不是只研究俄罗斯现实政治、经济、军事的学科，俄罗斯学应是一门不仅包括上述各领域研究，而且还包括涉及俄罗斯民族和国家其他各个领域研究的综合性人文社会科学学科。在此基础上，他提出俄罗斯学的研究应以俄罗斯语言研究为基础，以俄罗斯文化研究为核心，以俄罗斯民族研究为主体，以俄罗斯历史研究为主线。他还指出，中国的俄罗斯学又不同于美国的俄罗斯学和俄罗斯的俄罗斯学，因此，选择俄罗斯学的研究视角尤为重要，包括中国、世界、发展、全方位四大视角。[36]

中国社会科学院学部委员李静杰认为：“俄罗斯学是一门综合性研究俄罗斯国家和民族的学科，是关于俄罗斯的总的知识体系和研究方法。”[37]解放军外国语学院张禄彭提出，“俄罗斯学”这一概念可以作广义和狭义的理解。广义的俄罗斯学正是像海洋一样，可以汇集不同社科分支学科对俄罗斯研究的各条河流，从而形成一个关于俄罗斯的知识和研究方法的综合性体系。而狭义的俄罗斯学可以是某一学科从自身的学理渊源出发，对俄罗斯这一复杂研究对象所进行的理解和阐释。[38]

中国俄罗斯东欧中亚研究学会会长李永全则认为，俄罗斯学“是一门综合性研究俄罗斯国家和民族的学科，是关于俄罗斯的总的知识体系和研究方法，具体来说，它的研究范畴包括语言、文学、艺术、历史、政治、经济、社会、文化、外交、战略、安全、民族、宗教等方方面面”[39]。

还有中国学者将俄罗斯学等同于有关俄罗斯社会发展史的历史学；也有学者将其归属于政治学与社会学研究范畴[40]，重点研究俄罗斯的政治与社会；还有学者将其理解为运用历史学、政治学、社会学、经济学、文化学等不同社会科学方法综合性研究俄罗斯这个国家和民族。

3. 我国学界为构建“俄罗斯学”开展实践尝试

一是，高校力争在构建中国特色的“俄罗斯学”方面做出自己的努力。(1)召开专题性全国和国际"俄罗斯学"研讨会。2006年8月在北京大学举办了我国首次"俄罗斯学"学术会议;同年11月在北京外国语大学也召开了"俄罗斯学"专题研讨会;黑龙江大学从2013年起,每年举办全国"俄罗斯学"博士生论坛;2017年7月,南京大学也举办了俄罗斯学国际研讨会;2018年11月教育部人文社科重点研究基地华东师范大学俄罗斯研究中心举办了以"俄罗斯欧亚研究的学科理论与知识体系构建"为主题的全国工作坊;2020年12月,黑龙江大学举办"新形势下的俄罗斯学建设及人才培养"国际线上研讨会。(2)开展大型"俄罗斯学"研究项目,2018年,冯绍雷教授组织编写了《俄国通史(六卷本)》(国家社科基金重大项目),为目前国内第一次由中国人自己组织写作的多卷本大型俄国通史,还推出了由冯绍雷教授主编的《国外俄苏研究》丛书[41]。(3)成立以"俄罗斯学"命名的研究机构,北京大学俄罗斯学研究所,是国内较早(1991年12月)以"俄罗斯学"命名的科研机构;2013年,在教育部国际合作与交流司的指导下,南京大学成立"南京大学俄罗斯学研究中心"。(4)培养俄罗斯学人才,如2013年,教育部批准黑龙江大学设立俄罗斯学二级学科博士点,2015年正式招生,成为我国首个也是唯一一个俄罗斯学博士点;南京大学等高校俄语专业将"俄语+俄罗斯学"理念引入复合型人才培养[42]。(5)创办新的学术刊物,如2011年,黑龙江大学正式创办《俄罗斯学刊》。

二是,我国专业科研机构也开展构建"俄罗斯学"学科的工作,如2017年,中国俄罗斯东欧中亚学会组织国内开展俄语教学和俄罗斯研究的主要机构、大学和智库,共同出版了《"俄罗斯学"在中国》[43]一书,该书介绍了"俄罗斯学"在中国创立形成的历史渊源、由弱至强的发展脉络、学科关注的重点难点、不同时期的领军人物,以及本学科研究现状和主要成果,为我国"俄罗斯学"学科的建设提供了宝贵文献资料。

虽然中国学界历经二十余年的讨论与努力,但围绕"俄罗斯学"学科的构建仍然处于初始阶段,任重道远。尤其是2021年12月,国务院学位委员会下发了《博士、硕士学位授予和人才培养学科专业目录(征求意见稿)》,在交叉学科门类下设置6个一级学科,"区域国别学"名列其中。这意味着"区域国别学"正式获得官方的认可,包括"俄罗斯学"在内的区域国别学科建设迎来了真正的发展契机。值得注意的是文件用的术语是"区域国别学",而不是大家现在耳熟能详的"区域与国别研究",这也意味着对包括俄罗斯研究在内的区域国别研究内涵理解的新升华。

二、理解美西方的"俄罗斯学"

美西方的英语国家使用了许多名称来指代"俄罗斯学"这门"亚学科",每一个名称都概述了特定的研究兴趣和学科偏好范围,如 Slavic studies, Russian studies, Soviet studies, Sovietology, Kremlinology,等等。

第二次世界大战前,术语"斯拉夫学"(Slavistics, Slavic 或 Slavonic studies)在西方学术界比较流行。据俄罗斯专家考证,这个术语是从俄语(斯拉夫语)引进的,关注的重点涉及斯拉夫国家的语言学、历史和文化,这也反映出当时的主要研究领域。第二次世界大战刚刚结束的 1948 年成立的美国斯拉夫研究促进会(American Association for the Advancement of Slavic Studies)及该会主办的会刊《斯拉夫评论》(*Slavic Review*)的名称中均使用了同样的术语。

实际上,早在第二次世界大战结束之前美国就已经在讨论设立区域研究(area studies)计划的必要性[44],不仅更加强调对区域界定的政治标准的选择,也是美国试图以区域研究来重组人文、社会学科,开启美式知识生产方式的内在逻辑。[45]尤其是,美国有意或无意地用一个新的名称来彰显"新的"研究内容和方法,或者突出战后美国所取得的确实可观的成就。[46]其中就包括采用了新的名称 Russian/Soviet studies,以此来替换 Slavic studies。

多数情况下西方的"俄罗斯学"倾向于使用术语 Russian studies, Soviet studies 关注的是对苏联和东欧国家所在的广大地区的综合研究。

英语表达中,русский 和 российский 两个词是没有严格区别的,但是在俄语中则存在较大差别:前者倾向于强调民族属性,后者倾向于强调国家属性。[47]比如,美国使用的 Russian studies 术语,早期就被翻译为 Русские исследования, 20 世纪 40 年代成立的哥伦比亚大学俄罗斯研究所和哈佛大学俄罗斯研究中心的俄文翻译名称都这样使用。一方面，这表明强调民族属性的术语 русский 在当时的美国区域研究更被认可；另一方面，这种译名的选择还与有大量俄罗斯侨民参与美国“俄罗斯学”发展有密切关联，甚至是发挥了关键性作用（下文将详述）。

对美国而言，Russian/Soviet studies 显然与第二次世界大战前的“斯拉夫学”是存在差异。美国的俄罗斯学构成第二次世界大战后在学科规模、方法创新方面的地区研究计划的重要组成部分。这项计划涵盖对世界 120 多个国家和地区的跨学科研究，倡导基于文明视角考察相关国家的独特性，尤其强调通过借助人文和社会科学的共同努力，才能更好地认识和理解对象国和地区。因此，社会学家、政治学家、经济学家、历史学家、语言学家和人类学家等群体都参与对俄罗斯和苏联的全面研究，其任务不仅是分析苏联的政治和历史，而且要对苏联人民、经济和社会结构、语言和文学、领导人及其思想进行综合性的基础研究。[48]不过，按照美国区域研究项目的最初设计，美国俄罗斯学的重点是了解俄罗斯和苏联这个“神秘”国度和国家联盟，参与该计划的 75％的专家属于历史学家和语言学家，而不是社会学家、政治学家或人类学家。

然而，第二次世界大战结束导致的世界政治新现实和冷战的爆发，迫使美国不得不调整“俄罗斯学”的研究计划，包括借助官方和非政府组织（卡内基、福特和洛克菲勒基金会等）的巨大财政支持构建起“俄罗斯学”研究的强大基础设施，不仅包括大学的苏联和东欧研究中心，还包括图书馆资源、档案和学术期刊。从这个时候开始，国家利益是指导美国俄罗斯学发展的首要原则，用美国专家恩格曼（D. Engerman）的话来说，“俄罗斯学”主要“为火星和密涅瓦服务”[49]，也即创造服务于国家安全和科学的新的知识领域。

在区域研究计划的支持下，作为一门新学科，美国的俄罗斯学也保持了至少十年的快速和稳定的发展，并开始在欧洲扎根，特别是在当时的西德，其设立的苏联和东欧研究中心在与苏联支持的东德的意识形态对抗中扮演了“前哨站”的角色。[50]

以 1957 年苏联发射人类第一颗卫星为标志，包括“俄罗斯学”在内的美国区域研究迎来了新十年的发展潮流，当然主要出发点是美国回应外部威胁所开展的“智力动员”（intellectual mobilisation）。[51]1958 年，美国修改《国防教育法》(National Defense Education Act)，为区域研究的开展提供更大力度的资金支持，其中的重点是推动俄罗斯学的跨越式发展。据统计，在接下来的 60 年代，美国学习俄语和从事俄罗斯研究的人数翻倍。[52]

到 20 世纪 60 年代末，美国出现的政治动荡进一步加剧了 Russian/Soviet studies 发展的内在矛盾，尤其是动荡导致的美国大学和科研机构在“左”与“右”之间的意识形态分裂。显然，美国俄罗斯学的发展也受到冲击，开始偏向于政治和意识形态，并随着意识形态斗争的加剧，“俄罗斯学”术语被 Sovietology(苏联学)所取代，并加速被政治化。英国《牛津词典》记录，Sovietology 这个词是在 1958 年首次使用，并在 20 世纪 60 年代进入美国学术界。[53]很显然，术语 Sovietology 的内涵与美苏冷战联系起来，具有强烈的意识形态对抗色彩，在苏联更是被贴上“资产阶级伪科学”标签。[54]这一时期，对苏联的研究主要由政治学家和社会学家承担，正是在他们中间，首次出现了从作为区域研究的苏联研究到作为社会科学的苏联学的转变[55]，且呈现出过于强烈的“社会科学化”的色彩，大量的相关社科词汇的借用几乎成了区域研究代际转换的明显标志。[56]

20 世纪 70 年代，术语 Sovietology 的内涵在西方更具“双重性”：社会科学(修正主义)和意识形态(反共产主义)。通常后者与术语“克里姆林宫学”(Kremlinology)等同起来，其重点是了解苏联的政治和决策过程。与理论导向的苏联学家相比，克里姆林宫学的专家聚焦共产主义国家精英的语言、行为、思维方式、礼节等微观因素，旨在预测克里姆林宫决策者对本国的政治运动和路线转变所采取的行动。“克里姆林宫学”在西方学术界并不受欢迎，因为被认为主要是由情报分析人员从事的对象。这个阶段的 Soviet and Communist studies 也开始活跃起来，主要侧重于研究共产党和共产主义国家，包括美国的共产党。

20 世纪 70—80 年代，术语 Russian/Soviet studies 也被越来越多地使用，尤其是在 80 年代开始的“新思维”改革之后。这个时期，美国俄罗斯学的两大范式——极权主义与修正主义——之间的理论“论战”也如火如荼地开展。这场由历史学家与政治学家(以 R.塔克、S.科恩和 J.霍夫为代表)带头的论战，最终使得苏联社会史从政治学中分离出来，成为一门独立的、更加专业的“亚学科”。到70年代末，美国的俄罗斯学开始回归最初的研究议程（历史研究是核心内容），主要表现为历史专业研究者开始使用档案来研究苏联社会的历史，这得益于美苏两国开展有限的交流。

苏联解体、冷战结束，Kremlinology、Communist studies等具有强烈意识形态导向的术语很快从学术界消失。而Soviet studies也被嵌入Russian studies的整体框架中，或者变成Post-Soviet Area Studies（如美国加州大学伯克利分校后苏联地区研究项目），而Sovietology也转型为新的术语，包括转型学（Transitology）等。这些变化表明，术语“俄罗斯学”又逐渐回归到20世纪40—50年代将俄罗斯视为一种独立的、“特殊的”文明来研究，但显然是在新的研究背景之下的重新调整，主要表现为：用术语Europe-Asia studies替代Soviet studies，如《苏联研究》杂志改名为《欧亚研究》；用术语Eurasian studies替代Russian studies，如The American Association for the Advancement of Slavic Studies（AAASS）改名为Association for Slavic，East European，and Eurasian Studies（ASEEES）；或者去掉Russian studies，如The Kennan Institute for Advanced Russian Studies缩减为The Kennan Institute。与此同时，冷战之后的美国俄罗斯学研究方法也随之发生变化，主要被“文化范式”所取代，涉及语言学和文学、民族学和人类学、性别研究和文化研究的相关方法。

综上所述，不管是在美国，还是在英国等其他西方国家，对术语“俄罗斯学”的使用已经较为成熟，且存在延续性，原因在于第二次世界大战之前的“俄罗斯学”中并不存在今天的人文科学和社会科学的严格区分，并且许多社会科学理论和方法都还没问世。因此，我们可以说“斯拉夫学”“苏联学”都可以被视为美国“俄罗斯学”的组成部分。此外，西方的俄罗斯学不仅是一门学问或知识系统，也是西方现代性意识形态的组成部分，并且贯穿始终，显然值得研究。

三、理解俄罗斯的“俄罗斯学”

俄文中Russian studies对应的三种译文（Русские исследования、

русистика、россиеведение）都同时使用。不过放在当下，术语 Русские исследования 不再那么合适，因为今天的俄罗斯是一个多民族组成的国家，并且与英文原文 Russian studies 存在歧义，因为不清楚具体指的是俄语还是俄罗斯研究。Русистика（россика）更加接近于斯拉夫学，侧重于对俄罗斯语言、文化、历史的研究，而不是政治、经济、军事等社会科学范畴。[57]而使用 россиеведение，更容易被接受，且这个术语可以综合人文与社会科学，与美国 Russian studies 的含义更加接近，强调对俄罗斯的跨学科综合性研究。

在俄罗斯本国学界，更多地将“俄罗斯学”划分为国内与国外俄罗斯学（Отечественное и Зарубежное Россиеведение）。据俄罗斯学者的考证，早在 1929 年，术语“俄罗斯学”首次出现在俄罗斯哲学家主编的学术著作之中，特别是古典欧亚主义倡导和支持者。[58]他们提出这一术语的目的在于：一方面，呈现俄国文明与文化形成的特征；另一方面，确立俄国在世界的地位和扮演的角色，强调俄罗斯文明和世界其他文明之间的区别及其特征所在。不过，术语“俄罗斯学”仅在苏联解体后才开始越来越多地被学术界重视，并在高校教材中使用，尤其是 21 世纪以来，“俄罗斯学”得到了俄罗斯本国学术界的重视。2008 年俄罗斯科学院社会科学情报研究所就成立了俄罗斯学中心，专门从事俄罗斯学的研究，并组织出版了这方面的专著、论文集和举办学术会议。“俄罗斯学”作为一门课程，在俄罗斯多所高等院校开设，并出版了配套的大学教材《俄罗斯学》和《国外俄罗斯学》。[59]这足以说明术语“俄罗斯学”及其内涵的巨大影响力。

与此同时，多数俄罗斯专家更倾向于将“俄罗斯学”（россиеведение）界定为：基于文明方法的世界传统，对作为一个活生生的族群统一体的俄罗斯文明进行跨学科的综合性研究。[60]这既与我国学者主张以文明视角研究欧洲[61]或文明结合部视角研究俄罗斯[62]，也与上文提到的美国早期基于文明研究方法推进包括俄罗斯学在内的区域研究的初衷是吻合的。与此同时，俄罗斯专家也指出，文明研究法充满了对特殊性的过度迷恋，要防止陷入“死胡同”。“俄罗斯学”的发展首先有赖于深入研究自己国家，否则就不可能对其达到一个新的认识水平，尤其是俄罗斯的过去不是以几十年，而是以几百年来计算的。因此，“俄罗斯学”研究也需要关注和吸收域外的研究成果，而不是不加区别地否定它们。[63]这些都说明在推进"俄罗斯学"研究及其学科建设方面，多数国家的专家学者是存在共识的。

四、本书的"俄罗斯学"

结合上文梳理的国内外围绕术语"俄罗斯学"及其学科内涵的讨论，本书对"俄罗斯学"及其内涵的理解如下。

一是，"俄罗斯学"属于交叉学科范畴，其特色是多学科理论与方法的交叉融合。2021年12月7日，国务院学位委员会印发了《交叉学科设置与管理办法（试行）》，明确交叉学科是多个学科相互渗透、融合形成的新学科，具有不同于现有一级学科范畴的概念、理论和方法体系，已成为学科、知识发展的新领域。[64]同年12月10日，国务院学位委员会发布"关于对《博士、硕士学位授予和人才培养学科专业目录》及其管理办法征求意见的函"。根据该函所附"博士、硕士学位授予和人才培养学科专业目录（征求意见稿）"，"交叉学科"成为新设的第14个学科门类，"区域国别学"成为交叉学科门类下设的一级学科。正如专家所言，交叉学科门类的出现，不是简单地在数量上增设了第14大类学科，而是一场科研和教学发展范式的深层变革。简单地说，以前的第1至第13大类学科都是同类型学科门类的设置，而第14大类的学科独树一帜，是不同类的学科交叉融合。它打破了不同学科割据的传统，促进不同学科门类的大交叉、大融合，正在形成"别开生面"的新兴交叉学科群体。[65]与此同时，文件也明确指出"区域国别学"可以授予法学、文学和历史学学位。但正如专家所指出的那样，如果授历史学学位的话，现在世界史学科下面已经有作为二级学科的区域国别研究了，何必再另外增加一部分交叉学科的二级学科？如果授文学学位，现在外语一级学科下面也已经有"区域国别研究"二级学科了。交叉学科门类的区域国别学所授的历史学、文学、法学等学位，在学位论文标准和学科规范方面如何与原有的这些学科相协调？[66]

虽然专家担忧的问题是客观存在，不过按照《交叉学科设置与管理办法（试行）》的明确界定，很显然交叉学科的特色肯定是要凸显不同学科之间的“交叉性”，而且必须区别于现有一级学科，也就是要通过多学科理论和方法交叉融合解决新科学问题和现象。实际上，这一要求与当下人文社会科学正处于一个重组的关键时刻，并正在打破传统的界限是吻合的，以往文史哲归人文，政经社归社会科学的习惯区分方法，当前正面临新的挑战。如近几年，美国希拉姆学院旗帜鲜明地提出了“新文科”的教育理念。[67]而中国教育部等13个官方部门也正式提出全面推进“新文科”建设的理念，一度引起各界对“新文科”概念的热议。对“新文科”越来越多的共识是：强调人文科学和社会科学的“融通性”，而这种“融通性”就是指互动、创新和突破。[68]这应该是设置交叉学科门类的主要目标。这方面的共识也早已存在。2004年，美国国家科学院协会在《促进跨学科研究》报告开篇写道：“跨学科研究是人类进行的最具成效、最鼓舞人心的一种探索活动，它能提供一种产生新知识的对话和联系形式。作为发现和教育的一种模式，它对可持续的环境、更健康更富裕的生活、激发年轻人产生灵感的新发现和技术以及更深刻理解我们所处的时空作出了很多贡献，而且有望作出更多的贡献。”[69]基于此，“俄罗斯学”肯定是属于交叉学科范畴，其学科发展定位是既要强调人文科学与社会科学的学科交叉，也是强调基础与应用研究相结合，彰显学科的交叉性与融通性特色。

二是，“俄罗斯学”是由一系列的概念、理论、方法构成的完整“知识体系”。《交叉学科设置与管理办法（试行）》，首次明确对交叉学科的内涵进行了界定。《办法》指出交叉学科是在学科交叉的基础上，通过深入交融，创造一系列新的概念、理论、方法，展示出一种新的认识论，构架出新的知识结构，形成一个新的更丰富的知识范畴，已经具备成熟学科的各种特征。笔者认为，交叉学科的丰富内涵所体现出的就是在上述人文社会科学重组背景下致力于构建起完整的“知识体系”。就“知识体系”而言，它不是指零散的、个别的、孤立的、具体的知识点和知识域，也不是杂多知识的汇集、堆砌或存储，而是各种知识之间的有机联系；正是这种有机联系使不同的知识凝聚成了一个有机整体，从而建构出相对稳定的知识生产模式。知识体系一旦被建构起来，就有可能成为某种传统而被因袭，影响甚或规定着未来的知识再生产；未来的新知识也只能基于现有知识体系，在现有知识体系的母胎中孕育而生。[70]由此可见,知识体系所承载的巨大功能与作用。换句话说,“俄罗斯学”就是关于俄罗斯这个国家和民族的一系列概念、理论、方法构成的完整“知识体系”。

基于上述两点,本书将“俄罗斯学”(Россиеведение 或 Russian studies)界定为:一门专门研究俄罗斯这个民族和国家的学科,不仅涉及语言、文化、历史、政治、经济、社会、安全等诸多学科理论和方法交叉融合,还是由一系列概念、理论、方法构成的完整“知识体系”。

基于学科发展的时代性,还可以将“俄罗斯学”划分为“传统俄罗斯学”和“现代俄罗斯学”,并指出前者侧重于研究俄罗斯的语言、文学、宗教、历史等人文科学范畴;后者则侧重于研究俄罗斯的政治、经济、社会、军事等社会科学范畴。

第二节　研究美国俄罗斯学的主要出发点

如前文所述,迄今我国构建“俄罗斯学”学科不仅依然处于初始阶段,而且还面临一系列新挑战和新任务。当下我国正大力推动哲学社会科学繁荣发展,并提出加快构建中国特色哲学社会科学“三大体系”的战略任务。与此同时,当今世界百年未有之大变局加速演进,中国走近世界舞台中央的现实性越来越强,迫切需要构建起中国特色的国别区域知识体系。这些重任客观上要求学术界,既要拿出与我国大国地位相匹配的学术研究成果与之相称,也要侧重于包括“俄罗斯学”在内的学科知识体系的构建与时俱进。

当前我国在“俄罗斯学”的学理与方法构建方面,与国际同行相比、与俄罗斯自身千变万化的实际进程相比,还存在较大差距。缩短差距的可选路径就是对“国外俄苏研究”的比照借鉴和批判思考,既包括总结出有用的学科机理、客观的观点和方法、值得借鉴的学术规范,也包括总结得失成败,从西方大国在构建“俄罗斯学”学科及其走过的弯路中取得借鉴。本书主要梳理与总结拥有百余年历史和典型经验的美国“俄罗斯学”的发展历程。

2016 年 5 月 17 日,习近平总书记在主持召开哲学社会科学工作座谈会时指出:“要按照立足中国、借鉴国外,挖掘历史、把握当代,关怀人类、面向未来的思路，着力构建中国特色哲学社会科学，在指导思想、学科体系、学术体系、话语体系等方面充分体现中国特色、中国风格、中国气派。”习近平总书记关于“不忘本来、吸收外来、面向未来”的要求，为中国特色哲学社会科学建设指明了方向。2022 年 4 月，中共中央办公厅印发的《国家“十四五”时期哲学社会科学发展规划》明确要求，哲学社会科学工作要坚持立足中国、借鉴国外，挖掘历史、把握当代，关怀人类、面向未来。[71]

一、不忘本来与面向未来

致力于构建中国特色“俄罗斯学”知识体系，既是更加主动地探索多元化、跨越学科的全新知识生产新模式，更是落实构建中国特色哲学社会科学“三大体系”的战略任务，还是服务于“两个大局”(中华民族伟大复兴的战略全局，世界百年未有之大变局)。

一是，当下我国正大力推动哲学社会科学繁荣发展，并提出加快构建中国特色哲学社会科学“三大体系”的战略任务背景下，重构中国知识体系问题受到格外关注。党的十八大以来，以习近平同志为核心的党中央高度重视我国哲学社会科学工作，不仅召开一系列的全国性理论研究工作座谈会，还通过与各界共同分析形势、沟通思想、凝聚共识、谋划我国哲学社会科学的未来。习近平总书记先后在多个场合发表一系列重要论述，尤其是 2016 年 5 月 17 日亲自主持召开全国哲学社会科学工作座谈会并发表重要讲话，明确提出了加快构建中国特色哲学社会科学学科体系、学术体系、话语体系的战略任务，立意高远，内涵丰富，具有十分重要的指导意义。在加快构建“三大体系”的过程中，学科体系被置于首要位置。这是因为，学科体系是加快构建中国特色哲学社会科学的根本依托，学科体系不扎实，学术体系、话语体系就是无源之水；学科体系的中国特色不鲜明，学术体系、话语体系的中国风格和中国气派就是无本之木。[72]由此可见，学科体系是加快构建中国特色哲学社会科学的基础，而这个基础的内核(或称本质[73])就是来自不同学科构建起来的知识体系。换句话说，学科体系“就是一个由不同的但却相互延伸并连接在一起的具有内在逻辑关系的各个知识单元和理论模块组成的知识系统”[74]。更进一步而言，没有知识体系，就很难构建起学科体系，更不用谈学术体系和话语体系。

就当下而言，更为重要的问题是，信息时代之下的人文社会科学，正在从对知识体系本身的重新认知开始，进入对理论、学科、思想的创新重构和全面反思的新阶段。这表明，当今的“人文知识体系”正在经历一场前所未有的革故更新，以此构建中国特色哲学社会科学“三大体系”，既是正当其时，也是任务艰巨。就未来而言，包括国别区域在内的知识体系的构建，在很大程度上关系到新时代中国特色哲学社会科学事业的发展与未来。有学者将知识体系的重要性上升到国家文明的高度，指出：“知识体系是任何一个文明的核心，没有这个核心，任何文明就很难在世界上生存和发展。从知识构建的角度讲，正是伟大的知识造就了文明，任何文明都需要一套完善的知识体系来支撑。”[75]

二是，虽然中国的“俄罗斯研究”[76]大体经历了由起步、转型、提升、多样化，到当下提出构建中国特色“俄罗斯学”新任务等几个发展阶段，但仍需有一个较长时间的继续积累才有可能取得较大发展，无论是就学科建设，还是基础与应用性研究而言，都有许多值得继续努力发展与完善地方，尤其在知识系统化与体系化方面需要大大地强化，包括研究内涵的进一步明确、研究范式的提出，以及知识积累由量变转向质变等。

中国的“俄罗斯研究”起步较晚，一般认为始于明末清初，至今已有三百多年历史。据考证，早期中国对俄国的研究共有两种形式：一种可称之为“记载”，另一种是“传译”。清人对俄国的“记载”就其资料渊源而言大致有三类：一是图里琛、张鹏翮、钱良择、松筠等直接参与中俄事务处理的官员所写行记或纪略；二是官修书籍及其修撰过程中产生的著作；三是林则徐、姚莹、徐继畬、魏源等沿海具有“筹办洋务”经历的官员学者的记述。“传译”则是始于康熙帝1708年下旨创办俄罗斯文馆，至同治年间京师俄文馆设立。此后相继设立广东同文馆、湖北自强学堂、新疆俄文馆和珲春俄文书院等机构，专门教授俄语语言与文化，培养俄语翻译人才。[77]这些机构的设立在译介国外学者的俄苏研究作品方面都发挥了巨大作用。而从民国初年到解放前，中国知识界对俄苏问题的关注兴趣越来越多，特别是十月革命一声炮响给中国送来了马克思主义，这促使中国知识分子和思想界都强烈地希望了解苏维埃俄国，因而编译出版了不少有关俄国的书刊与其他材料。不过，需要指出的是，它们都还不是严格意义上的学术研究。

真正对俄苏进行大规模研究是在新中国成立之后，俄语成为中国人的第一外语，各大高校都开设了俄语专业和公共课程教授俄语，并从事苏联国情相关的教学与研究。此后，我国相继成立了一些研究苏联东欧问题的专业研究机构。应当指出的是，这些机构主要是为决策服务的，重政策分析，轻学术理论建构，更不用谈学科知识体系的构建。直到苏联解体，中国还从来没有像美国那样将俄罗斯问题研究当作一门学科进行构建，并成系统的大规模研究。按照知名俄苏问题专家冯绍雷教授的看法，中国比较具有学术意义的“俄罗斯研究”也就 40 年的历史，基本上与我国改革开放的起始时间是吻合的，可以将中国的这类俄罗斯研究，大体划分为五个不同的发展阶段。[78]

第一阶段为改革开放之后的起步阶段（1979—1989 年）。中国的苏联东欧问题研究是在 70 年代末、80 年代初才刚刚走上正轨，这既与中苏关系的解冻[79]，也与我们党和国家在理论工作方面的新政策密切相关。尤其是 1979 年 3 月 30 日，邓小平同志在党的理论工作务虚会上指出：“政治学、法学、社会学以及世界政治的研究，我们过去多年忽视了，现在也需要赶快补课……我们已经承认自然科学比外国落后了，现在也应该承认社会科学的研究工作（就可比的方面说）比外国落后了。我们的水平很低，好多年连统计数字都没有，这样的情况当然使认真的社会科学的研究遇到极大的困难。”[80] 随后，1981 年中国社会科学院重新组建苏联东欧研究所，同年在上海正式成立了中国苏联东欧学会，同时，由华东师范大学和上海社会科学院联合成立了上海苏联东欧研究所，黑龙江也设有类似的研究机构。这些机构重点对苏联东欧国家的内政外交展开分析与研究。总体来讲，对苏联东欧国家的改革和对外关系作为重点研究内容，构成我国改革开放的一个重要的参照系，特别是在如何认识改革的必要性、如何选择改革路径、如何在确保社会稳定前提下，推进各领域制度变迁的战略安排等诸多方面，得益颇多。如果说向西方发达市场经济国家的学习，使我们在体制取向上有了一个目标模式，那么在研究苏联东欧国家经验的基础上，则使我们有了一个对改革推进路径和战略设计较为具体的把握。这一阶段，可以被视为对苏联东欧社会主义国家展开政策和学术研究的开端。

第二阶段为苏联解体和东欧剧变之后的转型发展阶段（1989—1999 年）。这一阶段中国本身经历了国内政治变化，又与 1989 年东欧剧变和 1991 年苏联解体紧密关联。中国的俄罗斯问题研究，显然与政治主流，特别是改革开放的决策是有关的。这第二个十年的俄罗斯问题的研究，虽不像 80 年代那么热火朝天，但相当深入地研讨包括俄罗斯在内的苏联东欧地区的发展演变和历史经验教训。与此同时，90 年代中国该领域学术研究风格还比较保守，倾向于采用比较传统的描述式记载来记录研究对象的事态过程和表达观点，只有极少量著作开始关注以学术范畴和现代理论方法来进行研究。此外，这一研究领域也还没有能够摆脱传统意识形态的影响。

第三阶段是学术水平提升和走向国际化的新阶段（1999—2008 年）。21 世纪以来，我国俄罗斯研究领域的进展主要体现为两方面：一是，政府对传统俄罗斯研究机构支持力度加强，在大学设立重点文科基地，比如俄罗斯研究中心设在华东师范大学，并在形成竞争力、机构管理方面给予指导和帮助；二是，来自国家社会科学基金、教育部项目、各地方政府的社科基金、各个部委的项目资金支持，使得俄罗斯研究开始步入新的发展阶段，突出的特征表现为俄罗斯研究已经成为一个总体性的、全球性过程中的复杂话题，而不拘泥于单一国家的研究层次，涵盖大国关系、“转型”问题、运用最新的档案历史资料对苏联和中苏关系的研究等。这些研究既源于俄罗斯和苏联东欧地区问题研究领域，同时又大大地超出了这一域阈，成为具有普遍性的学科命题。此外，21 世纪以来，中国学者有更多机会出国深造，与美国、欧洲、日本以及各个方面的学者和专家接触，使得这一领域具备了一个超出一般区域研究的宽广视野和国际交往水平。

第四阶段是多样化发展的阶段（2008—2017 年）。一是，出现大量新的研究领域、作品和团队，如俄罗斯社会经济史、知识分子、哲学和思想史、东正教研究、中俄文学交流史，当代俄罗斯经济、政治进程、能源和中俄能源关系、欧亚地区研究、政治经济学研究等，均在不同程度上体现出明显的进展；二是，在决策咨询方面发挥的作用也越来越引人关注，所提供的分析、构想与建议的数量大大增加，决策部门与各个研究机构、各个大学建立了更为密切和直接的互动关系；三是，强调对研究对象国的深入实地考察，同时，也关注与西方学术机构之间的广泛交往，旨在通过一个更为开阔的对话环境，以便于取得对于研究对象的更为充分的认知。

第五阶段是致力于构建中国特色“俄罗斯学”学科的新阶段（2017— ）。之所以提出构建中国特色“俄罗斯学”的学科任务，这是因为当前我国内外形势发展的演进已经到了一个重要的关键节点，迫切期待包括俄罗斯研究在内的地区和国别研究能够拿出更多高质量的成果，这不仅是国家战略与决策之亟须，同时也是学科发展本身的吁求。[81]新时代的中国特色大国外交，既要有与大国地位相匹配的学术研究成果与之相称，也要求包括俄罗斯研究在内的国际研究，侧重于学科知识体系的与时俱进。当前，随着我国和国际社会转型均进入全新发展阶段，即中国特色社会主义进入新时代，中华民族迎来了从站起来、富起来到强起来的伟大飞跃，我国日益走近世界舞台的中央，世界处于百年未有之大变局，这些大势使得构建中国“俄罗斯学”的迫切性史无前例，也即将碎片化的零散知识，按照知识内在逻辑进行系统化的梳理和重构，已经成为当务之急。大国崛起有赖于思想的健全，中国能否真正崛起，也取决于能否建立起自己的知识体系，尤其是运用中国自己的历史文明观念来诠释和观察中国和世界发展的未来。就如冯绍雷教授所指出的那样，在国际竞争特别是在大国竞争中，学术、理论与观念从来没有躲在后面，而是以不同的方式参与了这种竞争与合作。在大国竞争日趋激烈的不断变化中，知识体系构建如何更加理性、有效和直接地参与到国际合作与竞争中，如果我们再不做一个好好的梳理，如果它不能弘扬正义，如果不能协和万邦，那就很可能是混淆视听甚至是遗患后人。[82]

与此同时，中国俄罗斯研究经过四十年的发展后，也出现一些亟须解决的问题，主要包括三方面：其一，学科知识体系构建问题。中国同行在俄罗斯研究的学理方法的构建方面，与国际同行相比、与俄罗斯自身千变万化的实际进程相比，还存在着较大差距。其二，人才队伍问题。随着20世纪90年代以后俄罗斯研究领域曾经留学苏联、留学东欧的一大批早期精英的离开，研究人才前后相继的问题也凸显出来，无论是语言、学术、交往等各个方面的能力和整体人才队伍正处于一个重新铸造的过程。其三，咨政服务意识有待强化。在大学、研究部门等学术机构和学术领域，有一些与决策距离较远，特别是对于人文类研究支持乏力。

从上文的论述中，我们可以发现，虽然中国的俄罗斯研究大体经历了由起步、深化到走向国际发展阶段，但仍需有一个较长阶段的继续积累，才有可能取得较大发展。

二、吸收外来

构建中国特色“俄罗斯学”的目标实现，离不开对国外俄苏研究的比照借鉴和批判思考，既包括总结出有用的学科机理、客观的观点和方法、值得借鉴的学术规范，也包括总结得失成败。

相比较而言，西方的俄罗斯学则是在一个很长历史时段中形成的，同时也是一个具备丰富积淀的学术门类。无论是就其学科建设的意义，还是现实的应用性研究来说，都有许多值得我们比照借鉴和批判思考的内容。通过系统研究国外俄罗斯学的历史与现状、成果与问题、机构与流派等方面的情况，掌握国外本领域的系统信息和知识，提高我国俄苏研究的总体水平，加强参与决策的能力，提升学科建设的层次，加强与相关国际机构的交流，促进人才的培养，使得我国本领域能够在尽可能短的时间里赶上并力争超越国际同类机构的水平。同时，也为使我国的同类研究能够全方位地参与国际高水准的学术对话做好铺垫。

“俄罗斯学”的起源与发展都与俄国千余年历史发展轨迹密不可分。俄国诞生于东欧平原。公元7—8世纪，原来定居于卡尔巴阡山脉的东斯拉夫人开始散居在西起德涅斯特、东到第聂伯河及黑海北岸的广袤的东欧平原上。8世纪左右，东斯拉夫人形成多个部落。9世纪，东斯拉夫人的氏族制度瓦解，出现准国家组织——以诺夫哥罗德和基辅为代表的“城市区域”。公元862年，斯堪的纳维亚半岛的一支瓦兰基亚人的王公留里克兄弟“应邀”到诺夫哥罗德，建立留里克王朝。留里克兄弟死后，其后继者奥列格率部南下第聂伯河畔，占领基辅，形成基辅罗斯。基辅罗斯当时就处于东欧大平原，西北部和西部是瑞典、立陶宛和波兰，南面是拜占庭帝国，东边是强悍勇猛的东方各游牧民族。从俄罗斯的国家起源来看，无论是人种，还是地缘，它首先接触的都是西方文化，因此，西方俄罗斯学在世界范围内的俄罗斯学的发展进程中占据着十分重要的地位，且经历了漫长的发展历程。

最先关注俄罗斯的首先当数毗邻国家的旅俄代表们（旅行家和外交家）。他们通过自己在俄罗斯的长期生活和观察，写下了自己的旅俄心得体会，收集并获得了有关俄罗斯的第一手材料，同时将其带回了自己的祖国。虽然俄罗斯国家的形成一般认为是公元 9 世纪后半叶，但有关俄罗斯国家的起源，特别是东斯拉夫人的日常生活，早已出现在古希腊、拜占庭、日耳曼、斯堪的纳维亚诸国、阿拉伯国家和伊朗等国的历史材料之中。西方国家有关俄罗斯的自然环境、领土、气候、人口和重大事件等材料被保存在它们的档案馆内，西方史学界将其称为“档案俄罗斯学”（Архивная Россика）。[83]据考证，直到 19 世纪 20—40 年代，术语“россика”（руссика）才正式出现在西欧国家的人文社会科学中，主要用于指代存储在意大利、法国、英国和瑞典等国家大型图书馆内有关俄罗斯历史的手稿和印刷品。换句话说，术语“俄罗斯学”在西方正式出现，最早可追溯到 19 世纪早期，它与欧洲国家的世界各国历史档案学的发展密不可分。正是这些历史档案材料成为西方俄罗斯学得以发展的主要信息资源。第一次世界大战之后，特别是俄国革命、内战和外国武装干涉时期，有大量俄罗斯原始文件流入西方国家，这些材料为西方俄罗斯学的早期发展打下了坚实的基础。与此同时，世界形势变化和俄罗斯爆发国内革命，使得西方国家对俄罗斯的研究兴趣越来越大，并相继成立不少由政府、社会组织和私立基金资助的机构、院系、教研室、研究中心等，专门从事有关俄罗斯问题的研究和教学。这在很大程度上促成了西方俄罗斯学的兴起及发展，并最终形成今天相对完善的一门学科。

在西方俄罗斯学发展过程中存在一个特殊的现象，即俄国侨民（特别是高级知识分子）扮演了重要角色。[84]历史上，俄罗斯总共有四次大规模的移民潮，每一次移民潮的发生都对西方俄罗斯学的发展产生了巨大影响。第一次移民潮主要出现在1917—1939年间，这一时期发生的两大事件：俄国十月革命及随后爆发的国内战争，导致大批惧怕无产阶级专政和所谓“红色恐怖”的俄罗斯公民背井离乡，避难国外。据统计，当时约有400万人逃离革命后的俄国，选择国外定居，形成了俄国历史上第一次大规模的“移民潮”。其中不乏高级知识分子，包括大学教授、作家、评论家等，他们在异国他乡苦思俄罗斯的未来以及她在世界发展中的地位与角色，试图为俄罗斯的未来发展找到合适的道路。产生在20世纪20年代欧洲俄国侨民中间早期的欧亚主义学说，就对西方俄罗斯学的早期发展产生了重要影响。第二次移民潮出现在第二次世界大战爆发前后，被德军占领的苏联欧洲部分不少地区数以百万计的居民、官员趁战乱之机逃往国外，还有一些不满苏联当局的政策，总共约有1 000万人定居国外。第三次移民潮始于20世纪60年代后半期，有超过100万人离开苏联。第四次移民潮则出现在苏联解体前后，在戈尔巴乔夫执政期间，苏联放开了出入境自由政策，大批犹太侨民得以返回以色列，而不少居民由于国内经济、社会和生活条件的恶化，加上局势动荡，也纷纷选择出国谋生，其中不乏高层次人才，这一趋势一直延续到今天。据不完全统计，苏联解体后，约2 500万的俄罗斯公民侨居国外。上述俄罗斯四次移民潮中，特别是高级知识分子积极融入移民对象国的生活，或著书立学，或从事研究，或教书育人，他们极大地充实了西方俄罗斯学的研究力量，对其后续发展产生了不可忽视的重要影响。这也是西方俄罗斯学发展过程中值得关注的一个重要基本特征。

就国家分布而言，俄罗斯学在西方国家也呈现不平衡的发展特征，不同国家在不同时期占据着主导地位。18—19世纪，德国和法国学界对俄国的研究处于领先地位，两国的俄国专家以及他们的研究成果也得到了俄国国内学界的承认。到19世纪和20世纪之交，英国的俄国研究专家学者越来越积极地加入创立俄罗斯学的大军，并逐渐取代德国和法国的领先地位，成为西方俄国研究的领头羊。出现这一局面的首要推动力是英国与俄国之间的竞争，比如，迄今为止流传开来的19世纪中叶到20世纪初的政治术语“大博弈”(The Great Game)[85]，特指大英帝国与沙皇俄国争夺中亚控制权之战略冲突。当竞争越来越激烈时，英俄感到这样的竞争将把它们拖入一场战争。为避免这一后果，同时为了对付共同的敌人德意志帝国，两国在 1907 年 8 月 31 日签订了一项协议。在这期间，为了更好地了解俄国的行为，英国迫切需要对俄国进行深入研究，因此，推进了英国俄国研究的发展。俄英两国之间的竞争与合作，对英国的俄国研究具有巨大的推动作用，也成为两国关系发展的重要支撑。与此同时，这一阶段的西方俄罗斯学也经历了艰难的发展阶段，主要表现在：传统研究领域的竞争激烈，新的研究领域和研究方向尚需开拓，国别研究的理论与方法论有待创新等，比如，面临多重挑战下的德国俄罗斯研究专家协会在第一次世界大战前后，就将研究重点放在了俄罗斯帝国的非俄罗斯族人和国内政治运动。

两次世界大战期间，西方俄罗斯学发展遭到了巨大冲击，西欧国家的俄罗斯研究基本上处于停滞状态。位于大西洋彼岸的美国的俄罗斯学，几乎与英国同时起步，但直到 20 世纪 20—30 年代之交，才开始真正地发展起来，第二次世界大战后则快速发展成为西方俄罗斯学的重要学术分支——苏联学。“苏联学”作为一个庞大和复杂的体系，冷战期间在西方俄罗斯研究界一直占据着主导地位，为西方俄罗斯学发展进程打上了深深的烙印，成为当时盛极一时的显学。虽然冷战结束之后苏联学在美国开始衰落，其发展也面临多重危机与困境，但仍然继续影响着美国俄罗斯学的发展。

就本书的研究价值而言，考察美国的俄罗斯学，具有多重意义：一是，学术史意义。百余年来，美国俄罗斯学专家学者进行了大量理论创作和经验研究，形成了不同的研究流派和学术范式，对俄国政治的本质、内涵和演变做出了多种解读。从学术史角度对美国俄罗斯学进行概括性梳理，有助于为我国俄罗斯研究的总体水平和学科建设层次提供有益的参考和借鉴。

二是，思想史意义。美国的俄罗斯学在很大程度上还体现出美国专家学者对世界其他民族和地区的认知水平和思想境界。迄今，不少俄罗斯学的经典之作仍然为当代俄罗斯问题研究的专家学者留下宝贵的思想财富。透过俄罗斯学的发展历程，我们也可以看到美国学术思潮的发展和变迁轨迹。

三是，政策实践意义。有助于理解美国学界与决策界互动影响的路径和方式。学术思想会渗透到政治决策之中,政治风向也会影响学术研究导向。此外,有的学者还会在大学与政府之间“旋转”穿梭。美国学界与政界、学术与政策之间的互动关系,也可以透过俄罗斯学的发展管窥一斑。

第三节 研究现状、主要内容及其特色

一、国内外研究现状

大体上国内学术界对美国俄罗斯学的关注主要始于20世纪80年代到90年代初期,国内对这一问题的研究以“译介”为主,主要包括三种形式:(1)根据国内外公开材料编写关于西方俄罗斯学机构或研究概况的介绍文章;[86](2)利用到美国实地访问考察的机会撰写相关的介绍文章;[87](3)翻译国外学者公开发表的有关文章与著作。[88]这些前期研究成果构成国内这一时期对美国俄罗斯学的初步认知,也为本课题的深入研究提供了更多资料信息,同时也具有重要参考意义。

从20世纪90年代末至今,国内对美国俄罗斯学的关注越来越多,并有所深入,重点围绕作为美国俄罗斯学的主要分支——苏联学——的研究范式、政策功能和冷战后对苏联学得失的反思,以及当代美国俄罗斯研究领域所取得的进步、存在的问题等方面进行较为深入的分析和探讨。[89]

上述作品中,比较有代表性的是长期执教于美国文博大学的于滨教授撰写发表的三篇有关美国苏联学的论文,包括《从X到Z:西方“苏联学”的兴与衰》《转型的迷茫与困惑》《西方苏联学的内核与外延》[90],对美国的苏联学以及“二战”后的苏联研究进行了较详细的梳理与思考。比如,在《从X到Z:西方“苏联学”的兴与衰》一文中,于滨教授就对西方/美国的苏联学研究进行了梳理,并将其置于西方国际关系理论的框架中加以比较和考察,同时兼顾美国对苏政策的制订和走向,从宏观上简要描述了苏联学的发展历程。此外,作为新生代中国俄罗斯问题专家的杨成博士发表的关于中国俄罗斯研究的回顾性长文中,也对苏联学与后苏联学的发展状况做过类似的梳理工作,作者探讨了多年

来美国在这一领域所取得的进步以及存在的问题，文章的批评尖锐，直言不讳，获得了国内同行的关注。[91]

上述梳理可以发现，目前国内已有研究为进一步研究美国的俄罗斯学奠定了重要的前期基础，不少重要问题在这些文章中都有所涉及。与此同时，这些研究对美国俄罗斯学起源的时代背景和百余年俄罗斯学的发展脉络等问题的论述还不够，对其学术思想的剖析还不深入。这些都是进一步研究的空间所在。总之，目前国内有关美国俄罗斯学的探讨和研究还是相对零散，缺乏系统研究，其学术和实用价值都有待进一步的深化和充实。

就国外的研究状况而言，从前文对西方俄罗斯发展历程的介绍可以看出，西方俄罗斯学经历了漫长的发展历程，最终形成今天相对完善的一门学科体系，并在世界范围内的俄罗斯学的发展进程中占据着十分重要的地位，特别是美国的俄罗斯学，在第二次世界大战后独树一帜，研究实力堪称"世界一流"。美国的俄罗斯学经历了什么样的发展历程？第二次世界大战之前的美国传统俄罗斯学是什么样的发展状况？第二次世界大战后被誉为显学的"苏联学"的独特性是什么？为何"苏联学"最后饱受诟病？冷战后从"苏联学"向"当代俄罗斯学"转变过程中又面临着什么样的挑战和契机？在苏联解体所造成的强有力震荡和冲击下，当代美国学界到底如何继承和发展俄罗斯学？今天我们又如何评价美国俄罗斯学的发展历程及其得失成败？对这些问题的解答，美国俄罗斯研究界也大有人在孜孜寻觅和探索，其中不乏他山之玉。这也是本书需要回答的重点问题。

二、本书的主要研究内容

从 19 世纪末到 21 世纪初，美国的俄罗斯学发展已逾百年历史。本书重点对美国俄罗斯学发展的历史沿革和现状进行分阶段的概括性归纳和梳理。关于美国俄罗斯学的发展历程，学界已经有过具体阶段的划分。比如，俄罗斯学者倾向于将美国的俄罗斯学划分为四个发展阶段：1870—1917 年为初始阶段；20 世纪 20—30 年代为过渡阶段；1940—1985 年为兴起阶段；1985 年至今为转型阶段。[92]美国学者则更倾向于划分为三个阶段。2008 年 9 月，美国哈佛大学戴维斯俄罗斯与欧亚研究中心原主任、知名俄苏问题专家蒂莫西·科尔顿（Timoth J. Colton）教授曾在华东师范大学大夏讲坛，谈及了美国学术界研究俄罗斯问题的缘起和发展。在他看来，可以将美国的俄罗斯研究划分为三个发展阶段：第一阶段从 1807 年美俄开始建交直到 20 世纪 30 年代，可以视为美国早期的俄罗斯研究，且发展比较困顿；第二阶段从第二次世界大战到苏联解体，是美国俄罗斯研究的最活跃时期；第三阶段则是冷战后美国俄罗斯研究面临多重挑战的发展阶段。[93] 另外一位美国学者基于家族世代辈数的高低将其形象地划分为三个阶段：20 世纪 40—50 年代是“父辈”阶段，这一阶段的苏联研究在美国政府和基金会的大力支持下，俄罗斯学发展成一门越来越受欢迎的学科；60—80 年代为“子辈”阶段，这一阶段出现了不少理论视角，出版了大量美国苏联学的经典之作；90 年代则是“孙辈”阶段，苏联解体后，寻找俄罗斯学发展的新方向。[94]

基于上述国外学者的划分，同时考虑到俄罗斯与美国关系的发展历程，本书将美国俄罗斯学的发展历程大体划分为三个阶段：第一阶段是 19 世纪末到第二次世界大战开始前，这是美国俄罗斯学的滥觞时期，以斯拉夫学为主；第二阶段是第二次世界大战后到冷战结束，这是美国俄罗斯学的兴起时期，以苏联学为主；第三阶段则为冷战结束至今，这是美国当代俄罗斯学发展的转型时期，以多元化发展为主，其中“转型学”被给予特别的关注。

在此基础之上，本书重点考察美国俄罗斯学作为一门学科（知识体系）的构建与发展历程及其阶段性特征，梳理不同阶段产生的重大理论（研究范式）、主要流派（代表性人物），不同阶段提出的重大研究任务与具体议题，采用的主要研究方法，对不同时期俄罗斯学这门学科的发展问题及其走向的重大反思与辩论，最后归纳总结出对构建中国特色“俄罗斯学”知识体系的启示。本研究还将以附录形式呈现有关美国俄罗斯学研究的文献索引。

本书研究的重难点：(1)重点：美国俄罗斯学的学科范畴与方法论体系的构建；学术流派、重要理论范式、重大辩论与反思；美国保障俄罗斯研究的主要制度与机制；高水平俄罗斯问题专家队伍的培养等。(2)难点:如何理清美国多学科知识和作为地区研究的俄罗斯研究之间的互动关系;如何客观、合理地评价美国俄罗斯学发展进程中的得失成败;如何从中总结出可供中国借鉴的经验与教训等。

三、研究特色

本书的研究特色主要体现在以下几方面:

1. 在研究观点上,本书提出以“知识体系”为核心范畴,对美国“俄罗斯学”作为一门相对完善的学科体系进行整体性考察。侧重于梳理美国俄罗斯学提出的重要概念、主要的研究范式,以及开展跨学科研究所采取的特色研究方法,还包括对不同时期围绕俄罗斯学这门学科的发展问题及其走向的重大反思与学术争辩。

2. 在研究视角上,从学术史的角度,对百余年美国俄罗斯学的发展进行梳理,旨在更深层次地领会这个研究领域建立的时代背景、内外动因和发展历程,同时考察美国专家学者对世界其他民族和地区的认知水平和思想境界。具体内容包括:美国俄罗斯学发展的历史概貌;多学科知识和作为地区研究的俄苏研究之间的互动;美国俄罗斯学的方法论和学科范畴体系的构建;美国俄罗斯学的重要理论观点、重大反思与辩论;美国重要的俄罗斯研究机构及学术流派;该领域学术发展的最新动向等。

3. 在研究方法上,借助“科学研究纲领”方法论评估美国俄罗斯学的发展,并对其作整体性的批判。选取英国科学哲学家伊姆雷·拉卡托斯提出的“科学研究纲领方法论”作为评估科学理论发展的客观评估标准,对美国俄罗斯学发展进行初步评估,以期为观察美国的俄罗斯研究和推进中国的俄罗斯学发展寻求可能的交叉点和互动处。

4. 在实践上,梳理美国俄罗斯学百余年的发展历程,在借鉴和吸收其发展经验和教训的基础之上,进一步探索具有中国特色的“俄罗斯学”构建路径,也对当下中国正在构建的国别区域知识体系提供参考。

注释

1. Ф. М. Достоевский//Бесы. Часть вторая. Глава первая VII, http://ilibrary.ru/

text/1544/p.49/index.html.

2. 此诗的翻译版本出自广东外语外贸大学俄语系詹德华教授，笔者在广外求学时，詹教授讲授了关于俄语诗歌翻译的课程，故随堂做下摘录，迄今印象深刻。关于这首诗的中文翻译，据笔者统计，国内存在至少6个不同的译本，但严格意义上而言，这些翻译都不符合诗体的基本要求，更多的是俄语原文的直译。比如，英国著名第二次世界大战史专家安东尼·比弗(Antony Beevor)在他的畅销书《保卫斯大林格勒》序言里引用了丘特切夫的诗句，此书的中文译文是："无法以常规来理解俄罗斯。"俄罗斯著名思想家别尔嘉耶夫在其传世之作《俄罗斯命运》和《俄罗斯思想》开头也引了这句诗，中文译文分别为："用理智无法理解俄罗斯，用尺度无法衡量俄罗斯，因为俄罗斯拥有自己的性格，对俄罗斯最好的办法是相信。"俄罗斯中文报纸《透视俄罗斯》的译文："凭理智无法理解俄罗斯，她不能用普通尺度衡量，她具有独特的气质——对俄罗斯只能信仰。"新华社记者江红的译文："用理性不能理解俄罗斯，用通常的标准无法衡量它，在它那里存在着特殊的东西。"还有两种译法分别为："用理性无法理解俄罗斯""用智慧无法理解俄罗斯"。其中，常规、理智、理性、智慧，应是同一俄文单词(Ум)的不同汉译。

3. Кортунов С. В. Современная внешняя политика России: стратегия избирательной вовлеченности. М.: ГУ-ВШЭ, 2009. С.8.

4. Simon Saradzhyan. "Worlds Apart? Are Russia's and the U.S. National Interests So Different?" *Russia in Global Affairs*, No.2, 2015, p.182.

5. 张建华：《俄国史》，北京：人民出版社2004年版，封底。

6. 严维明：《比较美国学》，西安：西安交通大学出版社1999年版；蔡翠红、倪世雄：《"美国研究"或"对美国的研究"——试析中外美国研究范畴的不对称性》，载《社会科学》2005年第9期；孙哲：《美国学：中国对美国政治外交研究1979—2006》，上海：上海人民出版社2008年版；王缉思：《浅谈区域与国别研究的学科基础》，载《区域国别研究学刊》2020年第1辑。

7. 陈乐民：《关于"欧洲研究"在中国》，载《欧洲》2001年第1期，第2页。

8. 刘立群：《欧洲学刍议》，载《欧洲》1995年第4期；沈雁南：《论中国的"欧洲学"建设问题》，载《学术界》2000年第5期；钱乘旦、胡莉：《区域与国别研究视野下的"欧洲研究"——关于欧洲研究发展方向的讨论》，载《欧洲研究》2020年第4期。

9. 王缉思：《浅谈区域与国别研究的学科基础》，载《区域国别研究学刊》2020年第1辑。

10. 钱乘旦、胡莉：《区域与国别研究视野下的"欧洲研究"——关于欧洲研究发展方向的讨论》，载《欧洲研究》2020年第4期。

11. 王加兴：《俄罗斯学："高等学校俄语专业本科教学质量国家标准"的重要内涵》，载《中国俄语教学》2018年第3期，第76页。

12. 赵传君：《关于创建中国俄罗斯学的探讨》，载《俄罗斯中亚东欧研究》2010年第6期。

13. 引自2013年8月24日美国文博大学于滨教授应邀在复旦大学举办的"第一届美国研究全国青年论坛"开幕式上发表的题为《关于美国研究中的几个问题》的演讲，全文参见 https://m.aisixiang.com/data/69128.html。

14. 国玉奇：《复合型俄罗斯学人才的培养与课程改革》，载《中国俄语教学》2005年第11期，第16页。

15. 周勤：《本土经验的全球意义——为〈世界汉学〉创刊访杜维明教授》，载《世界汉学》1998年第1期。

16. 方维规：《"汉学"和"汉学主义"刍议》，载《读书》2012年第2期，第8—14页。

17. 张建华：《历史学视角：对中国俄罗斯学的战略性思考》，载《俄罗斯文艺》2007年第6期,第30页。

18. 王加兴:《俄罗斯学:“高等学校俄语专业本科教学质量国家标准”的重要内涵》,载《中国俄语教学》2018年第3期,第75页;白春仁:《俄罗斯学呼唤沟通文化的自觉》,载《中国俄语教学》2005年第8期;李明滨:《俄罗斯学教育的回顾与展望》,载《中国俄语教学》2014年第6期。

19. 张建华:《中国俄国史研究百年检视与思考》,载《史学月刊》2020年第1期,第128页。

20. 白春仁:《俄罗斯学呼唤沟通文化的自觉》,载《中国俄语教学》2005年第8期;国玉奇:《复合型俄罗斯学人才的培养与课程改革》,载《中国俄语教学》2005年第11期;张建华:《历史学视角:对中国俄罗斯学的战略性思考》,载《俄罗斯文艺》2007年第6期;付晓霞:《探讨俄罗斯学》,载《中国俄语教学》2008年第8期;赵传君:《关于创建中国俄罗斯学的探讨》,载《俄罗斯中亚东欧研究》2010年第6期;赵传君:《试论俄罗斯学的研究对象》,载《黑龙江对外经贸》2011年第1期;赵传君:《中国需要建立一门新学科——俄罗斯学》,载《北方经贸》2011年第1期;赵传君:《试论俄罗斯学的研究方法》,载《经济研究导刊》2011年第1期;李明滨:《俄罗斯学教育的回顾与展望》,载《中国俄语教学》2014年第6期。

21. 张禄彭:《我国当代俄罗斯学:认识与思考》,载《江苏外语教学研究》2014年第1期,第35页。

22. 王加兴:《俄罗斯学:“高等学校俄语专业本科教学质量国家标准”的重要内涵》,载《中国俄语教学》2018年第3期,第75页。

23. 王智强:《“俄罗斯学”学科理念下的复合型俄语人才培养——以河北北方学院为例》,载《林区教学》2022年第3期。

24. 王加兴:《俄罗斯学:“高等学校俄语专业本科教学质量国家标准”的重要内涵》,载《中国俄语教学》2018年第3期。

25. 张建华:《历史学视角:对中国俄罗斯学的战略性思考》,载《俄罗斯文艺》2007年第6期。

26. 王加兴:《俄罗斯学:“高等学校俄语专业本科教学质量国家标准”的重要内涵》,载《中国俄语教学》2018年第3期,第75页。

27. 张建华:《历史学视角:对中国俄罗斯学的战略性思考》,载《俄罗斯文艺》2007年第6期。

28. 国玉奇:《试论作为独立学科的俄罗斯学》,载《中国俄语教学》2007年第2期,第12—16页。

29. 李明滨:《独联体国家文化国情》,北京:北京大学出版社2004年版,第3页。

30. 汪磊:《俄罗斯学:跨学科研究新方向——俄罗斯学国际研讨会综述》,载《俄罗斯文艺》2018年第1期。

31. 史铁强:《再论俄语专业教学改革——兼谈俄罗斯学的建设》,载《中国俄语教学》2007年第2期,第1—5页。

32. 国玉奇:《试论作为独立学科的俄罗斯学》,载《中国俄语教学》2007年第2期,第12—16页。

33. 张建华:《历史学视角:对中国俄罗斯学的战略性思考》,载《俄罗斯文艺》2007年第6期。

34. 张建华:《中国俄国史研究百年检视与思考》,载《史学月刊》2020年第1期,第128页。

35. 付晓霞:《探讨俄罗斯学》,载《中国俄语教学》2008年第8期。

36. 赵传君:《关于创建中国俄罗斯学的探讨》,载《俄罗斯中亚东欧研究》2010年第

6期;赵传君:《试论俄罗斯学的研究对象》,载《黑龙江对外经贸》2011年第1期;赵传君:《中国需要建立一门新学科——俄罗斯学》,载《北方经贸》2011年第1期;赵传君:《试论俄罗斯学的研究方法》,载《经济研究导刊》2011年第1期;赵传君:《试论俄罗斯学的研究视角》,载《经济研究导刊》2011年第6期。

37. 张禄彭:《我国当代俄罗斯学:认识与思考》,载《江苏外语教学研究》2014年第1期,第35页。

38. 同上。

39. 李永全:《序言·中国"俄罗斯学"》,载李永全、庞大鹏主编:《"俄罗斯学"在中国》,北京:社会科学文献出版社2017年版,第2页。

40. 比如,将俄罗斯学等同于苏联学,将苏联学理解为专门对苏联政治的研究。参见徐洋:《西方学者眼中的苏联学》,载《国外理论动态》1999年第1期,第30—31页。

41. 2018年8月,上海人民出版社已经推出首批三部专著,包括《冷战后日本的俄苏研究》(阎德学)、《冷战后英国的俄苏研究》(封帅)、《冷战后斯堪的纳维亚地区的俄苏研究》(韩冬涛)。

42. 王辛夷:《提升俄罗斯学教育功能　培养"大俄语"人才》,载《中国俄语教学》2016年第1期;张俊翔、И.В.普利奥罗娃:《刍议俄罗斯学的学科理念在俄语专业本科教学中的体现》,载《中国俄语教学》2018年第1期;徐来娣:《从"强化教学"到"俄语+俄罗斯学"——南京大学俄语专业教学改革回顾与展望》,载《俄语学习》2019年第3期;王智强:《"俄罗斯学"学科理念下的复合型俄语人才培养——以河北北方学院为例》,载《林区教学》2022年第3期。

43. 李永全、庞大鹏主编:《"俄罗斯学"在中国》,北京:社会科学文献出版社2017年版。

44. Bonnell V. E. and Breslauer G., "Soviet and Post Soviet Area Studies," in *The Politics of Knowledge: Area Studies and the Disciplines*, Berkeley: University of California International and Area Studies Digital Collection, 2003.

45. Wallerstein I., "The unintended consequences of Cold war area studies," in *The Cold War and The University: toward an Intellectual History of the Postwar Years*, by Noam Chomsky, Rebecca S. Lowen, Ron Robin, Christopher Simpson, New York: The New Press, 1997. pp.195—203.

46. 方维规:《"汉学"和"汉学主义"刍议》,载《读书》2012年第2期,第8—14页。

47. 康荟:《"русский"与"российский"的来源及汉译探析》,载《新疆大学学报(哲学·人文社会科学版)》2012年增刊,第79—80页。

48. Ольга Большакова. Russian studies: о терминах и не только//Российская история. 2013. №1. С.147—151.

49. David C. Engerman, *Know Your Enemy: The Rise and Fall of America's Soviet Experts*, New York: Oxford University Press, 2009, pp.1—3.

50. Kappeler A., "Beween science and politics: The German-language historiography of Russia during the 20th century," in J. Malicki, L. Zasztowt(eds), *East And West. History and Contemporary State of Eastern Studies*, Warsaw: Studium Europy Wschodniej, Uniwersytet Warszawski, 2009, p.46.

51. Большакова, О.В. Россиеведение & Russian studies: Зарубежный опыт//Труды по Россиеведению. 2010. №1. С.258—269.

52. "News of the Profession," *Slavic Review*, Vol.29, No.3, September 1970, p.585.

53. Малиа М. Из-под глыб, но что? Очерк истории западной советологии//Отечес-

твенная история. 1997. №5. С.93—109.

54. Ольга Большакова. Russian studies：о терминах и не только//Российская история. 2013. №1. С.147—151.

55. David C. Engerman，*Know Your Enemy*：*The Rise and Fall of America's Soviet Experts*，p.305.

56. 杨念群：《美国中国学研究的范式转变与中国史研究的现实处境》，载《清史研究》2004 年第 4 期。

57. Американская русистика：Вехи историографии последних лет. Советский период：Антология/Сост. М.Дэвид-Фокс. Самара：Самарский университет，2001.

58. Евразийский сборник：Политика，философия，россиеведенье/Под ред. Н. Н. Алексеева и др. Прага：Евразийское книгоиздательство，1929.

59. Шаповалов В.Ф. Россиеведение：Учебное пособие для вузов. М.：Фаир-пресс，2001；ГорянинА.Б. Оптимистическое россиеведение. М.：Национальная лига управляющих，2008；Безбородов А.Б. Зарубежное Россиеведение. Учебное пособие.М.：Проспект，2015；История СССР/РФ в контексте современного россиеведения/Под ред. Е.И. Пивовара，А. Б. Безбородова.М.：Проспект，2015.

60. БольшаковаО.В. Россиеведение & Russian studies：Зарубежный опыт//Труды по Россиеведению. 2010. №1. С.258—269.

61. 陈乐民、周弘：《欧洲文明的进程》，北京：三联出版社 2003 年版；刘立群：《欧洲学刍议》，载《欧洲》1995 年第 4 期，第 79—81 页。

62. 冯绍雷：《东西方文明结合部：俄国研究的一个基本分析范畴》，载《俄罗斯研究》2012 年第 6 期；张建华：《历史学视角：对中国俄罗斯学的战略性思考》，载《俄罗斯文艺》2007 年第 6 期。

63. Большакова，О.В. Россиеведение & Russian studies：Зарубежный опыт//Труды по Россиеведению. 2010. №1. С.258—269.

64.《国务院学位委员会关于印发〈交叉学科设置与管理办法（试行）〉的通知》，中国政府官网，2021 年 12 月 6 日，http://www.gov.cn/xinwen/2021-12/06/content_5656041.htm。

65. 刘仲林：《跨学科学应成为交叉学科勃发的向导》，载《中国社会科学报》2022 年 6 月 14 日，第 2426 期。

66.《郭长刚：完善管理办法，莫让交叉学科成为“苹果梨”》，澎湃新闻网，2022 年 3 月 10 日，https://m.thepaper.cn/baijiahao_17080654。

67. 麦可思、王慧：《一场新文科的尝试》，载《北京日报》2018 年 9 月 19 日，第 19 版。

68. 陈鹏：《“新文科”概念热起来　究竟要培养什么样的人才》，载《光明日报》2019 年 5 月 20 日，第 8 版；张胜、王斯敏、胡海男等：《新文科“新”在哪儿？并非“科技＋人文”那么简单》，载《光明日报》2019 年 7 月 23 日，第 8 版；李晓、张胜、王斯敏等：《新文科怎么建？学科跨出去，文理融起来》，载《光明日报》2019 年 7 月 24 日，第 8 版。

69. 刘仲林：《跨学科学应成为交叉学科勃发的向导》，载《中国社会科学报》2022 年 6 月 14 日，第 2426 期。

70. 赵宪章：《文学理论知识体系的间性结构——基于我国改革开放以来的学术史》，载《文艺研究》2019 年第 6 期，第 5—6 页。

71. “中共中央办公厅印发《国家“十四五”时期哲学社会科学发展规划》”，新华网，2022 年 4 月 27 日，http://www.nopss.gov.cn/n1/2022/0427/c432288-32410485.html。

72. 谢伏瞻：《加快构建中国特色哲学社会科学学科体系、学术体系、话语体系》，载《中国社会科学》2019 年第 5 期，第 12 页。

73. 周平:《民族政治学知识体系的构建、特点及取向》,载《政治学研究》2019 年第 1 期,第 7 页。

74. 杨天平:《学科概念的沿演与指谓》,载《大学教育科学》2004 年第 1 期,第 14 页。

75. 郑永年、杨丽君:《中国文明的复兴和知识重建》,载《文史哲》2019 年第 1 期,第 6 页。更详细的论述参见郑永年:《中国的知识重建》,北京:东方出版社 2018 年版。

76. 依笔者之见,真正意义上的"中国特色俄罗斯学"尚不存在,因此,下文更多使用术语"俄罗斯研究",而非"俄罗斯学"。

77. 杨成:《中国俄苏研究的范式重构与智识革命——基于学术史回顾和比较研究的展望》,载《俄罗斯研究》2011 年第 1 期,第 8—10 页。

78. 冯绍雷:《三十年中国改革开放与三个"十年"的俄国问题研究——基于前社会主义国家转型比较的一项观察》,载《俄罗斯研究》2008 年第 4 期。

79. 钱其琛:《外交十记》,北京:世界知识出版社 2003 年版,第七章。

80.《邓小平文选》(第 2 卷),北京:人民出版社 1994 年版,第 180—181 页。

81. 冯绍雷:《对于高质量的地区与国别研究的殷切期待》,载《俄罗斯研究》2018 年第 4 期,第 5 页。

82. 引自 2018 年 11 月 3 日,冯绍雷教授在教育部人文社会科学重点研究基地华东师范大学俄罗斯研究中心主办的、以"俄罗斯欧亚研究的学科理论与知识体系构建"为主题的青年学者工作坊上的开幕式致辞。

83. Козлов В.П. Зарубежная архивная Россика: проблемы и направления работы//Новая и новейшая история.1994. №3; Проблемы зарубежной архивной россики. Сборник статей.М.: Федеральная архивная служба России, 1996; Зарубежная архивная россика. Итоги и перспективы выявления и возвращения. М.: Федеральная архивная служба России.2001; Попов А. В. Русское зарубежье и зарубежная архивная россика//Новый журнал (Нью-Йорк). 2003. №230; Сабенникова И. В. Библиография "Зарубежная архивная Россика"//Вестник архивиста. 2006. №4/5; Петрушева, Л. И. Зарубежная архивная Россика в Государственном архиве Российской Федерации. 1998—2009 гг.//Вестник архивиста. 2009.№3; Сабенникова И.В., Гентшке В.Л. Зарубежная архивная Россика: география размещения, выявление, публикация источников. М.: Новый Хронограф, 2014.

84. Болховитинов Н. Н. Русские ученые-эмигранты (Г. В. Вернадский, М. М. Карпович, М.Т. Флоринский) и становление руситики в США. М.: РОССПЭН, 2005.

85. [英]彼得·霍普柯克:《大博弈:英俄帝国中亚争霸战》,张望、岸青译,北京:中国青年出版社 2015 年版。

86. 游燮庭:《美国哈佛大学俄国研究中心》,载《苏联东欧问题》1981 年第 3 期;彼得·波蒂克尼杰、崔建华、杨英华等:《苏联和东欧研究指南》,载《今日苏联东欧》1985 年第 1—6 期。

87. 刘金质:《美国学术界对苏联外交政策的研究》,载《世界政治资料》1982 年第 3 期;刘金质:《西方国家对苏联与东欧的研究》,载《世界政治资料》1983 年第 3 期;徐葵:《美国的苏联问题研究发展概况——访美考察记之一》,载《苏联东欧问题》1982 年第 1 期;徐葵:《图书工作在美国的苏联东欧研究中的作用——访美考察记之二》,载《苏联东欧问题》1982 年第 2 期;徐葵:《美国的苏联地区学和培养研究人才问题——访美考察记之三》,载《苏联东欧问题》1982 年第 3 期;朱家明:《谈谈西方的斯拉夫学》,载《苏联东欧问题》1985 年第 4 期。

88. 长川谷毅、童适平:《美国的苏联研究危机》,载《今日苏联东欧》1985 年第 2 期;倪家泰:《美国加强对社会主义国家的研究给我们的启示》,载《苏联研究》1990 年第 4 期;

哈根:《苏联学的未来》,载《国外社会科学》1992 年第 1 期;陈钜山:《西方学者对苏东研究的反思》,载《今日前苏联东欧》1992 年第 2 期;陈钜山:《西方学者对苏东研究的探索》,载《今日前苏联东欧》1992 年第 6 期;董乐山:《苏联学在美国方兴未艾》,载《博览群书》1996 年第 2 期。

89. 王鹏:《西方苏联学研究中的范式及范式转换》,载《当代世界社会主义问题》1999 年第 2 期;徐洋:《西方学者眼中的苏联学》,载《国外理论动态》1999 年第 1 期;许华:《美国的苏联学及其功能》,载《高校理论战线》2004 年第 11 期;许华:《美国的苏联学研究》,载《俄罗斯中亚东欧研究》2004 年第 6 期;许华:《美国的苏联学与苏联解体》,载《百年潮》2006 年第 7 期;郭金月:《美国苏联学的起源》,载《俄罗斯中亚东欧研究》2011 年第 1 期;郭金月:《试析冷战期间美国苏联学的四大理论视角》,载《苏州科技学院学报(社会科学版)》2013 年第 1 期;王子晖、张广翔:《第二次世界大战前后美国的苏联学家培训事业》,载《史学月刊》2012 年第 9 期;张广翔、王子晖:《论战后初期美国苏联学的冷战化——以"哈佛苏联社会制度项目"为中心的分析》,载《史学理论研究》2012 年第 4 期;王子晖、张广翔:《20 世纪 70 至 80 年代美国苏联学的危机及其应对》,载《社会科学战线》2014 年第 6 期;林精华:《学术研究泛智库化之后果:作为国际政治学的美国"苏联学"》,载《社会科学战线》2014 年第 4 期;王子晖:《20 世纪五六十年代美国苏联学的发展及其影响》,载《世界历史》2014 年第 4 期;王子晖:《论冷战时期美国苏联学与政府决策的关系》,载《史学月刊》2014 年第 6 期;万青松:《冷战期间美国苏联学的发展历程考察》,载《冷战国际史研究》2018 年第 2 期;万青松:《冷战后美国的俄罗斯学:转型与多样化发展》,载《国外社会科学》2019 年第 1 期;郭金月:《美国苏联学的兴衰——以布热津斯基和塔克的研究为例》,华东师范大学博士论文,2012 年 5 月;王子晖:《冷战时期的美国苏联学研究》,吉林大学博士论文,2014 年 6 月。

90. 于滨:《从 X 到 Z:西方"苏联学"的兴与衰》,载《俄罗斯研究》2011 年第 1 期;于滨:《转型的迷茫与困惑》,载《俄罗斯研究》2011 年第 6 期;于滨:《西方苏联学的内核与外延》,载《俄罗斯研究》2013 年第 6 期。

91. 杨成:《中国俄苏研究的范式重构与智识革命——基于学术史回顾和比较研究的展望》。

92. Петров Е. В. История американского россиеведения. СПб: СПб ин-т легкой промышленности, 1998.

93. 科尔顿:《美国学术界如何理解俄罗斯现象》,华东师范大学大夏讲坛,举办时间为 2009 年 9 月 27 日,http://www.saias.ecnu.edu.cn/iv3411.htm。

94. Американска русистика. Вех историографи последни лет. Советски период. Антология.(Сост. М. Дэвид-Фокс). Самара: Самарски университет, 2001. С.20.

第二章

美国俄罗斯学的滥觞:斯拉夫学

观今宜鉴古,无古不成今。美国俄罗斯学与其他西方国家的俄罗斯学一样,其起源与发展都经历了较长且曲折的历史进程,其在百余年的发展历程中能够取得较大成绩,在很大程度上离不开美国俄罗斯研究的早期积淀,它们为战后美国俄罗斯学的兴起奠定了坚实的前期基础。

早期的美国俄罗斯学并非完全是一张白纸,其发展主要受益于美国的斯拉夫学,且基本上没有超出它的研究范畴。美国斯拉夫学的研究对象除了涵盖斯拉夫国家之外,还包括与这些国家接壤的邻国。受英国的影响,这一时期美国主要在发达城市的一些大学里设立专业的斯拉夫学教学机构,培养通晓俄语等斯拉夫语言的研究型人才,为之后的俄罗斯研究储备了人才。与此同时,还筹建了一批新的研究中心,并配有图书馆和档案馆,储存有关俄国等斯拉夫国家的研究材料,甚至还尝试着主办关于俄罗斯历史和文化的期刊。因此,有必要先了解美国斯拉夫机构及其研究历程,它们构成了美国俄罗斯学的起源。这一时期,美国知名大学组建了斯拉夫教学和研究机构,从事斯拉夫国家语言、文化和历史教学与研究的数量出现不断增加态势,这些机构邀请来自俄国和东欧国家的移民担任教授,他们成为美国斯拉夫学发展的主要推动力量。

第一节　美国早期斯拉夫研究机构及斯拉夫学的发展

美国斯拉夫学的历史最早可以追溯到19世纪末期。早在19世纪80年代,位于俄亥俄州的欧柏林学院(Oberlin College)开始教授俄语,培养通晓俄语的人才。19世纪与20世纪之交,对美国斯拉夫研究起到主要推动作用的是哈佛大学,其被视为美国斯拉夫研究的重镇。从1894年起,该校的知名教授阿奇柏德·柯立芝(Archibald Cary Coolidge)开始定期讲授"俄罗斯历史"课程,同时尽可能多地吸引该校的年轻学者参与到俄罗斯历史研究工作中,通过获取更多的俄罗斯和其他斯拉夫国家的历史、文化著作和材料来丰富哈佛大学图书馆的藏书,拓展斯拉夫研究领域。柯立芝成为哈佛大学首倡俄罗斯历史教学与研究的大学教授。他也当之无愧地成为美国斯拉夫学的主要代表人物和俄罗斯历史研究权威专家。柯立芝之所以取得如此巨大的成绩,主要得益于早期从哈佛大学毕业之后,他开始游览斯拉夫国家,并研习这些国家的历史和文化。在这期间,他在俄国彼得堡居住了7个月,且学会了俄语。返回美国之后,他便成为历史教师,包括开设俄罗斯历史课程。

1896年,在柯立芝的推荐下,哈佛大学聘请了来自俄国的侨民,同时也是语言学家、历史学界和翻译家的李奥维纳(Leo Wiener)担任该校教师,主要教授斯拉夫语言和文化,包括俄语、古斯拉夫语、波兰语和捷克语,以及它们所属国家的文化。李奥维纳绝对算得上是一个语言通,通晓世界20多门语言。在哈佛大学任教期间,李奥维纳成为了俄罗斯文学研究的创始人,同时也是美国1902—1903年间出版的首部两卷本《俄罗斯文学选集:从古至今》(*Anthology of Russian Literature from the Earliest Period to the Present Time*)的编撰者,其中收录了从罗蒙诺索夫到陀思妥耶夫斯基和契诃夫等俄罗斯著名作家的作品,迄今为止已多次再版。1904—1912年,李奥维纳相继翻译并出版了英文版的托尔斯泰文选,总计达24卷本之多。在此期间,李奥维纳获聘哈佛大学教授。可以说,这位俄国侨民为美国的斯拉夫学的发展做出了难以估量的巨大贡献。

这一时期,另外一位为美国俄罗斯学发展做出突出贡献的哈佛大学知名教授是俄国侨民、历史学家米哈伊尔·米哈伊洛维奇·卡尔波维奇(Михаил Михайлович Карпович)。[1]卡尔波维奇早年毕业于莫斯科大学历史语文系,师从俄国著名历史学家瓦西里·克柳切夫斯基。1917年5月,也即俄国十月革命前夕,他被派往美国,担任俄国驻美国大使。1924 年大使馆关闭之后，他迁居纽约谋生。1927 年，卡尔波维奇受邀在哈佛大学教授俄罗斯历史与文化课程，颇受学生们的欢迎。1948 年，哈佛大学俄罗斯研究中心正式成立，卡尔波维奇亲自参与一系列研究工作。1949—1954 年，卡尔波维奇担任哈佛大学斯拉夫语言与文化系主任，任教期间培养了一大批美国的俄国问题专家。据统计，1949 年之前，该系仅有 3 人顺利通过论文答辩，获得博士学位，卡尔波维奇担任系主任期间，有 22 人获得博士学位。[2]这些博士学位获得者在之后美国俄罗斯学的兴起过程中成为新生力量和主力军。卡尔波维奇还积极参与创办了两份学术期刊《俄罗斯评论》(*The Russian Review*)和《新期刊》(*Новый журнал*)，并承担多年编辑工作。

此外，大力推动美国斯拉夫学发展的哈佛教授还有意大利侨民、知名文学理论家、俄国文学专家雷纳托·坡吉奥里(Renato Poggioli)和斯拉夫语言学家罗曼·雅科布松(Роман Якобсон)等一大批专家学者，他们用自己的满腔热情和丰硕研究成果，极大地推动了哈佛大学斯拉夫语言和文化系的发展，激发了美国大学生了解斯拉夫国家历史与文化的强烈兴趣，进一步推动了美国斯拉夫学的整体性发展。[3]

除哈佛大学之外，另一个美国斯拉夫研究重镇则是位于美国加州的加州大学伯克利分校。该校早在 1901 年就开始教授俄语、俄罗斯文化和俄罗斯历史课程。与美国其他知名高校遇到的问题一样，在 1928 年前加州大学伯克利分校没有专门讲授俄罗斯和斯拉夫历史的专业教师，但是相关的课程一直没有中断。1928 年，该校历史系聘请了罗伯特·科纳(Robert Körner)担任教授，他的加盟使得该校的俄罗斯历史课程教学水平得到显著提高。也正是在他的领导下，美国史学界出现了“伯克利历史学派”，主要从事俄国对西伯利亚、远东和阿拉斯加等地区的殖民化进程，以及俄国与中国、日本之间关系。[4]在此之后，该校在俄罗斯历史研究领域进一步拓展。在这方面发挥重大作用的是该校所拥有的仅次于哈佛大学的全美一流图书馆馆藏。据不完全统计，从 1930 年到 1996 年，该校总共培养了 89 名俄罗斯与东欧历史研究方向的博士。他们之中不少人先后成为知名的俄罗斯历史问题专家，比如，阿纳托尔·马祖尔(Anatole Mazur, 1934)，帕特里夏·肯尼迪(Patricia Kennedy, 1964)，特伦斯·埃蒙斯(Terence Emmons,

1966)，杰里米·施耐德曼(Jeremy Schneiderman, 1966)，林恩·莫利(Lynn Mally, 1985)，斯蒂芬·科特金(Stephen Kotkin, 1988)。[5]

谈到美国的斯拉夫学，还有一所高校值得关注，即位于纽约的哥伦比亚大学。该校早在第一次世界大战前就开始教授俄语和俄罗斯历史课程。该校的教授杰洛伊德·罗宾逊(Geroid T. Robinson)是知名俄罗斯历史学家，其参与组建的美国第一所俄国研究所(1946年)为第二次世界大战后美国俄罗斯学发展作出了巨大贡献。此外，一些俄国知名学者受邀到美国高校讲学，也大大增加了美国人对俄国的了解。例如，1901年，社会学家、圣彼得堡大学法律史教授马克西姆·科瓦列夫斯基(Maxim Kovalevsky)曾受邀到芝加哥大学讲授俄国制度；1903年，历史学家、后来的立宪民主党领袖保罗·米留科夫(Paul Miliukov)受邀到芝加哥讲授俄国文明，并在波士顿开设罗威尔系列讲座(Lowell lectures)。

第一次世界大战结束后的1919年，被誉为"国际大慈善家"的赫伯特·胡佛(Herbert Clark Hoover，美国第31任总统)在美国知名高校斯坦福大学创建了闻名于世的胡佛战争、革命与和平研究所(Hoover Institution on War, Revolution and Peace)，主要从事欧洲历史与政治问题研究，其中也包括俄罗斯研究。该所隶属的图书馆拥有包括俄罗斯历史材料在内的强大馆藏，20世纪20年代初，胡佛担任美国救济委员会(American Relief Administration)主席，该委员会俄罗斯分部成员从俄国收集了大量文件和材料，大大充实了该研究所的信息资源，这也决定了该所最初的主要任务是研究第一次世界大战及其战后重建的相关问题，同时也重点研究20世纪初俄国革命问题。[6]第二次世界大战后，胡佛研究所因丰富的俄国档案馆藏，当之无愧地成为美国最好的俄罗斯研究基地之一。

自20世纪20年代中期开始，在美国的其他一系列大学也相继开设有关俄罗斯和其他斯拉夫国家历史和文化的课程。这在一定程度上表明美国民众对斯拉夫学和俄国的了解兴趣开始上升，其中，一个重要衡量标志是开设和讲授俄罗斯历史和文化课程的高校和教师数量呈现增长趋势，主要包括波士顿大学、布朗大学、加利福尼亚大学、芝加哥大学、科罗拉多大学、哥伦比亚大学、哈佛大学、斯坦福大学、密苏里州立大学、威斯康星大学、耶鲁大学[7]，这些学校讲授内容主要涉及当代俄罗斯历史(18 世纪—20 世纪初)和俄国对西伯利亚、远东和阿拉斯加的殖民史，但总体而言，教师数量还是相对有限。另外一个事实是，直到 1940 年，全美大学仅建立了 4 个斯拉夫语言和文化系，培养的专业人才也比较少。

通过梳理上述机构的相关信息，我们很容易发现，来自俄国和东欧国家的移民在美国俄罗斯学的早期发展过程中发挥了不可或缺的作用。按照美国知名的俄国历史学家斯蒂芬·科恩的说法，美国的部分侨民学者，特别是十月革命后的一些孟什维克和社会党人，对美国俄罗斯学发展产生了巨大影响。[8]两次世界大战期间，他们出版了学术期刊《新领袖》(*New Leader*)，传播俄国历史和文化。像罗曼·阿布拉莫维奇(Р. Абрамович)，大卫·达林(Д. Даллин)，鲍里斯·尼古拉耶夫斯基(Б. Николаевский)等俄国知名学者，为美国了解苏联社会的发展现实发挥了重要作用。特别是鲍里斯·尼古拉耶夫斯基所扮演的角色受到美国专家的好评，路易斯·费希尔(Louis Fischer)说，我们(美国的苏联问题专家)都是他的学生；罗伯特·塔克(Robert Tucker)指出，对于美国的俄国或苏联问题专家来说，尼古拉耶夫斯基过去、现在和将来都是我们的导师；乔治·凯南(George Kennan)曾写道，正是尼古拉耶夫斯基让我们对俄国历史的兴趣不断增长，专家们的研究水平越来越高；沃尔特·拉克尔(Walter Laqueur)将其称为一本俄国"活辞典"[9]。

此外，20 世纪 20—30 年代，不少俄国高级侨民知识分子受邀在美国大学任教，比如，米哈伊尔·罗斯托夫采夫(М. Ростовцев)、亚历山大·瓦西里耶夫(А. Васильев)、格奥尔吉·韦尔纳茨基(Г. Вернадский)、米哈伊尔·卡尔波维奇(М. Карпович)、米哈伊尔·弗洛林斯基(М. Флоринский)、阿列克谢·洛巴诺夫-罗斯托夫斯基(А. Лобанов-Ростовский)、列昂尼德·斯特拉霍夫斯基(Л. Страховский)、德米特里·费多托夫(Д. Федотов)等，其中不乏知名学者。比如，格奥尔吉·韦尔纳茨基教授的著作成为美国成千上万学生研习苏联的主要学术阅读书目，在哈佛大学任教的卡尔波维奇教授则为美国培养了 30 余名俄国历史问题专家。有学者统计，但凡美国的知名苏联历史问题专家基本上都是他们俩的学生，或者是他们培养的学生的学生。[10]由此可见，俄国侨民中的知识分子,不仅对美国俄罗斯学发展贡献非常大,而且也推动了美国高等教育的快速发展。第二次世界大战后,由于美苏关系恶化和冷战的展开,俄国侨民在推进苏联学发展方面的作用开始变得越来越小。

第二节　普及斯拉夫国家历史与文化、创办专业期刊

除上述美国早期斯拉夫研究机构及其教学与研究之外,这一时期的美国斯拉夫学的发展与欧洲其他国家的斯拉夫和俄罗斯研究关系比较密切,互相之间的交流越来越多。这一时期,欧洲国家专业从事斯拉夫研究的主要是一些对斯拉夫历史和文化比较狂热的爱好者,数量比较有限,多数人将向广大民众普及俄罗斯历史和文化视为己任。为实现这一目标,他们创办有关俄罗斯和斯拉夫研究的专业报刊,不仅是学术性刊物,还要面向广大民众,满足他们的阅读需求。从19世纪末开始,包括德国《俄罗斯评论》(*Russische Revue*)、法国《斯拉夫人》(*Monde Slave*)、英国《俄罗斯评论》(*Russian Review*)这样的专业性期刊相继创刊,并公开出版发行。[11] 这里需要重点提一下英国的这份期刊,因为它与美国的斯拉夫学发展有着千丝万缕的联系。1912年,《俄罗斯评论》在英国利物浦大学知名教授伯纳德·佩尔斯(Bernard Pares)的倡议下创办,他本人1906年是该校历史学教授,主要讲授俄罗斯历史。曾在俄罗斯生活过几年,通晓俄语和俄罗斯国家历史文化,他也在利物浦建立了英国第一家斯拉夫和东欧研究中心。《俄罗斯评论》所刊登的并非全部是学术性文章,也会提供大量有关俄罗斯历史、地理、经济、文学、文化、民间创作、传统、风俗等方面的信息,使得英国的广大读者对俄罗斯有更广泛的认识和了解。遗憾的是,这份期刊发行两年半之后,因财务短缺问题而停刊。在它之后的20世纪20年代初,英国斯拉夫界再次创办了新的期刊《斯拉夫评论》(*The Slavonic Review*)。与《俄罗斯评论》相比,这份期刊所刊登文章的研究对象涵盖东欧所有国家,包括斯拉夫国家,其作者不仅来自英国,还有来自美国的专家和研究者。以这份刊物作为学术平台,极大地促进了两国斯拉夫研究界之间的相互交流,也推动了斯拉夫研究的发展。

20 世纪的 20—30 年代,美国还没有一份关于斯拉夫和俄罗斯研究的专业学术期刊。学界所熟知的期刊都是在英国出版发行,这完全不能满足学术界和广大民众对了解苏联的需求。一直到第二次世界大战爆发前夕,作为美国学术团体理事会(American Council of Learned Societies, ACLS)的下设机构,斯拉夫研究委员会(Committee on Slavic Studies)成立。这个委员会的关注点是斯拉夫文学和历史,与苏联的现实没什么关系。该委员会提出,推广俄语教学,培养研究人才和建立图书资料是搞好苏联研究的当务之急。该委员会还准备出版专门的苏联研究刊物。就在这时,英国《斯拉夫和东欧评论》(*Slavonic and East European Review*)主编佩雷斯致电委员会,要求美国方面接手这个刊物。原因是第二次世界大战中的伦敦遭到德国轰炸,使得该刊物无法正常出版。[12]最后,这份刊物在美国易名为《美国斯拉夫和东欧评论》(*American Slavonic and East European Review*)出版发行,直到战争结束,1946 年该期刊正式改名为《斯拉夫评论》(*Slavic Review*)。

1941 年 11 月和 1942 年,美国学界相继创办了两份关于俄罗斯研究的学术期刊《俄罗斯评论》(*The Russian Review*)和《新刊》(*Новый журнал*)。[13]这在很大程度上弥补了美国学界的期刊空白,极大地提升了美国俄罗斯研究的水平,也一定程度上推动了战后美国苏联学的迅速发展。《俄罗斯评论》最初定位是一份独立的、无党派属性的开放型刊物,旨在向广大读者展现全景式的苏联,涉及历史、政治、经济、文化等各个方面。[14]遗憾的是,这本期刊在后续的发展中,同样遭遇缺少资金资助的问题,在找不到资金的支持情况下,不得不短时期停刊,直到第二次世界大战后复刊。

第三节 美国研究界对俄罗斯的初步认知

20 世纪初期,可以说美国学界对俄国并没有整体性认识,掌握俄国的信息也是相对零散的。造成这一现象的原因:一是,斯拉夫学在美国刚刚发展起来,其研究范畴、领域、方向、人才都处于缺失状态,精通俄国事务的专家寥寥无几;二是,美国图书馆藏可用于研究的俄文材料比较少,可供研究的资源获取渠道相对有限,比如,1901 年美国国家图书馆藏有的俄文书籍只有596册，而该馆1907年从西伯利亚购得的8万册俄文资料，直到苏联的人造地球卫星发射成功之前，都被尘封在仓库里等待编目。[15]三是，国际形势动荡的影响。第一次世界大战爆发，主要西方大国都卷入这场大规模战争，使得正常的学术研究和交流被中断。虽然战时美国有更多接触外部世界的机会，对包括俄国在内的世界其他地区的关注程度增加，时任美国总统威尔逊还指令成立一个调查小组负责搜集整理世界主要地区的资料，为战后和平谈判做准备，但却发现对俄国的整体性认知非常缺乏，尤其是不能够对当时俄国国内情况进行很好的判断。[16]

1917年俄国二月革命后，美国很快承认了俄国的新政府，但随之而来的十月革命和布尔什维克上台执政，则进一步促使美国政府迫切需要了解俄国究竟发生了什么，应该对此持何种立场。社会舆论也处于信息资源极度缺乏状态，多数美国人也不了解俄国具体发生了什么，更不知道如何去评价这场革命。在此情况下，伍德罗·威尔逊一方面指令全体驻俄国外交官，不得与布尔什维克政府建立直接联系，甚至两年后关闭驻俄大使馆；[17]另一方面，则选派与布尔什维克党人有过密切交往的雷蒙德·罗宾斯(Raymond Robbins)、林肯·斯蒂芬斯(Lincoln Steffens)和威廉·布利特(William Bullitt)等人前往俄国了解具体情况。此外，20世纪20年代，美国国务院开始派出年轻人前往德国学习俄语和俄国文化，凯南就是在1929年被派往柏林大学东方研究所(Oriental Institute)学习俄语和研习俄国的。

1930年之前，美国政府坚决不承认布尔什维克政权和苏联，社会各界对十月革命、布尔什维克政权以及苏联的看法也呈现出差异。官方层面，美国工会对新政权持敌视态度，比如，1919年6月，美国联邦劳动部坚决反对政府承认苏维埃俄国政权，认为布尔什维克政权既不能代表广大民众的利益，也不会允许与美国建立经贸联系，[18]其他人更多地担心美国在苏俄的私有财产被国有化。在当时资本主义经济危机爆发以及随后持续“二十年危机”的背景下，美国工商界的看法与官方背道而驰，特别是银行家和企业家，既对革命后苏俄产生的“经济真空”所带来的巨大商业机会持相对乐观的态度，同时也表现出一定程度的怀疑主义，而随后苏俄新经济政策的实施和新政权的巩固，使得越来越多的美国商人看好俄罗斯国内经济发展向好形势。

在学术界,对布尔什维克新政权和苏联最为暧昧的要数美国的知识分子群体,不管是自由派,还是保守派。他们之中不乏有影响力的律师和社会宣传者,鼓吹苏维埃的经验。克里斯托弗·拉希(Christopher Lasch)在其专著中就开门见山地指出,第一次世界大战和俄国革命标志着美国自由派与保守派之间的裂痕凸显,甚至还使得自由派内部的裂痕暴露出来。他将这两个派别称为"军国主义者"和"反帝国主义者"。前者以伍德罗·威尔逊为首,呼吁美国干预俄国革命,恢复俄国临时政府,确保其继续参加反德战争,后者则坚决反对干涉俄国革命,担心会造成俄国君主制度的复燃。[19]

一、关于俄国十月革命和苏维埃政权的研究

20 世纪 20—30 年代前后,美国学界对俄国的研究兴趣呈现增长的态势。这一时期,出现不少关于俄国革命和苏维埃新政权的研究成果,他们的观点既充斥着消极色彩,同时也不乏积极的一面。比如,20 年代前后,大部分美国俄罗斯问题专家学者的研究将十月革命视为俄国背离二月革命所建立的民主原则,支持美国干涉俄国内政,他们中有埃米尔·约·狄龙(Emile Joseph Dillon)、约翰·斯帕戈(John Spargo)、塞缪尔·冈珀斯(Samuel Gompers)和威廉·英格利希·沃林(William English Walling)。[20]当然,也有对俄国十月革命给出正面评价的研究,比如,美国红十字会派驻俄国的代表威廉·布利特(William Bullitt)、艾伯特·里斯·威廉斯(Albert Rhys Williams)、莫里斯·欣德斯(Maurice Hindus)、安娜·路易斯·斯特朗(Anna Louise Strong)、斯科特·尼尔林(Scott Nearing)和弗雷德里克·舒曼(Frederick Schuman)等人撰写了大量关于俄国革命、村社、社会等方面的研究文章和专著。[21]这些专家学者认为,十月革命不仅是俄国历史进程中,也是世界历史进程中最伟大的事件。更为重要的是,这些同情革命的专家学者在专著和文章中所表达的关于苏维埃俄国的看法都是基于他们在俄国的亲身考察和体验,俄国出版的官方文件、报刊以及对苏维埃政治家的采访等第一手材料,在很大程度上摆脱了之前过度依赖俄国侨民的

信息资源的状况。他们之中，威廉·布利特的观点值得注意。他曾在1919年带领国际秘密使团前往苏维埃俄国，并与列宁举行会晤。布利特基于自己在俄国的亲自考察，一方面，他认为，俄国当前经济发展确实面临诸多复杂难题，布尔什维克新政权在国家治理方面经验也确实不足；另一方面，他坚信苏维埃政权的稳定性，新政权得到了大多数民众的大力支持，其国内外政策也开始走上正轨，包括改善与西方国家的关系。他的结论是美国不应该干涉俄国内政，指出美国政府在外交上承认苏维埃俄国的必要性。[22] 1933年，美国政府正式承认苏联，之后，布利特被任命为美国政府派驻苏联的首任大使。

二、关于列宁的研究

十月革命之前，列宁很少出现在美国学界和大众眼中。十月革命后，美国也出现社会主义和工人运动。1920年，美国还成立了共产党，并创办了一系列新的报刊，比如《群众》(*The Masses*)、《工人之声》(*Voice of Labor*)、《革命年代》(*Revolutionary Age*)等，吸引了不少美国读者。由此，美国学界也开始将研究的目光聚焦到十月革命领袖列宁身上。1924年列宁去世后不久，美国出版了一本关于列宁的研究著作，其作者是美国知名作家莱文(Levine I.D.)。[23] 在书中，他重点对列宁的个人生平、性格特征及其政治观点进行了阐述。他一方面高度评价列宁是一位优秀的哲学家、知识分子、思想家、政治家，善于将自己的思想运用到政治斗争中，将列宁主义视为一种政治学说和政治实践模式；另一方面，他也指出，列宁并没有提出新的原则性的思想，仅利用资本主义国家来完善权力斗争的工具。他的这一看法在很大程度上对战后美国苏联学发展产生了巨大影响，特别是极权主义研究范式。

三、关于俄国政治经济进程的研究

20年代初期，美国大众对俄国国内政治经济进程持负面看法居多，但是学界的看法也是变化不定的，其原因在于：一是，苏维埃政权并未像最初预计的那样短命，而是存在一定程度的稳定性；二是，苏维埃俄国所实行的新经济政策期间，俄国的民主化进程有了进一步，这对于美国研究者是一个意外；三是，获取信息的渠道更加多元化和可靠。如果说最开始主要依赖俄国移民带来的信息来源及其研究成果，那么这样的情况渐渐得以改变。美国学界的研究资源开始更多利用苏联的官方文件、报刊等一手材料。20 年代开始在西方出现的严重资本主义经济危机，由此导致的“大萧条”，使很多人将眼光投向了苏联经济所取得的成绩，这在一定程度上也改变了美国政府对苏联的看法，并最终于 1933 年正式承认苏联，与其建立外交关系。1936 年苏联颁布第一部宪法，并取消对公民的部分权利限制，随后苏联政府发表反法西斯宣言以及第二次世界大战期间苏美两国结为“联盟”，这些积极因素在很大程度上也促使学界和公众对苏联的看法有所改善。

这一时期，美国学界有关苏联国内政治经济进程的主要学者代表为路易斯·费希尔（Louis Fischer）和威廉·亨利·钱伯林（William Henry Chamberlin）等人。路易斯·费希尔是美国的知名记者和俄罗斯问题专家。1922 年以记者身份派往莫斯科，之后为美国期刊《国家》（*The Nation*）撰写专栏文章，在 1930 年出版了自己关于苏联对外关系的专著。[24]另外一位俄罗斯问题专家威廉·钱伯林，也是记者出身，1922—1934 年担任美国波士顿报业下属的《基督教科学箴言报》派驻莫斯科的记者，1935—1939 年被派往远东。威廉·钱伯林最初是一位马克思主义者，持同情苏联的立场。1930 年，他在撰写的第一本专著《苏维埃俄国》中，详细分析了俄国的新经济政策，总体上持支持看法。[25]后来，他逐渐改变了对苏联的看法，变成了苏联体系的批评者。[26]奠定威廉·钱伯林在美国学界地位的是他撰写的两卷本《俄国革命：1917—1921》（*The Russian Revolution*. 2 Vols.），迄今被美国学界视为研究俄国问题的经典学术著作。[27]书中不仅对西方和俄国学界关于俄国革命的研究都有阐述和批判，同时还引用了大量第一手材料和历史档案，加之其在俄国 13 年的记者生活，使得这部专著既具有学术价值，又具有重要现实意义。在书中，钱伯林分析了一系列俄国历史与现实问题，包括俄国革命前国内的政治经济形势，政党及其活动，人民大众的活跃度及其影响因素，二月革命与十月革命之间的联系，十月革命爆发的原因、实质和影响，国内战争和布尔什维克取得胜利的原因，新经济政策及其发展逻辑等。他将十月革命和苏维埃政权执政视为一种客观现实，同时也认为是俄国政治、经济和社会矛盾在长期复杂发展进程中最终爆发的结果，最后他指出，任何革命都有胜利与悲剧，这是社会阶级轮替的正常现象。不论人们如何评价十月革命，它无疑是世界历史上的重大事件。[28]美国知名的苏联学专家斯蒂芬·科恩在评价这位历史学家的这本专著时就指出，钱伯林的著作经受住了时间考验，作为难得的经典之作，对20世纪60—70年代美国苏联学的修正主义学派产生了极大影响。[29]

小　结

综上所述，自19世纪末到第二次世界大战之前，美国的俄罗斯学开始形成并取得初步发展。早期美国俄罗斯学发展主要得益于偏重语言、文化和历史领域的斯拉夫学。第一次世界大战前后，美国不少知名高校相继建立一批从事斯拉夫语言、文化和历史教学和研究的机构，同时聘请来自斯拉夫国家和其他欧洲国家移民的专家学者参与教学科研工作。他们通过开设专业教学课程、研究斯拉夫国家的语言、文化和历史，著书立学，同时创办报刊传播这些国家的知识，让广大民众对俄罗斯和其他斯拉夫国家有了全新的了解和认识。可以说，早期美国俄罗斯学的发展离不开俄国侨民的共同努力。20世纪20—30年代，虽然美国俄罗斯学取得新的发展，也涌现出一些学术研究专著，但斯拉夫和俄罗斯研究的总体水平还有待提高，继续发展遭遇一系列的限制性因素，包括政治因素、财政支持、信息来源、研究人才等。具体而言，一是，不管是政府层面，还是学界和民众层面，对俄罗斯研究的需求相对有限，导致研究俄罗斯的动力不足，特别是没有足够的财政资金支持；二是，缺少通晓俄语的高水平俄国问题专家，加上信息来源受限，使得高质量的俄罗斯研究难以开展起来。按照斯蒂芬·科恩的说法，到30年代末期，美国对俄国的整体性认知就像丘吉尔1939年那句形象的表达："是一个被谜团包裹着的谜中之谜。"[30]

两次世界大战期间，美国俄罗斯学在国际化道路方面取得了新进展，特别是英美两国斯拉夫研究界的相互联系和交流增多。与此同时，它们之间也存在一定程度上的竞争关系。这主要体现在，一方面，两国的历史学家与语言学家对研究俄罗斯和其他斯拉夫国家的历史与文化的观点看法各异；另一方面，他们在研究目的、研究数量和质量方面也存在一定差异。如果说英国学者更多地将巩固英语国家与斯拉夫语国家之间的相互友好关系作为主要研究任务的话，那么美国学者则开始将自身的学术研究与国家地缘政治利益紧密地结合在一起，旨在为国家决策服务。比如，1924 年，上文我们提到的美国加州大学伯克利分校知名俄国历史学教授罗伯特·科尔纳（Robert Kerner）在《斯拉夫评论》发表的一篇关于美国斯拉夫研究状况的署名文章中指出，美国的地理位置使政府和民众对斯拉夫国家所在的区域都产生浓厚的兴趣……美国在阿拉斯加、中国和太平洋地区的利益，并不会让我们对东欧和斯拉夫国家至关重要的问题漠不关心。[31] 另一个例子是，1931 年，约翰斯·霍普金斯大学佩治国际关系学院院长麦克穆雷（J.V.A. Macmurray）提议设立研究项目对苏联展开多高校（multiuniversity）和多学科研究，外交官出身的麦克穆雷的目标是将研究成果直接运用于外交决策。由此可见，相较于英国斯拉夫研究偏重学术性而言，作为美国俄罗斯学的主要起源的斯拉夫学，从一开始就更具实用意义，并逐渐被政治化。第二次世界大战前后，很多美国大学不得不将研究重心转移，通过接受政府的项目研究订单来获取继续发展的资金支持。一方面，这可以维持美国大学斯拉夫和俄罗斯研究机构的教学和科研工作，使其在困境中能够存活下来；另一方面，也有助于培养通晓俄语的高水平专家，为第二次世界大战后美国俄罗斯学的继续发展储备更多人才，同时奠定了不可或缺的制度基础。

注释

1. 美国学者对他的贡献有过专门的论述，Philip E. Mosely，Martin E. Malia，William Henry Chamberlin，Dimitri von Mohrenschildt，“Michael Karpovich，1888—1959，” *The Russian Review*，Vol. 19，No. 1，1960，pp. 60—71；Jan Malicki，Leszek Zasztowt，*East and West*：*History and Contemporary State of Eastern Studies*，Warsaw：Studium Europy Wschodniej Uniwersytet Warszawski，2009。

2. “100 Years of Slavic Languages and Literatures at Harvard，” by Michael S. Flier，written for the centennial exhibition in 1996，https://slavic.fas.harvard.edu/sites/hwpi.harvard.edu/files/slavic/files/10yearsbrochure.pdf?m=1395340761.

3. Ibid.

4. Nicholas V. Riasanovsky, *A History of Russia*, New York: Oxford University Press, 1963.

5. Ibid.

6. Witold S. Sworakowski, *The Hoover Library Collection on Russia*, California: Stanford University Press, 1954, foreword: p.1.

7. A. Gleason, "Russian and Soviet Studies in the United States," in Joseph L. Wieczynski(ed.), *The Modern Encyclopedia of Russian and Soviet History*, Vol. 34, Gulf Breeze, Fla.: Academic International Press, 1983, p.45.

8. Stephen F. Cohen, *Rethinking the Soviet Experience: Politics and History Since 1917*, New York: Oxford University Press, 1985, p.11.

9. Петров Е. В. Американское россиеведение. Словарь-справочник. http://petrov5.tripod.com/wellcome.htm.

10. A. Wildman, "From the Editor: More Controversy," *The Russian Review*, Vol.46, No.4, 1987, p.375.

11. Walter Laqueur, *The Fate of the Revolution: Interpretations of Soviet History*, New York: The Macmillan Company, 1967, pp.21—22.

12. 徐葵:《美国的苏联问题研究发展概况——访美考察记之一》,载《苏联东欧问题》1983年第1期,第18页。

13. Walter Laqueur, *The Fate of the Revolution: Interpretations of Soviet History*, New York: The Macmillan Company, 1967, p.12.

14. William Henry Chamberlin, "Foreword," *The Russian Review*, Vol.1, No.1, 1941, p.1.

15. 哈罗德·M.莱克:《国会图书馆的俄罗斯馆藏以及服务:过去,现在,将来》,载《俄罗斯研究》2011年第1期,第110页。

16. 郭金月:《美国苏联学的起源》,载《史林》2011年第4期,第167页。

17. Office of the Historian of U.S. Department of State, "A Guide to the United States' History of Recognition, Diplomatic and Consular Relations, by Country, since 1776: Russia," http://history.state.gov/countries/russia.

18. Meno Lovenstein, "American opinion of Soviet Russia," *The Annals of the American Academy of Political and Social Science*, Vol.3, No.1, 1941, pp.201—202.

19. Christopher Lasch, *The American Liberals and the Russian Revolution*, New York: Columbia University Press, 1962, p.VIII.

20. John Spargo, *Bolshevism: the Enemy of Political and Industrial Democracy*, New York and London: Harper and Brothers, 1919; John Spargo, *The Psychology of Bolshevism*, New York and London: Harper and Brothers, 1919; John Spargo, "The Greatest Failure in All History,"in *A Critical Examination of the Actual Workings of Bolshevism in Russia*, New York and London: Harper and Brothers, 1920; William English Walling, *Sovietism: The ABC of Russian Bolshevism—According to the Bolshevists*, New York: E.P. Dutton & Co, 1920.

21. Raymond Robins, "Social Control in Russia Today," *The Annals of the American Academy of Political and Social Science*, Vol.84, July 1919, p.127; William C.Bullitt, *The Bullitt Mission to Russia*, New York: B. W. Huebsch, 1919; Albert Rhys Williams, *Lenin, the Man and his Work*, New York: Scott and Seltzer, 1919; Arthur Ransome, *Russia in 1919*, New York: B. W. Huebsch, 1919; Maurice Gerschon Hindus, *The Russian Peasant and the Revolution*, New York: H. Holt and Company,

1920；Anna Louise Strong，*The First Time In History：Two Years Of Russia's New Life(August 1921—December 1923)*，New York：Boni and Liveright，1924；Scott Nearing，*Education in Soviet Russia*，New York：International Publishers，1926；Frederick Lewis Schuman，*American Policy Toward Russia Since 1917*，New York：International Publishers，1928.

22. Albert Rhys Williams，*Lenin，the Man and His Work*，New York：Scott and Seltzer，1919.

23. Isaac Don Levine，*The Man Lenin*，New York：T. Seltzer，1924.

24. Louis Fisher，*The Soviets in World Affairs：A History of the Relations between the Soviet Union and the Rest of the World，1917—1929*，Princeton，N.J.：Princeton University Press，1951.

25. William Henry Chamberlin，*Soviet Russia：A Living Record and a History*，Boston：Little，Brown & Company，1930.

26. Sender Garlin，"Full Face：William Henry Chamberlin，" *Soviet Russia Today*，Vol.13，No.4，August 1944，p.23；William Henry Chamberlin，*Russia's Iron Age*，Boston：Little，Brown & Company，1934；William Henry Chamberlin，*Soviet Russia：A Living Record and a History*，Boston：Little，Brown & Company，1935.

27. William Henry Chamberlin，*The Russian Revolution，1917—1921*，New York：The Macmillan Company，1935.

28. Ibid.，pp.462—463.

29. Stephen F. Cohen，*Rethinking the Soviet Experience：Politics & History since 1917*，New York：Oxford University Press，1985，p.159.

30. Ibid.，p. 37.

31. Robert J. Kerner，"Slavonic Studies in America，" *The Slavonic Review*，Vol.3，No.8，1924，p.243.

第三章

第二次世界大战后美国俄罗斯学的兴起:苏联学

第一节　战后美国俄罗斯学兴起的制度和人才基础准备

为解决美国长期对世界其他地区和国家缺乏深入了解的难题,美国政府在第二次世界大战结束前就开始采取应对举措,也即制定雄心勃勃的教育研究项目"区域研究",主要目标是培养熟悉欧洲、亚洲和拉丁美洲地区事务,通晓当地语言、文化、风俗传统,能够完成美国国务院提出的任务的高水平专家。为实现这一目标,政府要求在全美知名重点高校组建一系列专业机构,主要为政府部门及驻外机构培养专业人才,同时承担对上述地区的研究任务,为国家对外决策提供所需的高质量信息。这些在行政命令下组建的区域研究机构更多具有实用意义,而非学术意义。"区域研究"的主要特点是其跨学科性,也即需要相关高校协调校内资源,整合各学科的研究力量,运用多学科的研究方法培养学生和开展研究工作。比如,项目要求研究生在两年内完成多门课程(对象国语言系列课程、区域地理、历史、经济、政治、社会、心理学、人类学、外交学),还要求学生另外选择一门专业课,并前往所学或所研究的对象国进行为期一年的国外实践。1943 年,康奈尔大学设立首个区域研究项目,之后全美的其他高校相继设立类似的区域项目。据统计,1946 年,该项目数量为 13 个,到 1951 年增加到 23 个,1954 年为 29 个,参加项目的学生总数为 700 人左右,并有 400 位教师参与项目的教学工作。[1]随着美苏冷战拉开序幕,基于维护美国国家利益的考量,多数区域项目开始面向苏联和远东地区。据统计,1951 年设立的 23 个区域项目,其中有 5 个是针对苏联,8 个是针对远东国家,其中,以苏联作为研习方向的学生数量居于首位。

在美国政府的支持下，还组建了一系列研究苏联的专业机构。1946年9月，美国战略情报局苏联处负责人、历史学家吉拉德·罗宾逊在哥伦比亚大学建立美国第一个专业性俄国研究所。之后，50年代，在其他几所全美知名高校也相继组建了苏联研究机构，比如，在加州大学伯克利分校和洛杉矶分校都建立了俄罗斯、斯拉夫和东欧研究中心；印第安纳大学和密歇根大学也建立了苏联研究所。到60年代末，美国大多数重点高校都设立苏联研究机构。据统计，到80年代初，美国大学组建的苏联研究机构数量从80个增加到200个，战后美国大多数苏联专家都由哥伦比亚大学、哈佛大学、印第安纳大学、纽约大学、华盛顿大学和加利福尼亚大学等美国知名大学培养。仅哥伦比亚大学培养的苏联问题专家数量就占到全美总人数的11%，到1953年，美国已经拥有1 085名苏联和东欧问题专家，苏联研究已初具规模。[2]

在众多苏联研究机构中，规模最大的是1948年2月成立的哈佛大学俄罗斯研究中心。该中心获得卡内基国际和平基金会的财力支持，并签署长达10年(1948—1958)的资助协议。[3]中心的主要目标是基于自身的研究力量，同时与其他研究机构开展合作，全面研究苏联问题，同时采用多种研究资源和多样化方法论，包括利用文学、历史档案，采访从苏联回国的美国人和欧洲人，以及移民到美国的苏联侨民，田野调查(去苏联出差)等，研究成果将对外公开发布，让政府、专家学者、民众都可以共享，同时也为政府提供咨询服务。[4]中心成立以来，研究力量不断充实，一批知名的苏联专家先后进入中心从事研究，包括政治学家艾尔弗雷德·迈耶、巴林顿·穆尔(Barrington Moore)、兹比格纽·布热津斯基，经济学家约瑟夫·伯利纳(Joseph Berliner)、格里高利·格罗斯曼(Gregory Grossman)、亚历山大·格申克龙(Alexander Gerschenkron)，社会学家马克·菲尔德(Marc Field)、雷蒙德·鲍尔(Raymond Bauer)，历史学家理查德·派普斯(Richard Pipes)、西德尼·马纳斯(Sidney Monas)等。到1953年4月，中心拥有在编的研究人员达53人，其间开展了数十个研究项目，主要涉及苏联共产党历史与发展现状、政治体系、意识形态和俄国历史(政治史)，以及俄国革命前的经济与苏联经济、苏联计划经济与西方市场经济之间的比较研究，俄语、苏联文化、社会与民族间关系等。美国知名苏联历史问题专家斯蒂芬·科特金将其称为“冷战的学术中心”[5]。

除高校在推动战后苏联学发展方面起到巨大作用之外,美国的情报机构和军工部门也扮演着重要角色。比如,1947年,在原战略情报局基础上新成立的美国中情局、联邦调查局、空军与海军的领导机关,这些机构招募一大批研究苏联各个领域的优秀专家,转业或者退休之后又进入大学从事科研活动(比如,上文提到的葛若德·罗宾逊)。此外,还有两个主要的苏联研究学术团体也在战后成立。1946年成立的斯拉夫研究联席委员会(Joint Committee on Slavic Studies),成员由美国学术团体理事会和社会科学研究理事会(Social Science Research Council, SSRC)共同指定,职责是为苏联研究提供总的指导方针和奖学金,同时也推动与苏联建立学术交流关系。1947年,美国斯拉夫研究促进协会(American Association for the Advancement of Slavic Studies, AAASS)正式成立。1952年,美国苏联研究学界的专业学术期刊《共产主义问题》(*Problems of Communism*)正式创刊,成为战后苏联学发展的一个重要里程碑。1957年苏联首次成功发射人造地球卫星,美国人对苏联的兴趣大增,关注度也大幅度提升,联邦政府则进一步扩大对苏联研究的拨款。以国会图书馆为例,政府开始资助出版《新增俄罗斯图书月度索引》,这是一本对美国苏联研究学者极有价值的信息和筛选工具。1951年,一个独立的斯拉夫分部在国会图书馆内被重新建立,其职责包括公共服务、馆藏发展、特别项目和该领域相关书目的出版。由流亡美国的俄国著名历史学家和书目编辑雅尔盖·雅各布松(Sergius Yakobson)担任主任。[6]

上述机构,一方面获得美国政府、各大基金会的雄厚财力支持,另一方面也推动苏联学的形成和发展。需要指出的是,所提供的这些资金主要用于研究当时的现实性问题,换句话说,是为美国政府对苏联决策服务的。科恩就指出,在高校工作的苏联学专家与美国政府各部门建立起开放、明智的相互关系,使得20世纪50年代初美国的苏联学成为一项政治性职业,重点研究现实政治问题和寻找潜在对手。[7]在他看来,出现这样的状况主要是由美国苏联学家的理想主义立场和对共产主义威胁过度担忧造成的[8],其具体体现就是20世纪40年代末到

50年代初,美国国内掀起的以“麦卡锡主义”[9]为代表的反共、排外运动,波及美国政治、教育和文化等领域的各个层面。

综上所述,战后美国俄罗斯学从一开始就笼罩在冷战乌云下,随着苏联与美国关系恶化、西方反共产主义的盛行,美国苏联学的形成并发展,也在很大程度上被打上反共产主义的烙印。这也是为何学界普遍认为,美国苏联学在一定程度上等同于苏联政治研究,以及一开始就被高度政治化和意识形态化。

第二节 战后美国苏联学的内涵、学科范畴及方法论基础

在梳理第二次世界大战后美国苏联学的发展情况前,首先要对苏联学的涵义、学科范畴和方法论进行界定。关于术语“苏联学”的出现,根据牛津词典的解释,1958年1月3日出版的英国周刊《观察家》(*Observer*)首次使用了“苏联学”(Sovietology),但也有学者指出,事实上早在1956年,该术语就出现在法语文学之中。在学术界,虽然战后美国苏联研究在政府的大力支持下快速发展起来,但“苏联学”这一术语并没有得到学界的普遍接受。美国学者阿姆斯特朗(J. Armstrong)指出,20世纪50与60年代之交,美国苏联研究界拒绝使用术语“苏联学”,更倾向于使用“俄罗斯区域研究”[10]。直到60年代中期,这一术语才开始在美国学界使用。虽然美国学者亚当·乌拉姆(Adam Ulam)将“苏联学”视为一个可怕的术语,但她认为,可以使用这一术语。[11]科恩也持类似的观点,他认为,虽然“苏联学”是一个不雅词汇,但是一个有用的术语。[12]马丁·马利亚(Martin Malia)首先将苏联学视为一门区域研究的学科,之后才成为一个学术术语。[13]关于苏联学的研究对象,有学者将其限定在分析苏联社会生活中发生的一系列事件,预测苏联的国家行为,为政府决策提供建议;[14]也有学者不仅将苏联各加盟国,还将东欧和世界其他地区的共产主义国家都纳入苏联学的研究范畴。后者在学界并未被大多数人接受。事实上,美国的苏联研究不仅关注苏联现实政治的发展,而且在很大程度上聚焦苏联的政治体制与共产主义意识形态。就如美国社会学家布洛维(Burawoy M.)所

言，苏联学从一开始就诞生并生长在意识形态的泡沫里。[15]

对于苏联学的学科属性，美国学术界也存在一定分歧。多数情况下，苏联学被视为政治学科所属的一个分支，历史学、经济学和社会学领域的专家更倾向于将苏联学视为他们所属学科与政治学之间的交叉学科。比如，亚历山大·约翰·莫德尔（Alexander John Motyl）将苏联学视为政治学家和历史学家（部分情况下）研究苏联政治的学科[16]，其重点聚焦权力斗争和政党高层的决策机制[17]。在科恩看来，这样的界定主要源于早期的苏联研究中历史学与政治学没有被严格区分，它们之间是联系在一起的。政治学家也撰写大量关于苏联历史的著作，其中不少作品都运用历史学的方法论。[18]纳尔逊（Nelson D.）指出，20 世纪 60—70 年代之交，美国学者开始运用西方社会的经验主义方法论来研究苏联社会，使得苏联学开始从区域研究逐渐转向社会科学研究。[19]当然，也有学者直截了当地提出苏联学就是苏联研究[20]，还有学者将苏联学界定为一门运用多门人文社会科学全面研究苏联的综合性学科，比如，马丁·马利亚指出，苏联学研究应该涵盖政治、经济、社会和历史四门学科领域。[21]与此同时，苏联学不可能像古埃及学、汉学一样，它仅是美国俄罗斯学发展史上的一个重要阶段，不可能将其视为一种文明或者一个整体去研究。[22]需要指出的是，上述关于苏联学的界定更多是 20 世纪末，特别是苏联解体后，美国学界对苏联学的反思。由于战后苏联学的发展与美国区域研究项目密切相关，因此，从一开始，苏联学主要研究苏联的政治机制。[23]换句话说，苏联学的发展主要与历史学和政治学的关系较为紧密。直到 20 世纪 80 年代，美国苏联学的研究领域才进一步拓展。[24]由此可见，迄今学术界并没有就苏联学的界定达成广泛一致看法。本书在很大程度上同意学者库什曼（Cushman T.）的观点，即苏联学专家更多的是人文社会学家，重点关注苏联社会的多个领域。[25]本书中，苏联学与苏联研究用作同义词。

就苏联学的方法论而言，美国研究界也存在一定程度的分歧，这也是美国苏联学发展的重要特征之一。20 世纪 70 年代之前，美国的苏联研究主要运用历史学的研究方法，自 70 年代开始发生新的变化。1973 年，约翰·考茨基（John H. Kautsky）撰文指出，由于区域研究对象（区域和国家）的特性，因此，需要运用文化研究方法，而不是政治学研究方法。[26]苏联拥有独一无二的价值特性，不能将西方价值体系与苏联进行比较。[27]还有学者指出，共产主义领导下的苏联是一个封闭的社会团体，拥有复杂的决策机制，并不受限于法律中所制定的结构、功能和规则，因此，西方政治学研究方法不能运用到分析共产主义机制。[28]上述分歧主要受到社会科学中反自然主义方法的影响。比如，阿尔弗雷德·迈耶(Alfred Meyer)就指出，苏联学与社会科学一样，更多的是一门艺术，而不是科学。[29]如此看来，对方法论问题的了解，也有助于我们观察美国"苏联学"的发展。

迄今学界公认的看法是第二次世界大战之后，美国俄罗斯学取得跨越式发展。战后的苏联研究，不仅成为美国历史学界的优先研究方向，同时也成为战略研究的重中之重，甚至成为一项国家发展事业，这在美国学界是史无前例的。战后初期，作为美国俄罗斯学的主要分支——苏联学，开始形成并快速发展起来。与第二次世界大战前的斯拉夫学相比，苏联学的发展具有得天独厚的优势，不仅拥有自己的研究客体、专业研究机构和研究队伍，还有庞大的政府财政支持。战前，美国的俄罗斯学研究主要聚焦斯拉夫国家的语言、文化和历史，战后则将重点转向政治与战略研究，其发展势头迅猛。

为何战后美国苏联研究如此受重视，主要原因包括以下两点。一是，美国参加第二次世界大战及处理战后国际事务的需要。第二次世界大战爆发后，特别是1941年12月太平洋战争爆发，使得美国政府和学界需要更多地关注美洲以外的世界其他地区，残酷的战争现实进一步暴露出美国长期对地区研究忽略所形成的诸多弊端，包括对俄国及其所在的东欧地区的了解。二是，国际现实发展的需要。从国际格局上来看，战后美苏取代传统欧洲列强成为世界两大主要强国，需要处理好战后两国关系向何处去的问题。特别是1946年3月5日，英国首相丘吉尔的"铁幕讲话"，为美国恶化美苏关系和对苏推行强硬政策制造舆论。随着冷战帷幕的拉开，美国对苏联的研究已超越纯学术探索范围，包括怎样看待苏联、对苏联应该采取什么样的政策，以及美国如何谋求世界霸权等一系列重大问题，上升到国家安全和战略的高度。美国政府急于了解这个还很陌生的超级大国，学术界对国际舞台上这个后起之秀的关注，也不再仅仅停留于过去的历史经验、语言和文化等微观层面,开始寻求新的理论与研究方法。

第三节 美国苏联学的两大理论范式:极权主义与修正主义

第二次世界大战后,美国苏联学主要经历两个发展阶段:第一阶段是20世纪40年代中期到60年代末;第二阶段则是70年代到90年代初。这一时期,美国学界先后出现主导苏联研究的两大理论范式:极权主义(totalitarianism)[30]和修正主义(revisionism),它们构成战后苏联学发展的主要内容。

一、苏联研究的极权主义理论及其发展

术语"极权主义"首次出现在20世纪20年代的意大利,直到30年代末才在其他国家普遍使用。极权主义理论的最初研究对象主要是西方资本主义国家,即20世纪20—30年代,墨索里尼在意大利的强权政治以及后来的德国法西斯政权。在西方政治学中,"极权主义"理论用于苏联研究是在30年代的斯大林执政期间。第二次世界大战期间,日本军国主义也被列入极权主义研究范畴。这些国家的共同之处包括:取消反对党,打击特殊利益集团,强调国家利益至高无上等。[31]

对美国苏联学极权主义理论研究范式形成,并产生巨大影响的是20世纪50年代初的德裔美国学者汉娜·阿伦特(Hannah Arendt),其代表作是1951年出版的《极权主义的起源》。[32]在书中,阿伦特把极权主义描述为二十世纪特有的现象,认为极权主义的根源是反犹主义、民族主义以及帝国主义。阿伦特所代表的德国法兰克福学派在相当程度上是在描述一个历史进化的事实,即西方的现代化在达到一定程度时,资本主义社会的极右思潮和势力是产生极权主义的环境和政治文化的根源。[33]需要指出的是,阿伦特将苏联体制视为专政的同时,强调将列宁时期的"革命专政"与斯大林时期"极权专政"区别开来。[34]阿伦特的观点对美国苏联学家提出苏联研究的极权主义理论范式具有重大启示意义。

自阿伦特提出极权主义理论之后，有一批美国理论家在其基础上进行本土化、完善、检验和修正，如卡尔·弗里德里克(Carl Friedrich)、兹比格纽·布热津斯基、默尔·芬索德(Merle Fainsod)、亚当·乌拉姆、沃尔特·拉克尔(Walter Laqueur)、亚力克斯·英克尔斯(Alex Inkeles)等知名专家学者[35]，他们共同构建出一个苏联研究纲领，即极权主义理论。在他们看来，极权主义理论的实质在于将苏联定性为一个极权主义国家，苏联的政治体系具有先天的延续性，高度意识形态化，个人崇拜盛行等，这些"极权性"都难以改变。极权主义理论成员共同认定的假定和假说包括：第一，极权专政区别于所有传统威权政治体制，具有广泛的社会基础；第二，极权主义区别于传统的专政，是最官僚化的政治体系；第三，极权体制的最大特征是借助恐怖活动来打击对手或敌人，甚至民众；第四，极权主义国家极为不稳定，对内对外不断推动革命或战争；第五，相较于其他国家的政治领导人而言，极权体制的独裁者往往掌控巨大权力。上述这些假说在很大程度上构成了极权主义理论的硬核。当然，该理论的形成并非一蹴而就，而是经历一个不断争辩并逐渐完善的过程。

1953年，哈佛大学教授卡尔·弗里德里克启动了一个"极权主义研究"项目，旨在将极权主义理论本土化。在一次研讨会上，弗里德里克从国家体制及其政策运作方面，首次提出极权主义的五大特征：(1)官方的和单一的意识形态垄断；(2)有大众支持的一党专制；(3)使用恐怖手段的警察力量；(4)对媒体的垄断性控制；(5)对武器的垄断性控制。弗里德里克的结论是：民主制下，不允许做的任何事情都可以解决；威权制下，不能解决的任何事情都禁止做；极权制下，任何事情都是义务性的。[36]然而，弗里德里克提出的极权模式受到与会者的强烈质疑，其中包括美国两位权威专家——俄国历史学家米哈伊尔·卡尔波维奇和吉拉德·罗宾逊，他们认为，极权专政模式并不能准确地解读俄国历史。刚刚卸任驻苏大使的乔治·凯南对弗里德里克的观点也不以为然，认为即便是极权政治也是"动态的"(dynamic)，而非一成不变；1953年斯大林逝世后，苏联有可能摒弃一些极权的做法，极权统治有可能受侵蚀(erosion)。[37]

作为"极权主义研究"项目的研究成果，1956年，弗里德里克与波兰裔青年学者布热津斯基合著的《极权独裁与专政》(*Totalitarian Dictatorship and Autocracy*)出版，面对三年前美国苏联学界的批评，他们仍然坚持自己的观点。在之前提出的五大特征基础之上，又增加了第六个特征，即对经济的全面控制。这六个特征加在一起，他们称之为"极权综合病征"。他们的基本论点是，极权主义的意识形态"毫无意义"(meaningless)，仅仅是"不厌其烦地重复其意识形态的陈腐观念，且前后矛盾，只是对那些弱智者有强烈的煽动性；宪法和政府机构的作用微不足道；极权政体中没有社会的地位，家庭是无所不在的极权政治中唯一的'绿洲'。1917 年以后苏联的极权专制就势在必行，到 20 世纪 20 年代后期实现突破性进展；极权体制一旦确立，它只能以更全面极权的方式发展"[38]。同年，布热津斯基也独自出版学术处女作，该书是在他的博士论文基础上改写的，题目是《永恒的清洗：苏联极权主义中的政策》(*Permanent Purge: Politics in Soviet Totalitarianism*)，书中首次给出"极权主义"的定义：在全体国民强迫性一致同意的环境中，基于特定的意识形态假说，精英运动的极权化领导层，行使由先进技术武装的不受制约的权力，以达到彻底社会革命目标的体制。[39]至此，弗里德里克和布热津斯基首次就极权主义理论进行了较为全面的阐述，并给出极权主义的定义及其特征，为理论的持续发展奠定基础。

布热津斯基的博士导师、另一位哈佛大学教授默尔·芬索德，从历史角度研究苏联体制的极权主义特性，重点分析苏联极权主义的结构和机能，并揭示苏联统治者和被统治者之间互动的政治过程。在他看来，十月革命是布尔什维克推动的一场国家政变，并没有获得广大民众的支持。依此逻辑，布尔什维克政权的获胜、斯大林的上台执政都是早已做出的政治决定，原因在于俄国政权具有先天的延续性。[40]作为美国第一代苏联学家的代表人物之一，芬索德所著的《俄国是如何被统治的》是美国苏联学的奠基之作，成为美国大学课堂上的标准教科书，影响整整一代苏联问题专家。这一时期，与芬索德持类似观点还有亚当・乌拉姆、弗朗兹・博克瑙(Franz Borkenau)等人，他们共同推动苏联学极权主义理论建构和发展。此外，极权主义理论还被广泛运用到分析共产党在苏联政治体系的核心角色和苏联最高领导人的决定性作用。[41]

1953年，斯大林去世后，其推动的“大清洗”运动逐渐沉寂下去，开始所谓“解冻”期，特别是1956年2月，赫鲁晓夫在苏共二十大代表大会的秘密报告中，严厉批评斯大林，正式启动“去斯大林化”与和平共处政策后，苏联政治、意识形态和文化领域出现“解冻”现象，斯大林时期对社会的监控和压迫得到解除，大量被流放“古拉格”劳改营的政治犯被释放。在这样的背景下，对极权主义理论硬核进行修正显得必要。美国著名俄国历史学家亚历山大·达林指出，该理论所描述的“极权性”是静态的，属于历史上的特例，不具有普遍性。耶鲁大学著名俄国问题学者弗雷德里克·巴洪（Frederick Barghoorn）认为，极权主义理论忽略了苏联社会中健康和稳定的因素；弗里德里克和布热津斯基二人笔下的苏联社会，更像是一个“狂人世界”（madhouse）而不是一个社会。[42]弗雷德里克·弗莱伦（Frederic Fleron, Jr.）、本杰明·巴伯（Benjamin Barber）、杰里米·阿兹雷尔（Jeremy Azrael）和胡安·林茨（Juan Linz）等学者也指出，极权主义理论存在的问题较多，概念过于僵化、复杂，冷战色彩太浓，且无法解释苏联体制的变化，也难以区别于其他政治体制等。[43]即便是布热津斯基本人在1960年出版的《苏联集团：团结与争斗》（*The Soviet Bloc: Unity and Conflict*）一书中，居然只字未提“极权主义”字眼。[44]

换句话说，极权主义理论不能完全经受住现实变化的检验，难以解释苏联社会发生的新现象，存在一定程度的局限性。在此情况下，需要推动研究问题的转换，寻求解读苏联体制的其他途径，以便加强极权主义理论范式的理论描述、解释和预测国家行为的能力。对该理论进行修正的另外一个主要原因在于20世纪40年代末到50年代中期，美国苏联问题专家难以前往苏联开展学术交流和实地考察，加上苏联官方对西方获取档案资料和信息资源采取极为严格的限制措施，使得美国苏联学从一开始就存在一定局限性，包括极权主义理论提出及其发展，在一定程度上不能够依靠翔实的研究材料，导致其解释力与预测力都遭受质疑和批评。[45]1957年，苏联与美国签署首个文化协议，次年美国国会正式批准。该协议允许美国派出20位年轻专家（随后增加到50人）到莫斯科和列宁格勒工作，但他们在苏联的活动范围受到限制，包括禁止进入苏联档案馆、与苏联专家频繁交流、采访苏联官员等。苏联的这些举动在很大程度上也使得西方国家对其政治体系更加反感，歪曲、抹黑苏联的看法增多。[46]按照科恩的评价，大部分学术交流和考察，都被视为非常令人不愉快的“学术旅行”。[47]虽然存在这样或那样的局限性，对美国苏联问题专家而言，这确实给他们提供了难得的学习机遇，通过亲眼观察苏联社会的诸多现实，不仅有助于改变既有的思维定式，而且也在一定程度上推动美国苏联学理论的发展。

正是在上述背景下，20世纪60年代，包括汉娜·阿伦特、卡尔·弗里德里克、兹比格纽·布热津斯基、阿尔弗雷德·迈耶等极权主义理论元老，要么修订再版之前的经典之作，要么出版一些关于苏联极权政治体系主要特征的新著作，试图捍卫极权主义理论范式在美国苏联研究学界的主导地位。[48]在新版《极权主义的起源》前言中，阿伦特承认，斯大林去世之后，苏联的确开始真正的“去极权化”进程。[49]虽然阿伦特没有就这一进程详细论述，但很显然，她将斯大林的去世视为苏联开始变化的首要因素。这一论断与罗伯特·塔克关于苏联极权体制的建立主要是斯大林个人思维的结果不谋而合。[50]在此基础上，阿伦特将极权主义视为一种全新的独特的权力治理模式，其根基是秘密警察的恐怖手段，而不是意识形态，集中营就是极权体制的实验室。[51]与此同时，弗里德里克与布热津斯基合著的《极权独裁与专政》也经过修订之后再次出版。在该书的前言中，他们承认增删了首版书稿三分之一的内容，包括恐怖手段一节，但他们同时也指出，总体而言，苏联极权专政的理论与实践印证了书中分析的准确性。[52]他们二人还将意大利法西斯也纳入极权独裁与专政的研究范畴。此外，书中仍然缺少对极权主义的准确界定，但指出它并不是一个绝对范畴，而是一个相对范畴，其形成和发展都会经历不同阶段（早期、成熟）和周期（硬周期、软周期）。[53]

与此同时，美国学界不少专家学者开始批评极权主义理论，指出该理论已经不合时宜，背离多数共产主义国家发生变化的现实。[54]沙勒特（Sharlet R.）针对弗里德里克和布热津斯基二人提出的“极权主义”六个特征，指出共产主义体系与极权主义截然不同的六个区别，包括：共产主义国家是封闭型社会；没有自治机制；政治资源主要掌控在小部分的执政精英手中；政治结构、功能和作用具有不确定性；政治体系与社会体系之间没有界限；西方社会学方法很难适用于苏联研究。[55]罗伯特·塔克则提出极权主义体制的三大主要特征,包括革命追求、积极组织民众参与和中央极权先锋党的存在。极权主义体制不属于共产主义、法西斯主义、民族主义的单一型政党体系,而是这三种体系发展的最极端形式。[56]

此外,作为对极权主义理论缺陷的补充,一些新的分析视角相继被美国学者提出来,比如,考茨基、布莱克的发展理论或现代化理论,迈耶的官僚主义理论,卡索夫、赫兰的管理型社会,以及英格尔斯、斯基林的"克里姆林宫学"等。其中,现代化理论将苏联社会与亚洲和拉丁美洲国家相比较,而不是之前将苏联与法西斯政权相提并论,其立论前提为"苏联是一个现代工业社会"[57]。1964 年,艾伦·凯瑟夫(Allen Kassof)提出,苏联社会既是"管理型",也是"没有恐怖的极权社会"(totalitarianism without terror),苏联还是现代极权体制的变形。[58]戈登·斯基林(Gordon Skilling)等人提出的"克里姆林宫学"则更进一步,他们不赞成苏联体制的垄断性和静态性,提出"利益集团"试图推动国家和政党机构适应苏联社会变化的观点。[59]

根据于滨教授的判断,虽然上述多元分析视角的出现在一定程度上避免极权主义理论单一性所造成的理论贫困,使斯大林去世以后西方苏联研究得以某种程度的"软着陆",但归根到底,它们只是从极权理论的内核向外延伸,或在极权主义理论范式内修外补,从价值观和方法论上对极权主义理论并不全盘否决。[60]这一期间,美国苏联学界出版的一系列具有"极权主义"基因的著作,一直是西方学界的"经典"教科书,包括弗雷德里克·弗莱伦的《共产主义研究与社会科学》,弗雷德里克·巴洪的《苏联政治》及其与托马斯·雷明顿(Thomas Remington)合著的《苏联政治》,杰里·霍夫(Jerry Hough)和默尔·芬索德合著的《苏联是如何治理的》等。[61]

20 世纪 60 年代末到 70 年代中期,美苏关系的总体"缓和"使得苏联学发展再次出现新的变化。特别是勃列日涅夫治下苏联政治和社会的变化,美国学者开始从多种角度观察苏联,"极权主义"已经较少出现在苏联学家的语汇中,这个概念似乎已经过时,迫切需要进一步修正。在这方面进行最后努力的是布热津斯基。他延续了 60 年代"换药不换瓶"的做法,即改变涵义但固守概念,将极权主义的鉴定标准改为"社会完全从属于政权”的特定阶段。照此标准，苏联极权主义在1929—1956年间出现并巩固。之后政权对社会的限制有限回缩，虽然苏联政治体制本身还是极权主义的，但由于政权再也不能获得社会的完全屈从，所以这是一种功能失调的极权主义。换一种说法，布热津斯基认为，20世纪70年代中期的苏联在某些方面更类似于传统威权主义政体，但带有大量功能失常的极权主义残余。[62]作为极权主义理论模式的创立者之一，布热津斯基的分析表明，用极权主义分析当代苏联已经不合时宜。

然而，70年代末和80年代的国际形势变化，以及美苏关系的再度恶化，使得极权主义理论再获新生。1979年底，苏军入侵阿富汗，西方国家集体抵制1980年的莫斯科奥运会，而以强烈反共著称、上台执政的里根总统，1983年宣布苏联是“邪恶帝国”(evil empire)，美苏再度陷入新冷战，使得先前在很大程度上被边缘化的极权主义理论再受青睐。[63]20世纪80年代末到90年代，诸如“红色法西斯主义”、苏联扩张威胁等术语再度回归美国学界，也大有人再次将斯大林统治时期的苏联与希特勒专政的德国相提并论，与30年前相比，兹比格纽·布热津斯基、理查德·派普斯、马丁·马利亚等人对斯大林体制的批评更加尖锐。[64]1989年，布热津斯基立足于当时的东欧剧变，出版新的代表著作《大失败——二十世纪共产主义的兴亡》(*The Grand Failure*: *The Birth and Death of Communism in the Twentieth Century*)，认为共产主义作为一种运动，支配20世纪多数时间后已经走向衰落，进入“最后危机”，并断言共产主义因违背历史规律，将会在21世纪“不可逆转地消亡”。[65]理查德·派普斯在其专著《布尔什维克体制下的俄罗斯》也基本上重复布热津斯基的这一论断，极具传统极权主义色彩。他指出，广义上的俄国革命持续百年，尤其需要重点关注从1899年到20世纪20年代初的这段革命高潮期。他认为，十月革命构建的政治体系是列宁个人意志的体现，布尔什维克党也是列宁规划的产物，镇压国内外的任何抵抗，俄国共产党从一开始就是个人意志的集中体现。基于这些判断，派普斯进而将苏联历史视为列宁、斯大林自上而下革命的发展。[66]加州大学伯克利分校的苏联历史学教授马丁·马利亚在1993年出版的个人专著《苏联悲剧》中，也不忘重复极权主义理论的经典构想，毫不掩饰他自己是极权主义理论学派的一分子。[67]在此之前，1990年底，他曾以署名“Z”的笔名在美国《代达罗斯》(*Daedalus*)期刊冬季号发表一篇长文，指出苏联的极权体制必定走向灭亡，而戈尔巴乔夫的改革只会加剧这一进程。之所以使用匿名是为了保护为此文提供消息的苏联人士。Z文的论述基于两点：对苏联历史系统和细微的观察，以及对西方苏联学主流的强力批判。在马里亚看来，苏联解体前的20余年里，西方苏联学的主流学者及其各种“理论”已经在相当程度上成为苏联极权制度的“辩护士”；他们看到的只是制度表面的超稳定性，关于苏联体制已步入“成熟工业社会”，甚至具有“向多元社会发展的潜力”，全然忽视苏联社会变迁所经历的巨大震荡和付出的沉痛代价。马里亚还严厉斥责了美国苏联学界的对戈尔巴乔夫改革一厢情愿的盲目乐观，指出苏联制度的“不可改革性”。原因是苏联制度不是一般的官僚体制，而是以意识形态构成的意识形态—官僚体系；任何背离这一体系的举动都会引起连锁反应，牵一发而动全身。因此，苏联的问题不是如何改革共产主义制度，而是如何使之解体，戈尔巴乔夫的改革就是自掘坟墓。[68]虽然马里亚没能精确预测苏联解体的具体时间，但他对苏联帝国的长远走向显然有相当的洞察力，至少避免了中情局众多“苏联问题专家”的双重错误：即戈尔巴乔夫执政初期不相信他会改革；在戈氏执政后期低估改革的风险。[69]因成功预测之后的苏联解体，马里亚成为西方苏联学界极少数的学者代表，他也由此名声大噪。苏联解体后，马里亚也从加州大学伯克利分校退休，最后功成名遂。

二、苏联研究的修正主义理论及其发展

20世纪60年代前，极权主义理论研究范式在美国苏联研究界一直占据主导地位，60—70年代之交则开始发生重大变化，甚至出现一定程度上的危机。这一变化主要与当时美国国内政治危机密切相关。1961年5月，美国在南越发动“特种战争”，开始直接军事卷入越南内政进程。在军事行动方面存在的内在矛盾导致美国在1966年陷入了军事和外交双重僵局。尼克松在1968年总统竞选中，承诺要迅速制定“秘密计划”，6个月内结束越战，但稍后的战场形势发生根本转变，政

府遭受美国社会的激烈批判，美军不得不于1968年10月宣布停战。次年，美军开始撤出越南，长达四年的停战谈判就此展开。1973年1月27日，美国、越南民主共和国、越南南方共和临时革命政府和越南共和国四方在巴黎正式签订《关于在越南结束战争、恢复和平的协定》，宣告越南战争结束，美国以失败告终。越战是第二次世界大战后美国参战人数最多、影响最大的战争，它是冷战格局下美国推行遏制共产主义政策的产物，在美国全球战略中，越南被看作遏制共产主义扩张、显示美国力量的一个试验场。与此同时，"水门事件"进一步激化美国社会的矛盾，尼克松不得不宣布辞去总统。上述两大政治事件，对战后美国历史以及整个国际形势发展都有深远影响。显然，这样的政治气候不可避免地会影响到苏联学界的研究，构成20世纪60—70年代之交，美国苏联学内部出现修正主义理论的重要时代背景。

70年代开始，美国苏联学在研究主题和方法等方面开始出现较大变化，出现区别于极权主义理论的修正主义研究视角，其驱动因素主要包括以下三点。第一，美国苏联历史专家数量不断增加，新生代的历史学家扮演重要作用。据统计，1876—1950年间，美国和加拿大仅有250人获得俄国或苏联研究方向的博士学位，到20世纪60年代，这一数据增加到600余人。[70]此外，美国开设苏联历史课程的高校数量也呈现不断增长态势，50年代，美国高校仅有50%的历史系教授苏联历史，到1980年，这一比例增加到77%；80年代中期，美国高校有将近230个院系设立俄国史专业，主要教授或研究十月革命之前的俄国史或十月革命之后的苏联史。[71]在人才培养方面，50—70年代的20年间，美国高校培养的苏联问题学习方向的本科生数量为5 666人，硕士生为2 514人。[72]这些专业人才进一步充实美国苏联学的研究力量，成为20世纪70年代后美国苏联或俄罗斯研究的主要推动力。

第二，多数历史学家对极权主义理论的片面性和"极权"学派的必然论颇为不满。由于极权主义理论一直在苏联研究界占据主导地位，新生代苏联问题专家往往面临这样的选择：要么继续遵循极权主义理论范式的研究路线；要么开辟新的研究视角，将理论与现实紧密结合，特别是基于苏联社会变化的新现实。考虑到60年代后期，美国国内出现的反官僚集团的青年运动，他们对老一代政治家和苏联问题专家（尤其是美国情报部门和曾经担任美国政府要员)的立场颇为不满,加之新生代的年轻苏联问题专家开始越来越多地在美国高校和科研机构担任要职,他们的选择是直截了当地说"不"。

第三,苏联学研究的方法论危机凸显。已有的理论视角越来越不能够很好地解释苏联历史的诸多事实和现实问题,也无法给出相应的答案。[73]新生代的历史学家通过对苏联历史,特别是斯大林执政时期的研究结果显示,过去的很多研究存在方法论问题。甚至,提出极权主义理论的理论家都越发地感到要修正之前的诸多构想[74],迫切需要运用新的研究方法来研究苏联问题。

根据修正主义理论的形成和发展历程,我们可以将其划分为"两波"发展浪潮:第一波浪潮出现在20世纪60年代末期;第二波则是在20世纪80年代中期。总体而言,这两个时期里,一方面,与极权主义理论一样,美国苏联研究的修正主义理论形成最初主要由那些研究苏联社会内部冲突的专家共同推动[75],按照科恩的观察,这主要得益于20世纪50—60年代美国政治研究领域出现的所谓"克里姆林宫学",即重点关注苏联领导人的生平变化、领导人之间的隐形斗争及其对苏联体制垄断性造成的威胁、政治权力机制结构、中央与地方权力机关之间的相互关系、政党与国家机构之间的关系。[76]这些专家主要对极权主义理论的三个假设进行批判,包括苏联政治体系的静态性、垄断性和绝对性。另一方面,在前期的批判基础上,修正主义理论学派的共同成员主要聚焦苏联社会历史领域,涉及的主要研究问题包括:一是,苏联社会机构、社会流动性、农民阶层及其自我认知、自下而上的反抗苏联执政阶层、工人阶级的地位及其自我认知,以及苏联文化史等;[77]二是,苏联共产党内部存在的各种对立思想、反对派领导(如托洛茨基、布哈林、柯伦泰等)[78]、地方自治、政治体系等;三是,研究苏联历史发展各个阶段的重大政策方针,包括新经济政策、苏联经济的民主化、私有企业等。[79]下文我们将详细梳理介绍修正主义理论的"两波"发展浪潮。

(一)第一波:对极权主义理论的批判和修正

美国知名苏联史专家斯蒂芬·科恩,被学界公认为修正主义理论的主要代表人物。在1985年出版的专著《反思苏联经验》(*Rethinking the Soviet Experience*)中，他对极权主义理论进行了激烈批评[80]，其中一章节《苏联学作为一种使命》甚至被学界视为"修正主义理论的宣言"[81]。按照科恩的观点，20世纪40年代末到60年代初，苏联学作为美国迅速发展起来的一门"矛盾且强势"的学科，到70年代初陷入深深的发展危机之中。他进一步指出，冷战对美国苏联研究产生了巨大影响，其表现是强调从布尔什维克主义向斯大林主义的线性发展轨迹和极权主义理论的主导，美国出版的多数苏联研究学术作品基本上遵循这样的轨迹，很少关注其他未知的研究领域。在他看来，摆脱困境的出路就是通过修正主义理论视角来研究苏联历史，同时摆脱"苏联恐惧症"对苏联学发展的主导性影响，只有不同观点、分析视角和各种阐释之间的交锋，才能够对复杂多样的苏联问题给出正确解决方案，这样的苏联学才能成为一门正常学科。[82]另一位美国知名历史学家亚历山大·拉比诺维奇也指出，修正主义理论主要由对社会历史感兴趣的专家学者构建。当美国学界首次出现修正主义专家发表的作品时，不少美国人才了解到很多苏联未知的历史事实。冷战时期，美国专家撰写的苏联历史是在歪曲现实。[83]

与极权主义理论将苏联体制视为一个封闭体系，并显著区别于西方国家的政治体系不同，修正主义理论认为，西方民主国家与共产主义国家之间在功能上存在一定相似之处，因此，可以将用于评估西方政治体系的实证方法与理论运用到苏联研究中。通过对苏联历史的实证研究，修正主义理论家发现，斯大林体制下不仅存在权力控制体系、规划和机制，而且具有显著的随机性、自发性和不彻底性。杰里·霍夫在其修订版的专著《俄罗斯如何被治理》中，试图将术语"非有效的极权主义"用于阐释30年代的苏联体系。他指出，斯大林执政时期，苏联政治体系更接近威权性质，多数西方学者严重夸大斯大林"大清洗"运动的受害者人数，而关于苏联社会"分离化"的论断更是与现实不相吻合。在他看来，苏联推动的"动员"规划是一次史无前例的一体化尝试，并非让苏联社会"分离"。因此，极权主义关于苏联体制一成不变的论断已经过时，需要进行修正。[84]还有学者更是指出"非有效的极权主义"根本就不能被视为极权主义。[85]此外，希拉·菲茨帕特里克(Sheila

Fitzpatrick)的研究也对修正主义理论发展起到重要的推动作用。她重点关注斯大林的政策对苏联那些从改革中获利的团体的影响，这些团体既包括工人阶级和从工人阶级进入知识分子行列的人群，也包括支持斯大林计划的群体，她的研究结论在很大程度上推翻了极权主义理论关于苏联社会到处充斥着消极性的重要论断。[86]

上述美国学者的研究表明，传统上关于斯大林的研究过于片面化，需要拓宽研究领域，对苏联社会的微观层面进行关注显得更加重要，特别是考虑到很多情况下，斯大林的政策给部分社会团体带去了实实在在的好处，因此，斯大林主义也获得了一定程度的社会基础。为此，研究者的主要任务就是弄清楚这种社会基础的实质和逻辑所在。

不接受极权主义理论的核心假设，并对其存在的缺陷进行批判仅是修正主义理论提出的一部分内容。另一个重要方向是修正主义理论专家对美国学界提出的"连续性理论"的强烈批判。所谓"连续性理论"是指斯大林主义既是列宁时期革命的延续，同时也是列宁主义的逻辑延伸，包括列宁的理论构想和政治实践；列宁主义与斯大林主义在很大程度上是一个统一整体。[87]有学者指出，"连续性理论"与极权主义理论如出一辙，它们之间存在共同之处，比如，汉娜·阿伦特就撰文指出，苏联历史的延续性与不间断性是西方学界认可的一种主导趋势。[88]摩西·卢因(Moshe Lewin)和斯蒂芬·科恩则针锋相对地指出，苏联历史进程中，列宁主义与斯大林主义的主要区别在于后者偏离历史发展正轨。[89]然而，20 世纪 50—60 年代，美国苏联研究界在评价斯大林时期的时候基本上与极权主义理论和"连续性理论"持一致立场，使得学界很大程度上轻易地认为斯大林主义的历史根源不需要特别研究，因为大家公认为它是列宁主义的逻辑延伸。[90]直到 20 世纪 60 年代末，随着修正主义理论的出现，才有专家进行批判。罗伯特·塔克就指出，西方学者认识到，要将斯大林主义视为列宁主义的结果和一个独立现象，经历了漫长的思想斗争历程。[91]由此可见，美国学界的思维定式是多么的根深蒂固，想撼动它们是如此的艰难，也需要足够的勇气和实力。

针对学界存在的上述问题，以罗伯特·塔克、摩西·卢因、斯蒂芬·科恩、亚历山大·拉比诺维奇等为主要代表的学者纷纷加入修正主义理论的建构行列。他们都不赞同关于苏联社会单一线性发展轨迹的论断,在承认十月革命、列宁主义、斯大林主义之间存在一定延续性基础之上,他们提出不能够仅限于讨论很明显的共性特征,而是要找出在不同历史发展阶段的区别所在。

具体而言,斯蒂芬·科恩认为,虽然布尔什维克主义与斯大林主义之间的相互联系对于理解苏联历史非常重要,但20世纪40—60年代的美国苏联史研究界并未给予重视,普遍将极权主义与斯大林主义视为同义词,包括政党、国家和社会之间的相互联系也被研究界忽略,现在需要通过实证方法来进行研究,尤其是斯大林主义的实质等重大问题。他特别指出,1929—1933年是斯大林体系主要特征的形成期,对理解斯大林主义非常重要。[92]

罗伯特·塔克在肯定前辈在研究斯大林主义的历史贡献的同时,他也指出术语"修正主义"可以被视为苏联研究学界存在的不同研究进程,应该辩证地看待前者与后者之间的关系,虽然他本人也对极权主义理论进行强烈批判。[93]对于改变过去研究方法的迫切性,早在1967年,美国学术团体协会(American Council of Learned Societies)甚至成立了一个专门提出比较研究共产主义新方法的规划组,其出发点是社会政治体系是文化(政治文化)的新形式,有必要研究十月革命前后俄国的文化,包括政治文化。在塔克看来,文化研究视角有助于推动学界迄今为止寻找的二元(自上而下和自下而上)研究路线的转变。[94]1975年,该规划组组织了一次题为"斯大林主义与共产主义政治文化"的学术研讨会,会议成果最终结集出版。[95]这一成果发布之后,学界相继出现从政治文化视角研究斯大林执政时期方方面面的成果。[96]塔克指出,这些成果被学界忽视,不利于学界理解苏联社会。[97]他进一步指出,20世纪30年代的苏联政治体系显著区别于之前的俄国历史发展阶段。在他看来,布尔什维克体系是一党专政和寡头领导执政的政治体系。虽然30年代的政治体系仍旧保留一些布尔什维克体系的传统组织形式,但并非建立在党的权力基础上,而是基于个人权力。这一时期内已经完成从寡头政党体制向独裁领袖体制的转型,最重要的是权力内涵被显著改变。[98]塔克将30年代的斯大林体系发展划分为三个阶段,包括社会转向(1929—1933年);苏联高层围绕发展路径选择的斗争(1934—1935年);斯大林主义最终战胜布尔什维克主义,标志着"自上而下的革命”结束(1936—1939 年)。他进而将这次“自上而下的革命”视为斯大林推动的“第二次革命”,旨在将苏联变成世界军事强国,确保其在敌对国际环境下生存下来,同时尽可能地拓展本国边界。[99]在他看来,苏联的这一目标不仅与斯大林的个人意愿相关,而且与俄国国家发展的长久历史传统紧密联系。在此背景下,他对以伊凡雷帝和彼得大帝为代表的俄国沙皇进行研究,同时将他们视为斯大林的前任,以及专制、中央极权和官僚主义国家模式的缔造者,其中,权力掌控着恭顺的臣民。[100]

摩西·卢因则试图从社会史的研究方法,“自下而上”地观察斯大林主义。他认为,斯大林主义的主要特点既不是布尔什维克政权推行政策的结果,也不是斯大林计划提前规划的成果,而是苏联领导人对1929—1933 年之间产生的危机的应对或者反应。在他看来,推动斯大林主义形成的主要因素包括三个方面:一是社会结构的解体及其因工业化导致的经常性变化;二是政治治理的不稳定性;三是历史文化传统。这三大因素能够发挥作用主要受制于苏联领导人对强大国家及其实力象征的信仰。在此背景下,苏联官僚机构、新的权力和治理机制在具体实践中的努力方向就是巩固国家的传统价值观,比如,国家主义与民族主义。[101]在卢因的眼中,斯大林的治理模式成为一种权力范式,社会结构受控于国家权力结构,成为治理的对象,最终形成一种旧式沙皇体制与新式革命体制的混合体。[102]

(二)第二波:美国苏联研究领域的社会历史转向

修正主义理论发展的第二次“浪潮”是 20 世纪 70—80 年代之交美国学界出现的社会历史转向。20 世纪 40—60 年代,美国关于苏联社会研究成果较少,主要在于苏联社会并未被当时主导苏联学的极权主义理论学派视为一个独立研究对象。考克斯就指出,极权主义理论在美国舆论中刻意制造出苏联政治体系没有社会基础的无稽之谈,认为这是一种不合法的政治体制,但问题在于没有社会支持的政权,不一定就非法。[103]直到 70 年代,修正主义学派开始重点关注苏联的社会力量与社会进程。在这方面的研究,比较有代表性的专家学者包括:盖蒂

(Getty J.)、维奥拉(Viola L.)、瑟斯顿(Thurston R.)、广昭(Kuromiya H.)、西格尔鲍姆(Siegelbaum L.)等。[104]这些学者的专著或文章在学界受到高度重视，且产生较大影响。其中，一些学者重点关注苏联工人阶层，比如，西格尔鲍姆等人罗列出苏联社会历史研究的三个领域：性别、种族和阶层，称之为"神圣的三驾马车"[105]；另外一些学者则重点关注社会阶层之间的流动，特别是苏联工人和农民如何进入执政精英阶层，进而在促进斯大林体制的合法性方面如何发挥作用的。[106]换句话说，在这些学者眼中，苏联研究不应该仅限于极权主义理论视域下开展的"自上而下"研究，还应该"自下而上"地研究，并且在很多情况下，后者更为重要。美国学界通常将这一阶段涌现出的一批专家学者称为推动修正主义理论发展的"新梯队"[107]。

1986—1987年间，部分美国专家学者在学术期刊《俄罗斯评论》上，就苏联社会研究问题开展两轮激烈的辩论，对推动苏联学的发展具有重大意义，最终获得美国苏联学界的好评。关于这两轮辩论，彼得·凯内兹(Peter Kenez)指出，气氛非常激烈，甚至充满"火药味"，且参与辩论的学者的观点很多都站得住脚，大家都认为，这样的研究视野对理解苏联社会具有很多益处[108]；伯班克(Burbank J.)也指出，来自不同研究视角的新生代专家与老一代学者之间的辩论，对美国学界充分了解修正主义理论发挥巨大作用。[109]马丁·马利亚更将这两轮辩论视为修正主义理论学派向极权主义理论"宣战"，试图将苏联历史研究的主攻方向引向社会历史领域。[110]

希拉·菲茨帕特里克是第一轮辩论的发起人。她出生在澳大利亚，在英国博士毕业之后来到美国工作。她在1979年出版的专著《苏联教育与社会流动性：1921—1934年》，被视为苏联社会历史研究领域的开先河之作。[111]希拉·菲茨帕特里克本人比较谦虚，她自己笑称："事实上，20世纪70年代，我来到美国工作、生活之前，对美国的苏联学了解较少。我认识的第一位美国苏联学家是斯蒂芬·科恩教授，从他那里我了解到美国苏联学界还有修正主义理论学派，我最终就成为其中一员。"[112]1986年进行的第一轮辩论中，《俄罗斯评论》编辑部最先刊登她的一篇学术论文《斯大林主义研究的新前景》，紧接着科恩、彼得·凯内兹、埃利(Eley G.)、迈耶等人纷纷围绕这一主题撰文，最后希拉·菲茨帕特里克进行总结。[113]

希拉·菲茨帕特里克在文章中首先指出，她写该文的初衷是探讨社会历史研究领域的专家学者对斯大林执政时期所开展的研究的影响，并非一种理论学派的宣言。由于这一领域的历史学家数量之多，因此，她将他们称为修正主义理论的“新梯队”。这些新生代的专家学者不仅具备很高的专业水平，包括获取研究所需的档案材料与信息资源，而且在思想上也略胜老一代历史学家一筹，认为正是这批历史学家进入苏联历史研究学界对美国苏联学的整体发展产生了巨大影响。[114]围绕菲茨帕特里克文章的主要争论焦点问题是20世纪30年代，苏联社会因社会流动导致的社会分层，以及“自上而下”与“自下而上”各种倡议之间的关系。她强调，社会历史学家并不赞同社会就是一个统一整体和社会与国家之间的对立，应该更多地研究社会等级，进而分析哪类执政精英掌握着经济特权，并占据权力的高位。[115]这里的“精英”不应该与知识分子画等号，更不应该带上鄙视的思维定式。[116]社会流动性高主要是斯大林推行工业化政策的结果，而不仅是政治体制特性所决定，因为工业化给贫穷的社会底层创造大量的工作岗位。这与斯大林时期社会阶层处于弱势地位是紧密联系的。她的结论是，极权主义理论强调斯大林通过暴力和恐怖手段来改变社会的观点是错误的，因为在社会各阶层本身缺少有效对抗的背景下，暴力不能视为一种缘由，并且正是较高的社会流动性(非抵抗)成为一种社会问题(恐怖)活动。她最后呼吁，美国的苏联学应该改变过于关注以国家为中心的研究，不应该忽视其他领域的研究问题，特别是社会问题。[117]可以说，菲茨帕特里克的观点在很大程度上对之前美国学界普遍的共识或者说是思维定式进行了大胆挑战。很显然，菲茨帕特里克的观点会遭到其他学者的质疑和批评。早在她发表这篇文章之前，就有专家对其一贯立场进行反驳。虽然贝莱斯(Bailes K.)同意她关于斯大林执政时期确实为底层民众创造通往精英阶层的流动机会，但他同时也指出，菲茨帕特里克的观点会给人造成一种错觉，即20世纪30年代末，斯大林成为苏联高等教育，特别是作为苏联社会流动的主要载体的应用技术类教育的维护者，这与事实不相符。在他看来，对斯大林而言，技术的意义必须与政治忠诚度紧密结合才有价值。此外，拥有技术知识与掌握该领域的工作经验之间不能完全画等号。实践经验表明，在工作过程中提高技术水平，进入精英阶层的机会更大。[118]

在这次辩论中，修正主义理论学者中首先站出来回应菲茨帕特里克的是历史学家斯蒂芬·科恩。他指出，与当前社会学科不断拓展研究领域的发展趋势一样，苏联学发展确实需要社会历史研究视角的补充，这是菲茨帕特里克文章吸引他的关键所在。他也呼吁苏联研究专家专注这一领域的研究，共同打破之前的思维定式。与此同时，他也表达了自己的一些不同观点：一是，社会历史学家并非第一个站出来挑战极权主义学派，20世纪60年代末就有一批苏联专家提出苏联的发展并非完全由克里姆林宫的行动决定，因此，他们研究了苏联精英与利益集团之间的关系；第二，关于斯大林推行“自上而下”革命最终导致出乎预料的后果，并非社会历史学家的新发现，不能过早地定论；第三，虽然斯大林时期的“恐怖手段”应该成为社会历史学界关注的焦点，而且也应该成为研究苏联社会的主要组成部分，但关于术语“恐怖手段”的阐释也存在一定问题，需要进一步运用大量的档案材料进行深入研究，避免过重的主观评价色彩。[119]

科恩之后，彼得·凯内兹也表达了类似的观点，他认为，对“恐怖手段”的深入研究，有助于理解苏联社会发展的方方面面，即“恐怖手段”背景下，苏联各大家庭的父母是如何与自己的子女交流的，作家又是如何写作的，工人与政府官员又是如何建立关系的，等等。此外，凯内兹不赞成菲茨帕特里克关于斯大林主义的研究开始从意识形态和政治领域转向社会历史研究的判断，这里的问题是如何理解社会历史。如果将其理解为研究普通老百姓的生活，那么早在20世纪50年代末学界就出版了经典之作《苏联规则下的斯摩棱斯克》[120]，因此，需要进一步明确研究对象的内涵。与此同时，凯内兹也肯定了菲茨帕特里克的努力，认为这是一种好兆头，可以将修正主义学派的很多学者组合成一个学术共同体[121]，也能够推动苏联学的新发展。

埃利在其回应菲茨帕特里克的文章中指出，社会历史不能仅关注社会与国家之间的关系，而要研究社会历史以及其与社会的历史之间的复合相互关系，同时也不能忽视它们之中存在的政治因素，难以想象将社会与政治因素完全隔离开来，因为国家也是这些社会变化的主要推动者，特别是通过暴力、恐怖活动等强制手段干预民众的社会生活。此外，埃利也提到菲茨帕特里克的文章中缺少提及对苏联社会历史有过研究的前辈们，忽视了他们的前期研究成果，比如，曾在英国伯明翰大学俄罗斯东欧研究中心工作过的摩西·卢因等人对斯大林时期的社会、经济历史的研究[122]，他们在这一领域做出了不可忽视的重要贡献，也为美国的苏联社会历史研究奠定早期基础。

迈耶也指出尊重学界前辈们已做出贡献的必要性，他认为，历史学家运用新的研究方法、模式和视角重新研究历史问题，这是很自然的研究方式，前辈的研究成果也不可避免地对后辈的研究产生影响，这是无可厚非的。在这一方面，菲茨帕特里克提出的研究构想存在一些夸大成分。[123]他进而指出，事实上早在20世纪50年代，由美国空军资助的哈佛大学"哈佛采访项目"(Harvard Interview Project)，已在苏联社会研究方面做出过新尝试，虽然当时的采访对象是从苏联来到美国的难民，最终出版的研究成果显示，苏联社会存在一些独立于官方范畴的社会团体、非官方组织和非官方文化。[124]

经过第一轮的激烈辩论后，菲茨帕特里克进行了总结，并发表《再论修正主义》一文，围绕大家争论的焦点问题给出回应，主要包括两个方面：马克思主义和极权主义范式、恐怖活动的作用问题。她认为，西方马克思主义研究范式存在一定缺陷，使得这些学者的研究受到苏联马克思主义学者的巨大影响，因此，研究视野比较狭隘。虽然极权主义范式之前被学界公认，但目前却遭到学界大范围的强烈批判，这显然暴露其在研究苏联方面存在的诸多不足，没有关注到苏联社会的其他方面。"恐怖"活动作为苏联社会生活的主要现象，应该成为社会历史研究的主要内容，她认为，这方面的研究应该避免之前的研究思维定式，采用最新的档案材料和信息资源，同时运用符合社会历史研究标准的方法论展开深入研究，否则就没有任何学术研究意义。[125]

紧随希拉·菲茨帕特里克等人的第一轮大辩论后，1987年10月，第二轮辩论在《俄罗斯评论》上展开，就连该期刊主编怀尔德曼(Wildman A.)也加入其中。[126]该期总共刊登11位学者的文章，他们之中既有支持社会历史研究领域的专家学者[127]，也有它的反对者[128]。当然这样的划分是在一定前提条件下，并非美国苏联研究界的全貌，特别是那些没有在上面发表评论的专家学者。从内容上看，第二轮辩论在很大程度上是第一轮的延续，重点关注斯大林执政时期苏联社会的方方面面：第一，理论层面的社会历史研究的学科地位、理论范畴及其方法论，包括苏联社会转型、工人阶层、农民阶层、社会主义建设等术语的使用[129]；第二，实践层面的国家与社会之间的关系、政党成员对政府官僚机构的控制、集体农庄与政府治理关系、地方与中央之间的权力关系、工人阶级在集体化政策方面的积极性、隐性社会力量团体、社会底层流动等。[130]毫无疑问，第二轮辩论进一步丰富了修正主义理论的社会历史研究视角，也推动了该理论的完善和苏联学的向前发展。

经过上述两轮学术辩论，使得修正主义理论成为美国苏联学，甚至是西方历史学界颇受欢迎的理论方向，也对西方其他国家的专家学者的研究产生较大影响，进一步明确了全方位研究苏联社会的重要性，在苏联学发展史上占有重要位置[131]，也为冷战结束后的美国俄罗斯研究打下了坚实的前期基础。我们可以发现，迄今包括这批学者在内的很多美国学者继续沿着这些路线，从事苏联社会领域的研究。[132]比如，自20世纪70年代末以来，作为苏联社会历史研究倡导者之一的菲茨帕特里克相继出版大量这方面的专著和发表其他研究成果[133]，对理解斯大林执政时期的苏联社会发挥了不可忽视的重要作用，她也当之无愧地成为修正主义理论的主要代表人物。有学者甚至指出，希拉·菲茨帕特里克是唯一一个高产的修正主义学派专家，她在有关苏联问题的实证研究和开拓新的研究领域方面做出了突出贡献。[134]

小　结

综上所述，20世纪50年代末到60年代，战后美国苏联研究的极权主义理论形成并快速发展，并先后经历完善和修正的发展阶段。赫鲁晓夫时代的苏联体制有些许变化，促使学者从“体制内”对极权主义理论加以改良，美国学界也曾围绕这一现象有一些争论，此时的苏联学本身也开始与政治学和社会科学的其他专业进行交叉和互补，进而提出了有别于极权主义理论的新视角，包括发展理论、官僚政治理论、管理型社会、利益集团、克里姆林宫学等，但鉴于苏联体制的本质基本上没有变化,决策仍然高度集中,大权掌握在顶层的几个人手中。这使得极权主义理论最终得以存活下来,一直到70年代中期,极权主义理论在美国苏联学界都占据绝对的主导地位。因此,极权主义理论学派也通常被称之为美国苏联学的“国家队”。从60年代末到70年代,极权主义理论越来越多地面临方法论的危机,遭到大量的批评,特别是在苏美关系开始变暖的大背景下,逐渐失去原有的影响力。摩西·卢因指出,极权主义理论更多地扮演意识形态功能,没有更多的学术意义,既不能解释苏联政治体系的起源、变化,也没有提出自己的研究方法。[135]尤其是极权主义理论的研究领域主要限于政治体系与意识形态,包括将斯大林主义与法西斯主义比较、重点关注苏联最高领导层、忽视历史和现实变化以及民族问题等。[136]在阿里(Ali T.)看来,极权主义理论将苏联视为极权体制国家的样板,致力于在美国国内形成社会舆论,为学界的苏联研究寻求社会支持依据。[137]阿姆斯特朗更是指出,考虑到术语“极权主义”的不同阐述所导致其内涵的不确定性,因此,不能将其视为苏联研究的一种理论范式,更多是一种狭隘的历史主义。[138]

修正主义理论的支持者通过批判极权主义理论核心假设的缺陷,同时引入其他学科的方法论与理论视角,重点研究苏联社会内在发展规律、社会的隐性进程等,特别是20世纪70年代,西方的诸多理论视角,包括利益集团、政治文化、结构功能主义、冲突模式、官僚集团模式、行为学等,被大范围地用于苏联社会研究。这些支持修正主义理论学者大部分都是苏联历史问题专家,他们试图将历史研究作为修正主义理论的主要领域,并期望与极权主义理论所主导的政治学领域研究形成竞争,为本理论在苏联学发展历程上占据有利地位而努力。与此同时,虽然这些理论视角在推进美国苏联学向前发展方面做出了一定的学术贡献,但同时遭受到部分学者的批评。乔万尼·萨托利(Giovanni Sartori)就指出这种生搬硬套的做法的危险性,将其称为“概念弹性”,并反对将苏联体系进行比较,同时强调共性,这会在很大程度上将苏联与西方体系本来就存在的差异抹去。[139]还有学者指出,这种比较方法既不会纠正过去的错误研究结论,还会造成新的研究失误,最终不利于苏联学的正常发展。[140]到20世纪80年代中后期,这一状况才开始得到改善,专家们开始用于更加严谨的理论视角,开展实证研究。

严格意义上而言,除了极权主义与修正主义两大理论之外,美国学界在创造研究苏联问题的理论方面可以说是乏善可陈。根据美国学者加布里埃尔·阿尔蒙德(Gabriel A. Almond)和劳拉·罗塞尔(Laura Roselle)的梳理,从20世纪40年代末到80年代末,美国的共产主义研究领域基本上是各类外来理论的“跑马地”。结构功能模型(structural functionalism)、政治文化模型(political culture)、发展模型(the development model)、多元模型(pluralist model)、利益集团模型(the interest group model)、合作主义模型(corporatism)、政策网络模型(policy network)、官僚政治模型(bureaucratic politics)、主从关系模型(patron-client relations)纷至沓来。反正什么理论在学术界时髦,什么理论就会被用于共产主义研究。[141] 王绍光教授指出,这些理论中没有一种是从研究共产主义制度自身运作规律中产生的,虽然也许对认识共产主义制度不无启发,但不免套得有点粗糙、有点生硬、有点勉强。[142] 在我们看来,任何理论的发展都有其两面性,就像一枚硬币的两面,对于苏联学的发展而言,尤为如此,我们需要更加辩证地看待。在苏联学的历程中,虽然没有一种理论视角可以管窥苏联全貌,但至少它们有助于理解苏联复杂体系的某一方面,对后续深入开展研究具有重大意义。

注释

1. Laing G. Cowan, *A History of the School of International Affairs and Associated Area Institutes*, New York: Columbia University Press, 1954, p.3.

2. Петров Е. В. История американского россиеведения: курс лекций. СПб. http://chss.irex.ru/db/zarub/view_bib.asp?id=36.

3. Harvard University Archives, Russian Research Center Collection, 5 Year Report, May 1953, p.5.

4. Ibid., p.11.

5. Stephen Kotkin, “Kremlinologist as Hero, Understanding the Cold War: A Historian's Personal Reflections by Adam B. Ulam,” https://scholar.princeton.edu/sites/default/files/kremlinologist_as_hero_0.pdf.

6. [美]哈罗德·M.莱克:《国会图书馆的俄罗斯馆藏以及服务:过去,现在,将来》,载《俄罗斯研究》2011年第1期,第115—116页。

7. Stephen F. Cohen, *Rethinking the Soviet Experience: Politics and History Since 1917*, New York: Oxford University Press, 1985, pp.10—11.

8. Stephen F. Cohen, *Rethinking the Soviet Experience: Politics and History Since*

1917，p.40.

9. 麦卡锡主义是1950—1954年间肇因于美国参议员麦卡锡的美国国内反共、反民主的典型代表，它恶意诽谤、肆意迫害疑似共产党和民主进步人士甚至持不同意见的人。从20世纪50年代初麦卡锡主义开始泛滥，到1954年底彻底破产的前后五年里，它的影响波及美国政治、外交和社会生活的方方面面。麦卡锡主义作为一个专有名词，也成为政治迫害的同义词。

10. John A. Armstrong，"New Essays in Sovietological Introspection，" *Post-Soviet Affairs*，Vol.9，No.2，1993，pp.171—175.

11. Adam B. Ulam，"The State of Soviet Studies：Some Critical Reflections，" *Survey*，No.50，1964，pp.53—61.

12. Stephen F. Cohen，*Rethinking the Soviet Experience*：*Politics and History Since 1917*，p.3.

13. Martin Malia，"A Fatal Logic，" *The National Interest*，Vol.31，1993，pp.80—90.

14. Walter Laqueur，*The Dream that Failed*：*Reflections on the Soviet Union*，New York：Oxford University Press，1994，p.15.

15. Michael Burawoy，"From Sovietology to Comparative Political Economy，" in Daniel Orlovsky(ed.)，*Beyond Soviet Studies*，Washington D.C.：Woodrow Wilson Center Press，1995，p.78.

16. Alexander J. Motyl，*Sovietology*，*Rationality*，*Nationality*：*Coming to Grips with the Nationalism in the USSR*，New York：Columbia University Press，1990，p.197.

17. Arthur Adams，"The Hybrid Art of Sovietology，" *Survey*，No. 50，1964，pp.154—162；Alexander Dallin，"Bias and Blunder in American Studies on the USSR，" *Slavic Review*，Vol.32，No.3，1973，pp.560—576；John A. Armstrong，"Comments on Professor Dallin's 'Bias and Blunders in American Studies on the USSR'，" *Slavic Review*，Vol.32，No.3，1973，pp.577—587.

18. Stephen F. Cohen，*Rethinking the Soviet Experience*：*Politics and History Since 1917*，p.5.

19. Daniel N. Nelson，"Comparative Communism：A Postmortem，" *Handbook of Political Science Research on the USSR and Eastern Europe*：*Trends from the 1950s to 1990s*，Westport，CT：Greenwood Press，1992，p.305.

20. Robert C. Tucker，"Foreword，" in Frederic J. Fleron，Jr.，Erik P. Hoffmann (eds.)，*Post-Communist Studies and Political Science*：*Methodology and Empirical Theory in Sovietology*，Boulder：Westview Press，1993，p.IX.

21. Малиа М. Из-под глыб，но что? Очерк истории западной советологии//Отечественная история. 1997. №5. С.93.

22. Aryeh Unger，"On the Meaning of 'Sovietology'，" *Communist and Post-Communist Studies*，Vol.31，No.1，1998，p.22.

23. Stephen F. Cohen，*Rethinking the Soviet Experience*：*Politics and History Since 1917*，pp.7，24.

24. Sheila Fitzpatrick，"New Perspectives on Stalinism，" *The Russian Review*，Vol.45，No.4，1986，pp.357—373.

25. Thomas O. Cushman，"Empiricism versus Rationalism in Soviet Studies：A Rejoinder，" *Journal of Communist Studies*，Vol.6，No.1，1990，pp.86—98.

26. John H. Kautsky，"Comparative Communism Versus Comparative Politics，" *Studies in Comparative Communism*，Vol.6，No.2，1973，pp.135—170.

27. Susan G. Solomon, *Pluralism in the Soviet Union*, New York: St. Martin's Press, 1982; Susan G. Solomon, *Pluralism in the Soviet Union: Essays in Honour of H. Gordon Skilling*, London and Basingstoke: MacMillan, 1983, pp.27—28.

28. Frederic J. Fleron, Jr. and Rand MaNally(eds.), *Communist Studies and the Social Sciences: Essays on Methodology and Empirical Theory*, New York: Rand Mcnally, 1969, p.211; Jeffery F. Hough, *The Soviet Union and Social Science Theory*, Cambridge: Harvard University Press, 1933, p.223.

29. Alfred Meyer, "Comparative Politics and Its Discontents: The Study of the USSR and Eastern Europe," in Lucian Pye(ed.), *Political Science and Area Studies: Methodology and Empirical Theory: Rivals or Partners?* Bloomington, Ind.: Indiana University Press, 1975, p.108.

30. 美国文博大学(Wittenberg University)于滨教授认为，在44年的冷战期间(1947—1991年)，真正属于苏联学的基本"内核"的"理论"只有高度意识形态化的极权模式(totalitarianism)。西方苏联学在冷战期间不断扩展其外延，不断借鉴和吸纳苏联学以外的理论和概念，也在常理之中。反过来说，西方苏联学如此大量地和持久地依赖其他理论而求自身生存的现象也说明苏联学本身的局限性。西方苏联学不断借鉴、不断扩展的过程，也是西方学者在面对不断变化的苏联现实时，逐步偏离和脱离极端性的过程。已经发生的和成为历史的事物是难以改变的(篡改和伪造历史除外)，但对历史的解读却是一个不断探索的过程。所谓鲜活的历史和灰色的理论之说，其实是理论存在与发展的正常现象。所谓普世理论，至少在西方苏联学中并不存在。然而非苏联学理论进入苏联学本身，并不能说明或保证这些理论在不同范式中的可用性。对于西方苏联学界大量引进的各种理论，多数似有削足适履之嫌，英语称为"Model-fitting"。原因很简单，像政治文化理论、多元主义理论、社团主义理论等，都是西方特定的历史和文化环境的产物，移植到完全不同的政治、社会环境中，总有水土不服甚至张冠李戴的问题。参见于滨：《西方苏联学的内核与外延》，载《俄罗斯研究》2013年第6期。对于这方面现象的考察与思考，且持类似观点的还可见于中国人文社会科学学者的研究成果之中，参见苏力、陈春生主编：《中国人文社会科学三十年》，北京：生活·读书·新知三联书店2009年版。

31. Robert Orr, "Reflections on Totalitarianism, Leading to Reflections on Two Ways of Theorizing," *Political Studies*, Vol.21, No.4, December 1973, p.481，引自于滨：《西方苏联学的内核与外延》，载《俄罗斯研究》2013年第6期，第168页。

32. Hannah Arendt, *The Origins of Totalitarianism*, New York: Harcourt, Brace & Company, 1951.

33. 于滨：《西方苏联学的内核与外延》，载《俄罗斯研究》2013年第6期，第168—169页。

34. Hannah Arendt, *The Origins of Totalitarianism*, New York: Harcourt, Brace & Company, 1951, p.391.

35. Carl J. Friedrich, Brzezinsky Z., *Totalitarian Dictatorship and Autocracy*, Cambridge: Harvard University Press, 1965; Merle Fainsod, *How Russia Is Ruled*, Cambridge, Mass.: Harvard University Press, 1963; Adam B.Ulam, *The New Face of Soviet Totalitarianism*, N.Y.: Harvard University Press, 1964; Walter Laqueur, *The Fate of the Revolution: Interpretations of Soviet History*, London: Weidenfeld & Nicolson, 1967; Alex Inkeles, *Social Change in Soviet Russia*, Cambridge, Mass.: Harvard University Press, 1968; Raymond A. Bauer, Alex Inkeles and Clyde Kluckhonhn, *How the Soviet System Works: Cultural, Psychological, and Social Themes*, Cambridge: Harvard University Press, 1956; Merle Fainsod, *How Russia is Ruled*,

Cambridge Mass.: Harvard University Press, 1953; Merle Fainsod, *Smolensk under Soviet Rule*, Cambridge, Mass.: Harvard University Press, 1958.

36. Carl J. Friedrich, *Totalitarianism: Proceedings of a Conference held at the American Academy of Arts and Sciences, March 1953*, Cambridge: Harvard University Press, 1954, p.309.

37. David Engerman, *Know Your Enemy: The Rise and Fall of America's Soviet Experts*, Oxford: Oxford University Press, 2009, pp.208, 211,引自于滨:《西方苏联学的内核与外延》,载《俄罗斯研究》2013 年第 6 期。

38. Carl J. Friedrich, Zbigniew Brzezinski, *Totalitarian Dictatorship and Autocracy*, Cambridge: Harvard University Press, 1956, pp. 3—18, 246—247, 295—300,引自于滨:《西方苏联学的内核与外延》,载《俄罗斯研究》2013 年第 6 期。

39. Zbigniew K. Brzezinski, *Permanent Purge: Politics in Soviet Totalitarianism*, Cambridge: Harvard University Press, 1956, p.7,引自郭金月:《美国苏联学的兴衰——以布热津斯基和塔克的研究为例》,华东师范大学博士论文,2012 年。

40. Merle Fainsod, *How Russia Is Ruled*, Cambridge, Mass.: Harvard University Press, 1963, p.59.

41. Leonard Schapiro, *The Communist Party of the Soviet Union*, New York: Random, 1960.

42. Alexander Dallin, "Totalitarian Dictatorship and Autocracy by Carl J. Friedrich, Zbigniew Brzezinski(Review)," *The Russian Review*, Vol.17, No.2, 1958, pp.143—144; Frederick C. Barghoorn, "Totalitarian Dictatorship and Autocracy by Carl J. Friedrich, Zbigniew K. Brzezinski," "The Soviet System of Government by John N. Hazard(Review)," *Political Science Quarterly*, Vol.72, No.4, 1957, pp.613—614,引自于滨:《西方苏联学的内核与外延》,载《俄罗斯研究》2013 年第 6 期。

43. Frederic J. Fleron, Jr., "Soviet Area Studies and the Social Sciences: Some Methodological Problems in Communist Studies," in Frederic J. Fleron, Jr.and Rand McNally(eds.), *Communist Studies and the Social Sciences: Essays on Methodology and Empirical Theory*, New York: Rand McNally, 1969; Benjamin Barber, "Conceptual Foundations of Totalitarianism," in C. J. Friedrich(ed.), *Totalitarianism in Perspective*, New York: Praeger, 1969; Jeremy Azrael, "Varieties of Destabilization," in Chalmers Johnson(ed.), *Change in Communist System*, Stanford: Stanford University Press, 1970; Juan Linz, "Totalitarian and authoritarian Regimes," in Fred I. Greenstein and Nelson W. Polsby(eds.), *Handbook of Political Science*, Reading Mass.: Addison-Wesley, 1975, Vol.3.

44. Zbigniew K. Brzezinsky, *The Soviet Bloc: Unity and Conflict*, Cambridge, Mass.: Harvard University Press, 1960.

45. Sheila Fitzpatrick, "Constructing Stalinism: Reflection on Changing Western and Soviet Perspectives on the Stalin Era," in Alec Nove(ed.), *The Stalin Phenomenon*, Chicago: Trafalgar Square Publishing, 1993, p.80; Robert F. Byrnes, "Soviet History," in Tania Konn(ed.), *Soviet Studies Guide*, Munich: K.G. Saur Verlag Gmbh & Co., 1992, p.29.

46. Robert F. Byrnes, "American Research and Instruction on the Soviet Union: Some Reflections," in Alexander Shrtomas, *The Soviet Union and the Challenge of the Future*, New York: Paragon House, 1989, p.525.

47. Stephen F. Cohen, *Rethinking the Soviet Experience: Politics and History*

Since *1917*, p.12.

48. Hannah Arendt, *The Origins of Totalitarianism*, New ed., New York: Harcourt Brace & Company, 1966; Carl J. Friedrich and Zbigniew Brzezinsky, *Totalitarian Dictatorship and Autocracy*, 2nd ed., Rev. by Carl J. Friedrich, Cambridge: Harvard University Press, 1965; Zbigniew Brzezinsky, *Ideology and Power in Soviet Politics*, London: Thames & Hudson, 1962; Alfred Meyer, *The Soviet Political System: An Interpretation*, New York: Random House Inc., 1965.

49. Hannah Arendt, *The Origins of Totalitarianism*, New ed., New York: Harcourt Brace & Company, 1966, p.IX.

50. Robert C. Tucker, *The Soviet Political Mind: Stalinism and Post-Stalin Change*, Rev. ed., New York: Norton & Company, 1972, pp.20—48.

51. Hannah Arendt, *The Origins of Totalitarianism*, New ed., New York: Harcourt Brace & Company, 1966, p.IX.

52. Carl J. Friedrich and Zbigniew Brzezinsky, *Totalitarian Dictatorship and Autocracy*, 2nd ed., Rev. By Carl J. Friedrich, Cambridge: Harvard University Press, 1965, p.VIII.

53. Ibid., p.375.

54. Robert C. Tucker, "Towards a Comparative Politics of Movement Regimes," *American Political Science Review*, Vol.55, No.2, June 1961, pp.281—289; Robert Sharlet, "Systematic Political Science and Communist Systems," *Slavic Review*, Vol.26, No.1, 1967, pp.21—32.

55. Robert Sharlet, "Systematic Political Science and Communist Systems," *Slavic Review*, Vol.26, No.1, March 1967, pp.22—23.

56. Robert C. Tucker, "Towards a Comparative Politics of Movement Regimes," *American Political Science Review*, Vol.55, No.2, June 1961, pp.283—284.

57. Cyril Black, *The Modernization of Japan and Russia: A Comparative Study*, New York: The Free Press, 1975; Tim McDaniel, *Autocracy, Modernization and Revolution in Russia and Iran*, Princeton: Princeton University Press, 1991.

58. Allen Kassof, "The Administered Society: Totalitarianism Without Terror," *World Politics*, Vol.16, No.4, 1964, p.559.

59. H. Gordon Skilling, "Interest Groups and Communist Politics Revisited," *World Politics*, Vol.36, No.1, 1983, pp.3—28.

60. 于滨:《西方苏联学的内核与外延》,载《俄罗斯研究》2013 年第 6 期,第 179 页。

61. Frederic J. Fleron, Jr. and Rand McNally(eds.), *Communist Studies and the Social Sciences: Essays on Methodology and Empirical Theory*, New York: Rand McNally, 1969; Frederick Barghoorn, *Politics in the USSR*, Boston: Little, Brown, 1966; Frederick Barghoorn and Thomas Remington, *Politics in the USSR*, Boston: Little Brown, 1986; Jerry Hough and Merle Fainsod, *How the Soviet Union Is Governed*, Cambridge: Harvard University Press, 1979.

62. Zbigniew K. Brzezinski, "Dysfunctional Totalitarianism," in Carl J. Friedrich and Klaus Von Beyme(eds.), *Theory and Politics*, The Hague: Martinus Nijhoff, 1971, pp.375—389; Zbigniew K. Brzezinski, "Soviet Politics: From the Future to the Past," in Paul Cocks, Robert V. Daniels and Nancy W. Heer(eds.), *The Dynamics of Soviet Politics*, Cambridge: Harvard University Press, 1976, p.341.

63. Ernest Menze(ed.), *Totalitarianism Reconsidered*, Port Washington, New

York: Kennikat Press, 1981; Stephen Whitfield, *Into the Dark: Hannah Arendt and Totalitarianism*, Philadelphia, Pa.: Temple University Press, 1980.

64. Zbigniew Brzezinski, *The Grand Failure: The Birth and Death of Communism in the Twentieth Century*, New York: Collier Books, 1989; Richard Pipes, *The Russian Revolution*, New York: Vintage, 1990; Richard Pipes, *Russia under the Bolshevik Regime*, New York: Vintage, 1993; Martin Malia, *The Soviet Tragedy: A History of Socialism in Russia, 1917—1991*, New York: The Free Press, 1992.

65. Zbigniew Brzezinski, *The Grand Failure: The Birth and Death of Communism in the Twentieth Century*, New York: Collier Books, 1989, p.8.

66. Пайпс Р. Русская революция.М.: Захаров, 2005. С.9.

67. Martin Malia, *The Soviet Tragedy: A History of Socialism in Russia, 1917—1991*, New York: The Free Press, 1994.

68. Martin Malia, "To the Stalin Mausoleum," *Daedalus*, Vol.119, No.1, Winter 1990, pp.295—344,引自于滨:《从 X 到 Z:西方"苏联学"的兴与衰》,载《俄罗斯研究》2011 年第 1 期,第 73—74 页。

69. 于滨:《从 X 到 Z:西方"苏联学"的兴与衰》,第 73 页。

70. Петров Е. В. Американское россиеведение. Словарь-справочник. http://petrov5.ripod.com/wellcome.htm.

71. Тишков В. А. История и историки в США. М.: Наука, 1985. С.44.

72. Петров Е. В. «Русская тема» на Западе. Словарь-справочник по американско-му россиеведению. СПб., 1997, http://chss.irex.ru/db/zarub/view_bib.asp?id=682.

73. J. Arch Getty and Roberta Manning, *Stalinist Terror: New Perspectives*, New York: Cambridge University Press, 1993, p.1.

74. Alfred Meyer, "The Comparative Study of Communist Political Systems," *Slavic Review*, Vol.26, No.1, 1967, pp.3—12; Robert C. Tucker, *The Soviet Political Mind: Stalinism and Post-Stalin Change*, Rev. ed., New York: W. W. Norton & Company, 1972; Robert Daniels, "Introduction," in Robert Daniels(ed.), *The Stalin Revolution: Fulfillment or Betrayal of Communism?* Boston: D. C. Heath & Company, 1965; Hannah Arendt, *Origins of Totalitarianism*, New York: Harcourt Brace & Company, 1966.

75. Frederick Fleron and Jr. (eds.), *Communist Studies and the Social Sciences: Essays on Methodology and Empirical Theory*, New York: Rand Mcnally, 1969; Robert C. Tucker, *The Soviet Political Mind: Stalinism and Post-Stalin Change*, Rev. ed., New York: Norton & Company, 1972.

76. Stephen F. Cohen, *Rethinking the Soviet Experience: Politics and History Since 1917*, p.30.

77. Moshe Lewin, *Russian Peasants and Soviet Power: A Study of Collectivization*, Translated by Irene Nove, New York: W. W. Norton & Company, 1975; Sheila Fitzpatrick, *The Commissariat of Enlightenment: Soviet Organization of Education and the Arts under Lunacharsky, 1917—1921*, Cambridge: Cambridge University Press, 1970; Sheila Fitzpatrick, *Education and Social Mobility in the Soviet Union, 1921—1932*, New York: Cambridge University Press, 1979; Richard Stites, *Revolutionary Dreams: Utopian Vision and Experimental Life in the Russian Revolution*, Oxford: Oxford University Press, 1989.

78. Edward H. Carr, *A History of Soviet Russia*, Baltimore: Penguin Books,

1969; Isaac Deutscher, *The Prophet Armed: Trotsky, 1879—1921*, New York: Oxford University Press, 1965; Edward H. Carr, *The Prophet Unarmed: Trotsky, 1921—1929*, New York: Oxford University Press, 1959; Edward H. Carr, *The Prophet Outcast: Trotsky, 1929—1940*, London: Oxford University Press, 1963; Stephen F. Cohen, *Bukharin and the Bolshevik Revolution*, New York: Alfred A. Knopf, 1973.

79. Alexander Rabinowitch, *The Bolsheviks Come to Power: The Revolution of 1917 in Petrograd*, New York: W. W. Norton, 1976.

80. Stephen F. Cohen, *Rethinking the Soviet Experience: Politics and History Since 1917*.

81. Sheila Fitzpatrick, "Constructing Stalinism: Reflection on Changing Western and Soviet Perspectives on the Stalin Era," in *The Stalin Phenomenon*, Chicago: Trafalgar Square Publishing, 1993, p.82.

82. Stephen F. Cohen, *Rethinking the Soviet Experience: Politics and History Since 1917*, p.86.

83. Рабинович А. Меня считали буржуазным фальсификатором//Беларускі гістарычны часопіс. 1998. №4. С.29.

84. Jeffery F. Hough, "The Cultural Revolution and Western Understanding of the Soviet System," in Sheila Fitzpatrick (ed.), *Cultural Revolution in Russia, 1928—1931*, Bloomington and London: Indiana University Press, 1978, pp.246—247.

85. J. Arch Getty, *Origins of the Great Purges: The Soviet Communist Party Reconsidered, 1933—1938*, New York: Cambridge University Press, 1985, p.198.

86. Sheila Fitzpatrick, *Education and Social Mobility in the Soviet Union, 1921—1934*, New York: Cambridge University Press, 1979; Sheila Fitzpatrick, "Stalin and the Making of a New Elite, 1928—1937," *Slavic Review*, Vol.38, No.3, 1979, pp.377—402; Sheila Fitzpatrick, *Cultural Revolution in Russia, 1928—1931*, Bloomington and London: Indiana University Press, 1978.

87. John Reshetar, *A Concise History of the Communist Party of the Soviet Union*, New York: Praeger, 1960, pp. 217—219; Treadgold D., *Twentieth Century Russia*, 3-e edition, Chicago: Rand McNally & Company, 1972, p.276.

88. Hannah Arendt, "Comment on Ulam Adam 'The Uses of Revolution'," in Pipes R. (ed.), *Revolutionary Russia*, Cambridge: Harvard University Press, 1968, p.345.

89. Stephen F. Cohen, *Bukharin and the Bolshevik Revolution; A Political Biography, 1888—1938*, New York: Alfred A. Knopf, 1973; Moshe Lewin, *Lenin's Last Struggle*, New York: Random House, 1968; Moshe Lewin, *Political Undercurrents in Soviet Economic Debates: From Bukharin to the Modern Reformers*, Princeton: Princeton University Press, 1974.

90. Robert Slusser, "A Soviet Historian Evaluates Stalin's Role in History," *American Historical Review*, Vol.77. No.5, December 1972, p.1393.

91. Robert C. Tucker, "Revolution from Above," in Robert C. Tucker(ed.), *Stalinism: Essays in Historical Interpretation*, New York: W.W. Norton, 1977, p.77.

92. Stephen F. Cohen, "Bolshevism and Stalinism," in Robert C. Tucker (ed.), *Stalinism: Essays in Historical Interpretation*, New York: W. W. Norton, 1977, pp.12—13.

93. Robert C. Tucker, *The Soviet Political Mind: Stalinism and Post-Stalin*

Change, Rev. ed., New York: Norton & Company, 1972.

94. Robert C. Tucker, "The Stalin Period as an Historical Problem," *The Russian Review*, Vol.46, No.4, 1987, p.424.

95. Robert C. Tucker, *Stalinism: Essays in Historical Interpretation*, New York: W. W. Norton, 1977.

96. Stephen White, *Political Culture and Soviet Politics*, New York: St. Martin's Press, 1979; Archie Brown, *Political Culture and Communist Studies*, Armonk, New York: M. E. Sharpe, Inc., 1985; Abbott Gleason, Peter Kenez, and Richard Stites (eds.), *Bolshevik Culture: Experiment and Order in the Russian Revolution*, Bloomington: Indiana University Press, 1985; Robert C. Tucker, *Political Culture and Leadership in Soviet Russia: From Lenin to Gorbachev*, New York and London: Norton, 1987.

97. Robert C. Tucker, "The Stalin Period as an Historical Problem," *The Russian Review*, Vol.46, No.4, 1987, p.425.

98. Robert C. Tucker, *The Soviet Political Mind: Stalinism and Post-Stalin Change*, Rev. ed., New York: Norton & Company, 1972, pp.55—56.

99. Robert C. Tucker, *Stalin in Power: The Revolution from Above, 1928—1941*, New York: W. W. Norton, 1990, p.14.

100. Ibid., p.23.

101. Moshe Lewin, "The Social Background of Stalinism," in Robert C. Tucker (ed.), *Stalinism: Essays in Historical Interpretation*, New York: W. W. Norton, 1977, pp.130—131.

102. Moshe Lewin, "Stalinism-Appraised and Reappraise," *History*, Vol. 60, No.198, February 1975, p.73.

103. Michael Cox, *Rethinking the Soviet Collapse: Sovietology, the Death of Communism and the New Russia*, London & New York: Pinter, 1998, p.21.

104. J. Arch Getty, *Origins of the Great Purges: The Soviet Communist Party Reconsidered, 1933—1938*, New York: Cambridge University Press, 1985; Lynne Viola, *The Best Sons of the Fatherland: Workers in the Vanguard of Soviet Collectivization*, New York: Oxford University Press, 1987; Robert Thurston, "Fear and Belief in the USSR's 'Great Terror': Response to Arrest, 1935—1939," *Slavic Review*, Vol.45, No.2, Summer 1986, pp.213—234; Robert Thurston, "Social Dimensions of Stalinist Rule: Humor and Terror in the USSR, 1935—1941," *Journal of Social History*, Vol.24, No.3, Spring 1991, pp.541—563; Robert Thurston, "The Soviet Family During the Great Terror, 1935—1941," *Soviet Studies*, Vol.43, No.3, 1991, pp.553—575; Robert Thurston, *Life and Terror in Stalin's Russia, 1934—1941*, New Haven: Yale University Press, 1996; Hiroaki Kuromiya, *Stalin's Industrial Revolution: Politics and Workers, 1928—1932*, Cambridge: Cambridge University Press, 1990; Lewis Siegelbaum, *Stakhanovism and the Politics of Productivity in the USSR, 1935—1941*, Cambridge: Cambridge University Press, 1988.

105. Lewis Siegelbaum, "Robert V. Daniels and the Longue Duree of Soviet History," *The Russian Review*, Vol.54, No.3, July 1995, pp.330—340.

106. Sheila Fitzpatrick, *Education and Social Mobility in the Soviet Union, 1921—1934*, New York: Cambridge University Press, 1979.

107. Sheila Fitzpatrick, "New Perspectives on Stalinism," *The Russian Review*, Vol.45, No.10, October 1986, pp.357—373.

108. Peter Kenez, "Stalinism as Humdrum Politics," *The Russian Review*, Vol.45, No.10, October 1986, p.400.

109. Jane Burbank, "Controversies over Stalinism: Searching for a Soviet Society," *Politics & Society*, Vol.19, No.3, 1991, p.339.

110. Малиа М. Советская история//Отечественная история. 1999. №3. С.138—140.

111. Abraham Brumberg, "Review 'Everyday Stalinism: Ordinary Life in Extraordinary Times, Soviet Russia in the 1930s' by Sheila Fitzpatrick," *The Nation*, Vol.269, No.6, Winter 1999, pp.32—34.

112. Sheila Fitzpatrick, *The Cultural Front: Power and Culture in Revolutionary Russia*, Ithaca: Cornell University Press, 1992, p.XII.

113. Sheila Fitzpatrick, "New Perspectives on Stalinism," *The Russian Review*, Vol.45, No.4, October 1986, pp.357—373; Stephen F. Cohen, "Stalin's Terror as Social History," *The Russian Review*, Vol. 45, No. 4, October 1986, pp. 375—384; Geoff Eley, "History with the Politics Left Out-Again?" *The Russian Review*, Vol.45, No.4, October 1986, pp.385—394; Peter Kenez, "Stalinism as Humdrum Politics," *The Russian Review*, Vol.45, No.4, October 1986, pp.395—400; Alfred G. Meyer, "Coming to Terms with the Past ... And with One's Older Colleagues," *The Russian Review*, Vol.45, No.4, October 1986, pp.401—408; Sheila Fitzpatrick, "Afterward: Revisionism Revisited," *The Russian Review*, Vol.45, No.4, October 1986, pp.409—413.

114. Sheila Fitzpatrick, "New Perspectives on Stalinism," *The Russian Review*, Vol.45, No.4, October 1986, p.358.

115. Sheila Fitzpatrick, "New Perspectives on Stalinism," *The Russian Review*, Vol.45, No.4, October 1986, p.358.

116. Sheila Fitzpatrick, "A Reply," *Slavic Review*, Vol. 39, No. 2, September 1980, p.291.

117. Sheila Fitzpatrick, "New Perspectives on Stalinism," *The Russian Review*, Vol.45, No.4, October 1986, pp.366—373.

118. Kendall E. Bailes, "Stalin and the Making of a New Elite: A Comment," *Slavic Review*, Vol.39, No.2, September 1980, p.288.

119. Stephen F. Cohen, "Stalin's Terror as Social History," *The Russian Review*, Vol.45, No.4, October 1986, pp.375—384.

120. Merle Fainsod, *Smolensk Under Soviet Rule*, London: Macmillan, 1958.

121. Peter Kenez, "Stalinism as Humdrum Politics," *The Russian Review*, Vol.45, No.4, October 1986, p.399.

122. Moshe Lewin, *The Making of the Soviet System: Essays in the Social History of Interwar Russia*, New York: Methuen Young Books, 1985.

123. Alfred G. Meyer, "Coming to Terms with the Past ... And with One's Older Colleagues," *The Russian Review*, Vol.45, No.4, October 1986, p.403.

124. Alex Inkeles, Raymond A. Bauer, *Soviet Citizens: Daily Life in a Totalitarian Society*, Cambridge: Harvard University Press, 1956.

125. Sheila Fitzpatrick, "Afterward: Revisionism Revisited," *The Russian Review*, Vol.45, No.4, October 1986, pp.409—410.

126. Allan Wildman, "More Controversy," *The Russian Review*, Vol. 46, No. 4, October 1987, p.375.

127. William Chase, "Social History and Revisionism of the Stalinist Era," *The

Russian Review, Vol.46, No.4, October 1987, pp.382—385; J. Arch Getty, "State, Society, and Superstition," *The Russian Review*, Vol. 46, No. 4, October 1987, pp.391—396; Hiroaki Kuromiya, "Stalinism and Historical Research," *The Russian Review*, Vol.46, No.4, October 1987, pp.404—406; Roberta Manning, "State and Society in Stalinist Russia," *The Russian Review*, Vol.46, No.4, October 1987, pp.407—411; Gábor Tamás Rittersporn, "History, Commemoration and Hectoring Rhetoric," *The Russian Review*, Vol.46, No.4, October 1987, pp.418—423; Lynne Viola, "In Search of Young Revisionist," *The Russian Review*, Vol.46, No.4, October 1987, pp.428—431.

128. Daniel Brower, "Stalinism and the 'View from Below'," *The Russian Review*, Vol.46, No.4, October 1987, pp.379—381; Robert Conquest, "Revisionizing Stalin's Russia," *The Russian Review*, Vol. 46, No. 4, October 1987, pp. 386—390; Jerry Hough, "The 'Dark Forces', the Totalitarian Model, and Soviet History," *The Russian Review*, Vol. 46, No. 4, October 1987, pp. 397—403; Alec Nove, "Stalinism: Revisionism Reconsidered," *The Russian Review*, Vol. 46, No. 4, October 1987, pp.412—417; Robert C. Tucker, "The Stalin Period as an Historical Problem," *The Russian Review*, Vol.46, No.4, October 1987, pp.424—427.

129. Jane Burbank, "Controversies over Stalinism: Searching for a Soviet Society," *Politics & Society*, Vol.19, No.3, 1991, p.333.

130. Sheila Fitzpatrick, *Education and Social Mobility in the Soviet Union, 1921—1934*, Cambridge: Cambridge University Press, 1979; Sheila Fitzpatrick, *Cultural Revolution in Russia, 1928—1931*, Bloomington and London: Indiana University Press, 1978; J.Arch Getty, *Origins of the Great Purges: The Soviet Communist Party Reconsidered, 1933—1938*, Cambridge: Cambridge University Press, 1985; Gábor Tamás Rittersporn, "Soviet Politics in the 1930s," *Studies in Comparative Communism*, Vol.19, No.2, Summer 1986, pp.257—269; Roberta T. Manning, "Government in the Soviet Countryside in the Stalinist Thirties: the Case of Belyi Raion in 1937," Carl Beck Papers in Russian and East European Studies, Pittsburgh, No. 301, 1984; Robert W. Thurston, "Fear and Belief in the USSR's Great Terror: Response to Arrest, 1935—1939," *Slavic Review*, Vol.45, No.2, October 1986, pp.213—234; Lynne Viola, *The Best Sons of the Fatherland: Workers in the Vanguard of Soviet Collectivization*, New York: Oxford University Press, 1987, pp.210—218.

131. Allan Wildman, "Is Social History of Stalinist Russia Possible?" *The Russian Review*, Vol.52, No.3, July 1993, p.V.

132. William Chase, *Workers, Society and the Soviet State: Labor and Life in Moscow, 1918—1929*, Urbana: University of Illinois Press, 1987; Lewis Sigelbaum, *Stakhanovism and the Politics of Productivity in the USSR, 1935—1941*, Cambridge: Cambridge University Press, 1988; Richard Stites, *Revolutionary Dreams: Utopian Vision and Experimental Life in the Russian Revolution*, Oxford: Oxford University Press, 1989.

133. Sheila Fitzpatrick, *The Comissariat of Enlightenment: Soviet Organization of Education and the Arts under Lunacharsky, October 1917—1921*, Cambridge and New York: Cambridge University Press, 1970; Sheila Fitzpatrick, *Education and Social Mobility in the Soviet Union, 1921—1934*, New York: Cambridge University Press, 1979; Sheila Fitzpatrick, *The Cultural Front: Power and Culture in Revolutionary Russia*, Ithaca: Cornell University Press, 1992; Sheila Fitzpatrick, "How the Mice Buried

the Cat: Scenes from the Great Purges of 1937 in the Russian Provinces," *The Russian Review*, Vol.52, No.3, July 1993, pp.299—321; Sheila Fitzpatrick, *Stalin's Peasants: Resistance and Survival in the Russian Village after Collectivization*, New York: Oxford University Press, 1994; Sheila Fitzpatrick, *Everyday Stalinism: Ordinary Life in Extraordinary Times: Soviet Russia in the 1930s*, New York: Oxford University Press, 2000; Sheila Fitzpatrick, *Stalinism: New Directions*, London and New York: Routledge, 2000.

134. J. Arch Getty, "State, Society, and Superstition," *The Russian Review*, Vol.46, No.4, October 1987, p.391.

135. Moshe Lewin, *The Gorbachev Phenomenon*, Berkeley: University of California Press, 1991, p.3.

136. Daniel Orlovsky(ed.), *Beyond Soviet Studies*, Washington: Woodrow Wilson Center Press, 1995, pp.105—106.

137. Tariq Ali, "The Soviet Union is Far Too Important to be Left to the Sovietologist," in Tariq Ali(ed.), *Revolution from Above: Where is the Soviet Union Going?* London: Hutchinson, 1988, p.159.

138. John A. Armstrong, "Comments on Professor Dalin's 'Bias and Blunders in American Studies on the USSR'," *Slavic Review*, Vol.32, No.3, September 1973, p.581.

139. Giovanni Sartori, "Concept Misinformation in Comparative Politics," *American Political Science Review*, Vol.64, No.4, December 1970, pp.1033—1053.

140. Valerie Bunce, John M. Echols III, "From Soviet Studies to Comparative Politics: The Unfinished Revolution," *Soviet Studies*, Vol.30, No.1, January 1979, pp.44—46.

141. Gabriel A.Almond, Laura Raselle, "Model Fitting in Communism Studies," in Thomas F. Remington(ed.), *Politics and the Soviet System: Essays in Honour of Frederick C. Barghoorn*, London: Macmillan, 1989, pp.170—224.

142. 王绍光:《接轨还是拿来——政治学本土化的思考》,载苏力、陈春声主编:《中国人文社会科学三十年》,北京:生活·读书·新知三联书店2009年版,第299—327页。

第四章

冷战后美国俄罗斯学的转型:多元化发展

20 世纪 80 年代末至 90 年代初发生的一系列国际重大事件,成为对 20 世纪国际政治和世界格局发展产生巨大影响的重要标志,当然也是美国俄罗斯学发展的新拐点。1987 年 12 月,时任苏共中央总书记戈尔巴乔夫访问华盛顿,与美国总统里根签署了史上第一个《核裁军条约》,标志着两国关系正常化并转暖,苏联开始摆脱“邪恶帝国”的名号。在苏联国内,1988 年 6 月,戈尔巴乔夫在苏共第十九次全国代表会议上提出政治体制改革方案,随后当选为苏联最高苏维埃主席团主席。1989 年 11 月,象征着传统东西方政治、经济和意识形态分野的柏林墙顷刻倒塌,东德、西德合并后进入联邦德国。1990 年 3 月 11 日,波罗的海国家立陶宛率先宣布独立,其他共和国也纷纷加以仿效,发表恢复或收复主权的声明,并开始制订实现独立的步骤和措施。同月 14 日,戈尔巴乔夫在苏联第三次人民代表大会上当选为苏联首任总统,并且成为历史上唯一一位苏联总统。戈尔巴乔夫宣布的“公开性”方针促使 1990 年通过废除书刊检查制度的法律,并开展为政治迫害受害者大规模平反的运动。1991 年上半年,苏联开始从波罗的海国家撤军,1991 年“8·19”事件之后,苏共中央总书记戈尔巴乔夫宣布辞去总书记职位,苏共中央“自行解散”。12 月 25 日,苏联总统戈尔巴乔夫宣布辞职并将国家权力和核密码箱移交俄罗斯联邦总统叶利钦,当晚,苏联国旗从克里姆林宫上空缓缓降下,苏维埃社会主义共和国联盟宣告解体,国际共产主义运动遭受重大挫折,标志着冷战两极格局专家结束。被俄罗斯总统普京称为“20 世纪最大的地缘政治悲剧”的苏联解体,标志着欧亚大陆的地缘政治格局全盘洗牌,产生的巨大影响迄今仍然没有完全消除。

在上述重大事件的大背景下,美国政界、学界的反应却是意味深长。在政界,美国中情局仍在编织苏军强大的神话,高层仍对戈尔巴乔夫的改革寄予厚望;在学界,美国苏联研究界的主流仍陶醉在对戈尔巴乔夫改革的赞歌之中,认为他的改革能够使苏联政治体系走上现代化之路,比如,有专家认为,虽然苏联的部分加盟共和国出现一些暴动,但戈尔巴乔夫的地位仍然相当稳固,在经济领域的改革也有望成功,苏联共产党可以继续占据主导地位。[1]正如马丁·马利亚在1990年的文章中所指出的那样,近20年来,美国学界主要集中关注苏联"稳定性""成熟工业社会"、制度多元主义等问题,其结果是多数苏联问题专家对戈尔巴乔夫执政后期(1990—1991年)陆续出台的激进改革政策所遇到的阻力,以及伴生的风险毫无察觉,以至于昔日的劲敌苏联居然顷刻崩塌,让他们措手不及,惊异不已。[2]尤其在毫无任何思想准备的情况下,这一剧变给美国政界、学界都造成强有力的震荡和冲击。拥有庞大的苏联问题研究队伍的美国苏联学界,却仅有极少数学者预言到苏联解体,其中之一就是美国加州大学伯克利分校的知名苏联历史学教授马丁·马里亚。可见,在苏联解体前后,美国研究苏联现实问题的专家学者的洞察力是存在不少问题的。

从长远来看,应该说,冷战结束与苏联解体在很大程度上不仅为美国的俄罗斯学发展提供了新的发展机遇,同时也给学界的专家学者提出了新的要求。在机遇方面,冷战结束使得国际环境大为改观,新独立的俄罗斯面临着政治、经济模式的大转轨,亟须得到西方强有力的政治支持和大规模的经济援助,因而实行向西方(美国)"一边倒"的外交政策,希望尽快融入西方文明大家庭,其中把对美关系置于最优先地位,两国总统甚至宣布构建战略伙伴关系,这在两国历史上是不曾有过的。总体而言,俄美关系的向好气氛为两国学界之间的学术交流和科研机构合作创造了较好条件,特别是美国俄国问题专家学者相较于冷战时期而言,有更多机会前往俄罗斯与当地的学术组织、档案馆和图书馆等机构及其科研人员建立直接的联系与沟通,获取更多可靠的第一手研究材料,甚至与俄罗斯同行开展共同的研究、共同发表学术研究成果、举办学术研讨会。这些在冷战时期很难开展的工作在苏联解体之后都变成现实。需要指出的是,第一手材料对深入、全面、客观地开展学术研究尤为重要,极权主义理论以及后来出现的修正主义理论存在的诸多弊端在很大程度上就是因为缺少第一手材料导致的。就如史密斯-彼得·苏珊(Smith-Peter Susan)所言,对西方俄罗斯学界而言,第一手材料就是通向真实俄罗斯之窗,有助于理解一个真实的多面俄罗斯。在他看来,西方俄罗斯研究界通常拥有强大的理论基础,但没有第一手关于俄罗斯本土的研究素材,而俄罗斯学者掌握大量的第一手材料,却很少对它们进行理论的提炼。[3]因此,有必要进行跨国研究和跨国合作,戈尔巴乔夫的改革和冷战结束确实使其成为可能。这一时期,摆在美国俄罗斯问题研究界的专家学者面前的既是机遇,又是新的挑战,特别是面对一个重新开放的神秘的"新俄罗斯",有太多的新东西和新事物值得深入探讨和研究。可以说,美国的俄罗斯学有史以来第一次真正有机会成为一门"国际性"学科,走向世界,与全球各地从事俄罗斯问题的专家对话、交流,既可以开阔学术视野,反过来又能够促进本国俄罗斯学的发展。不得不说,这是冷战结束之后,包括美国在内的国外俄罗斯学发展的又一大新特征。

第一节　冷战后美国围绕苏联研究转型的争论

冷战结束后,美国的苏联学,特别是先后占据主导地位的极权主义与修正主义两大理论范式,因都没有预测到苏联的解体,一直饱受诟病。苏联解体,一方面,暴露出美国苏联研究界长期以来存在的诸多问题;另一方面,也进一步引发美国学界对苏联学的新讨论和新反思。就如美国苏联问题专家亚历山大·达林所言,美国苏联学在研究对象、队伍和方法上都存在不少问题。[4]在研究对象方面,有学者指出,美国的苏联学过于关注量的研究,包括经济、军事领域,而苏联社会、种族问题,影响苏联民众行为的传统、价值观等议题很少被关注。[5]在方法论方面,有学者指出,苏联学的不足还在于没有将苏联经验用于批判范畴,也即仅论证了苏联社会发展的诸多缺陷,并没有论证苏联经验用到美国社会到底是好还是不好。[6]彼得·拉特兰(Peter Rutland)也指出,由于苏联社会与西方之间长期处于封闭状态,使得它本身对美国的大多数研究者而言,就是一个比较复杂的研究对象,加上专家水平有限,以及遭受国内苏联研究所谓“领军学者”的影响[7]，因此，美国的苏联学从一开始就存在这样或那样的缺陷。对美国学界而言，苏联解体只是为揭露这些天然不足提供了一个较好的机会。

苏联解体后，也即90年代初期，美国苏联学发展再次处于一个关键时刻和重要拐点，开始步入转型时期，其面临的最大问题是苏联解体之后的美国苏联学何去何从，以及继续研究所遇到的理论与方法论危机。相较于20世纪60—70年代之交苏联学遭遇的方法论问题，这一次危机程度更深。围绕苏联学存在的突出问题及其未来发展前景，学界深入反思，其结果就是20世纪90年代相继出版诸多著作、论文集[8]，在期刊、报纸上也发表大量文章[9]。这些争论的分水岭是关于苏联解体后美国苏联学的学科定位问题，即苏联学到底仍然属于政治学，还是历史学范畴。一部分人认为，苏联已经解体，作为政治学范畴的苏联学的研究对象事实上已不存在，加上它也没能发挥自己的学科功能，比如，未能预测苏联的解体和苏联政治的诸多变化，大批资金的投入最后变成一场空，让人质疑这门学科继续存在的必要性；另外一些人认为，冷战结束使得苏联学得以去政治化和去意识形态化，这是一个积极势头，为美国学界与国外学界开展合作与交流创造了新的机遇。因此，苏联学应该成为世界历史学科的研究对象。

在这方面，还值得关注的是俄罗斯关于美国苏联学的评价和看法，比较具有代表性且权威的观点是来自俄罗斯两位总统——普京与梅德韦杰夫。2003年9月26日，俄罗斯总统普京应时任美国总统小布什的邀请访问美国。访问期间，他在哥伦比亚大学出席与美国高校从事过苏联研究的教授和正在学习俄罗斯相关课程的学生见面会的时候，就苏联学何去何从的问题做出了自己的表述。普京认为，当今世界已经发生根本性变化，苏联早已经不存在，但苏联学却还继续存有。由于作为研究对象的苏联已经没有了，因此，有必要撤销这门学科。现在不是美国的苏联研究学界和俄罗斯的美国研究学界争论两大文明独特性与多样性的时候，而是要努力找出有损两国民众的政治体系的薄弱处。普京同时承认，过去的思维定式对两国民众的相互认知仍然产生极大影响，因此，需要两国的专家学者开展更多交流。[10]2008年10月，刚刚上任不久的俄罗斯总统梅德韦杰夫在法国出席国际会议的时候也谈及苏联学。他认为，苏联学就像“妄想狂”，是一种非常危险的疾病，遗憾的是美国政府当局的部分人却继续被传染。[11]俄罗斯两位总统的上述表态，在很大程度上反映出美国学界在苏联解体之后苏联学何去何从的持久争论。

20世纪90年代的美国苏联学确实面临着转型的摇摆不定期。苏联解体及其相关联的一系列事件都在学界引起广泛的讨论和激烈的争论，继而出现很多关于苏联学过去、现在与未来的评价。在讨论苏联学过去方面，有关苏联学得失争论最激烈的问题包括：是否可以将西方社会研究方法用于研究苏联？苏联在世界历史发展中是一个特殊现象？在这方面，玛莎·奥尔科特（Martha Olcott）谈到，几十年，来自历史学、政治学、社会学以及其他学科领域的专家学者，他们不刻意划分自己所属的学科领域，积极从事苏联研究，同时把握好所在学科与所研究区域之间的平衡。社会学与区域研究的方法论方面存在较大区别，社会学重点关注微观层面，提出“为什么”的问题，区域研究则聚焦宏观层面，重点研究“怎么办”的问题。虽然对专家学者而言，理想状态是将两者很好地结合起来，但现实中却比较困难，多出现在一批专家共同开展的集体研究成果中。然后，20世纪90年代欧美学术界的巨大变化，使得这样的多样性统一继续维持显得十分艰难。[12]

在讨论当前的苏联学方面，一些人认为，苏联仅存在约70年就解体，然而新独立的那些国家，与苏联在很多方面都存在诸多共性特征。因此，不论术语“苏联学”如何改变，苏联研究将一直存在，并且很多苏联时期出版的专著也将成为研究苏联政治体系的经典之作。另外一些人则认为，苏联解体之后大量的历史档案材料对外公开，这使得专家学者有更多机会获取第一手材料开展研究，更多新的研究成果将会出现，因此，有必要建构新的术语，这将在一定程度上反映当下的现实。[13]

在讨论苏联学未来时，也充满一定程度的不确定性。一些人认为，苏联学随着苏联的解体已经失去存在的意义，它的历史也在这一刻结束。[14]亚历克·诺夫（Alec Nove）指出，在苏联不存在的情况下，专家学者不可能再称自己为苏联学家，也不能再将西方体系与苏联体系进行比较。如何将我们的期刊《苏联研究》和其他研究苏联的机构改名，这也是需要解决的问题。老一代苏联学专家可以逐渐退出历史舞台，甚至是功成身退，那么这些刚刚毕业或者正在努力学习的年轻专家学者接下来应该从事什么的研究或工作？答案目前都是未知数，不过有一点是非常明确的，即这肯定不会是苏联学。[15]玛莎·奥尔科特也支持这样的看法，他认为，苏联学一直以来与政治之间的关系都非常密切，冷战的展开使得美国政府投入大量资金从事苏联研究和培养苏联问题研究专家。美国社会甚至会牺牲自己的生活质量，去支持政府投入巨资应对“苏联威胁”。目前这样的状况已经大为改观，共产主义威胁已经消失，美国人的生活方式也发生了巨大变化，这意味着之前的苏联研究体系应该随着时代的变化而变化。[16]在玛莎·奥尔科特看来，苏联学和共产主义问题研究不应该将苏联的命运与共产主义遗产区分开来。西方研究者需要研究苏联的经济、社会和历史问题，重新评估从十月革命和新经济政策时期到苏联1985—1991年间进行的从经济体制到社会意识方面根本变革期间每个历史阶段的苏联经验和教训，这样的改变对整个社会科学的发展是必要的，因为苏联学的失败，也意味着社会科学的失败。[17]斯蒂芬·科恩也发出类似的警告，他认为，需要严肃地反思苏联学的科学性，摆脱传统比较政治理论的影响，而且社会科学的主导性正统理论也不适合研究俄罗斯。[18]

如果学界尚处于争论阶段，那么政府部门已经开始实质性行动，即缩减研究经费预算。苏联不再被美国视为头号敌人或威胁，美国政府显然不会再像冷战时期那样投入巨资支持苏联研究的发展。根据2000年学术研究与交流国际组织开展的调查统计显示，73%的苏联问题专家认为，近5年来从事研究的条件得到较大改善，氛围更加开放，与此同时，82%的专家认为，他们的研究越来越难以获得资金上的资助。[19]有学者还总结出美国政府资助苏联研究的规律：美苏关系恶化的时候，政府的资助就会增加；美苏关系转暖的时候，政府就缩减这方面的支出。此外，从事俄罗斯问题研究的专家学者的工资也处于持续下滑水平[20]，这在很大程度上影响了美国俄罗斯学继续高水平发展。在政府对俄罗斯研究需求下降和财政支持大幅度减少的情况下，许多从事苏联问题研究的科研机构，要么关闭，要么重组，20世纪90年代的机构规模被大大地缩减，仅在进入21世纪之后相对有一些改善，但已经无法与冷战时期相提并论。

在美国大幅度缩减对俄罗斯研究的情况下，学界不禁再次诘问：美国到底还需要苏联问题专家吗？[21]有的学者持肯定看法，丹尼尔斯(Daniels R.)指出，苏联学在一定程度上是一门神秘主义的学科，重点研究苏联权力体系和共产主义体制。虽然当下美国学界认为，苏联学研究对象可以是苏联历史，但共产主义体制的遗产仍然对不少国家产生巨大影响。因此，苏联问题专家的任务是研究共产主义国家的历史及其对当下产生的影响。由此可见，苏联学并没有“死亡”，也不应该消失，只是需要在当代条件下改变一下它的学科名称，在他看来，最为准确的术语应该是“俄罗斯与东欧研究”[22]，或者是“后苏联地区研究”[23]。但也有其他不同的看法，比如，不少专家学者认为，苏联学处于一种危机状态，发展前景黯淡，因此，建议使用术语“后苏联学”，并将其归入政治学的研究范畴。[24]雷蒙德・塔拉斯(Raymond Taras)在一本关于苏联与东欧政治研究的论文集中指出，需要对苏联学进行批判性评价，即苏联学曾经存在过，目前已经不存在。[25]约翰・米尔斯海默(John Mearsheimer)也指出苏联学的诸多不足，包括因冷战导致的意识形态影响非常严重，自由派对共产主义的不欢迎，研究队伍中有大量专家是移民，国家的财政支持在很大程度上限制研究者的独立性，研究材料的匮乏，高校的研究者相对封闭，与其他区域研究的专家之间的交流不足，在培养学生方面也存在僵化的教学模式，同时对理论研究持消极态度。[26]还有学者持更为尖锐的批评，马丁・马利亚对苏联学的修正主义理论进行了有针对性的批判，指出他们过高估计苏联的潜力及其政治体系的稳定性，过于相信苏联的宣传活动[27]，最后使得苏联学的发展遭受巨大影响。年轻的学者们都指出，苏联解体给西方上了很好的一课，即不能将苏联与西方民主国家进行比较。[28]布伦伯格(Brumberg A.)认为，苏联解体后的一段时间，确实让我们认为苏联学已经不存在了，但是这样的判断似乎站不住脚。美国和其他国家许多的苏联问题专家转身变成“后苏联学家”，出现更名的学术期刊，如《后苏联事务》(*Post-Soviet Affairs*)、《欧亚研究》(*Europe-Asia Studies*)、《后共产主义问题》(*Problems of Post-Communism*)、《共产主义国家与后共产主义国家研究》(*Communist and Post-Communist Studies*)、《后共产主义国家经济》(*Post-Communist Economies*)、《转型经济》(*Economics of Tran-*

sition)、《比较经济研究》(*Comparative Economic Studies*)、《比较经济学刊》(*Journal of Comparative Economics*)，等等。许多科研机构也都改头换面，过去的苏联问题研究再次进入美国学界的视野。[29]

此外，20 世纪 90 年代末，美国还出版不少关于苏联学讨论的个人著作[30]和集体著作[31]，虽然观点各异，但却从不同角度就苏联学何去何从以及学科发展的方向进行有益的探讨，进一步丰富了冷战后美国俄罗斯学的研究。其中，彼得・拉特兰(Peter Rutland)比较详细地总结了苏联学在美国发展遭受的一系列制约性因素，包括八方面：第一，美国苏联问题研究的学术客观性在很大程度上受制于那些苏联学家对待苏联的政治偏好，时常在友善与敌视之间交替徘徊，不管他们是属于左派阵营，还是右派阵营；第二，由于苏联研究与其他社会学学科相比，存在明显的特殊性，甚至处于一种游离状态，这在很大程度上使得美国的苏联研究在方法论方面显得尤为弱势；第三，很多不是从一开始就从事俄国研究的苏联学家对俄语和其他俄国的相关知识知之甚少；第四，寄希望于前往苏联进行实地调研考察，最终基本上难以实现；第五，掌握的研究信息不完全可靠，甚至缺少研究苏联的第一手材料，获取材料的途径非常狭隘；第六，主要的苏联学专家更倾向于扮演一个预言家角色，或作为专家时常出现在新闻媒体上，而不是从事学术研究，更不谈运用实证研究方法；第七，曾对美国俄罗斯学做出巨大贡献的俄国侨民知识分子由于专业、个人与政治因素，他们之间经常是竞争关系，多数人选择退居幕后，没有发挥他们的特长来丰富苏联研究；第八，对政府的财政依赖，使得美国的情报、军工部门有权力干涉学术研究。[32]面对诸多专家学者对苏联学的批评，也有极少数学者站出来试图维护苏联学这门学科的权威性[33]，但这样的声音显然无法改变 20 世纪 90 年代美国苏联学遭遇的各方面危机的现实。

综上所述，冷战后苏联学的转型主要受到美俄关系及其国际形势、理论方法论反思和心理认知三大因素变化的影响。美国学界围绕苏联研究转型的上述争论表明，虽然苏联学存在这样或那样的不足，但是作为一门学科，它必然具有自己的发展特征，并随着时代的变化而变化。正如美国的俄罗斯学家劳拉・恩格尔斯坦(Laura Engelstein)所言，苏联解体确实改变了我们关于俄罗斯历史的传统看法，促使我们改变对之前关于俄罗斯的研究。此外,意识形态的消失也在很大程度上改变了美国知识分子的视野。[34] 如此看来,苏联解体和冷战结束,确实对美国俄罗斯学的发展产生重大影响。从某种程度而言,美国的苏联学经历着转型是正常的现象,重要的是吸取苏联学发展的历史经验和教训,把握好转型的正确方向,这样的学科发展才会更具生命力。

第二节　冷战后美国俄罗斯学的发展特征与主要领域

20 世纪 90 年代,美国俄罗斯学的主要任务是构建当代俄罗斯的总体性图景,完成这一目标不仅需要俄罗斯问题专家和政治家,同时也需要对俄罗斯国内变化感兴趣的美国广大民众的大力参与。正是在这样的背景下,随着研究对象和范畴、研究资源的获取途径与研究队伍的变化,当代美国俄罗斯学在转型过程中开始逐渐摆脱极权主义和修正主义两大冷战时期形成的传统研究范式的影响,试图在当代俄罗斯研究的理论和方法论方面有所创新,寻求新的研究方向,分析这一演变进程对我们了解冷战后美国俄罗斯学的发展具有重要现实意义。

一、冷战后美国俄罗斯学的主要发展特征

(一) 在体裁上,主要体现为学术性研究与政论性分析之间的合流

一直以来,学术研究始终是推动美国俄罗斯学发展的中流砥柱,在推动美国俄罗斯研究的学科发展、理论构建、方法论运用方面都做出过巨大贡献。冷战后美国学术界的专家学者,继续在俄罗斯问题研究的专业期刊发表学术文章,比如,《后共产主义问题》(*Problem of Post-Communism*)、《后苏联事务》(*Post-Soviet Affairs*)、《当代历史》(*Current History*)、《斯拉夫评论》(*Slavic Review*)、《俄罗斯评论》(*Russian Review*)、《欧亚研究》(*Europe-Asia Studies*)、《美国艺术》(*Art in America*)、《艺术动态》(*Art News*)、《舞蹈杂志》(*Dance Magazine*)等,涉及政治、经济、外交、历史、文化等诸多领域。除从事传统的学术研究的学者外,还有大量来自社会学、新闻学、哲学、文化学等不同

领域的专家学者进入当代俄罗斯研究界,他们通常在《纽约时报》(*New York Times*)、《纽约时报书评》(*New York Times Book Review*)、《华盛顿邮报》(*Washington Post*)、《美国新闻和世界报道》(*US News and world Report*)、《旗帜周刊》(*Weekly Standard*)、《华尔街日报》(*Wall Street Journal*)、《国家》(*Nation*)、《时代周刊》(*Time*)、《洛杉矶时报》(*Los Angeles Times*)、《洛杉矶时报书评》(*Los Angeles Times Book Review*)等美国各大报刊,发表面向广大民众的评论性文章。到 90 年代末,这样的文章越来越多,使得美国的俄罗斯研究界开始形成一种特殊的体裁类别,被称为"政论性"俄罗斯学。来自不同学科和专业领域的专家转向这一体裁领域,一方面,充实美国俄罗斯问题研究的力量,丰富当代俄罗斯研究的主题;另一方面,也吸引社会民众产生对当代俄罗斯的兴趣,使得当代俄罗斯学得以存活下去。

一般来说,与学术性俄罗斯学不同的是,"政论性"俄罗斯学有自己的一系列特点,主要体现在研究主题与体裁方面,且重点面向广大读者,满足他们的阅读兴趣,而非特定的专业人士(比如,专家学者、斯拉夫学家、历史学家、政治学家、大学教授)。这些文章既不需要更深入分析,也不用特别多的信息材料,主要向广大民众介绍有关俄罗斯国内的情况变化及其实质,以及俄罗斯未来如何走上西方的发展轨道,包括政治、文化价值体系。更为显著的特点是如何在标题上吸引眼球,甚至产生轰动效应,比如,"普京逮捕俄罗斯寡头"等。在人员组成方面,"政论性"俄罗斯学主要是一些专业记者、经济学家、社会学家、文化学家和语言学家,传统的历史学家和政治学家则较少。当然,"政论性"俄罗斯学的存在,也使得传统的俄罗斯学家的声音越来越弱,导致这些"非专业人士"歪曲俄罗斯的发展现实,甚至犯下低级错误。这遭到老一辈俄罗斯问题专家的批评,比如,科恩就点名批评多位美国记者在民众面前制造一些对俄罗斯不准确的认知,最终误导美国民众。

(二)在理论方面,新构想与新理念以多元化为主,没有出现大理论

20 世纪 90 年代,美国俄罗斯学的确面临一系列发展危机,且迫切

需要寻找新的发展方向,但遗憾的是,当代美国俄罗斯学并没有产生像冷战时期研究苏联的两大理论范式那样的大理论和大构想,主要原因就是我们上文提到的国际形势、政府财政资助、研究队伍、意识形态等诸多因素的影响。在此背景下,新的理论视角的出现并非凭空设想,它们必然是对过去已有主要理论和构想的继承和发展,只有这样才能够维持本学科继续发展的生命力。这里所说的过去主要的理论就是极权主义和修正主义,苏联解体后的当代俄罗斯学发展仍然受到它们的影响,以至于围绕它们逐渐形成当代俄罗斯研究的新构想与新理念。我们大体上可以划分为三类:新极权主义、新修正主义和它们的混合体。

新极权主义主要是从已有的极权主义理论派生而成。苏联解体之后,极权主义理论范式虽然在规模上不及冷战时期,却仍然在美国俄罗斯学界占有一席之地,继续对美国俄罗斯学的新发展以及新一代的美国俄罗斯问题专家产生影响。新极权主义就是在这样的背景下逐渐形成的,其成员主要来自专业的俄罗斯问题研究专家和在学术界有影响力的学者。需要指出的是,新极权主义并非单一的线性理论,而是包括拥有共同内核的诸多理念与构想的集合。这些理念与构想不仅构建在过去的基础之上,还仍然以俄罗斯与西方世界之间的差别以及西方与俄罗斯之间根深蒂固的"敌视"作为出发点,来观察俄罗斯国内外事务的变化。具体而言,冷战后新极权主义的组成部分主要包括如下构想与理念。

第一,俄罗斯新民族主义。这一论断主要运用过去关于苏联体制的部分特征来描述当代俄罗斯的国内生活。一些研究者倾向于凸显俄罗斯国内的消极方面,将旧的意识形态视为共产主义的历史残留,包括民族主义、政府与社会的封闭性、领导崇拜、官僚主义、腐败、国家对社会生活的干预、国家的保密性越来越强等。这里有两个方面与冷战时期极权主义学派专家的看法是一致的,即领导崇拜和官僚主义。在此基础之上,这些俄罗斯问题专家得出的结论是:当代俄罗斯可能走上破坏西方民主制度的道路。其中,受到重点关注的是俄罗斯的新民族主义。这一构想的内容既包括原有民族主义特征,也加入了新内容。对不少美国专家学者而言,俄罗斯仍旧被视为一个有深厚民族主义信念的国家,而对民族主义的新阐释则体现为一种摧毁共产主义残余的助推器。这方面的代表专家是美国知名历史学家朱瑟佩·博法(Giuseppe Boffa),他指出,俄罗斯新民族主义就是俄罗斯高级政治家的特征,有助于他们在政治"奥林匹克"运动中占据对自己有利的地位。他认为,叶利钦手中的王牌就是民族主义,它的出现与俄罗斯的主权和国家独立具有紧密关系。[35]由此可以看出,朱瑟佩·博法的观点与传统看法的主要区别在于:苏联时期,民族主义被视为一种联系各加盟共和国的优势力量,如今则被视为国家分裂的源头。许多研究民族主义的专家指出,苏联民族政策是失败的。美国著名民族问题专家约翰·邓洛普(John Dunlop)就将戈尔巴乔夫的民族政策称为一种"反俄罗斯"政策,这为叶利钦上台执政创造了条件。[36]美国专家还呼吁西方政治家需要牢记民主主义的破坏性力量,特别是俄罗斯经历的艰难转型。还有专家认为,俄罗斯的新民主主义在很大程度上与国家独特性思想、弥赛亚意识和俄罗斯东正教的联系非常紧密。[37]

美国专家学者对俄罗斯民族主义的进一步研究表明,这一问题仍然具有一定的延续性和吸引力。民族主义被视为俄罗斯的主要特征,在任何政治体制下都是没有显著变化的常量,但是美国俄罗斯学界对民族主义的立场则会随着不同的时代的变化而发生变化。在苏联时期,美国苏联学在极权主义理论范式的影响下,总体上谴责苏联的民族主义,苏联解体后,民族主义的理论基础进一步削弱。美国当代俄罗斯学越来越多地探讨民族主义的根源所在。比如,美国俄罗斯研究界将俄罗斯东正教视为民族主义的一个组成部分,重点关注东正教在俄罗斯社会的作用与角色。一些人认为,东正教是俄罗斯文化的支柱[38];另外一些人则认为,东正教是俄罗斯民众取代共产主义的一种信仰象征[39]。

第二,民族中心主义,主要表现为美国学界对俄罗斯传统的仇视色彩仍然浓厚,特别是对俄罗斯社会的缺陷和瑕疵嗤之以鼻。比如,将俄罗斯视为一个犯罪盛行的国家。1997年,菲尔·威廉姆斯(Phil Williams)主编出版一本名为《俄罗斯人组织犯罪:新的现实?》的专著,将俄罗斯视为一个犯罪国度。[40]自此之后,美国学界开始出现不少有关俄罗斯犯罪研究的研究成果,这在很大程度上加深了美国学界将俄罗斯视为犯罪国家的认知。其中,大部分专家是国际新闻记者和政治学家。比如,在媒体界,美国期刊《美国新闻和世界报道》(*US News and World Report*)在 2000 年度刊登大量有关俄罗斯社会犯罪和其他诸如贫困、腐败、盗窃等不良社会行为的文章。另外一份美国知名期刊《时代周刊》在 2001 年刊登有关俄罗斯的艾滋病、毒品、恐怖主义、媒体暴力等社会问题。在专家界,1995 年,美国专家蒂姆·麦克丹尼尔(Tim McDaniel)在其著作中指出,过去 5 年俄罗斯国内的情况发展让我们有足够理由认为,俄罗斯资产阶级选择通过与有组织犯罪保持密切联系走上权力上层,而不是艰苦奋斗。[41]还有一些政治学家、退役外交官纷纷指责俄罗斯政府在解决这些社会问题过程中的无能,这正好与极权主义对政治体制类型的阐释一脉相承。

第三,本质主义。在不少美国专家看来,且一直坚信,西方经验具有先天优势,俄罗斯要想成为一个西方大国,只有复制西方的发展经验。[42]詹姆斯·比林顿(James Billington)指出,西方的经验主要体现在经济领域,重新发现西方才是权力大转型的决定性因素,他试图从俄罗斯的历史发展中找到证明自己观点的例证,比如,俄国历史上叶卡捷琳娜二世和亚历山大二世执政时期俄国均取得较好发展,其原因就是俄罗斯将西方思想与模式运用到现代化过程中,正因为如此,当代俄罗斯官员才倾向于学习美国的政治模式,来构建新的联邦民主。[43]但是,俄罗斯在这方面恰恰做得并不好,诸如马丁·马利亚、理查德·派普斯等专家都对此表示质疑,他们认为,俄罗斯很难构建模范型社会。麦克丹尼尔(Mc Daniel)指出,苏联解体后,俄罗斯很难再次构建起一个成功的社会模式。在他看来,主要原因是俄罗斯面临现代化与理念的两难抉择,以及民主的脆弱。[44]

新修正主义则是从 20 世纪 70 年代以来的修正主义理论派生而成,并在适应新的环境变化之下逐渐形成。虽然在研究规模上,新修正主义不及新极权主义,但其内涵仍然包括苏联时期修正主义理论派的不少理念与构想。苏联解体后,为应对美国学界出现的苏联学危机,美国俄罗斯研究界还出现一个新的理论构想——转型学(第三节将专门讨论),它成为新修正主义的理念主要组成部分。

新极权主义与新修正主义在解释当代俄罗斯发生的诸多变化方面都存在不少问题,因此,它们在美国俄罗斯学界都没有获得足够大影响力，甚至也没有占据主导地位。在此情况下，美国俄罗斯学界又出现了新的混合型研究团体。这一团体专家主要吸收极权主义与修正主义的一些早期理念与构想，以政论性分析为主，在美国公众媒体广受欢迎。其中，比较受欢迎的是“俄罗斯中产阶级”[45]和“新欧亚主义”[46]。前者作为俄罗斯接受西方模式的一种象征，后者被视为俄罗斯寻求新国家意识形态的一种尝试。总体来说，这一类研究者相对比较分散，且观点各异，严格意义上而言，他们所从事的行业并不要求专业性较高的学术研究，而是要求发表政论性质的评论文章，其主要目标是满足广大民众了解俄罗斯的需求。

需要指出的是，上述三类仅是一个大体的划分，不可能涵盖美国俄罗斯学的方方面面。这些在冷战后出现的新构想和新理念并不够被视为一种成系统的研究理论，更不用谈研究范式。某种程度上来说，它们的出现是美国学界对冷战后俄罗斯研究面临危机的一种“消防式”应对，旨在通过新的研究探索，来寻求分析和解释纷繁复杂的诸多俄罗斯社会现象。

（三）在方法论方面，延续与创新相结合，更加注重借鉴多学科综合研究方法

苏联解体后，美国俄罗斯学围绕研究方法进行过较为激烈的争论，争论的焦点主要是对冷战时期研究苏联所运用的研究方法相对单一性和贫瘠性的批评与反思。[47]总体而言，冷战后美国俄罗斯问题研究方法既有对传统的延续，也出现了新的变化。第二次世界大战后传统的苏联学研究主要采用比较分析法[48]，迄今在美国仍然广泛使用。虽然学界试图在传统方法上进行一些修正，并建议对一个国家历史不同阶段发生的事件进行比较，但学界仍然将俄罗斯与西方国家作为对比研究对象，比如，詹姆斯·比林顿[49]和马克·西绰克（Mark Cichock）[50]先后都在自己的著作中将俄罗斯与西方国家进行比较。

相较于冷战时期而言，20 世纪 90 年代开始，美国俄罗斯研究界开始越来越多地借鉴其他学科的研究方法，包括经济学、统计学、社会学、人类学、民族学、语言学，以及它们之间的不同交叉学科。1993 年，弗

雷德里克·弗莱龙(Frederic J. Fleron)和埃里克·霍夫曼(Erik P. Hoffman)在共同编辑出版的专著中指出,美国的俄罗斯研究需要运用人类学和社会学的研究方法分析文化的多样性。[51]又如,借鉴统计学的分析方法,通过数据计算、数据表格等手段进行研究。还有美国学者通过语言学和文化学的方法,研究文化、人和语言三者之间的相互关系。[52]

(四)在研究主题方面,历史研究与现实研究相结合,领域多样化

就历史研究而言,苏联解体后,美国俄罗斯研究学界掀起了一股"文化热",与冷战期间先后占据主导地位的极权主义和修正主义研究范式形成鲜明对比。这里的"文化"主要是指广义文化和文化史方面的研究,既包括苏联、帝国时期的文化,也包括俄国更早时段的历史时期,涉及社会生活的诸多方面。之所以出现这一趋势,除了历史研究在美国俄罗斯学的发展过程中所发挥的独特作用之外,还有两大有利因素的推波助澜,也即"档案与信息革命"和20世纪末期人文社会科学领域出现的一种新的分析模式——"文化转向"(cultural turn)。

首先,不管是就培养俄罗斯问题专家数量和水平,还是研究成果的数量和高质量作品而言,来自历史学领域的俄罗斯问题专家学者在美国俄罗斯学界一直以来都占据着主要地位[53],他们构成了美国俄罗斯学研究团队的主要组成部分,在很大程度上对俄罗斯学科发展具有较大的引领作用[54],提出的一系列俄罗斯历史研究的新方向、新概念和新问题(比如,国家、民族、性别、社会、帝国认同、阶级、社会冲突、宗教、现代性等),在学界引起了极大的反响和浓厚的兴趣[55],其中就包括对俄罗斯文化的研究。

其次,对美国的俄罗斯学研究者而言,20世纪80年代的戈尔巴乔夫改革时期,苏联(俄罗斯)档案开始对外开放,学界称之为"档案革命",其在促成"俄国历史"回归美国学界的过程中扮演了极其重要的作用。特别是苏联解体之后,在美国各大基金会(比如,索罗斯基金会)的支持下,发掘档案文件及其相应的出版活动(回忆录、日记、口述和采

访）开始在莫斯科和其他俄罗斯大城市开展起来。由于刚刚独立的俄罗斯面临严峻的经济和财政危机，因此，当局倾向于与包括美国在内的国外机构进行合作，共同完成一系列的合作项目。比如，耶鲁大学出版社从 90 年代中期开始，出版了一系列有关俄国历史的专著。[56]此同时，美国专家学者也获得进入俄罗斯，并与政界人士、专家学者和当地民众交流的机会，这使得口述史也开始流行起来。

除"档案革命"之外，学界认为，还有一个重要因素推动了美国俄罗斯研究"文化热"的兴起，也即"信息革命"[57]。这主要归功于因特网和数字技术的快速发展，并开始上升到新的水平。比如，从 1997 年开始，俄罗斯联邦档案署与美国国际社会史研究所（The International Institute of Social History）合作开发的档案数据库网站"Archeobibliobase"，与东视信息服务公司（East View Information Services, Inc）构建了约 15 万条的档案索引数据库（http://guides.eastview.com），并开始收录俄罗斯出版的报刊全文数据库。美国的研究者可以订阅这些数据库，获得相关文件的复印件、音频材料等电子资源，同时提供搜索和查询服务。此外，"信息革命"带来的另外一大优势是可以随时随地、轻而易举地获取期刊电子全文，同时通过网络书店（亚马逊）购买到俄罗斯国内出版的最新专著和其他研究书籍。这些都大大地减轻了研究者的财力负担和时间成本，受到广大从事俄罗斯问题研究的专家学者的热烈欢迎，被他们冠之为一场"小革命"[58]。

最后，20 世纪下半叶，在西方人文社会科学中开始越来越多地关注文化研究，到 20 世纪末，出现了对文化研究的热潮，人们把这一时期人文社会科学转向对文化研究的潮流称为"文化转向"[59]。俄裔加拿大学者玛格丽特·迪克维茨卡娅指出，"文化转向"这一名称正式确立始于 20 世纪 80 年代初。[60]美国的两位新文化史家维多利亚·邦内尔和林·亨特也谈到，20 世纪 80 年代初，新的分析模式开始取代社会史，宣告了"文化转向"的开始。[61]英国历史学者西蒙·冈恩也指出："如果说对叙事的关注构成了过去 20 多年中历史书写的确定特征之一的话，那么，'文化转向'似乎是一个更为宽广的运动，它横扫整个人文科学领域，并且囊括从意义建构到商品消费等各种形式的文化。因此，在新形式的理论与新类型的史学关系中，文化的概念居于核心地位。"[62]可以说，在“文化转向”的这股潮流中，整个人文社会科学发生了研究范式性的变革，不仅对传统既有学科的陈旧框架产生了极大冲击，而且也迫使它们集体性地“转向文化”[63]，由此，文化研究成为主要的跨学科领域。人类学家、社会学家、哲学家、历史学家、政治学家等，均从各自学科的视角，将“文化”置于研究的焦点，在有关符号、象征、媒介等文化因素，国族、社群、性别、种族、个体等身份认同因素，话语分析、意识形态批评、性别研究、伦理批评、后殖民主义、民族、宗教等诸多问题的研究方面开启新的研究局面。

毫无疑问，冷战后面临新的发展危机的美国俄罗斯学，不管是在理论方面，还是方法论方面，都在一定程度上受到这股“文化转向”大潮的深远影响，进而出现了冷战后俄罗斯研究的“文化热”。就如美国学者巴克利(Buckler J.)所言，冷战的结束使得广大研究者对苏联和俄罗斯帝国时期文化的研究兴趣有增无减，不仅关注“上层”文化，也关注“底层”文化。比如，末代沙皇时期的多元化文化风景，异质空间孕育了多样的社会交流和新兴城市化中产阶级的现代生存模式；斯大林时期，大众文化是由政府创造、提升、资助以及分配，苏联这具庞然大物使得侦探小说、科幻小说、笑话、歌曲、大众电影、广播、电视以及多样化的舞台等一系列日常消遣文化，都引起了国内外俄罗斯研究者的极大兴趣。[64]事实上，巴克利所言并无夸大之词，长期以来，不仅美国民众对俄罗斯文化保持极大的了解兴趣，学术界更是从研究俄罗斯之初就存在这样的共识，普遍认为，如果对俄罗斯文化没有一个深入的了解和感知，那么就根本无法了解俄罗斯这个国度和民族。冷战结束再次给美国专家学者，特别是俄国史研究界提供“探索”俄罗斯这个神秘国度的契机[65]，学界自然而然地将目标投向对俄罗斯文化的关注和研究，相关的研究著作数量用“汗牛充栋”形容也不为过。

就当代俄罗斯研究而言，冷战后，随着美国各界对俄罗斯的认知变化，对其各领域的关注越来越多，因此，对俄罗斯的现实研究主要以多元化为主。具体而言，主要包括俄罗斯的政治(政治转型、威权主义、斯大林式极权主义、普京专政、克格勃政府、三权关系、联邦主义、国家治理、中央与地方关系、政党建设、国家认同的建构等)、俄罗斯的经济(整体经济形势评估、经济改革方式、经济发展战略与发展前景)、俄罗斯的社会(贫富现象、俄罗斯新贵、教育、社会犯罪、人口危机、村社)、俄罗斯的总统与民众(叶利钦与普京的形象、当代俄罗斯公民意识、公民社会的建构)、俄罗斯的军事(军事力量状况、潜在军事威胁、军队与社会之间的关系、军事政策)、俄罗斯与国际安全(传统安全威胁、非传统安全威胁、北约与俄罗斯、合作领域)、俄罗斯的对外政策(帝国雄心、非敌非友、区域大国)等。

二、当代美国俄罗斯研究的主要领域

(一) 美国俄罗斯历史研究的"文化热"

在历史研究领域,美国的史学界开始关注中世纪的俄罗斯、俄罗斯帝国时期,特别是 20 世纪初的俄罗斯帝国社会与文化方面,以及重评十月革命和斯大林执政时期的苏联等相关的主题。

自 20 世纪 90 年代开始,美国国内越来越多地出版有关莫斯科大公国时期的文化史研究著作,涉及这一时期的宗教、认同和社会变化的文化因素等诸多方面[66],特别是 17 世纪的文化史研究,涌现出有不少代表性的学术著作[67],比如,基维尔桑(Kivelson V.)就考察了俄国传统政治文化从 17 世纪中叶发生的新的变化,俄国国家建设开始走向机制化;不断适应新的形势变化[68]。

对 18 世纪俄国社会变迁过程中的诸多文化因素也有不少探讨[69],不少美国学者的研究指出,俄国的西化进程远远早于彼得大帝改革,介于彼得改革前后的历史进程具有较大的连续性,如此看来,彼得大帝的西化改革对社会产生的影响是相对有限的,一些研究试图摆脱的传统与现代——二元论的视角观察俄国改革,提出文化分析模式。[70]

对前帝国时期的研究,为学界考察帝国和苏联的"文化基因"奠定了一定的历史基础。在此条件下,学界对 19—20 世纪初的俄国农奴现象、社会结构、社会认同、文化实践和表现、性别、传统文化、宗教、大众文化、劳动移民等诸多方面的探讨也非常多。[71] 其中,比较有代表性的研究是沃特曼(Wortman R.)关于俄国君主专制的两卷本专著,通过运用象征主义和人类学的研究方法,他将君主专制视为一套深入俄国社会的灵活的象征符号体系,认为俄国专制是一个不断变化的复杂历史进程，可以在最大程度上适应本国内外的新变化，重点强调君主专制是俄国政治变化进程中的一个积极、有意识的因素。[72]沃特曼的研究推动美国学界关于俄国18世纪专制的研究，对年轻历史学家的研究产生了较大影响。[73]在性别研究方面，美国学者的研究显示，农奴制改革之前，俄国女性拥有较大的财产权，掌控并制约着约30%的不动产，而这种权利在西方法律中是被禁止的。[74]鲁安(Ruane C.)从手工生产和消费、需求的文化角度探讨了俄罗斯帝国的工业革命，改变了注重生产领域和重工业的传统分析手法，而非西方流行的大机器生产主导的工业革命理论，把重点放在了以消费为主的轻工业上，突出了文化(非经济)体系在推动资本主义市场发展进程中的作用，最终得出的结论也是大相径庭。[75]

冷战之后，对十月革命之前的沙皇帝国研究也成为美国史学界的新方向，著作颇丰。[76]冷战时期，美国学界一直将俄国1917年革命视为俄罗斯历史进程中发生的具有巨大影响的事件，同时也是他们观察、研究和分析苏联体制及其与世界关系的逻辑起点。随着冷战结束、苏联解体，以及随之大量档案的解密等新因素的出现，使得学界开始改变之前约定俗成的看法。[77]那些保守、僵化的立场和看法似乎已经过时，超越1917年的解释框架，书写俄国革命新的叙事的呼声，被历史学界提升至研究议程。[78]一个鲜明的例子就是90年代，美国知名历史学家派普斯相继出版的两套关于俄国革命的专著[79]，结果却遭到包括美国历史学家在内的西方学界的批评与质疑，认为他不仅忽视了过去三十年学界的研究成果，而是以较为简单化、保守立场和观点看待俄国革命，不符合时宜。[80]在寻找俄国1917年革命新的研究模式或范式的过程中，不少美国学者将目光投向了法国当代著名历史学家傅勒(Francois Furet)关于法国大革命史的研究[81]，在此基础上提出了多种多样的关于俄国1917年革命的新叙事。[82]虽然这些研究成果的观点不尽相同，但是也存在一定的共同之处，也即重点关注政治认同因素对革命的影响，承认比较研究的必要性，试图从政治、社会、文化等多视角剖析革命现象，同时还将俄国革命置于更广大的欧洲文明背景下考察。

对斯大林执政时期的苏联的再考察，其中讨论得较多的是关于斯大林主义的反思。在很大程度上可以说，斯大林主义成为转型时期美国俄罗斯学的重点研究对象,在一定程度上也是美国学界对冷战时期所开展的研究的成果的反思,这一阶段的一个鲜明特点是美国、欧洲和俄罗斯的历史学界之间的交流增多,合作研究的成果也开始出现。比如,耶鲁大学出版了好几卷本的档案文件《共产主义史》,每卷都同时用俄语和英语出版,同时都有俄罗斯和美国学者作为编委会成员,不少美国学者还成为历史类书籍的共同主编[83],虽然对于这样的国际合作,也有学者质疑它的深度、广度和可持续性[84]。在研究斯大林主义的过程中,不少学者怀疑苏联官方文件和一些档案数据的可信度,为此需要批判性地对待。[85]还有学者仅是重复之前已经开展过的研究材料,围绕斯大林时期政治迫害的具体数据争论不已,这主要源于不同学者查看到的档案材料有差异。[86]

这一时期,美国历史学界还出现了一个新趋势,即冷战后美国的苏联历史研究开始从关注宏观层面转向微观层面的研究。这方面的代表性例子是里斯(Rees E.)1995 年出版的《斯大林主义与苏联的铁路运输》,作者使用档案材料研究苏联人民委员会及其领导人在解决政治问题中所扮演的具体角色。[87]德里克・沃特森(Derek Watson)认为,人民委员会并不是政府或内阁,但它在很大程度上成了与当下西方国家的内阁和政府相似的行政机关。[88]希拉・菲茨帕特里克高度评价德里克・沃特森的专著,认为它让我们思考通过制度视角研究斯大林时期政治的其他诸多可能性。[89]

在对苏联的重新认知方面,冷战时期美国学界所认为的苏联仅存在两种文化论:一种是以欧化的精英阶层为主要群体的上层文化,另外一种就是以传统农民为主题的底层文化。对苏联文化的这种认知,曾经一直在美国学界占据主要地位。比如,美国知名俄罗斯文化学者比林顿就持这样的论点,其在早期的代表作中就重点关注贵族阶层和知识分子文化。[90]苏联晚期,随着大量档案的问世,学界开始对这样的文化认知提出疑问,比如,布鲁克斯(Brooks J.)较早发现了苏联社会还存在大众商业文化,为后续美国苏联文化的研究做出了新的贡献。[91]冷战结束后,美国学界开始对苏联大众文化进行研究,将其视为国家与社会互动的有机组成部分,透过这样的互动可以观察到苏联社会文化不为人知的方方面面[92],比如,埃德曼(Edelman R.)就以足球、棒球、篮球为例研究了体育在苏联城市大众文化的地位与作用,希望以此来了解苏联人的生活[93];还有专家研究苏联当局政策对文化的影响,比如,菲茨帕特里克剖析了苏联当局推动的“文化革命”的深远影响[94],涉及艺术、电影、音乐、戏剧、建筑等领域[95]。戴维-福克斯(David-Fox M.)通过大量的史料考察了苏联早期的文化外交,不仅将其视为苏联政治的组成部分,也是苏联文化的主要组成部分,突显了苏联早期文化组织和机构在宣传反法西斯文化、反对霸权和自身文化优越性方面都发挥了极为重要的作用。[96]

从文化角度对苏联进行研究的集大成者要数美国知名历史学家斯蒂芬·科特金,他于1995年出版的专著《马格尼特山:斯大林主义作为一种文明》,在美国和西方学界都引起了巨大反响。[97]他将斯大林主义视为一种文明,同时也是一种复杂的社会体系,其中涵盖私有财产、社会机构、经济组织、政治实践等因素之间的关系,还是斯大林有意识地打造的一种针对资本主义体系的对应体。在他看来,斯大林体系不仅得到国家机构的支持,还得到负责日常生活运作的强大权力体制的支持。他还运用语言学的方法分析权力与社会的相互关系,试图在书中呈现出苏联老百姓平常普遍使用的术语和语言范畴。在此基础之上,斯大林主义不应该仅仅被视为制度、个人和意识形态的联合体,还应该被视为权力、关系、语言、言语行为模式等的总和。[98]这样,斯蒂芬·科特金在苏联历史研究方面,特别是斯大林主义的研究中,首倡语言学的研究视角。此外,2005年,作为修正主义理论代表学者的希拉·菲茨帕特里克出版自己的新著作,她首先对年轻学者的研究成果进行了评价,指出研究苏联社会文化史的重要性,重点对20世纪俄罗斯的认同和苏联社会的欺骗行为进行了详细分析[99],有助于人们了解苏联社会不为人知的一面。

苏联的解体也再次激起了包括美国在内的西方学界研究帝国的兴趣,这是因为曾经被美国视为头号对手的“邪恶帝国”[100]——苏联,顷刻间就不复存在,苏联帝国的解体引发学界深思。[101]迄今为止,西方学界运用“帝国”范畴对苏联解体所进行的分析至少有三种类型:其一是关于不同帝国的地理类型如何影响其衰亡的过程;其二是关于帝国的治理状态如何影响其命运的分析;其三是从系统结构的角度对宏大的国际系统所进行的动态分析，观察其如何影响苏联的最终解体。[102] 由此，“帝国”范畴越来越多地被西方研究界所运用，美国学界再次兴起了一股“俄罗斯帝国研究”潮流，甚至成为人文研究的一个专门范畴。[103] 值得注意的是，学界将冷战后的美国俄罗斯帝国研究称为“新帝国史研究”[104]，使之与 20 世纪 60—80 年代的沙皇帝国研究相区别。早期的帝国研究重点关注治理沙皇帝国内部的国家行政体系和正式的体制机制演变，以及对外层面的领土扩张、军事战略、殖民控制等，也即关注帝国中央层面的权力运行体系和对外逻辑。[105] 苏联解体之后，美国的俄罗斯帝国研究则把研究目光投向了帝国的边缘地区和中央与边缘的交汇处，重点关注传统非正式制度安排在帝国治理过程中的作用和角色[106]，学界也开始更多地将帝国视为被建构或想象的共同体[107]，特别关注影响生活在帝国内的多民族之间的交流互动与相互认同，最后形成的固定文化形式的诸多文化因素。[108] 比如，统一语言和教育政策作为帝国民族政策的重要工具和衡量指标，在处理中央与边缘、多民族之间关系中的作用。[109] 同时，基于早期帝国研究对政治文化的关注，当代美国学者也提出新的阐释。如果说美国学者过去更多地关注俄国的专制制度的话，那么现在则倾向于研究贵族和官僚阶层的社会符号体系和文化实践层面。[110] 此外，还将俄罗斯帝国与其他帝国进行比较，重点关注与大陆型帝国与海洋帝国之间交汇的文化区域。[111]

冷战后，美国学界观察俄罗斯历史的另外一个新的方向就是俄国现代性（Russian Modernity）问题。有关现代性问题的大多数西方社会科学经典论著，有一个基本的假定：即在欧洲现代性中得到发展的基本制度格局，其调整和整合模式，包括在西方得到发展的现代性文化规划，必将为所有正处于现代化进程中的社会所“自然地”吸收，尽管会有地区差异，但是，这一现代性计划，连同其霸权性和同质化倾向，不仅在西方将得以继续，而且将盛行于全世界。[112] 如此看来，现代性与我们所理解的现代化是存在一定区别的。依此逻辑，俄罗斯的发展历史进程与欧洲的发展不可分割，美国学者的研究显示，早在第一次世界大战之前，俄国已经进入现代性时代：工业化和城市化步伐加快，新的技术和生产工业不断涌现，与此同时，社会也正在发生转型。虽然 1905 年俄国革命之后社会开始向军事化急速发展，国家强化对民族的暴力统治，但是其他参战的欧洲国家都是实行这样的政策，因此，俄国的政治实践实际上与欧洲国家区别并不大。[113]如此看来，第一次世界大战之前俄国资本主义实践可以被视为一种现代性的发展方案。

苏联的社会主义也可以被纳入世界历史发展进程中的另一种现代性方案进行考察和研究。美国历史学家斯蒂芬·科特金教授先后在其专著《马格尼特山：斯大林主义作为一种文明》和发表的学术论文中，首次提出了“苏联现代性”（Soviet Modernity）的研究范畴，他认为，从19世纪90年代开始，俄国的发展历程与其他国家一样，都具有世界普遍性意义，包括大规模生产、大众文化、大众消费和群众政策。这些趋势在第一次世界大战期间得到强化，俄国专制和帝国性开始让位于无产阶级专制和准联邦联盟。十月革命之后的20多年里，苏联的现代性越来越制度化，与欧盟和亚洲的发达国家具有诸多相似性，其中比较特别的是体现为国家社会保障，构建社会型国家。基于此，科特金教授认为，“苏联现代性”可以视为“多元现代性”（Multiple Modernities）的一种，强调存在着由不同的文化传统和社会政治状况所塑造的不同文化样式的现代性。[114]“多元现代性”范式的提出，不仅涉及历史文化传统和现代化进程的关系，而且直指各国发展取向，以及随之而来的国家间、文明间的相互关系等重大现实问题。[115]

科特金教授的“现代性”分析范式在学界引起了极大反响，对美国的俄国历史研究产生了巨大影响，特别是在方法论层面，既得到了青年学者的关注和新的发展，同时也不可避免地遭到批评与质疑。[116]一些青年专家在自己的研究中越来越多地运用这一分析框架研究苏联历史[117]，或拓展到更广的研究领域[118]。比如，运用科特金教授的“苏联现代性”范式分析第二次世界大战后苏联社会的变化，出版了大量的研究成果。[119]另外一些专家则不赞成科特金教授的看法，认为苏联社会仍然是比较原始和传统的，而非现代性的。[120]虽然“苏联现代性”作为一种研究范式并未被学界所接受，围绕它的争论至今也仍然存在[121]，比如乔治敦大学历史学教授迈克尔·戴维-福克斯就梳理了目前学界存在的至少四种关于用“现代性”理解俄国历史的各个时期的不同看法：第一种认为，俄罗斯是一个非现代国家，因此，完全不存在现代性；第二种认为，俄罗斯的现代性是存在的，且与其他国家没有太大的区别,它是世界历史统一发展进程的有机组成部分;第三种认为,世界历史进程中有多种多样的现代性存在,对于每个国家和地区都是独一无二的;第四种认为,多元现代性之间是互相交织在一起的,包括一些传统的因素,最终构成不同种类的混合型基体。[122]虽然存在这样或那样的理解差异性,但不可否认的是,作为美国学界拓展新的研究方向的新起点,"现代性"范畴对于俄国历史研究有较大的推进作用。

正是由于冷战后美国俄罗斯研究学界对俄罗斯文化越来越多的关注,使得20世纪90年代末的美国学界逐渐形成一种共识,也即研究俄罗斯(不管是前帝国时期,还是帝国时期,抑或是苏联时期)历史必须研究它的文化。

冷战后美国俄罗斯研究"文化热"的出现并占据重要地位,但不意味着其他研究领域就销声匿迹了[123],而是在新的形势下积极地调整研究方向,适应不断变化的新现实,比如,冷战时期先后出现的极权主义和修正主义两大范式仍然在美国学界发挥着自己的影响。在研究对象、研究方向和研究方法方面呈现出多元化特征,"文化热"正是当代美国俄罗斯研究多元化的主要体现。

(二)当代俄罗斯现实问题研究的多元化

当代俄罗斯现实问题研究是冷战后美国俄罗斯学的主要任务,旨在构建当代俄罗斯的总体性图景。在研究主题方面呈现出多元化的研究特点,具体而言,主要包括如下研究领域或者议题。

1. 苏联解体之后的俄罗斯重生:期望与失望

1983年3月,戈尔巴乔夫推行改革的前夕,时任美国总统罗纳德·里根在全国福音派联合会年会上的演讲过程中将苏联称之为"邪恶帝国"。这一言论不仅在美国,而且在苏联也引起极大轰动,苏联高层甚至认为,美国试图挑动第三次世界大战,将人类再次推到世界核战争的边缘。在此之前,在美国眼中,苏联不仅被视为竞争对手、敌人,也是最后一个帝国,到最后变成一种"邪恶"的化身。苏联解体后,美国学界试图弄清楚被里根称为"邪恶帝国"苏联,到底在什么方面"邪恶",其实质是什么。2001年,曾在苏联生活多年的美国斯坦福大学胡佛研究所资深研究员戴维·萨特(David Satter)出版专著《世纪疯狂:苏联解体》,他在书中指出,苏联历史可以被解读为试图摧毁一个民族"道德中心"的大胆尝试,因为苏联是历史上第一个建立在无神论之上的国家,并将自己视为上帝的表征,这赋予苏联体系强大的目的性、非道德性和盲目的狂热性,并将其政治目标绝对化。[124] 换句话说,在这位美国专家眼中,苏联的"邪恶"主要体现在道德层面。戈尔巴乔夫的改革以及随后苏联的解体,使得它的合法继承国俄罗斯有机会改变"邪恶帝国"的"罪名",对此,美国社会各界也寄予相当大的厚望,希望俄罗斯能够完成西式政治、经济改革,走上西方民主国家之路。

对于俄罗斯如何转型,美国学界也开始讨论。比如,斯蒂芬·科恩就指出,20 世纪 90 年代初期,美国希望新生的俄罗斯能够按照既定的路线走上西式民主道路,并试图再次完成一项诸如第二次世界大战刚刚结束后改造世界的历史性任务。[125] 那么到底是什么样的路线?时任克林顿政府第一副国务卿斯特罗布·塔尔博特(Strobe Talbott)在 1997 年底斯坦福大学的一次演讲中作出自己的阐述,他说:"我们希望俄罗斯能够构建正常的现代国家,在这样的民主国家里,宪法和法律条款都得到很好的遵守,市场经济繁荣,并与世界其他国家发展友好关系。"[126] 一方面,虽然美国人自己也很清楚,他们的这些要求或者标准,对一个正处于艰难转型之中的国家来说相对较高,俄罗斯要想达到还要走很长的路,但另一方面,对美国更为重要的是,这至少可以为俄罗斯的发展确定总体方向。虽然随着俄罗斯国内局势和俄美关系的变化,也存在不少质疑声音,但这总体上是符合美国国家利益的,因为这种将俄罗斯从"邪恶帝国"变成"正常国家"的期望一旦实现,俄罗斯将不会对美国构成威胁。

然而,随后俄罗斯国内发生的一系列政治、经济改革和内部变化,使得美国政界和学界都大失所望,多数美国人也认为,俄罗斯的表现太糟糕,让他们很失望。理查德·派普斯在《外交事务》上指出,1991 年苏联解体后,美国强烈地希望摆脱共产主义意识形态的俄罗斯实行完全亲西方的政策方针,包括实行政治体系民主化改革,赋予民众不可或缺的公民权利,并重新加入国际社会。这些都是叶利钦执政时期做出的承诺,但十多年后,这些希望都没有实现。[127] 很多美国专家学者认为，造成这样的结果根源在于俄罗斯自身背离西方道路；也有少数学者认为，一个巴掌拍不响，美国也需要在自己身上找原因。安德烈·施莱弗和丹尼尔·特雷斯曼在题为《正常国家》一文中详细分析了四大原因：一是，在媒体界，对俄罗斯国内转型进程和社会问题的交替情绪性反应一定程度上影响了美国人的认知，特别是他们为了吸引眼球、挣钱，对俄罗斯改革阴暗面的披露；二是，在学界，美国左派知识分子试图将俄罗斯作为他们反全球化的工具，认为俄罗斯"西化"面临的这些困难正是过于自由化的结果；三是，在政界，美国共和党和民主党将俄罗斯视为两党开展权力斗争的工具；四是，美国对俄罗斯现状给予过高评论，因此，一开始就对其报以过高期待，20 世纪 90 年代初，许多美国分析家将俄罗斯视为发达国家，认为俄罗斯是在高水平发展阶段开始改革进程。[128] 斯特罗伊（Строе А.）进一步指出，美国的自由派和保守派媒体在很大程度上具有浓厚的反俄情绪，其根源在于将俄罗斯作为解决美国内部问题的政治工具。他认为，对美国媒体而言，俄罗斯是世界上所有国家中最合适的一个国家，媒体选择对其进行攻击是一种明智选择，因为它是一个基督教国家。[129] 此外，在美国眼中，俄罗斯应该成为西方的"好学生"，应该义无反顾地向他们学习西方的所有发展经验，但与此同时，他们却忘记了"俄罗斯有她特性，对她只能够相信"（丘特切夫诗）。

2. 俄罗斯的政治

从苏联解体那一刻开始，俄罗斯的体制转型成为美国学界关注的焦点问题，诸如兹比格纽·布热津斯基、理查德·派普斯、马歇尔·古德曼（Marshall Goldman）、安德斯·艾斯仑德、史蒂芬·科恩、德米特里·塞姆斯（Dimitri K. Simes）、列昂·阿伦（Leon Aron）、萨拉·门德尔松（Sarah E. Mendelson）、安德鲁·卡钦斯（Andrew Kuchins）、蒂莫西·科尔顿（Timoth J. Colton）、斯蒂芬·谢斯塔诺维奇（Stephen Sestanovich）等美国俄罗斯问题专家和政治学家，都相继加入对这一问题的探讨中来。在他们看来，俄罗斯政治体制类型问题在很大程度上不仅决定着俄罗斯未来发展走向，而且也关系到俄罗斯与美国和西方的关系性质、世界的定位与国际舞台上开展的政策，因此，需要予以特别关注。这些专家重点关注俄罗斯的民主转型进程，并对其进行全面评估。[130]比如，蒂莫西·科尔顿和迈克尔·麦克福尔指出，对俄罗斯政治体制的关键问题是：俄罗斯是一个民主国家吗？俄罗斯的民主发展是向好还是走向对立？如果俄罗斯是一个民主国家，那么它期望加入西方多边合作机制的愿望将会实现，而西方提供给俄罗斯构建民主机制的援助也就没有必要；如果俄罗斯不是民主国家或者走向民主的对立面，那么比较合适的应对方式就是推迟其加入西方多边机制的进程，并停止对其提供援助；如果俄罗斯处于这两者（民主与专政）之间的话，那么这对美国的政治理论发展与政策实践也是颇有帮助的。[131]

需要指出的是，关于俄罗斯民主的评估在叶利钦和普京执政时期，美国学界持不同的看法。20 世纪 90 年代，在很多美国专家看来，虽然俄罗斯不是完全意义上的民主国家，其政治体制也存在这样或那样的缺陷，用彼得·拉特兰（Peter Rutland）的术语就是“瑕疵民主”（flawed democracy）[132]，但他们仍然认为，至少俄罗斯在形式上具备一些民主国家机制的特征，比如，1993 年通过的俄罗斯宪法，总统、杜马议员和州长的选举，多个政党的存在以及它们之间的竞争等，俄罗斯确实正在向选举民主体制转型[133]，即使它仍然是脆弱和不稳定的民主体制[134]，到 90 年代中后期，俄罗斯开始构建新的“政治集团”，包括超级总统制、联邦制、政党和公民组织等[135]，这些都意味着叶利钦执政时期的俄罗斯确实在民主发展道路上向前迈进了一步，取得一定成绩。在美国学者看来，这样的基本共识对美国而言更具意义，得到不少专家的支持，比如，迈克尔·麦克福尔、德米特里·塞姆斯、皮特·拉特兰、蒂莫西·科尔顿、列昂·阿伦。迈克尔·麦克福尔就指出，考虑到俄罗斯历史上多年存在的威权主义传统，在这样背景下建构民主体制对其而言是一个重要的里程碑，选举制度可以为俄罗斯其他方面的自由民主体制构建创造良好条件，也有益于俄罗斯未来的民主发展[136]；列昂·阿伦也指出，虽然俄罗斯并不符合传统民主国家的标准，但它却是除波罗的海三国之外的其他原苏联加盟共和国中最自由、最民主的国家，也是俄罗斯历史上最开放和自由的政治体制。[137]他的这一立场得到安德鲁·卡钦斯、丹尼尔·特雷斯曼、安德烈·施莱弗、菲利浦·罗德尔（Philipp Roeder）等人的大力支持。[138]

20 世纪 90 年代，美国学界对俄罗斯民主建设的评估总体算正面，然而进入 21 世纪以来,特别是普京上台执政,越来越多的专家倾向于对俄罗斯政治体制持批评或怀疑立场,比如,斯蒂芬·科恩就指出,叶利钦时期试图将俄罗斯打造成繁荣、稳定和民主国度的努力,最后以经济史无前例的下滑、人道主义灾难、国内战争、核安全风险以及普京上台执政告终[139],因此,说俄罗斯在构建民主国家取得一定成绩的论断显得为时尚早[140]。菲什(Fish S.)甚至直截了当地指出,俄罗斯根本没有构建起民主国家。[141]美国专家持这样的立场背后是俄罗斯政治生态的变化,特别是普京所采取的不同于 20 世纪 90 年代的政治方针和政策。在迈克尔·麦克福尔看来,普京的目标是通过强化国家建设来恢复国内秩序,特别是 90 年代末俄罗斯迫切需要一个强有力的政府来解决苏联解体的后遗症和形成的权力真空。[142]然而,在美国专家看来,虽然普京所采取的一系列整顿举措在一定程度上稳定了国内政治经济形势,但却走得比较远,甚至扼杀了刚刚构建起来且并未成熟的民主机制。[143]特别是 2003 年“尤科斯”事件之后,美国和西方国家更加坚信俄罗斯选择了一条“不正确”的道路,不仅改变既定的改革方针,而且背离西方的民主原则。在理查德·派普斯和迈克尔·麦克福尔看来,自 2000 年普京上台之后,俄罗斯就开始推倒民主制度,限制公民权利,拒绝与国际社会的合作。[144]美国知名的俄罗斯问题专家斯蒂芬·谢斯塔诺维奇也指出,俄罗斯的政治多元化越来越小,普京正在“缩减”俄罗斯的民主。[145]具体的表现包括:俄罗斯的议会、杜马的作用下降,司法权力受限,总统个人权力不断强化,国家对媒体的控制加强,对人权的破坏,官僚机构腐败,一党独大,公民社会的构建任重道远等。[146]在此背景下,很多专家将俄罗斯的政治体制定性为“混合型”,也即既有民主的成分,也有很多非民主的特征[147],甚至更有专家认为,俄罗斯又开始走向专政[148],回到苏联时期,普京作为一个威权主义领导人试图恢复斯大林政治体系。[149]还有专家从俄罗斯历史发展轨迹去找源头,认为俄罗斯一直是一个比较保守的国度,这个民族的特性与行为是根深蒂固的,难以改变。[150]更有人指出,俄罗斯自 15 世纪以来,它的政治、经济原则和政治文化基本上没有改变过,迄今为止仍然保存着莫斯科公国的诸多特点,未来看不到变化的前景。[151]

对俄罗斯政治体制性质讨论最多是将俄罗斯视为威权主义体制国

家[152]，或者称之为“隐形威权主义”(stealth authoritarianism)[153]。其中，比较有代表性就是美国战略与国际研究中心在2007年10月发布的一篇集体研究报告，其成员包括安德鲁·卡钦斯、安德斯·艾斯仑德、托马斯·格雷厄姆(Thomas Graham)、亨利·黑尔(Henry Hale)。这份报告指出，俄罗斯转向高度集中的威权主义政治体制，这一特征存在其1 000年历史发展进程中。如果俄罗斯想摆脱落后，并向前发展，需要回到民主建设的正确道路上。[154]与俄罗斯政治体制相关的就是俄罗斯的国家建设，尤其是国内政治方面也是美国专家关注的重要问题，包括三权关系[155]、联邦主义[156]、中央与地方关系[157]、国家治理和政党建设[158]、国家认同的建构[159]等。

3. 俄罗斯的经济

与俄罗斯政治体制改革同步的是俄罗斯的经济转轨，即从苏联的计划经济体制向资本主义市场经济转变，成为美国学界重点关注的研究领域，特别是叶利钦执政时期，有不少美国专家在俄罗斯政府担任经济顾问，他们对俄罗斯国内经济形势有过评估和分析。在这些从事俄罗斯经济研究的专家中，比如，哈佛大学俄罗斯与欧亚研究中心主任马歇尔·古德曼[160]，曾担任卡内基莫斯科中心主任的安德斯·艾斯仑德[161]，哈佛大学经济学教授安德烈·施莱弗[162]，北卡罗来纳大学教堂山分校比较经济学教授史蒂文·罗斯菲尔德(Steven Rosefielde)[163]等。当然，还有来自政治、历史等领域的专家学者也从自己所在学科角度分析俄罗斯的经济问题，比如，斯蒂芬·科恩、列昂·阿伦、德米特里·塞姆斯、萨拉·门德尔松、托马斯·格雷厄姆、理查德·派普斯等。这些专家学者对俄罗斯经济领域的关注主要聚焦以下领域：对整体经济形势评估(国内生产总值、投资额、通胀膨货率和失业率等)，20世纪90年代经济改革方式及其成效评估，国家经济发展战略及其社会经济结构的构建，以及俄罗斯经济发展的中短期前景。

具体而言，大部分的美国专家都认为，苏联解体初期，俄罗斯的经济到了滑落至崩溃的边缘[164]，仅1991年，俄罗斯国内生产总值就下降5%[165]。叶利钦执政期间，国内经济形势也非常不乐观，陷入重重危机，国内通货膨胀率达到惊人高度，1992年为2 500%，商品价格上涨25倍，国库空虚[166]，外债累累，工业、农业遭到破坏，经济犯罪层出不穷，几乎接近国家破产的边缘。[167]在此情况下，美国专家认为，政府进行经济改革的必要性越来越迫切，也即从苏联的计划经济体系向资本主义市场经济转变。在具体改革方式上，多数美国专家认为，叶利钦政府的激进经济改革派和他们的顾问们都犯下严重错误，即错误地认为放开物价、去除中央集体规划，短期内会出现经济下滑，9 个月之后经济就开始增长，但是这样的期待最后落空，一直到 9 年之后，俄罗斯的经济才开始出现新的增长态势。[168]马歇尔·古德曼在评估 90 年代的俄罗斯经济改革时，指出改革的成果不能够称为成功的，诸如社会犯罪集团、商业寡头、资本外流、通货膨胀、经济下滑等，使得俄罗斯的经济功能失调。[169]史蒂文·罗斯菲尔德更是指责，俄罗斯执政精英实行错误的“私有化”、稳定化与国家调控政策，结果导致国家“破产”。[170]

对 90 年代叶利钦进行的经济改革，遭到美国学者责难最多的是“休克疗法”和私有化。在他们看来，这根本不是私有化，而是一种“盗用”(piratizatsiya)，也即为了所谓“私有化”和向市场经济转型，而进行一种盗窃国家财产的行为。[171]有专家指出，俄罗斯政府顾问所提出的一些错误政策建议，以及俄罗斯文化的特性共同造成上述现象的出现。[172]也有专家指出，俄罗斯进行的并不是“休克疗法”，因为它的经济改革并不是极端和彻底，与波罗的海国家的改革相比还有一定距离，这也是为什么改革最后失败的根源。[173]此外，叶利钦并没有完全按照西方的方针路线改革经济，而是半路踩了刹车，特别是“休克疗法”造成的灾难性后果使得多数民众质疑政府这样做的合法性，比如，社会贫富差距进一步拉大、腐败增多、影子经济的大规模存在，最终奋起反对叶利钦本人，给其造成诸多障碍，以至于最后不得不将政权移交给普京。[174]

关于 90 年代俄罗斯改革后建立什么类型的经济制度，美国学界基本上持一致看法，即资本主义市场经济，特别是回到 1917 年革命前的沙皇时期的资本主义。[175]他们的争论主要围绕俄罗斯的这种资本主义的特征。有人认为是“原始资本主义”，也即欠发达资本主义，但更多的人将其视为寡头资本主义。按照戴维·霍夫曼的说法，俄罗斯发生从遭受失败的社会主义向寡头资本主义的“大转型”[176]，其他专家，诸如安德斯·艾斯仑德、马歇尔·古德曼等人也持类似看法。寡头在俄罗斯的出现,也被视为激进经济改革的后果之一。在安德斯·艾斯仑德看来,寡头的出现主要基于四方面的因素:一是,财富的累积,特别是冶金、石油开采、铁路运输等领域;二是,国家市场规模大,特别是那些超富有的人群;三是,经济结构瞬息万变,给予一部分人可乘之机;四是,有可观利润。[177]这些因素的存在于俄罗斯这样的大国,进而出现所谓寡头集团。

21 世纪以来,俄罗斯的经济形势开始有所改善,经济也保持一定程度的高增长,这些宏观变化,改变了美国学界对俄罗斯经济形势的判断。比如,有专家指出,2008 年经济危机之前,也 1999—2007 年间,俄罗斯的国内生产总值总量增加了 5 倍,从 2 000 亿美元增加到 1.2 万亿美元,[178]国内生产总值增速保持在每年 6—7 个百分点。[179]俄罗斯的投资吸引力越来越大,还构建了主权稳定基金和可观的黄金储备,在能源领域也取得相当不错的成绩,其中,石油价格的一路走高,对俄罗斯整体经济形势改善发挥了巨大的促进作用。[180]在肯定俄罗斯经济发展取得一定成绩的同时,美国专家讨论更多的是国家与市场自由、寡头之间的关系。如果给予企业更多的自由,那么国家将失去主导权,而寡头资本则开始掌控国家。[181]长期斗争的结果就是 2003 年发生的“尤科斯”案,以及随后俄罗斯政府采取的举措让美国各界惊讶不已,最终导致国家对经济的控制越来越严,限制越来越多。[182]大多数专家认为,俄罗斯政府的新政策对经济发展有害无益,国有企业的增多反倒使得俄罗斯的工业竞争力不足。[183]当然,也有少数专家指出,需要分领域而议。俄罗斯的能源和石油企业确实是国家发挥着决定性作用,但是诸如冶金、造船、钢铁、汽车等领域,国家的控制力就相对较少,甚至还倾向于邀请西方伙伴合作。[184]美国专家倾向于认为,俄罗斯经济发展前景短期内会保持一定稳定发展态势,但是长期来看,俄罗斯的经济需要更新换代,提高竞争力,否则将有沦为“第三世界”国家的风险。[185]总之,在美国专家眼里,俄罗斯开始走上资本主义道路,并在构建市场经济方面迈出重要一步,但目前还只能是寡头—官僚主义性质的资本主义,国家扮演的作用仍然非常大,其成效和未来继续推进现代化和市场改革的前景都是令人质疑的。

4. 俄罗斯的军事

冷战时期，对苏联军队的研究成为美国学界重点关注的对象，这主要基于以下考虑：一是，美国将苏联军队视为“苏联威胁”的重要组成部分，这支军队实力的强弱直接决定着苏联的外交政策及其国际行为；二是，军队被视为苏联社会的有机组成部分，不仅反映出苏联社会的状况，还对社会组织产生巨大影响；三是，苏联军队内部存在的军事政治建构与国家权力机制有相当大的关联度，且能够影响政府的决策。虽然苏联解体后，美国不再将俄罗斯视为“敌对”国，俄美之间的直接军事冲突的可能性降低，甚至为零，且当代俄罗斯的军队实力不能与苏联时期相提并论，不管是在实力，还是在规模上都与美国存在较大差距，但俄罗斯的军事力量与军事政策仍然受到美国学界的关注。上述三大因素仍然是美国专家研究俄罗斯军事的主要出发点。

就研究内容而言，主要涉及三个方面：一是，评估俄罗斯军事力量总体状况，包括战斗准备能力与执行力、数量和质量上的变化、军事装备的变化，以及应对国内外挑战的能力；二是，将俄罗斯军队视为美国潜在的军事威胁，包括评估军队对政治体制、政治进程的影响力，军人进入政府行政机构和立法机关的流动性及其价值观倾向；三是，军队与社会之间的关系，包括军队里面的人权问题、新老士兵之间的关系特点、军队的社会机构、军人在社会的地位及其社会保障等。[186]

就专家组成而言，大体上可以将研究俄罗斯军事领域的专家分为三大类：一是，退休和服役的军事人员，包括将军、上校、中校等各级别军官，这些人占据所有专家的大多数，重点研究国家安全问题，军队运作的技术结构，以及人权问题[187]；二是，多年来从事苏联和当代俄罗斯军事问题研究的专家，主要在学术领域，通过统计数据和战争参与者的采访或证明材料来开展研究，其研究结果相对具有说服力和可靠性，重点关注军队作为一个社会政治机制所发挥的作用；三是，政治学家，他们所关注的军事问题相对较广，比如，兹比格纽·布热津斯基、列昂·阿伦、安德鲁·卡钦斯等，倾向于评估军队的总体情况，包括军事预算、腐败、军事精英等。

具体而言，苏联解体初期，虽然俄罗斯的军队状况并不理想，但整体上继承了苏联时期的结构功能特征、组织原则和其他特点。美国专家认为，俄罗斯军事高层不能够迅速适应新的国内外环境，甚至成为推行军队改革的阻力，认为俄罗斯军队不需要重组，不管国内经济形势如何，都应该充分满足军队的物质和人力需求。[188]这在很大程度上与俄罗斯遭遇的现实困难脱节，进而影响到国家的决策。[189]大多数专家认为，这一时期的俄罗斯军队是一种没有效率、缺乏组织、素质低下的松散队伍[190]，其各方面状况甚至还不如沙皇时期的俄国军队[191]。这些专家指出，俄罗斯军队出现这样令人担忧状况的原因在于：一是，军事预算不足，俄罗斯的整体经济状况无法支撑军队所需的财政支出，入不敷出，甚至靠举债度日[192]；二是，军事专业培训的水平较低。苏联军队中的高级军事专家，在苏联解体后由于工资大规模地减少，以及裁员，很多人都失去工作，而预算的减少使得军事训练的次数也相应地减少，最终使得军队的战斗准备和能力都出现大幅度下降[193]。三是，军队改革的步伐相当缓慢，这方面的阻力既有经济状况，也有军队高层之间的矛盾，始终未能达成一致，举步维艰。[194]上述原因在很大程度上决定了俄罗斯军队在第一次车臣战争中的失败，暴露了军队脆弱的战斗力和低效率。[195]一方面，这使得一些专家不再将俄罗斯视为潜在的军事威胁；另一方面，也有专家警告，这样的状况使得国家高层对其核武器的依赖性加强，不排除可能爆发新的战争冲突。[196]这在一定程度上表明，军队对俄罗斯国家的政策方针是存在巨大影响力的[197]，虽然社会大众不愿意看见国家高层中出现太多的军人面孔。[198]

除对军队本身状况的关注之外，美国专家也关注俄罗斯的军事学说和军事政策，它们在很大程度上体现出俄罗斯的军事家和政治家如何看待外部世界、俄罗斯的位置，以及其对世界其他国家的政策。有专家指出，在科索沃战争之前，俄罗斯并未将西方视为敌人，也未打算与西方国家进行军事对抗，1993 年公布的军事学说在很大程度上将军事干涉限定在周边地区[199]，重点将原苏联地区的种族冲突视为对其安全的最大威胁[200]。科索沃战争之后，美国专家认为，俄罗斯将北约视为一种进攻性力量，因此，其军事改革开始转向强化军事实力，而不是裁军，自此俄罗斯军队也开始大规模的军事训练，增加军事预算，相应的国家安全与军事政策也随之调整。[201]此外，也有专家从事军事历史研究，重点分析苏联军队的发展历程，比如，曾任美国国家安全局局长、研究苏联军事问题的专家威廉·奥多姆(William Odom)在1998年出版的专著《苏联军队是怎样崩溃的?》中,着重探讨苏军由来及战争理论,苏联政治军事领导人的内心世界,苏联政权的政治和经济对苏军的影响、苏军垮台更深层的意义等问题。[202]威廉·奥多姆最终因该书荣获马歇尔·舒尔曼奖(Schulman Prize)。

进入21世纪之后,特别是普京上台执政初期,虽然俄罗斯在军事改革、军事投入和武器装备更新方面出现一些新变化,但是美国学界对俄罗斯军队判断仍然停留在90年代的评估,将其水平与伊拉克军队相提并论,特别是伊拉克战争之后,很多专家认为,这场战争展现出俄罗斯与西方军队之间的巨大差距,技术落后,装备低端,这在很大程度上使得俄罗斯高层下定决心推动军事改革,使其迈向新的阶段。[203]普京在这方面发挥着巨大作用,在他看来,俄罗斯军事改革不能止步不前,需要建立高水平的专业化军队,同时装备最高端的武器装备,来确保俄罗斯的国家安全。[204]特别是"别斯兰"恐怖事件,车臣恐怖分子的恐怖活动以及北约东扩,在很大程度上促使普京与国防部长伊万诺夫采取坚决的举措来为军队改革扫清障碍,比如,解除军队中反对改革的高级将领的职务。[205]在很多欧美国专家看来,这些人的阻力影响改革的性质、进度和效率。因此,普京此举有助于俄罗斯军队推进改革。[206]当然,也有美国专家批评普京的举措效率不高,军队改革仍然断断续续,每年还有几百名士兵自杀,在武器和装备采购方面将洲际导弹、核潜艇和航空母舰放在优先领域,而不是当代军队需要的高端武器。[207]

在俄罗斯军队改革前景方面,美国专家存在不一致的看法,一些人认为,如果俄罗斯经济形势继续保持目前的良好态势,加上政治家的意愿,俄罗斯军队可以实现向专业化、高效率的现代化军队转型,这一目标的实现存在很大可能性,特别是考虑到俄罗斯军事专家擅长战略规划。[208]另外一些专家更多持有质疑的立场,其依据是俄罗斯国防部长来自文职军官,其在改革俄罗斯军队方面的能力并不被看好。[209]

5. 俄罗斯的对外政策

不管俄罗斯在世界处于什么位置,也不论俄罗斯在美国对外政策中占据什么地位,俄罗斯的对外政策都是美国学界聚焦的重点方向。美国学者对当代俄罗斯对外政策的兴趣主要表现在试图理解其逻辑,解释其对外政策行为并为俄美关系的发展提供政策建议。对他们而言,这是一项不容易的任务,比如,保罗·库比切克(Paul Kubicek)就撰文指出,对大多数观察家而言,不管是来自俄罗斯国内,还是来自世界其他国家,俄罗斯的对外政策都显得极为神秘,很难确定这一政策的具体内容,更难以预测俄罗斯的外交行为,更不要说很好地应对它们。[210]这一观点在一定程度上代表美国学界对俄罗斯外交政策的认知态度,也即传统思维观念,尤其美苏两国几十年的冷战,为美国学者分析俄罗斯对外政策打上了难忘的意识形态烙印。具体来说,美国对俄罗斯对外政策的分析主要基于三个层面:一是,这一政策的进攻性程度(美国学界通常认为苏联的对外政策进攻性较强);二是,俄罗斯政策在西方与反西方之间如何摇摆;三是,俄罗斯是否存在强国或帝国雄心。不管是20世纪90年代,还是21世纪以来,这三个标准经常被美国专家用于分析俄罗斯的对外政策。具体哪一个标准占据主动,主要随着俄美关系的性质而发生变化。

苏联解体后,老布什政府和克林顿政府曾努力将俄罗斯融入西方文明大家庭视为美国对俄政策的主要目标,同时试图将俄罗斯的对政策引入对美有利的安全轨道。然而,俄罗斯这种“一边倒”的亲美外交政策并没有使其排除其他选项,而是与原苏联加盟国家发展新的关系。美国学界对俄罗斯这一举动的反应是,纷纷指责俄罗斯的大国抱负再次回归,比如,戴维·里韦拉(David Rivera)就指出,对于很多专家而言,俄罗斯对外政策的诸多变化意味着,克里姆林宫重新回到过去的帝国政策。这样的回归传统是否变成现实,成为美国对这一地区制定外交政策需要考虑的中心议题。戴维·里韦拉的答案是肯定,他认为,俄罗斯90年代的对外政策就是回归到帝国时期的政策。[211]在1993—1995年间,美国学界出现不少分析、研究性文章和评论,多数都指出俄罗斯对原苏联加盟共和国的政策具有帝国性。[212]其中,对俄罗斯对外政策帝国性的表述最具代表性的美国专家是布热津斯基,他在1997年出版的专著《大棋局——美国的首要地位及其地缘战略》中提出一系列问题:苏联解体之后的俄罗斯是一个民主国家吗?还是帝国?俄罗斯的边界又在哪里?对于这些问题的回答,布热津斯基列举俄罗斯政治精英提出的可能发展方案,包括与美国构建成熟的战略伙伴关系;在俄罗斯的主导下推进某种形式的独联体一体化；通过帝国的方式控制传统势力范围来平衡美国和欧洲。在他看来，第一种方案不久之后就被俄罗斯当局排除在外，第二、三种则受到重视，但最后的方案是三种的混合体。具体而言，实行亲西方的外交政策并与美国建立互利的伙伴关系，有助于俄罗斯经济的振兴，经济强大对原苏联加盟国家的吸引力就更大，它们才会与俄罗斯推进经济一体化，进而政治一体化。但是，布热津斯基认为，这样的方案根本不存在，因为在美国眼中俄罗斯是一个实力被削弱的落后国家，甚至已经沦落为“第三世界”国家，不可能成为美国的伙伴。[213]随后的政策实践中，我们确实可以发现，俄罗斯的方案并未得到美国的支持，因此，不得不转为强化自身在独联体地区的影响力，打造属于自己的战略空间，不仅包括经济层面，还包括安全、文化、历史等层面。在布热津斯基看来，俄罗斯的地缘战略构想中就存在帝国特征。[214]

布热津斯基的这一立场在美国学界得到不少专家的支持。阿里尔·科恩(Ariel Cohen)在1993年发布的一份报告中指出，许多俄罗斯民众怀念俄罗斯帝国的光环，因此，欧亚地区发展的可能性前景是俄罗斯试图恢复帝国。据他的统计数据，三分之二的民众认为，俄罗斯的领土应该比俄罗斯联邦领土更多，至少应该与苏联的国土相当，在这样的社会压力之下，俄罗斯将在欧亚提出新的“门罗主义”学说，使其在原苏联地区打造势力范围。[215]斯蒂芬·布兰克(Stephen Blank)也指出，俄罗斯试图在独联体地区构建一个特别责任区域，重新划定边界线。[216]卡仑·达维沙(Karen Dawisha)也持类似的看法，他认为，俄罗斯对外政策的优先方向是恢复对独联体国家的控制，虽然其实力受限，但重振帝国的理念在执政精英群中广受欢迎，未来不排除俄罗斯会继续实行扩张主义政策。与其他新独立国家相比，俄罗斯的实力远远超过它们，这使得俄罗斯能够在后苏联空间发挥领导作用，同时对其他国家施加压力，尤其是目前俄罗斯军队还在其他独联体国家驻扎。此外，俄罗斯领导人宣称要保护俄罗斯侨民在这些新独立国家的权益，在很大程度上已经表明，原苏联空间仍然是一个俄罗斯化的区域，莫斯科随时可以发挥巨大影响力。[217]

虽然美国专家认识到俄罗斯具备的这些优势，但是他们也指出，俄罗斯实现这样的帝国或者外交抱负的前景是不现实的，原因是俄罗斯无法完全将自己的政治意愿强加给独联体国家，其经济对这些国家也没有任何吸引力。因此，他们认为，没有必要害怕俄罗斯振兴帝国，在可预见的未来，俄罗斯既不会成为西方的强有力对手，也不会成为美国的可靠伙伴，其在各个领域的影响力都是有限的，包括在国际舞台上，而且基本上所有独联体国家都与美国、欧盟成员国、土耳其和中国建立了自己的经济、政治、军事联系。[218] 甚至有专家将俄罗斯视为“纸老虎”，即便它可以称自己为强国，但其实力是有限的，一旦与西方进行对抗，它不得不打退堂鼓。[219] 因此，对俄罗斯施加影响的最佳办法是遏制，不仅限制俄罗斯在独联体地区的影响力，而且推动北约东扩，靠近俄罗斯的边境[220]，“胡萝卜加大棒”的政策可以作为较好的选择。[221]

当然，除上述美国专家倾向于指责俄罗斯的对外政策之外，也有专家从不同的视角分析，观点也各异。斯蒂芬·谢斯塔诺维奇认为，俄罗斯对外政策的主要动力是确保国内的稳定。列昂·阿伦也指出，自16世纪中叶俄国开始对外扩张以来，俄罗斯的对外政策还没有像今天这样不具进攻性、不好战性，也不给周边国家造成巨大的威胁。[222] 换句话说，列昂·阿伦并不同意上述专家关于俄罗斯对外政策具有帝国性的论断。德米特里·塞姆斯认为，虽然俄罗斯与独联体国家之间的关系并非理想，但将俄罗斯对外政策视为新帝国行为的看法过于简单化，特别是考虑到俄罗斯历史上就与这些独联体国家之间具有紧密的联系，而且共同生活了半个多世纪，这些国家的领导也生活在原有的文化与传统之中。[223]

整个90年代，北约东扩、科索沃战争、两次车臣战争、向伊朗出售核技术、中俄关系的发展，使得美国与俄罗斯之间的关系越走越远，几乎到了分道扬镳的边缘。美国学界充满对俄罗斯的失望，他们试图弄清楚：美国到底还需要俄罗斯吗？俄罗斯到底是朋友还是敌人？[224] 学界的答案也各不相同，有人认为，俄罗斯不可能成为美国的朋友，也有人认为，俄罗斯不是也不应该是美国的敌人，但是其未来发展前景仍然黯淡，还有专家避免谈论这样的陷阱，认为俄罗斯既不是敌人，也不是朋友。迈克尔·麦克福尔认为，不应该急于下定论，需要给俄罗斯时间弄明白：它是谁？未来应该做什么。俄罗斯位于美国的朋友与敌人之间,需要在这个中间立场上提出对其战略,既不能是构建什么联盟,也不是建立某种特殊关系,同时也没有必要回到冷战时期的互相对抗,因此,他建议对俄战略应该是“现实性接触”(engagement),而非遏制(containment)战略。[225]他还认为,俄罗斯成功实现民主和市场经济改革,同时融入国际社会对美国尤为重要。此外,“现实性接触”可以降低短期的期望,拓宽实现既定目标的时间界限,进而制定实现目标的具体政策。[226]有鉴于此,美国学界更多的共识是,俄罗斯作为美国的友好国家,更加符合美国的国家利益,其实现路径就是让其融入西方的一体化多边机制,帮助其实现民主化进程,因为一个实力软弱的俄罗斯并不利于美国的国家安全。布热津斯基是这一观点的强烈支持者,他认为俄罗斯应该融入西方,除此之外,没有其他选择,甚至建议北约与欧盟东扩不应该排除俄罗斯加入这两个组织的可能性,但不能让俄罗斯掌控这一一体化进程,西方的政策应该尽可能限制俄罗斯的战略选择,并迫使其认为加入西方是最理性的选择。斯蒂芬·谢斯塔诺维奇不赞成布热津斯基的这一相对强硬的办法,认为实现的前景渺茫,需要让俄罗斯自己意识到加入这些西方机制的价值,即让它知道成为西方的一员,必须符合已有的标准。[227]

21世纪以来,“9·11”事件曾一度被认为是美俄关系发展重要转折点,两国成为国际反恐联盟,俄罗斯允许美国在中亚地区设立军事基地打击恐怖分子,为美军开辟运输通道,但是好景不长。美国专家认为,俄罗斯并非毫无条件地支持美国,特别是之后俄罗斯反对美国发动伊拉克战争和继续向伊朗提供核反应堆建设技术,使得美国专家搞不清楚,俄罗斯到底与谁站在一起。在此情况下,美国学界再次燃起对俄罗斯的批评之声,再度指责俄罗斯对外政策根深蒂固的帝国性,试图不遗余力地重振强国地位,利用美国盟友之间的矛盾来获取短期利益。[228]对莫斯科而言,与法德组建反战联盟、支持伊朗、与中国走近,都是实现这一预期的最好方式。[229]

随着俄罗斯经济形势的好转,其外交政策更加独立,更趋务实,使得美国专家一方面批评俄罗斯,另一方面试图弄清楚其国际行为的逻辑,苦思应对之策。在德米特里·特列宁(Дмитрий Тренин)看来,俄罗斯领导人改变了之前与西方关系的模式,并拒绝将本国视为西方的组成部分，而是以莫斯科为中心开始构建自己影响力的体系，同时倾向于基于本国利益与世界所有国家都建立互利互惠的友好合作关系。这一政策的变化主要是由西方国家导致的，也即一方面，苏联解体后，西方无数次地表示要接纳俄罗斯；另一方面，又设置一系列的标准和要求，这使得俄罗斯政府最终强烈不满，开始在国际舞台积极地推行自己的立场。[230]持类似观点的安德鲁·卡钦斯也认为，俄罗斯在国际舞台上表现得越来越自信，它不想成为美国的“小伙伴”，也不急于加入西方多边机制，更倾向于开展独立自主的外交政策，并借助于自己的能源、核武器和联合国安理会常任理事国等优势，在欧亚、欧洲、亚太和中东地区扮演越来越重要的角色，推动所谓“多方位”外交政策，旨在维护本国国家利益，推动构建多极世界构想[231]，重振自己的世界强国地位。[232]列昂·阿伦则认为，俄罗斯实行的更多是务实主义外交政策，虽然更加独立自主，但它不可能不关注西方，因为对俄罗斯来说获得西方的认可和尊重尤为重要。[233]

与此同时，也有不少美国专家批评俄罗斯过于高估自己的实力与影响力。在他们看来，支撑俄罗斯实行独立自主外交政策的主要工具是能源，俄罗斯的财富积累主要靠出口能源，对国际市场的依赖性非常大，其财政预算一半都依靠石油和天然气出口的收入，这表明俄罗斯在经济方面具有脆弱性。[234]菲利普·希尔(Philip Hill)也认为，俄罗斯要想在欧亚地区具有类似于美国在北美和南美影响力的潜力，其地区政策的成功与否还需要更多地依赖经贸合作，而不是武力因素。[235]

上述对俄罗斯的批评与指责不可避免地会导致俄罗斯与西方关系的紧张，甚至远走越远，最终导致两国关系出现危机。专家们试图找出其中根源所在，有专家认为，俄罗斯与美国作为两个主要的国际行为体，它们对外政策的重点各异。具体而言，俄罗斯的重心是恢复国家的大国地位、价值观与实力，特别对国家主权的维护，它被俄罗斯政治精英视为自主决定国家发展道路的主要价值观体现，为了维护国家主权，俄罗斯将会采取各种手段，包括进攻性的。[236]对美国而言，其优先方向是打击全球恐怖主义，维护国家安全，在这方面更多地依靠西方盟友，而不是俄罗斯的力量支持。特别是俄罗斯的一系列国际动作，使得美国专家越来越多地呼吁将其从国际机制中开除。[237]

另外一些专家则指出问题的根源在美国身上。美国寄希望于俄罗斯支持其全球反恐,但同时又在独联体地区支持反俄势力,制造俄罗斯与邻国的紧张气氛,这是一种非常不明智和不道德的行为。美国试图限制俄罗斯,并使其按照自己的条件和要求行事,这样的幻想注定是不可能实现的。[238]连约瑟夫·奈(Joseph Nye)都承认,美国对俄罗斯过于挑衅,不够务实。[239]德米特里·塞姆斯也指出,美国不应该一边对俄罗斯实行"敌视"政策,一边又寄希望于得到俄罗斯在伊朗和朝鲜半岛问题上的合作[240],因此,美国应该为两国关系恶化承担较大的责任。[241]要知道,两国在应对核武器和化学武器扩散、战略武器控制、保持欧亚和中东地区的稳定、打击宗教极端主义等方面都需要开展共同合作。[242]反之,俄罗斯会采取更加不合作的立场,甚至利用自己传统的影响力,加剧国际社会和地区局势的不稳定。[243]有鉴于此,美国学界更加理性的声音认为,美国应该实行对俄罗斯连续性的原则性外交政策,这既有助于美国解决所面临的短期问题,同时也有利于两国关系的长远发展,至于俄罗斯加不加入西方多边机制,已经没有必要将其作为遏制俄罗斯的工具了,因为俄罗斯不再将其作为对外政策的优先方向。[244]

有鉴于此,美国应该就具体问题与俄罗斯开展合作,包括防止大规模杀伤性武器和化学武器扩散、限制核武器、反恐、解决地区冲突、拓展能源合作以及更广范围的贸易合作等。[245]上述目标的实现有赖于美俄两国的共同努力,尤其是美国应该首先采取举措,比如,承认俄罗斯的绝对国家主权和合法的国家利益,停止北约东扩到俄罗斯边境,避免两国新的冷战。[246]事实证明,这样的目标实现起来异常困难,特别是2008年8月俄格战争,导致俄美关系陷入新的紧张状态,加上国际金融危机的双重影响,俄美关系的发展仍然起起伏伏,大起大落。

自2009年7月美国与俄罗斯正式宣布"重启"双边关系到2011年底,俄美关系在一系列问题上开展了富有成效的双边合作。俄美成功签署削减进攻性战略武器新条约,美国促成俄罗斯成功加入世界贸易组织,美国总统奥巴马加紧推动国会废弃《杰克逊—瓦尼克修正案》,为两国的经贸深入合作扫清障碍。俄罗斯与美国签署多项继续允许美国过俄境向阿富汗运输物资和撤军的协议、支持美国对伊朗的制裁、在安理会有关利比亚问题的决议上投弃权票、拒绝向伊朗提供C-300防空导弹系统等。[247]按理说，上述的一系列成果为俄美关系的进一步提升奠定了基础。但是自2011年底，俄美关系开始出现一系列“不合”迹象。2011年12月6日，美国国务卿希拉里抨击俄罗斯国家杜马（议会下院）选举“不自由、不公正”。在随后的俄罗斯总统选举中，美国政府更是对普京胜利的当选表示不满，其两次不同的表态耐人寻味。这自然而然被俄罗斯视为不友好举动，采取了相应的回应措施。2012年7月21日，普京签署《非政府组织法》，加强对俄罗斯境内非政府组织的监管，将接收海外资助并从事政治活动的非政府组织认定为“外国代理人”，美国政府表示“严重关切”。接着，俄罗斯政府以试图影响其国内政治进程为由，要求美国在2012年10月1日前关闭其位于莫斯科的国际开发署（USAID）办公室。2012年12月6日，美国参议院表决通过了针对俄罗斯的《马格尼茨基法案》。作为对美国的反击，12月28日，普京正式签署禁止美国人收养俄罗斯儿童的《季马·雅科夫列夫法案》。2013年1月25日，美国以俄罗斯最近对公民社会采取限制措施为由，决定退出美俄总统委员会公民社会工作组。对于上述的一系列事件大多数专家认为俄美关系又回到了四年前的紧张状态，科恩甚至认为俄美离“新冷战”就差一步之遥。[248]随着奥巴马的成功连任，对于处于紧张状态将近三年之久的俄美关系“重启”是否会继续还是已经走到了尽头，成为俄美关系专家学者们的热门话题。在这期间，学界、政界出现两种完全相反的趋势：大多数专家学者认为俄美关系“重启”已经出现危机，但是俄美官方都否认两国关系出现这样的状况。直到2013年1月23日，俄罗斯外交部长拉夫罗夫在总结2012年外交工作的记者招待会上表示：“‘重启’不可能永远持续下去，‘重启’一词已经不再适用于俄美关系。”[249]换句话说，俄美关系“重启”阶段已经结束。对于俄美关系未来四年的前景，俄美领导人都强调双方要合作，不要冲突。2013年1月28日，俄罗斯总理梅德韦杰夫参加达沃斯世界经济论坛时，接受德国报纸*Handelsblatt*采访时表示：“尽管美国参议院通过《马格尼茨基法案》，但是俄美关系并未发生不可预测性的变化。俄美两国将一如既往地在各个领域开展合作。”2013年2月2日，美国副总统拜登在第49届慕尼黑安全会议上表示，虽然俄美之间产生了新的分歧，但双方仍将会继续扩大合作潜力，愿意与俄罗斯发展安全伙伴关系。[250]双方领导人都表达了加强合作的必要性。同年6月美俄总统在八国集团峰会期间举行了会谈，但双方会谈取得的结果则较少。紧接着始料未及的美国"棱镜门"事件的爆料者斯诺登逃往莫斯科寻求避难，俄罗斯最终顶住美国要求引渡的巨大压力，拒绝交出斯诺登，奥巴马因此宣布取消原定9月在莫斯科举行的双边总统会晤。这样，斯诺登事件在一定程度上使得本来就已经疲软的俄美关系更加陷入低谷。此外，双方还就叙利亚问题展开博弈。俄罗斯坚决反对以武力方式推翻巴沙尔政权，在奥巴马政府以叙利亚政府军使用化学武器为由叫嚣动武之际，俄罗斯主动抛出"化武换和平"倡议，暂时化解了叙利亚战争一触即发的紧张态势。2014年2月，俄罗斯首次举办独立以来的国际奥运会，以美国为首的欧美国家首脑以俄罗斯通过禁止向未成年人宣传同性恋的法律为由集体缺席索契冬奥会的开幕式，故意冷落俄罗斯。西方舆论认为奥巴马缺席冬奥会旨在冻结美俄关系。[251]

美国学界不禁又开始反问：为何俄美关系会这么脆弱？导致双方关系的不稳定抑或周期性循环的根本原因是什么？俄美能否跳出这样的怪圈？未来双方能否建立稳定且牢固的伙伴关系？对这些让他们难以解决的问题，美国学界有两类不同的阐释。

第一类主要集中分析俄美关系在特定阶段内由改善到恶化的原因所在，归纳起来主要包括以下几种。第一种是俄美缺乏战略对话，导致双方缺乏战略互信。美国国家安全委员会成员、著名俄美关系专家汤姆·格雷厄姆和卡内基莫斯科中心主任德米特里·特列宁在《纽约时报》共同撰文分析了新近俄美关系遇到的一系列问题，认为是由两国间缺乏战略对话以及双方对战略利益的错误理解造成的。如果两国把北极合作、打击恐怖主义置于战略利益背景下，俄美关系将会改善。[252]第二种是俄罗斯已经不是美国对外政策的优先方向。许多美俄专家认为，目前俄罗斯并不处于美国对外政策的中心位置，因为美国要忙于中东动乱，其战略重心转向亚太地区，俄罗斯在这两个地区都不扮演显著的角色。[253]第三种是俄美两国都进入了国际关系的新阶段。一方面，为确保本国的主权与政策的独立，俄罗斯试图根据自己的立场与所有国家建立关系，努力地打造力量均势来有效地维护自己的利益，确保自己的经济、军事政治安全；另一方面，随着自身实力与影响力的下降，美国极力地维护其世界领导地位，处于痛苦且复杂的转型期。鉴于此，俄美只能在双方都有共同利益的问题上展开有限合作，而合作与竞争将是俄美关系的常态。[254]

第二类研究视角的学者则基于俄美关系的发展遵循周期规律的假设，重点解释导致俄美关系出现这样的规律性变化的深层次根本原因，其研究时间不限于某一特定的时间段，而是置于两国关系发展的历史长河之中。这类学者主要有以下五种分析视角：第一种是美国哈佛大学教授、美国东欧、俄罗斯和欧亚研究国家委员会副主席蒂莫西·科尔顿借用美国著名历史学家小阿瑟·施莱辛格(Arthur M. Schlesinger)有关美国历史周期的考证，指出美俄关系受制于美国对外政策的周期。他认为，俄美关系的周期性变化主要源于美国政治精英时常在追求扩张主义与封闭主义的对外政策之间的摇摆。在美国历史中，新一代的美国政治家走上政治舞台总是少不了对其前任的批评指责，这导致美国对外战略每隔15—20年在扩张主义与封闭主义之间轮换交替，从而形成特定的周期。[255]毫无疑问，美国对外政策的周期性会极大地影响俄美关系的发展。第二种则是基于地缘政治的视角。许多地缘政治学家把俄美关系视为一种陆地强国与海洋强国的竞争关系。陆地强国试图控制欧亚边缘地带，向海洋强国投送自己的力量，而海洋强国也企图在欧亚边缘地带站稳脚跟并试图分割陆地强国的领土。在此基础之上，地缘政治学家划分出了苏联进攻欧亚边缘地带与欧美国家联合起来阻止苏联(俄罗斯)向该区域投放力量的几次周期。[256]第三种则是来自美国自由派学者的解释。他们认为，冷战后俄美关系呈周期性发展的主要原因在于俄罗斯能否掌握西方现代化的自由市场经验。每当俄罗斯当局拒绝自由主义的现代化发展道路以及其对抗美国的企图都将导致俄美关系周期性恶化。[257]第四种是基于俄美关系的现实政治视角，重点考察俄美关系周期性“反复”，也即两国总是重复着建立友好伙伴(改善)关系到逐步拉开距离，再到陷入冰点的过程。纵观冷战后俄美关系25年的发展历程，可以发现两国关系已经呈现出三次重大“反复”。第一次：苏联解体后俄罗斯无条件地向美国靠拢，1999年科索沃战争和俄美相互驱逐外交官致使双方关系降至冰点。第二次：“9·11”

事件后,俄罗斯再次向美国靠近,2008 年的俄格战争使双方关系再度降至冰点。第三次:2009 年俄美关系"重启",俄美再度接近,乌克兰危机、叙利亚危机、西方制裁俄罗斯等一系列事件使得俄美关系第三度陷入冷战后最低谷。美国乔治敦大学当代著名俄罗斯问题研究专家安琪拉·斯登特(Angela Stent)在其新著《有限伙伴:21 世纪美俄关系新常态》中对冷战后美俄关系的周期性"反复"进行了深层次的分析,试图找出两国如何才能建立起牢固可靠的双边关系的良方,而不是笼罩在"新冷战"[258]的阴影之中。基于现实政治的发展逻辑,她认为由于美俄之间长期存在的矛盾与分歧,两国目前只能在共同利益领域开展有限合作。[259]第五种则是宗教因素的作用。美国知名历史学家戴维·福格尔桑从长时段历史发展角度指出,俄(苏)美关系自 1881 年以来存在"希望与失望"的发展周期。这里希望与失望主要是源于美国对俄罗斯(苏联)的立场。每当俄罗斯经历一次大的转折之后,美国就会对其现代化与民主化寄予厚望,但最后总是以失望告终,比如,第一次是在 19—20 世纪之交,也即十月革命前后,美国寄希望俄国走西方资本主义道路,结果俄国走上了社会主义道路;第二次则是第二次世界大战期间美苏之间的结盟以及战后美国希望苏联走"自由化"道路,冷战的爆发直到 80 年代里根将苏联称为"邪恶帝国";第三次则是苏联解体之后,美国对于俄罗斯的政治、经济转型寄予厚望,但是 21 世纪以来,越来越多的失望情绪开始出现,以至于目前两国关系陷入冷战以来的新低谷。在福格尔桑看来,宗教因素在这一过程中扮演了决定性作用。每当俄罗斯(苏联)遭遇国家危机的时候,美国的"传教士们"试图以"十字军东征"的方式"改化"俄罗斯(苏联),而当美国社会面临危机的时候,就开始妖魔化俄罗斯(苏联)。美国试图为俄罗斯(苏联)历史发展制定路线图的做法,显然最后只能以失望告终,得不偿失。[260]

概而言之,冷战结束后,俄美关系的发展主要受以下因素制约:第一,俄罗斯被美国排除于欧洲安全事务,北约部分成员国仍旧把俄罗斯视为该组织的最大威胁;第二,俄美在原苏联地区展开争夺战略空间的竞争;第三,俄美就多数国际安全问题的看法分歧严重;第四,俄美争夺世界能源市场和控制欧亚能源输出的路线;第五,两国政治精英、利益集团把对方视为最大的竞争对手。上述一系列因素使得俄美关系总体上以竞争为主，但需要指出的是，俄美关系的这些制约因素也可以在其他大国关系中得到体现，大国在这些领域的竞争基本上属于国际关系历史中的常态。

6. 俄罗斯的总统与社会

除上述主要研究领域之外，美国学界还关注其他一些领域，比如，俄罗斯的领导人和社会层面。关于俄罗斯领导人，早在苏联时期，极权主义学派专家对斯大林的研究可谓典型。苏联解体后，特别是俄罗斯建立起"超级"总统体制，美国专家对俄罗斯领导人的关注比较多，在他们看来，总统掌控着俄罗斯的命运以及国家、社会生活的方方面面，因此，有必要研究他们的个人经历和领导类型。具体而言，美国专家眼中的俄罗斯总统主要就是叶利钦和普京两位。需要指出的是，美国专家对于两位总统的认知总体上随着两国关系以及俄罗斯国内外政策的变化而变化，往往是互相矛盾，而非连续性的。比如，叶利钦最初被视为当代俄罗斯的缔造者、民主建设的奠基人和保护人[261]，随后俄罗斯经济改革失败、民主改革滞后、国内混乱和经济危机，使其成了一个失败者、破坏者[262]，最后不得不提前将权力移交给年轻的政治家普京。

对于普京，有美国专家认为他就是另外一个叶利钦[263]，但也有专家认为，他并非叶利钦[264]，而是一个新的"改革家"和"务实主义者"，寄希望于他重新推进俄罗斯民主国家建设，构建新的政治稳定和合法性，推动国内政治经济发展。[265]美国专家做出这样的判断主要基于普京早年在圣彼得堡跟随自由派市长索布恰克的经历以及刚刚就任总统时的一些言论。[266]当然，也有专家持截然相反的看法，认为普京就是一位披着"自由主义"外衣的威权主义领导人，特别是他的特工出身，在很大程度上可以很好地掩饰自己的真实目的。[267]

关于当代俄罗斯社会，虽然美国学者也有不少研究[268]，但与政治、外交、经济等领域相比，研究尚显薄弱。具体而言，美国专家关注的俄罗斯社会，主要涉及以下三方面。

一是，贫富差距现象。特别是苏联解体之后的90年代，俄罗斯各阶层的生活发生巨大变化，苏联时期的那些社会政策已经被大规模废除，随之而来的俄罗斯"休克疗法"、大规模私有化、国内经济形势的恶化，使得俄罗斯社会贫富差距拉大，分层严重，有些人一夜暴富，有些人则生活在贫困和饥饿之中，生活穷困落魄。[269] 21世纪以来，俄罗斯经济形势相对好转，但是巨大的贫富差距并没有因此而发生变化，寡头仍然占据俄罗斯各大富豪榜，掌控着大部分社会财富。[270]

二是，俄罗斯的中产阶层。美国专家认为，中产阶层数量被视为资本主义和民主国家的主要基础，他们的状况在很大程度上决定着俄罗斯国家和社会的发展。虽然在具体衡量标准上无法达成完全一致，但他们可以从收入和消费水平、服务业基础设施建设、受教育程度等方面进行大体判断，并试图找出他们的形成特征及发展路径。[271]

三是，俄罗斯的政治精英。他们来自各个领域，主要包括国家各级机构和商界领域。哈佛大学的库鲁登（V. Couloudon）教授，将叶利钦时期的政治精英来源划分为"垂直"和"水平"两类。前者主要来自在苏联时期掌控财政的克格勃和中央委员会等国家机构负责人，正是他们所拥有的财力使得其在苏联解体后可以进行投资和设立一些新的金融机构，最终成为叶利钦政府的部长和国有企业领导人[272]，部分人成为寡头，他们成为俄罗斯政治精英的重要组成部分，控制着大量的社会资源。[273]后者则主要是一些商业精英代表，他们通过自己的努力，在政治与经济领域占得一席之位，虽然远离中央权力体系，但是与地方政府、议会和其他权力结构的联系较为密切。普京上台执政后，美国学者认为，俄罗斯的政治精英结构发生了一定变化，特别是"尤科斯"事件之后。有专家将其划分为三类：莫斯科本土派、圣彼得堡自由派和强力部门代表。[274]事实上，这一变化主要体现在精英组成方面，许多专家认为其特征基本上没有改变，精英的代际替换并没有发生，其仍然对国家政治、经济进行垄断性控制，并且政治杠杆与经济手段结合得越来越好。[275]

除了以上三个主要方面，还有美国专家关注俄罗斯农村与城市的发展状况[276]，人口危机、死亡率高与生育率低[277]及其成因（比如，饮酒、艾滋病、生态环境危机）[278]，当代俄罗斯普通民众的价值观、公民意识的缺失，公民社会的建构任重道远等。[279]

第三节　冷战后美国俄罗斯学的"转型范式"

苏联解体后，为应对美国学界出现的苏联学危机，美国俄罗斯研究界还出现一个新的理论构想——“转型学”(Transitology)。该理论认为,俄罗斯将会沿着政治经济改革的路径向西式民主国家转型,同时在考虑苏联学的经验教训基础之上,将重点放在学术研究的整合。俄罗斯则被置于同一时期的类似国家的改革背景下进行研究,但前提是排除过去错误的研究方法。

实际上,“转型学”的理论基础是现代西方社会理论趋同论的延续。美国社会学家索罗金在1949年所写的《俄国与美国》一书中首先使用“趋同”这一概念。到20世纪60年代,随着经济的国际化,趋同论的观点被更多人所接受,并进一步系统化。趋同论主要指社会主义和资本主义两种制度不断相互靠拢,最终发展为本质上同一类型的社会。趋同论还提出,趋同过程是连续、均衡发生的,两种制度在趋同的内容上是对应的,它们之间趋同的程度也大致相同。美国政治学家布莱克提出“现代化社会趋同论”,认为现代化将导致所有社会制度共同趋同为现代化社会,趋同作为一种匀质的发展进程,包含着双重运动,一方面是各种有组织的政治社会朝向相互依赖的运动,另一方面是所有的社会都朝向一个终极融合的制度运动,最后形成一种整合的世界社会。

“转型学”的出现吸引不少研究领域的美国专家,比如,社会学家、政治学家、文化学家和语言学家等,他们重点关注俄罗斯处于向西方模式转型的这一时期各领域的新变化及其实质,认定俄罗斯将继续复制并移植西方的发展经验到本国的政治、经济改革中,最终走上西方发展道路。鉴于美国学界对“转型学”术语的理解存在争论,比如,科恩在20世纪90年代提出的“转型时期”构想在美国学界受到关注,当然也引起不少争议。比如,新极权主义就批评俄罗斯在复制西方经验方面做得很差。不少专家认为,俄罗斯移植西方经验才刚刚起步,且进展缓慢,这只能证明,目前俄罗斯正处于向西方型社会的过渡阶段,不应该完全否定它的所有行动。还有专家将90年代俄罗斯社会变化与西方社会曾经发生的变化进行对比后,认为俄罗斯与西方越来越趋同。这一构想还得到美国媒体《华盛顿邮报》的支持,该报刊登了不少这方面的文章。

这一时期美国俄罗斯学发展的一个重要特点就是对俄罗斯的转型、改革以及政治、经济、社会和文化领域总体给予正面评价,比如,麦克福尔、霍夫曼很少怀疑西方经验与俄罗斯本土特点的兼容性，其发展前景可期，安德斯・艾斯仑德就对俄罗斯经济的发展前景持乐观看法。

当然也有专家批评"转型学"，比如，提出"转型时期"构想的科恩在2000年出版的专著《失败的十字军远征：美国与后共产主义俄罗斯的悲剧》中对美国当代俄罗斯学的现状进行分析，特别是美国学界对俄罗斯现实的理论思考。他在书中谈及以俄罗斯赶超西方思想为基础的"转型学"的产生及其发展。作为美国老一代专注俄罗斯学术研究的老牌专家，科恩强烈批评一些"非专业"人士，包括经济学家、金融投资家、政治学家和国务活动家，质疑他们的不专业，同时指责这些人发表在媒体上的大多数文章，不管是内容上，还是语调上，与美国记者的评论没有实质性区别。与此同时，他也批评学界盲目从政治学和经济学引进一些怪异的理论与方法，殊不知，这些理论和方法都不适合分析俄罗斯的新现实。[280]

一、"转型学"与"转型范式"

苏联解体之后的20世纪90年代，转型国家的发展主要表现为"理性的乐观主义"和对改革作为社会重建工具的信心。对苏联加盟共和国来说，与福山的理论完全一致，西方的自由市场民主模式似乎是唯一可以想象的社会主义替代方案，而社会主义未能经受住历史竞争的考验，因此，人们认为所有的后共产主义国家，尽管速度不同，缺点各异，但基本上都会沿着唯一的道路走向类似西方的社会秩序。其间出现了一门特殊的学科——"转型学"，研究这种进程的最佳和次优策略及其规律性，为移植的最佳做法提出建议。背后最重要的假设是，摆在后共产主义社会和精英面前的是西方国家的有效结构模式，他们可以利用这个经验跳板，跳过中间阶段，将其移植到自己的国家。

正是在90年代，"转型学"在美国学界变得流行起来，也成为这个时间段研究俄罗斯的"主要理论"。这个时期的政治学文献被"转型学"的各种分支所主导：研究转型国家如何应对在通往自由民主的道路上遇到的困难。[281]其中，转型（来自拉丁文 transitus）的概念是这一学科分支的内核，包括从以前的非民主国家向不同国家过渡过程的任何形式或内容。转型学界普遍认为,后共产主义国家(包括俄罗斯)的转型应该通过遵守欧盟的标准(并加入欧盟的行列)或至少遵守处于类似发展阶段的西方国家的参数来完成。实际上,这本身就再现了单一进化论的历史模式。[282]这种转型也被称为"预制结构",也即,既不允许调整方案,也不允许当前和未来的成员对其设计进行取舍,因此排除那些要求在此类问题上有发言权的国家,比如俄罗斯这样的大国。[283]在新千年之初,"转型学"被"混合学"[284]所取代:学者们意识到,后共产主义政权既不能被称为独裁政权,也不能被称为民主政权,不一定会朝着西方的理想"进化"。这个阶段对后共产主义转型的思考可以说是规范主义的,主要回答"为什么有些国家成功了,而有些国家没有",以及了解哪里和谁犯了错误,西化的社会和精英缺少什么。

民主和民主化成为"转型学"的核心主题,包括苏联式制度的转型和重组的一般问题。从当今世界盛行的自由主义教条来看,民主被普遍接受看起来很自然。如果像许多自由主义者认为的那样,人类历史的意义在于稳步迈向民主政体,那么普遍的民主化就是不可避免的。这就是"转型学"所呈现的教条式自由主义本质。具体而言,首先,转型主义者认为向民主转型是一种普遍现象,在不同的文化和历史背景下遵循相同的基本规律,否则就没有研究的对象,因而也就没有科学本身。其次,民主被定义为一套制度——正式的(如公平选举)以及或多或少的非正式的(如新闻自由或没有腐败的"善治")。最后,转型学对民主的理解本质上是民族主义的:民主存在于民族国家内部,是民族自治的一种形式。国家被认为是一个具有明确边界的不言而喻的给定,民主结构被完全封闭在一个特定国家的边界内。任何超越这些界限的尝试,如使国际体系民主化的想法,看起来都是危险的胡言乱语。[285]

俄罗斯知名政治学家梅尔维尔(Мельвиль А.Ю.)指出,民主是一个持续的民主化过程。民主进程的结果的不确定性以及其程序的确定性是民主的一个基本特征。事实上,现实中存在非常不同的民主类型和形式,以及一系列不同的政治制度和政权,它们可以被定位在"民主"和"专制"这两个抽象的极点之间的连续体上。在这种情况下,有必要对"民主转型"逻辑中的两个基本阶段进行区分:一是转型阶段本身(包括政权的自由化和民主化，是一种民主的启动）；二是民主的巩固阶段。他还强调外部因素在民主转型中的作用，也即从直接胁迫到劝说和接触等各种激励措施。在当代比较政治学中，在构建民主起源的一般模式时，一些学者强调结构性因素（国家和民族建设、社会经济和文化条件，以及民主的先决条件），另一些学者则强调程序性因素，特别是民主化进程所依赖的那些政治行为者的具体决定和行动的选择和一致性。这些因素是互补的，并且存在七个层次的分析：外部环境，国家和民族形成的因素，社会经济水平，社会阶层水平，社会文化和价值因素，政治因素和进程，个人的政治心理因素。这种分析民主转型的多因素方法是发展综合理论的一个阶段。就俄罗斯的转型而言，尽管后共产主义转型与南欧和拉美从右翼专制到民主的转型之间存在重大差异，但它始终服从于程序性模式的恒定因素。今天俄罗斯的公众舆论虽然支持一般的民主理念，但他们以一种特殊的方式来理解它：在个人权利和自由获得保障下的"责任民主"精神。这绝不是西方政治传统精神中对民主的理解，也不是俄罗斯政治文化中固有的威权主义的表现。在民众看来，后共产主义俄罗斯的主流政治机构并不符合民主理想，因此缺乏基层支持。[286]

对于冷战之后的世界政治发展（被理解为矢量的、线性的），许多美西方专家倾向于用"转型范式"（Transition Paradigm）来解释。美国威尔逊国际学术中心两位学者奥唐奈和施密特较早将"转型"定义为"以威权主义制度开始解体而启动的，在另一端则是某种民主制度的建立、某种形式的威权统治的回归，或者革命的出现来界定的"。在此基础上，美国卡内基国际和平基金会副总裁卡罗瑟斯（Thomas Carothers）将其总结为"转型范式"：所有威权主义国家都将转型为民主国家、转型是有序的、选举是决定性的、社会条件不再重要、最后民主巩固即社会团结国家正常运转。[287]卡罗瑟斯提出的"转型范式"更多是一种简化模型，即从专制/极权主义向民主政权的转型，由以下要素组成：(1)国家开始摆脱独裁统治，走向民主；(2)民主转型涉及一系列连续的阶段，导致新政权的巩固；(3)选举是向民主转型成功的关键因素；(4)"结构性"特征（经济发展水平、政治历史、继承的体制、民族构成、社会文化传统等）对转型结果的影响远远小于"程序性"特征（即政治因素）；(5)民主化成功的关键是新政府有能力确保国家机器的有效运作。[288]

根据这一范式，所有转型国家将不可避免地经历典型的统一的民主化阶段：威权主义的侵蚀和崩溃、政权自由化、制度民主化、未巩固的民主阶段，以及最后的民主巩固。尽管人们认为，走向“终点”，即巩固的自由民主的速度，取决于内部和外部环境的组合，但运动的矢量本身被认为是相当明确的。转型是社会发展中从一个已知的起点到同样已知的最终结果的一个逻辑阶段，这一概念植根于现代性的基本元叙事，即所有社会都受制于线性和普遍的发展模式的概念。胡安·林茨(Juan J. Linz)和阿尔弗雷德·斯蒂潘(Alfred Stepan)认为，民主的巩固至少要在三个层面上进行深刻的转变：行为、价值和宪法。在他们看来，只有在以下情况下才能实现这一目标：(1)政体中没有任何有影响力的政治团体会试图破坏民主制度或实施分裂；(2)民主程序和制度被社会视为调节社会生活的最适当机制；(3)政治行为者“习惯于”所有社会冲突都按照新的民主进程所认可的法律、程序和制度来解决。[289] 基于此，俄罗斯专家梅尔维尔在其所描述的方案中增加了另一个层次：政治代表性，即存在一个综合的政党体系和一个互动的利益集团系统，并强调了外部因素——国际环境本身、国际经济关系和区域一体化——的作用。[290] 对民主巩固的条件还有其他解释，但重要的不是具体细节，而是所提出的“转型—巩固”的分析模式，实际上再现了政治发展的线性或阶段性观点。从本质上讲，问题在于民主朝着一个特定的方向发展，就像从一个阶段过渡到另一个阶段的线性过程中对自身进行补充。正如罗斯(R. Rose)所指出的，将新的民主国家描述为处于转型状态，就是暗示我们知道社会的起点、当前的状态和转型的方向。[291] 哈贝马斯(J. Habermas)指出，西方将其核心政治价值，即民主自决进程、人权清单，与帝国主义的愿望联系在一起的普遍主义主张不应该被混淆，似乎一个民主国家的政治生活和文化，即使是最古老的，是所有社会的榜样。[292] 然而，今天很明显，当代政治发展可以遵循多方向的轨迹。正如布洛维所指出的那样，后共产主义转型本身不仅可以是进步的(革命的或进化的)，也可以是倒退的、内卷的。但这一观点并不只适用于后共产主义世界。[293]

从方法论上讲，把民主的出现和形成解释为逐渐发展的东西，从碎片和部分中“折叠”出自己。然而,民主发展是否总是朝着同一方向进行,它的时间和其他限制是什么,这种发展的延迟,向新形式的“非民主国家”的演变,甚至“倒退”到独裁主义,是否迟早会被新的民主“突破”所弥补,这些仍然不清楚。这也是对简单化解释的“转型范式”提出的质疑和反对所在。

二、科恩眼中的“转型学”:没有俄罗斯的俄罗斯研究

斯蒂芬·科恩是美国知名的历史学家、政治学家和苏联历史专家。他的主要研究领域是1917年十月革命后苏维埃俄国的发展以及俄国与美国的关系。他于1938年11月25日出生在美国肯塔基州的欧文斯博罗。科恩的祖父是犹太人,被迫从沙皇俄国(今天的立陶宛)移民到美国。1960年他获得了印第安纳大学经济学和公共政策的硕士学位。在英国学习政治、经济和历史课程期间,他参加了对苏联城市的考察,其间科恩开始对这个国家的历史感兴趣。回到印第安纳大学后,他开始在美国苏联学家罗伯特·塔克的指导下学习苏联历史。塔克很快调到了哥伦比亚大学,科恩也追随他的导师到哥大,并开始撰写他的论文。根据塔克的建议,论文的主题是尼古拉·布哈林的传记,这项工作于1968年完成。布哈林的儿子尤里·拉林读了这本书并邀请作者到苏联。认识科恩后,拉林与20世纪30年代曾在布哈林手下工作的叶夫根尼·格涅丁共同将该书翻译成俄文。1968年至1998年,科恩担任普林斯顿大学教授,其间曾担任布什总统的顾问。科恩是一个左翼自由主义者。尽管他对苏联表示同情,但他仍坚持反共立场。自1998年以来,他在纽约大学任教。科恩于2020年9月18日在美国去世,享年81岁。

作为老一代的俄苏问题专家,科恩属于20世纪60年代在学术界挺身而出、挑战有关苏联研究的陈规定型观念的一代美国学者。修正派对西方对苏联的强硬路线进行了批评,认为与苏联的建设性接触会加强苏联领导层中的改革派的影响力,因此,他们热情地支持70年代的缓和政策。科恩也是致力于重新思考苏联的历史学家之一。在新思维改革期间,科恩关于早期苏联历史的著作被翻译成俄语,影响了学界

对斯大林主义的思考。

美国学界已经形成对俄国的三种传统态度。一是现实主义者，如理查德·派普斯，认为俄罗斯这个国家没有改变，在某种意义上今天的俄罗斯再现了苏联，而苏联又再现了帝国时期的俄罗斯。二是自由主义者，如美国前驻俄罗斯大使迈克尔·麦克福尔，认为一个追求自由的俄罗斯社会正在与一个专制的国家作斗争。三是以科恩为代表的独特看法，认为俄罗斯可以改变，其与西方不同的经验本身就可以成为世界其他国家的重要经验。持科恩这样观点的人是少数。实际上，美国外交的取向与这些观点大致相关：要么遏制俄罗斯，要么促进其民主化或放弃在对俄方面的任何积极政策。

科恩最受欢迎的作品包括《反思苏联经验：1917 年以来的政治和历史》(*Rethinking the Soviet Experience*：*Politics and History Since*，*1917*)、《失败的十字军远征：美国和后共产主义俄罗斯的悲剧》(*Failed Crusade*：*America and the Tragedy of Post—Communist Russia*)、《布哈林和布尔什维克革命：政治传记，1888—1938》(*Bukharin and the Bolshevik Revolution*：*A Political Biography*，*1888—1938*)。其中，专著《布哈林》(1973 年)被视为对美国盛行的反苏联正统学术观念的挑战，且在历史学同行中获得了不少积极评价。他认为布哈林的思想是对斯大林社会主义理解的替代。此外，他还将整个苏联历史描述为斯大林主义和布哈林主义之间的选择。他在赫鲁晓夫的改革中看到了布哈林主义的元素。

就冷战之后的俄罗斯转型而言，科恩认为，相较于“转型”这个术语，他更倾向于使用术语“转型时期”，后者能够更好地表达俄罗斯的阶段性发展特征。“转型范式”已经成为研究俄罗斯的一个“标准菜单”，不仅有共同的有机议题和提问方式，还断言俄罗斯从共产主义向自由市场资本主义和民主过渡的必然过程，指出虽然俄罗斯的“转型期”面临种种痛苦和高昂的代价，但这是一种积极的、进步的和必要的现象。他们还认为，苏联学是一种“模糊的理论”，而“转型范式”有两个基本的优势。一是，通过将俄罗斯的转型置于其他时期和国家的类似转型的背景下，有助于克服对单一领域研究的限制。二是，通过借用政治学和经济学的普遍概念、方法和理论，使转型研究成为“真正的科学”。换句话说,苏联学已经“失败”,不仅失去了研究对象,更是失去了“科学意义”。[294]

科恩认为,这个概念在许多方面反映出作为苏联学范式之一的极权主义的缺点。与极权主义范式强调制度的作用一样,“转型范式”也声称要解释俄罗斯的过去、现在和未来,但同样也被单一的想法所挟持,走向另一个极端,将主导作用寄托在所谓“公民社会”上。科恩指出,极权主义和转型范式都极大地扭曲了现实:一些现象被探讨和强调,而另一些现象则被系统地忽视、掩盖和淡化。转型范式的思维方式不仅符合西方社会科学的现状,也符合冷战后美国主流意识形态和政治教条的特点。“转型范式”也决定了美国的外交政策、全球投资战略、金融基金计划,以及美国媒体对俄罗斯的主流报道,但美国政府想让俄罗斯成为美国制度的完全翻版并在国际事务中获得可靠伙伴的企图,最终归于失败。科恩对老中青专家学者“屈服于”俄罗斯转型的学术倾向感到极度担忧,认为这种倾向会导致毁灭性的结果,最终有可能使美国的俄罗斯研究贬值,甚至比具有较大影响力的“正统”学说——极权主义范式——更加贬值。

“转型范式”指出“从共产主义向民主资本主义过渡”,为后苏联时期的俄罗斯的过去、现在和未来提供了解释。从政治和文化上来说,关于俄罗斯应该处于向西式社会,甚至向美国式制度过渡的假设,完全是一种傲慢的、目的论的和决定论的学术表达。就具体实践来看,转型范式的提出者也犯了另一个基本的事实和解释错误:他们想当然地认为叶利钦主义的国家政策,特别是在过去八年中塑造了这个国家的“休克疗法”、新自由主义、货币经济措施和附带的政策,是使转型过程成功的唯一途径,进而将叶利钦主义与“真正的改革”相提并论,最终给学者带来了一些不幸的后果,既包括经验上的,也包括道德上的,还包括科学研究方面的,也即主要借用比较政治和经济学的制度范畴,忽视了历史、社会和文化因素的作用,最终结果是创建了一个“没有俄罗斯的俄罗斯研究”[295]。

科恩尤其指出几十年来经常缺少的东西:对俄罗斯研究的独特性、复杂性和问题性的认识,对俄罗斯本身的兴趣。在这个研究领域,不同的方法、话题和主题本应该宽容地共存,新的问题至少应该和答案一样受到重视,不拘一格的做法应该和共识一样受到重视。朝着这个方向迈出的第一步应该是认真地反思过程,问一问自1991年以来有哪些错误的想法和方法盛行,以及为什么。科恩坦言,这可能将是最困难的一步,因为很少有专业人士像那些需要承认自己错误的理论家一样顽强,尤其是在从事俄罗斯研究的专业领域。[296]

科恩建议需要在期刊和会议上进行公开的、无偏见的、独立的讨论,讨论知识领域里出了什么问题,否则如何能更明智地向前迈进?与此同时,不能要求年轻专家来领导公众的反思过程,而是由那些仍然走在前面的"转型范式"倡导者的老一代专家来领导,任何反思都必然意味着把俄罗斯重新放在地图上,也意味着放弃现代人对"事实学"的漠视,尤其是要放弃将精心挑选的数据打包到被贴上"新理论"标签的借来的概念中,回归到真正的经验主义。首先最重要的是,对俄罗斯的研究必须摆脱"比较学家"对俄罗斯知之甚少或一无所知的政治理论,也即脱节的比较主义。这并不是说在研究俄罗斯时不应该应用比较知识和比较分析,也不是说年轻学者可以轻易逃避其学科中普遍存在的专业要求,比较思考和研究可以为当代俄罗斯的研究做出创新和富有成效的贡献。前提是对主题有充分的了解,否则这种方法有可能淡化、简化或掩盖俄罗斯。1990年,美国斯拉夫研究促进会(AAASS)主席罗伯特·塔克在年度大会上建议在研究俄罗斯历史中使用比较反思,比较相隔几十年和几个世纪的事件及其后果。从塔克的角度来看,俄罗斯不是处于"转型时期",而是处于新的"黑暗"状态。这意味着研究当代俄罗斯的人需要进行历史性思考,也需要了解俄罗斯历史。不幸的是,长期以来,这些品质在美国的政治和经济研究中没有得到鼓励和重视。将历史思维引入当代俄罗斯的研究,可以打开(或重新发现)许多主要和次要的问题(包括那些对"转型"概念来说很清楚,但在很大程度上被忽视的问题)。[297]

科恩对美国的俄罗斯研究者中普遍存在的知识混乱现象表示担忧,他们无视俄罗斯独特的历史和经济状况。他的《失败的十字军远征:美国和后共产主义俄罗斯的悲剧》一书写于20世纪90年代末,是在对美国在俄罗斯改革中的作用感到失望的浪潮中写成的,引起较大反响。科恩首先关注的是美国对改革中的俄罗斯的政策,其次是后苏联时期俄罗斯政府本身的改革主义政策。对这两者，他都给出了严厉的，甚至是尖锐的负面评价（其精髓就在书的标题中）。书中介绍的关于现代俄罗斯转型的矛盾、戏剧性和有时是悲剧性的后果，如私有化的财产集中在少数人手中，财产非国有化过程中的无法无天，叶利钦的政治领导层的独裁和宗族性质，俄罗斯经济的非工业化，社会反差的增加，大规模的贫困化等。[298]

科恩将美国对俄罗斯的政策定性为“十字军”，是因为该政策旨在重塑俄罗斯社会以适应美国。这项政策将美国政府、商人、学者和记者聚集在一起。美国对俄罗斯实行经济休克疗法，使俄罗斯社会陷入混乱，使数百万俄罗斯人陷入贫困。美国专家和顾问玩世不恭地操纵了盖达尔、丘拜斯和其他青年改革者，他们实际上是美国影响力的代理人。美国政府和新闻界无一例外地给叶利钦打上了积极的分数，把他作为俄罗斯资本主义和民主变革不可逆转的唯一保障者介绍给美国公众。由于叶利钦的政策给俄罗斯带来了悲剧，大力维护这些政策的美国必须为俄罗斯的不幸负责。[299]

三、麦克福尔眼中的“转型学”：俄罗斯“未竟的革命”

迈克尔·麦克福尔（Michael McFaul）于 1963 年出生在美国蒙大拿州的格拉斯哥。1986 年，麦克福尔从斯坦福大学毕业。他主修俄罗斯和东欧研究，获得了国际关系和斯拉夫语言的学士学位以及斯拉夫研究和东欧研究的硕士学位。在学习期间，1983 年，麦克福尔第一次访问苏联，并在列宁格勒国立大学实习。1985 年，他还在莫斯科的普希金俄语学院进行了一次实习。1990—1991 年在俄罗斯的莫斯科国立大学实习。早在 1988 年，麦克福尔开始在斯坦福大学国际安全和军备控制中心担任研究人员。据媒体报道，他是在美国苏联学家康多莉扎·赖斯的帮助下留在斯坦福大学工作。赖斯在 1989 年担任国家安全委员会苏联和东欧事务司司长和总统国家安全事务特别助理。1990 年，麦克福尔成为斯坦福大学胡佛研究所战争、革命与和平问题访问学者。1991 年，麦克福尔获得了牛津大学国际关系博士学位，他的答辩论文题为《南部非洲解放和大国干预：走向国际背景下的革命理论》。1992年，麦克福尔成为国家民主研究所莫斯科分部主任，这是一个致力于支持和加强世界各地民主机构的非营利性非政府组织。同年，麦克福尔回到斯坦福大学国际安全和军备控制中心，共同指导俄罗斯的国防工业转换计划。1994年，麦克福尔还成为卡内基国际和平基金会的一名高级研究员。1994年至1995年，他在俄罗斯的卡内基莫斯科中心工作，1998年至2001年在华盛顿特区工作。在卡内基基金会工作期间，麦克福尔于1995年加入胡佛研究所，担任研究员。同年，他成为斯坦福大学政治学系助理教授，2001年成为该系副教授。两年后，即2003年，麦克福尔成为胡佛研究所高级研究员和伊朗民主项目的联合主任。2004年，麦克福尔参与由参议员乔·拜登和约翰·麦凯恩等人发起的审查西方和莫斯科之间关系的公开信。2005年，麦克福尔成为斯坦福大学弗里曼·斯伯格里国际问题研究所民主、发展和法治中心主任，并于2006年成为该研究所副主席，同年加入奥巴马的团队。2007年，麦克福尔成为斯坦福大学政治学教授。2008年，当参议员奥巴马成为民主党总统候选人时，麦克福尔成为他的外交政策顾问。奥巴马总统选举获胜后，麦克福尔被任命为美国总统特别助理和美国国家安全委员会俄罗斯和欧亚事务高级主任。自2009年以来，麦克福尔一直被媒体称为美俄关系重启的“设计师”之一。2012年至2014年，他担任美国驻俄罗斯大使。麦克福尔于2012年1月抵达莫斯科并向俄罗斯外交部递交了他的国书副本第二天，就会见了俄罗斯反对党和运动的代表。俄罗斯媒体界批评这位大使“来到俄罗斯从事他的职业，即完成革命”，暗指2011年12月国家杜马选举后在莫斯科发生的大规模示威活动。2016年底，俄罗斯将麦克福尔列入个人制裁的“黑名单”。他目前是斯坦福大学政治学教授、弗里曼·斯伯格里国际问题研究所所长以及胡佛研究所高级研究员。

麦克福尔作为美国中生代俄罗斯研究的代表，担负着新一代美国学人理解、分析和诠释俄罗斯全景的任务。这位尊崇美国民主价值观、崇尚自由的学者，将俄罗斯自解体后近二十年的发展理解为“未竟的革命”，通过其大量的转型研究，阐述了美国专家对俄罗斯转型的担忧。

作为斯坦福大学著名政治学家，麦克福尔并不是一开始就关注俄罗斯“革命”的。1988年，这位将“革命研究”作为自己博士论文选题的年轻学者，期望在访问俄罗斯的时候能够获得更多的收获。[300]但是，这场经历被证明“完全失败了”（total bust），并成为他一生的转折点。[301]20世纪80年代末，不仅是麦克福尔的转折点，也是苏联的重要转折时段，更是美国对苏政策的转折点。在这个时段，戈尔巴乔夫的国内政治改革如火如荼地开展，东欧国家正酝酿革命，美苏多次举行首脑会晤，就世界问题寻求一致看法。麦克福尔恰巧在这个时段接触到了那些“真正的革命分子”（true revolutionaries）。这些经历不仅让麦克福尔得以认识那些信奉“撒切尔主义”（Thatcherite）的自由论者，也丰富了这位西方学者的研究方法。[302]浸泡在历史的洪流之中，麦克福尔感受到了苏联即将到来的“巨大的社会变迁和政治变迁”，也得到了宝贵的一手资料，这为他的学术研究奠定了很好的基调。他公开表示：“我的许多朋友成为后苏联时代的高级官员，而我也被俄罗斯吸进去了。”[303]

事实上，作为一个典型的西方学者，麦克福尔对俄罗斯的认识是极其复杂的。这里既有在冷战养成的“反苏”情绪，也有在对苏联解体中和之后产生的同情和支持俄罗斯民主和发展的成分。这种理解视域承继美国研究苏联的传统，变革于苏联解体，成型于俄罗斯的重建与发展。因此，麦克福尔身上有明显的美国专家对俄苏研究视角和情感转变的特点。这一特点与衍生出的新的学科和新的领域转型学有联系。在这个视角的指引下，麦克福尔开拓了他自身的研究。他的主要著作包括：1993年的《磨难中诞生的俄罗斯民主》（*The Troubled Birth of Russian Democracy: Political Parties, Programs, and Profiles*, Stanford, CA: Hoover Institution Press, 1993, with Sergei Markov）、《后共产主义政治：俄罗斯与东欧国家的民主前景》（*Post-Communist Politics: Democratic Prospects in Russia and Eastern Europe*, Washington, D.C.: Center for Strategic & International Studies, 1993），1997年的《俄罗斯1996年的总统选举：极化政治的终结》（*Russia's 1996 Presidential Election: The End of Polarized Politics*, Stanford, CA: Hoover Institution Press, 1997），2001年《俄罗斯未竟的革命——从戈尔巴乔夫到普京的政治变迁》（*Russia's Unfinished Revolution: Political Change from Gorbachev to Putin*, Ithaca: Cornell University

Press, 2001),2003年的《权力与目的:冷战后美国对俄罗斯的政策选择》(*Power and Purpose*: *American Policy toward Russia after the Cold War*, with James Goldgeier, Washington: Brookings Institution Press, 2003)、《大众选择与被组织的民主:1999年和2000年的俄罗斯选举》(*Popular Choice and Managed Democracy*: *The Russian Elections of 1999 and 2000*, Washington: Brookings Institution Press, 2003, with Timothy Colton),2004年的《在独裁与民主之间:后共产主义俄罗斯的政治改革》(*Between Dictatorship and Democracy*: *Russian Post-Communist Political Reform*, Washington: Carnegie Endowment for International Peace, 2004 with Nikolai Petrov and Andrei Ryabov)和2009年的《民主的必需:美国为什么和怎样支持世界的民主发展》(*The Democratic Imperative*: *Why and How the United States Should Support Democratic Development around the World*, New York: Roman & Littlefield, 2009)。这些论著展示了麦克福尔对俄罗斯转型和民主发展的持续关注。麦克福尔创造性地使用"革命"话语,在重构美国人心中俄罗斯"本质"的同时,极力宣传俄罗斯的民主发展和民族进步的重要性。作为"民主的斗士",麦克福尔的目标是通过一系列的描述和政策动议要求美国政府对俄罗斯的民主进步负起更多的责任来。

由于对俄罗斯民主的强烈支持和对"俄罗斯极权回归"的强烈反感,麦克福尔的立场遭受众多的批评。许多人指责麦克福尔与国际上的新保守主义运动有所联系,并称其为"冷战斗士"[304]。而麦克福尔也并不隐藏其立场,在他的多篇文章中表达了对俄罗斯民主倒退的反感以及对普京的不满。[305]

1991年的苏联解体,既给研究苏联的学者带来了巨大的冲击,同时也带来了大量的值得研究的课题:苏联为什么会砰然倒塌?该如何看待新生的俄罗斯?俄罗斯将走向何方?这些问题的巨大价值和西方学者解释苏联崩溃的乏力要求人们用一种新的视角进行观察,而转型学则承担起了这项任务。

在麦克福尔眼中,俄罗斯的转型是"第四波"浪潮的体现。不同于"第三波"的民主化浪潮,麦克福尔认为包括俄罗斯在内的大量的苏东国家的体制转型同时带有“民主和独裁”的特点。[306]与僵化的、不可见的结构性分析和制度分析不同的是，第四波“转型”则更加强调“人”的因素，强调“行为者”(actors)的因素，而非经济影响力、文化影响和历史制度安排。[307]麦克福尔研究指出，最近三十多年里许多研究民主化问题的理论家早已相当注意行为体的作用，特别是精英的作用以及他们之间的讨价还价，并把这些看作过渡过程的关键事件。[308]由此麦克福尔开始将更多的目光转向行为体，从权力、偏好与制度设计入手，分析转型国家的转型过程和创建新制度之间的联系。[309]

麦克福尔将个人的作用和个人的选择置于解释国家转型的中心。[310]他认为后共产主义国家的转型是精英斗争的结果。在旧的制度瓦解的同时，所有的国家精英都面临着巨大的选择，未来充满着不确定性和风险，同时这些精英都倾向于按照自己所构想出来的意图构造新的国家。由于偏好的不同，各类精英的权力分布的不同，加上信息的不对称、不确定性以及路径依赖因素的作用，制度设计总是呈现出精英心目中理想政治设计的次优解。[311]因此，要了解一个国家的关键是要了解一个国家的精英的表态以及为此所付出的成本，判断其偏好，他们促进或阻碍变革的能力，才能从中得出其转型的方向和结果。

为了有效解释后共产主义转型国家的精英在旧制度瓦解到新制度建立这一过程中所发挥的作用，麦克福尔区分了第三波民主化浪潮中的“合作型的转型模型”(认为协商[negotiation]、起草草案[crafting]和妥协[compromise]在国家转型过程中发挥重大的作用)，他强调在后共产主义世界中，转型的实现主要是精英之间斗争与不合作的结果，而通过有效的契约(successful pacts)实现国家的转型的作用很小。[312]因此，麦克福尔区分了两种情况：暴力的非协商性的过渡(non-negotiated transition)和协商性制度变迁(negotiated regime change)。[313]他同时着重强调了争议性的变迁议程和对行为体之间权力平衡的理解在协商性制度变迁中的重要性，并认为这是理解俄罗斯过渡模型和政权类型的关系的关键。而精英在过渡时期的重大作用主要体现在以下几个方面。[314](1)精英有目的性地创建体系(institutions)，并让之服务于自我的需求。这些创造出来的体系大多反映了精英的偏好。(2)当然体系的创建并不是精英一致同意的结果，他们之间的权力平衡以及为符合自身的体系所付出的代价和筹码影响着体系的结果。往往体系的创造在精英看来是次优的结果，这是由于精英之间的妥协决定的。(3)精英本身在创造制度时信息是不对称的，而且在有限时间内对自身的力量和制度的期许是不同的；复杂的体系创造以及对他人的行为的思考也是"不完全理性"的，况且精英是在未知的条件下创造制度，因此制度的产生或许不是"设计出来"的，而是"应对"出来的。(4)受到旧制度的影响，精英或多或少在转型的过程中甚或是建立新制度的过程中存在路径依赖的状况，这种状况影响着制度的产生的结果。

2020年10月19日，麦克福尔发表在《国际安全》杂志的文章《普京、普京主义与俄罗斯外交政策的国内决定因素》，依然提出从个体、理念和制度——即总统普京、普京主义和政体——来考察俄罗斯的对外行为。他通过对俄罗斯最近的三次干预(2014年乌克兰、2015年叙利亚和2016年美国大选)的调查，揭示了这些国内决定因素与俄罗斯外交政策之间的因果关系。他认为这三个案例中，非自由主义、正统、主权和西方的思想，以特有的方式塑造了普京的决策。如果不同的俄罗斯领导人在不同的政体下有着不同的执政理念，他的行为可能会有所不同。例如，如果俄罗斯领导人对国际关系抱有现实主义或自由主义的观点，那么他在2014年乌克兰危机、2015年干涉叙利亚和2016年美国大选等问题上可能会做出不同决定。[315]

另外，值得指出的是，麦克福尔虽然强调精英的作用，他在另一篇实证性的文章中指出了影响国家转型的另一个变量：代际变化(generational change)。[316]他用俄罗斯作为案例，分析俄罗斯青年对资本主义、民主、西方的看法，并与其父辈做了比较，认为"可口可乐"一代的青年俄罗斯人更加倾向于支持资本主义和民主，更亲西方，反对车臣战争，反对极权，认为他们将会对俄罗斯的民主进程做出巨大的贡献。[317]

麦克福尔强烈反对一些学者的"帝国意图"，即把后共产主义的欧洲国家的研究吸收进一般性的比较分析之中去，并认为东欧与苏联发生的变化和其他地方发生着的制度变迁相类似，用"民主化第三波"来解释这些新的转型。[318]事实上，第四波浪潮与第三波有很大的不同，其中核心不同就是第四波浪潮的方向是不确定性的，即各国转型后并不都是向着民主的道路迈进。

按照麦克福尔的说法，在后共产主义国家中，不同的观点和权力构造了各国的制度。如果权力分配有利于民主分子，那么自由民主制度很可能会在这个国家建立；同样，如果权力分配支持独裁分子，那么威权制度也会得以建立，这两种制度都会非常稳定。[319]相比之下，如果各类分子的权力均势产出的是不稳定的民主的话，那么这个国家在十年之后仍然有较大的不确定性。[320]因此，第四波浪潮并不是具有一致的方向，即民主化。[321]麦克福尔想尽一切办法去发现支持俄罗斯民主的因素，批评俄罗斯的"民主倒退"[322]，并多次撰文呼吁美国从外部支持俄罗斯实现民主化。[323]

正是区分了转型期和转型后的政治体制类型，整个的转型国家的政治时间分析就可以采用较为科学的方法。这从时间上解决了分析转型国家的困难，但是如何从空间上思考我们对转型国家的认知呢？换句话说，转型期的国家到底是处于什么样的状态，如何考虑转型期国家的主权及其边域？这也是麦克福尔思考的主题。在后共产主义国家存在着国家和民族的边界问题，同时经济问题也较为突出。如果说第三次民主化浪潮解决的是政治体制的变革问题的话，那么第四波则是全面解决政治经济问题，是从社会主义阵营大家庭和联邦政体转变为民族国家和独立行为体的问题，是从高度集中的计划经济体制转变为市场经济体制的问题。这是转型本身？还是转型的结果？麦克福尔认为，这是后共产主义国家转型的必要条件。[324]

当然，麦克福尔也支持这样的观点，即"确定国家边界是民主转型的前提条件"[325]。他赞同，转型国家的领导人首先应该解决议程上的其他两个问题——重组经济和划清国家边界。[326]作为制度设计的重要议程之一，麦克福尔认为精英有必要将国家本身政治定位、疆域定位和心理定位确定下来，为体制转型奠定基础。

与这种社会变迁所不同的，20 世纪 90 年代的俄罗斯所经历的社会变迁是剧烈的、动荡的，是国家重新塑造、意识形态重新构建和整个社会制度急剧变化的历程。麦克福尔经历了、关注了这一过程，他认为这是一种革命，是一种从共产主义统治过渡到民主的"革命"，是一种社会革命，是一种长期转型下的革命。[327]

俄罗斯的转型不仅是长期的，同时也充满着冲突与暴力。[328]在麦克福尔的著作《俄罗斯未竟的革命》中，麦克福尔着力用大篇幅来描述俄罗斯的政治制度变迁的历史进程。在这一历史进程中，旧政体的领导人与新制度的精英围绕着制度本身展开激烈的谈判和斗争，谈判并不是实现协议的主要手段，而强迫则是转型的主要模式。[329]麦克福尔点出三个重要的关节点：1991年的十月事件，1993年的炮轰白宫事件，以及1999年的普京担任总统。这三个时间点对于俄罗斯的民主化进程而言具有不同寻常的意义。他认为："对俄罗斯而言，十月事件是一场国家悲剧……还使俄罗斯不再以浪漫的姿态拥抱民主。十月事件在总统和议会之间制造了权力高度不对称的状态，削弱了权力分立的原则。如果1991年的军事对峙的解决标志着民众开始支持新政权以及它宣称的代表民主理念的话，那么，1993年冲突的结束标志着民众对俄罗斯政府的支持率降到了最低点。当民主政府不再以民主的方式行事，它会失去社会合法性，转而阻碍民主制度的巩固和深化。"[330]

1993年之后，俄罗斯的政治进程会不会因为出现挫折而重新回到威权状态，俄罗斯会不会返回到苏联的"独裁政权"？[331]麦克福尔认为这种说法"言过其实"。[332]按照他的逻辑，1991年到1993年俄罗斯的政治设计是通过设定议程推翻计划经济并进行市场化变革的重要时期，在这一时期政治制度改革并没有放在首位。而随着市场经济和私有化的全面确立，叶利钦所关注的议题已经不再是经济问题，而是转向政治制度设计。通过1993年的事件，叶利钦展示出了相较于其他势力所不能具有的权力，并获得了在政治游戏中设置新规则的能力，而正是这一强制性甚至充满暴力的结果使得俄罗斯的"民主化"进程获得了"强力"的支持，并开始向"自由民主"的国家迈进。[333]在此之后，俄罗斯开始逐步进行政治制度的设计与建设。从新宪法的颁布，到国家内部政治制度的建构，到议会选举和总统大选，再到新执政党的成立，叶利钦不断用其权力平衡中的优势地位强化民主在俄罗斯人心中以及俄罗斯政治制度中的力量。[334]这些措施虽然有利于构建俄罗斯的民主制度，但是超级总统制、一个制度化很弱的政党制度、一个组织不力的公民社会，一个没有效率的政府和进展缓慢的法治，构成了俄罗斯新民主政体的一长串缺陷，俄罗斯的民主缺少自由民主的特性。[335]

俄罗斯"选举民主制度"会成为"自由民主制"吗？[336]麦克福尔以此

问题结束了对《俄罗斯未竟的革命》的讨论，但事实上"俄罗斯的政治转型还远没有结束"。普京成为俄罗斯总统则是麦克福尔所说的第三个转折点。对叶利钦时期的那种否定他人"否定俄罗斯民主"的论断所不同的是，麦克福尔看出普京将要"给俄罗斯带来新的开始"[337]。

麦克福尔在《外交事务》的另外一篇文章中也丝毫不掩饰他对普京对民主的倒退和强化中央集权和政权稳定的不满。"不论普京时代人们将获得什么收益，在民主社会中这些收益将会变得更多。"[338]麦克福尔历数普京的种种"反民主措施"[339]，反对将"独裁政治与经济发展联系起来"[340]。麦克福尔对戈尔巴乔夫和叶利钦的同情倾向与对普京的极力反对会让人产生有意思的联想。这位维护西方民主自由价值观的学者典型地代表了欧美学者思考俄罗斯政治转型的重要立场。在这位学者的眼中，"自由民主"是最高的价值体系，而且不容分割，"管理民主""选举民主"等一切制度设计如果不符合"自由民主"的标准就等于违背了最高的价值体系，应该受到批判和指责。

麦克福尔相信经济转型对政治转型的影响非常大，甚至可以说经济转型能够改变政治转型的方向。但是，他还是将经济转型的分析放在了政治转型的后面。正如他所说，成功的"革命"有一个先后次序的特征：国家的变革在先，紧接着是经济变迁。[341]一个自主有效的国家对经济转型是必要的条件。[342]虽然按照自由主义的观点，当自由市场经济发展之后，强国家自然需要从市场领域退出，但是在此之前一个强国是必要的。一个国家的转型不仅涉及制度的变革，还涉及程序、组织、规范和规则的变更。[343]在麦克福尔看来，从新自由主义的观点来理解，叶利钦和盖达尔政府的急速私有化的"休克疗法"不仅扫除了弊端，还为俄罗斯的政治体制改革铺平了道路，为俄罗斯的新型政治转型奠定了基础。[344]

在盖达尔的领导下，刚建立国家的俄罗斯立即放开价格和贸易管制，并接着进行大规模的私有化。[345]这一私有化暴露出俄罗斯经济的许多问题，脆弱的经济基础和长时间的通货膨胀使得盖达尔当初坚持的"国家到最后干预越来越少"的理念不断受到冲击。麦克福尔认为盖达尔在争取时间，即这种经济衰退的时间早于社会信任度崩溃的时间。盖达尔清晰地认识到自己将不会在政府中担任长久的职位，所以他的目标就是在他退任之前让俄罗斯的市场化变革得到稳定。[346]

麦克福尔分析经济转型与其对政治转型的分析基本相符,其重要的目标都是围绕着一个核心——为自由民主服务。他认为俄罗斯的经济改革为俄罗斯的政治改革扫清了障碍。俄罗斯的经济改革的目的并不单纯,而是更多地从政治势力上进行考量。比如,盖达尔的私有化政策形成了许多新的利益集团,市场经济开始在他们的支持下牢牢确定其地位。产权、竞争和市场意识逐步形成,对抗社会主义的资本主义市场经济观念开始在随后的俄罗斯人的心中占据重要位置,俄罗斯经济开始恢复。一时间市场经济的发展似乎蒸蒸日上,而政治制度的改革也有所进展。然而,这一切的连续性被普京打破了。麦克福尔认为普京利用市场经济改革的成果采用非民主化措施。[347]他使用公共物品(例如自有住房指数[348])论证了在普京执政时期俄罗斯的国内生产总值的高速增长是以牺牲普通大众的公共物品和经济福利为代价。[349]换句话说,麦克福尔想象中的经济急速变革后的国家应该放下手中的权力,尽量少干预经济的发展变迁。但是普京的大政府逻辑完全改变了这一进程,"越大越好"成为麦克福尔讽刺的对象。这种经济转型在麦克福尔看来不是更好而是更糟糕。[350]

总体而言,作为"民主化"的坚定支持者,麦克福尔对俄罗斯转型分析的贡献主要体现在描述出他所观察到的俄罗斯"转型期"的图像,并探索了转型理论的可能性。

小　结

迄今,冷战结束已经30余年,当代美国的俄罗斯学发展大体上经历了转型与多元化发展阶段。自20世纪90年代开始,随着美国当代俄罗斯研究的研究对象苏联不复存在,使得俄罗斯学的发展处于一个历史关键时刻和重要拐点,步入转型时期,其面临的最大问题是苏联解体之后的美国俄罗斯学何去何从,以及继续研究所遇到的理论与方法论危机。为应对本学科的发展危机,找到新的解决办法显得尤为必要。一方面,由于冷战时期美国学界占据主导地位的两大理论范式都没有预测到苏联的解体,在很大程度上暴露出美国苏联研究界长期以来存在的诸多问题，苏联的解体进一步引发美国学界对苏联学的新讨论和新反思，争论不断；另一方面，在政府对俄罗斯研究需求下降、财政支持大幅度减少和原有从事苏联问题研究的科研机构被大大缩减的情况下，为了维系俄罗斯学的生存，推动其继续向前发展，不少专家致力于寻求新的理论视角和研究方法。“转型学”和“转型范式”在很大程度上扮演了这种角色。

21 世纪以来，随着研究对象和范畴、研究资源的获取途径与研究队伍的变化，当代美国俄罗斯学在转型过程中开始逐渐摆脱极权主义和修正主义两大冷战时期形成的传统研究范式，以及 90 年代流行的“转型范式”的影响，试图在当代俄罗斯研究的理论、方法方面有所创新，找到新的研究方向。通过上文的梳理与分析，我们可以归纳出，冷战后美国的俄罗斯学发展呈现出一系列新的发展特征：一是，在体裁上，出现学术性研究与政论性分析之间的合流；二是，在理论方面，迄今为止并没有出现冷战时期那样的大理论，通过对原有理论和构想的继承和发展，21 世纪以来逐渐形成研究当代俄罗斯的一些新构想与新理念，但并不能被视为一种成系统的研究理论；三是，在方法论方面，延续与创新相结合，更加注重借鉴多学科综合研究方法；四是，在研究主题方面，呈现出历史研究与现实研究相结合，研究领域更趋多样化，议题更加广泛，问题意识更加浓厚。可以说，相较于 20 世纪的俄罗斯研究而言，21 世纪以来的美国俄罗斯学的发展更趋多元化、国际化和务实化，其主要任务是重点分析和解释纷繁复杂的当代俄罗斯。

注释

1. Лукин А. В. Англоязычная советология и общественные науки в России//США: экономика, политика, идеология. 1995. №9. С.50.

2. Malia M., “To the Stalin Mausoleum,” *Daedalus*, 1990. No.1; Малия, М. Из-под глыб, но что? Очерк истории западной советологии//Отечественная история. 1997. №5. С.95—102.

3. Smith-Peter Susan, “How to Write a Region: Local and Regional Historiography,” *Kritika: Explorations in Russian and Eurasian History, New Series*, Vol.5, No.3, Summer 2004, pp.527—542.

4. Dallin A., “Bias and Blunders in American Studies on the USSR,” *Slavic Review*, Vol.32, No.3, 1973, p.563.

5. Connor W., “Why We Surprised?” *American Scholar*, Spring 1991, p.2.

6. Chandler A., "The Interaction of Post-Sovietology and Comparative Politics: Seizing the Moment," *Communist and Post-Communist Studies*, Vol.27, No.1, 1994, p.9.

7. Ruthland P., "Sovietology: Notes for a Post-Mortem," *The National Interest*, No.31, 1993, pp.109—122.

8. Leopold Labedz, "The Use and Abuse of Sovietology," New Brunswick, NJ: Transaction Publishers, 1989; Rutland Peter, "Sovietology, from Stagnation to Perestroika? A Decade of Doctoral Research in Soviet Politics," *Kennan Institute for Advanced. Russian Studies*, Washington, D.C, 1990; Holden Gerard, "Sovietology, Peace Research and Gender Studies: Historical Disciplines and the Possibility of Integration," in *Frankfurt/Main: Peace Research Institute Frankfurt*, 1992; Frederic J. Fleron, "Post-Communist Studies and Political Science: Methodology and Empirical Theory in Sovietology," CO: Westview Press, 1993; Susan Gross Solomon, *Beyond Sovietology: Essays in Politics and History*, NY, 1993; Daniel Orlovsky, *Beyond Soviet Studies*, Washington, D.C, The Woodrow Wilson Center Press, 1995; Norman Naimark, David Holloway, *Reexamining the Soviet Experience: essays in honor of Alexander Dallin*, Boulder, CO: Westview Press, 1996; Michael Cox (ed.), *Rethinking the Soviet Collapse: sovietology, the death of communism and the new Russia*, London; New York: Pinter, 1998.

9. Malia Martin, "From Under the Rubble, What?" *Problems of Communism*, Vol.XVI, №1—2, 1992; Breslauer, George, "In Defense of Sovietology," *Post-Soviet Affairs*, Vol.VIII, №3, 1992; Tucker Robert C., "Sovietology and Russian History," *Post-Soviet Affairs*, Vol.VIII, №3, 1992; Shearer, David, "From Divided. Consensus to Creative Disorder: Soviet History in Britain and North America," *Cahiers du Monde Russe*, 1998, Vol.XXXIX, №4.

10. Анатолий Шведов. Убить советологию//Известия. 2003. №177; Светлана Бабаева. Между советологами и русистами//Известия, 26 сентября 2003, http://izvestia.ru/news/281825.

11. Дмитрий Медведев: Однополярный мир несостоятелен, советология—паранойя, 08.10.2008, http://www.molgvardia.ru/nextday/2008/10/08/2097.

12. Daniel Orlovsky(ed.), *Beyond Soviet Studies*, Washington: Baltimore, 1995, p.137.

13. Daniel Orlovsky(ed.), *Beyond Soviet Studies*, p.147.

14. Sakwa, Richard, "Russian Studies: The Fractured Mirror," *Politics*, No.16, 1996, p.176.

15. Ноув А. Экономическая советология в Великобритании и Америке, http://www.ise.sp.b.ru/science/Nove/sovetology.html.

16. Daniel Orlovsky(ed.), *Beyond Soviet Studies*, p.146.

17. Малиа М. Из-под глыб, но что? Очерк истории западной советологии//Отечественная история. 1997. №5. С.107—108.

18. Коэн С. Изучение России без России: крах постсоветологии. М.: АИРО-XX, 1999.

19. "What Scholars Think about Field Research Needs: A Survey of US Scholars," http://www.irex.org/resources/survey.htm.

20. Mark von Hagen, "Reflections on Ben Eklof's 'By a Different Yardstick'," *Ab*

Imperio, No.3, 2008, p.362.

21. Daniel Orlovsky, *Beyond Soviet Studies*, p.135.

22. Daniels R., "Is Sovietology Dead Too?" *The New Leader*, Vol. 74. No. 10, 1991, pp.7—9; Daniels R., "Lenin, Trotsky, and Stalin. The Intelligentsia in Power," *The Russian Review*, №7, 1994.

23. V. E. Bonnel, G. W. Breslauer, "Soviet and Post-Soviet Area Studies," Institute of Slavic, East European, and Eurasian Studies. Berkeley Program in Soviet and Post-Soviet Studies, University of California, Berkeley, 1998, http://rep.ositories.cdlib.org/iseees/bp.s/199803-bonn.

24. Stephen E. Hanson, "Sovietology, Post-Sovietology, and the Study of Post-communist Democratization" *Demokratizatsiya*, No.1, 2003, p.145.

25. Nodari Simonia, "Handbook of Political Science Research on the USSR and Eastern Europe: Trends from the 1950s to the 1990s," Westport, 1992, p.4.

26. Daniel Orlovsky, *Beyond Soviet Studies*, pp.8—9.

27. Malia M., "From Under the Rubble, What?" *Problems of Communism*, Vol.41, No.1—2, 1992, pp.89—106.

28. Susan Gross Solomon, *Beyond Sovietology: Essays in Politics and History*, Armonk, 1993.

29. Brumberg A., "Sic Transit Post-Sovietology," *The Nation*, January 29, 1996.

30. Abele D, *Looking back at Sovietology*, Woodrow Wilson center, 1990; Ruthland P., "Sovietology: Notes for a Post Mortem," *The National Interest*, 1993, pp.109—122; Shlapentokh V., "American Sovietology from 1917—1991. An Attempt at diagnosis," *Russian History*, Vol.22, 1995, pp.406—433.

31. Susan Gross Solomon, *Beyond Sovietology: Essays in Politics and History*, Armonk, 1993; Frederic J. Fleron, *Post-Communist Studies and Political Science: Methodology and Empirical Theory in Sovietology*, Boulder, 1993; Daniel Orlovsky, *Beyond Soviet Studies*; Michael Cox, *Rethinking the Soviet Collapse: Sovietology, the Death of Communism and the New Russia*, New York, 1998.

32. Rutland P., "Sovietology: Who Got It Right and Who Got It Wrong," in Michael Cox(ed.), *Rethinking the Soviet Collapse: Sovietology, the Death of Communism and the New Russia*, London: Pinter, 1998, p.37.

33. Breslauer G. W, "In Defense of Sovietology," *Post-Soviet Affairs*, No.3, 1992, pp.197—238.

34. Laura Engelstein, "Paradigms, Pathologies, and Other Clues to Russian Spiritual Culture: Some Post-Soviet Thoughts," *Slavic Review*, Vol.57, No.4, Winter, 1998, pp.864—877.

35. Боффа Дж. От СССР к России. История неоконченного кризиса. 1964—1994: Пер. с ит. Хаустовой Л.Я. М.: Международные отношения, 1996.

36. Paul Kubicek, Ian Bremmer and Ray Taras, *New States, New Politics: Building the Post-Soviet Nations*, Cambridge: Cambridge University Press, 1997, p.36.

37. Filatotchev. I. and Gwynne A., *Geography and Transition in the Post-Soviet Republic*, New York: Wiley, 1997, p.213.

38. Warhola J. W., *Russian Orthodoxy and Political Culture Transformation*, Pittsburgh: The University of Pittsburgh Press, 1993, p.1.

39. Svetlana Boym, *Common Places: Mythologies of Everyday Life in Russia*,

Cambridge: Harvard University Press, 1994, pp.212—225.

40. Phil Williams(ed.), *Russian Organized Crime: The New Threat?* Portland, OR: Frank Cassand Company, 1997.

41. Tim McDaniel, *The Agony of the Russian Idea*, Princeton: Princeton University Press, 1996, p.9.

42. Lawrence R. Klein, Marshall I. Pomer(eds.), *The New Russia: Transition Gone Awry*, Stanford: Stanford University Press, 2000.

43. James H. Billington, *The Face of Russia: Anguish, Aspiration, and Achievement in Russian Culture*, New York: TV books, 1998, p.235.

44. Tim McDaniel, *The Agony of the Russian Idea*, Princeton: Princeton University Press, 1996.

45. Stephen White, Alex Pravda, Zvi Gitelman(eds.), *Developments in Russian and Post-Soviet Politics*, London: Red Globe Press, 1994.

46. Harley Balzer, "Russia's Middle Classes," *Post-Soviet Affairs*, Vol.14, No.2, 1998, pp.165—186.

47. "Annual Meeting Preliminary Program," *PS: Political Science and Politics*, Vol.32, No.2, 1999, pp.324—526.

48. Gabriel Almond and Laura Rosselle, "Model Fitting in Communist Studies," in Gabriel A. Almond(ed.), *A Discipline Divided: Schools and Sects in Political Science*, London and Newbury Park, CA.: Sage Publications, 1990, pp.86—116.

49. James H. Billington, *The Face of Russia: Anguish, Aspiration, and Achievement in Russian Culture*, New York: TV books, 1998.

50. Mark A. Cichock, *Russian and Eurasian Politics: A Comparative Approach*, New York: Longman, 2003.

51. Frederic J. Fleron Jr., Erik P Hoffmann(ed.), *Post-communist Studies and Political Science: Methodology and Empirical Theory in Sovietology*, Boulder(Cal): Westview Press, 1993.

52. Ellen E. Berry and Mikhail N. Epstein(ed.), *Transcultural Experiments: Russian and American Models of Creative Communication*, New York: St. Martin's Press, 1999.

53. David C. Engerman, *Know Your Enemy: The Rise and Fall of America's Soviet Experts*, New York: Oxford University Press, 2009.

54. Glennys Young, "Fetishizing the Soviet Collapse: Historical Rupture and Historiography of (Early) Soviet Socialism," *The Russian Review*, Vol. 66, No. 1, 2007, pp.95—122; Stephen Kotkin, "The State-Is It Us? Memoirs, Archives, and Kremlinologists," *The Russian Review*, 2002, Vol.61, No.1, pp.35—51; From the Editors, "Ten Years after the 'Remarkable Decade'," *Kritika: Explorations in Russian and Eurasian History*, Vol.2, No.2, 2011, pp.229—231.

55. Jane Burbank, "Revisioning Imperial Russia," *Slavic Review*, Vol.52, No.3, 1993; Stephen Kotkin, "1991 and the Russian Revolution: Sources, Conceptual Categories, Analytical Frameworks," *The Journal of Modern History*, Vol.70, No.3, 1998; Дэвид-Фокс М. Введение: Отцы, дети и внуки в американской историографии царской России//Американская русистика: Вехи историографии последних лет. Императорский период: антология. Самара, 2000. С. 5—47; Sheila Fitzpatrick, "Politics as Practice: Thoughts on a New Soviet Political History," *Kritika: Explorations in Russian and*

Eurasian History, Vol.5, No.1, 2004; Laura Engelstein, "New Thinking about the Old Empire: Post-Soviet Reflections," *The Russian Review*, Vol. 60, No. 3, 2001; Laura Engelstein, "Culture, Culture Everywhere: Interpretations of Modern Russia, across the 1991 Divide," *Kritika: Explorations in Russian and Eurasian History*, Vol. 2, No. 2, 2001; David C. Engerman. *Modernization from the Other Shore: American Intellectuals and the Romance of Russian Development*. Cambridge: Harvard University Press, 2003.

56. Mark D. Steinberg and Vladimir Khrustalev, *The Fall of the Romanovs: Political Dreams and Personal Struggles in a Time of Revolution*, New Haven: Yale University Press, 1995.

57. Lynne Viola, "The Cold War in American Soviet Historiography and the End of the Soviet Union," *The Russian Review*, Vol.61, No.1, 2002, p.30.

58. Marshall Poe, "Russian History on the Web: A Guide and Review," *Kritika: Explorations in Russian and Eurasian History*, Vol. 1, No. 3, 2000, pp. 342—345; Michael Neubert (ed.), *Virtual Slavica: Digital libraries, Digital Archives*, New York: Hawordi Press, 2005.

59. 引自戴维・钱尼:《文化转向:当代文化史概览》,戴从容译,南京:江苏人民出版社 2004 年版,第 1 页。原文参见 *David Chaney*, *The Cultural Turn: Scene-Setting Essays on Contemporary Cultural History*, New York: Routledge, 1994, p.7。中国学者萧俊明在《文化转向的由来》一书中认为,就人文社会科学领域而言,文化转向是 20 世纪一系列转向,即语言学转向、解释转向以及后现代转向的新阶段,它发生在 20 世纪 80 年代和 90 年代,而其萌生的源头似乎可追溯到 20 世纪 60 年代。参见萧俊明:《文化转向的由来》,北京:社会科学文献出版社 2004 年版,前言,第 1 页。

60. 肖伟胜:《"文化转向"与视觉方法论研究》,载《学术月刊》2017 年第 3 期,第 131 页。

61. 维多利亚・邦内尔、林・亨特主编:《超越文化转向:社会与文化研究新方向》,方杰译,南京:南京大学出版社 2008 年版,引言,第 2 页。

62. 西蒙・冈恩:《历史学与文化理论》,韩炯译,北京:北京大学出版社 2012 年版,第 61 页。

63. 肖伟胜:《"文化转向"与视觉方法论研究》,第 133 页。

64. Julie A. Buckler, "The Changing Profession: What Comes After 'Post-Soviet' in Russian Studies?," *PMLA/Publications of the Modern Language Association of America*, Vol.124, No.1, 2009, pp.251—263.

65. Julia Adeney Thomas, "Historiographic 'Turns' in Critical Perspective(Comment)," *The American Historical Review*, Vol.117, No.3, 2012, pp.794—803.

66. Paul Bushkovitch, *Religion and Society in Russia: The Sixteenth and Seventeenth Centuries*, New York: Oxford University Press, 1992; Michael S. Flier and Daniel Rowland(ed.), *Medieval Russian Culture*, Vol. 2, California Slavic Studies 19, Berkeley: University of California Press, 1994; Carol Belkin Stevens, *Soldiers on the Steppe: Army Reform and Social Change in Early Modern Russia*, DeKalb: Northern Illinois University Press, 1995; Samuel H. Baron and Nancy Shields Kollman(eds.), *Religion and Culture in Early Modern Russia and Ukraine*, DeKalb: Northern Illinois University Press, 1997.

67. Donald Ostrowski, *Muscovy and the Mongols. Cross-Cultural Influences on the Steppe Frontier, 1304—1589*, Cambridge: Cambridge University Press, 1998; Richard Hellie, *The Economy and Material Culture of Russia, 1600—1725*, Chicago: Univer-

sity of Chicago Press, 1999; Nancy Shields Kollmann, *By Honor Bound: State and Society in Early Modern Russia*, Ithaca: Cornell University Press, 1999; Valerie A. Kivelson and Robert H. Greene(eds.), *Orthodox Russia: Belief and Practice Under the Tsars*, PA: Pennsylvania State University Press, 2003; Jarmo Kotilaine and Marshall Poe(eds.), *Modernizing Muscovy. Reform and Social Change in Seventeenth-Century Russia*, London: Routledge Curzon, 2004.

68. Valerie A. Kivelson, *Autocracy in the Provinces: The Muscovite Gentry and Political Culture in the Seventeenth Century*, Stanford: Stanford University Press, 1996.

69. Carol S. Leonard, *Reform and Regicide: The Reign of Peter III of Russia*, Bloomington: Indiana University Press, 1993; Edward J. Phillips, *The Founding of Russia's Navy: Peter the Great and the Azov Fleet, 1688—1714*, Westport, Conn.: Greenwood Press, 1995; James Cracraft, *The Petrine Revolution in Russian Imagery*, Chicago: University of Chicago Press, 1997; W. F. Ryan, *The Bathhouse at Midnight: A Historical Survey of Magic and Divination in Russia*, University Park: Pennsylvania State University Press, 1999; Stephen M. Norris and Willard Sunderland(ed.), *Russia's People of Empire: Life Stories from Eurasia, 1500 to the Present*, Bloomington: Indiana University Press, 2012.

70. Jarmo Kotilaine and Marshall Poe, *Modernizing Muscovy. Reform and Social Change in Seventeenth-Century Russia*, London: Routledge Curzon, 2004; Russell E. Martin, "The Petrine Divide and the Periodization of Early Modern Russian History," *Slavic Review*, Vol.69, No.2, 2010, pp.410—425.

71. Marjorie Mandelstam Balzer(ed.), *Russian Traditional Culture: Religion, Gender, and Customary Law*, New York: Routledge, 1992; Cathy A. Frierson, *Peasant Icons: Representations of Rural People in Late Nineteenth-Century Russia*, New York: Oxford University Press, 1993; Stephen P. Frank and Mark D. Steinberg, (eds.), *Cultures in Flux: Lower-Class Values, Practices, and Resistance in Late Imperial Russia*, Princeton: Princeton University Press, 1994; Barbara Alpern Engel, *Between the Fields and the City: Women, Work, and Family in Russia, 1861—1914*, Cambridge: Cambridge University Press, 1994; Christine D. Worobec, *Peasant Russia: Family and Community in the Post-Emancipation Period*, Princeton: Princeton University Press, 1991; Elise Kimberling Wirtschafter, *Social Identity in Imperial Russia*, DeKalb: Northern Illinois University Press, 1997; Jeffrey Burds, *Peasant Dreams and Market Politics. Labor Migration and the Russian Village, 1861—1905*, Pittsburgh: University of Pittsburgh Press, 1998; Stephen Frank, *Crime, Cultural Conflict, and Justice in Rural Russia, 1856—1914*, Berkeley: University of California Press, 1999; Yanni Kotsonis, *Making Peasants Backward: Agricultural Cooperatives and the Agrarian Question in Russia, 1891—1914*, New York: St Martin's Press, 1999; Yanni Kotsonis, *Making Peasants Backward: Agricultural Cooperatives and the Agrarian Question in Russia, 1891—1914*, New York: St Martin's Press, 1999; John Randolph and Eugene M. Avrutin(eds.), *Russia in Motion: Cultures of Human Mobility since 1850*, Urbana: University of Illinois Press, 2012; Дэвид-Фокс Майкл. Американская русистика. Вехи историографии последних лет. Императорский период. Пер. с англ. З. Н. Исидоровой. Самара: Самарский университет, 2000.

72. Richard S. Wortman, *Scenarios of Power. Myth and Ceremony in Russian Monarchy, Vol. II, From Alexander II to the Abdication of Nicholas II*, Princeton:

Princeton University Press，2000.

73. John Randolph，*The House in the Garden*：*The Bakunin Family and the Romance of Russian Idealism*，Ithaca：Cornell University Press，2007；Rebecca Friedman，*Masculinity*，*Autocracy*，*and the Russian University*，*1804—1863*，New York：Palgrave Macmillan，2005.

74. Michelle Lamarche Marrese，*A Woman's Kingdom*：*Noblewomen and the Control of Property in Russia*，*1700—1861*，Ithaca：Cornell University Press，2002.

75. Christine Ruane，*The Empire's New Clothes*：*A History of the Russian Fashion Industry*，*1700—1917*，New Haven：Yale University Press，2009.

76. Susan Layton，*Russian Literature and Empire*：*Conquest of the Caucasus from Pushkin to Tolstoy*，New York：Cambridge University Press，1994；Theodore R. Weeks，*Nation and State in Imperial Russia*：*Nationalism and Russification on the Western Frontier*，*1863—1914*，Dekalb：Northern Illinois University Press，1996；Karen Barkey and Mark Von Hagen（eds.），*After Empire*：*Multiethnic Societies and Nation-Building. The Soviet Union and the Russian*，*Ottoman*，*and Habsburg Empires*，Boulder，CO：Westview Press，1997；Daniel R. Brower and Edward J. Lazzerini（eds.），*Russia's Orient. Imperial Borderlands and Peoples*，*1700—1917*，Bloomington and Indianapolis：Indiana University Press，1997；Mark Bassin，*Imperial Visions*：*Nationalist Imagination and Geographical Expansion in the Russian Far East*，*1840—1865*，Cambridge：Cambridge University Press，1999.

77. Jane Burbank，"Revisioning Imperial Russia，"*Slavic Review*，Vol.52，No.3，1993，p.556.

78. Michael Confino，"Present Events and the Representation of the Past. Some Current Problems in Russian Historical Writing，"*Cahiers du Monde russe*，Vol.35，No.4，1994，p.846.

79. Richard Pipes，*The russian revolution*，New York：Alfred A Knopf，1990；Richard Pipes，*Russia Under the Bolshevik Regime*，N.Y：Vintage，1993.

80. Edward Acton，Vladimir Iu. Cherniaev，and William G. Rosenberg（eds.），*Critical Companion to the Russian Revolution*，*1914—1921*，Bloomington：Indiana University Press，1997.

81. François Furet，*Interpreting the French Revolution*，Cambridge：Cambridge University Press，1981.

82. Frederick C. Corney，*Telling October*：*Memory and the Making of the Bolshevik Revolution*，Ithaca：Cornell University Press，2004；Igal Halfin，*From Darkness to Light*：*Class*，*Consciousness*，*and Salvation in Revolutionary Russia*，Pittsburgh：University of Pittsburgh Press，2000；Igal Halfin，*Intimate Enemies*：*Demonizing the Bolshevik Opposition*，*1918—1928*，Pittsburgh：University of Pittsburgh Press，2007；Peter Holquist，*Making War*，*Forging Revolution*：*Russia's Continuum of Crisis*，*1914—1921*，Cambridge，Mass.：Harvard University Press，2002.

83. Трагедия советской деревни. Коллективизация и раскулачивание. 1927—1939＝The tragedy of russian village. Collectivization and dekulakization. 1927—1939：Док. и материалы：В 5 т.М.：РОССПЭН，1999.

84. Власть и советское общество в 1917—1930-е годы：Новые источники//Отечественная история. 2000. №1. С.132.

85. Robert Conquest，"Academe and the Soviet myth，"*The National Interest*，

Vol.3. No.22, 1993.

86. Steven Rosefielde, "Documented Homicides and Excess Deaths: New Insights into the Scale of Killing in the USSR During the 1930s," *Communist and Post-Communist Studies*, Vol.30, No.3, 1997, pp.321—331; Stephen G. Wheatcroft, "Victims of Stalinism and the Soviet Secret Police: The Comparability and Reliability of the Archival Data. Not the Last Word," *Europe-Asia Studies*, Vol.51, No.2, 1999, pp.315—345.

87. E. A. Rees, *Stalinism and Soviet Rail Transport*, *1928—1941*, New York: St. Martin's Press, 1995.

88. Derek Watson, *Molotov and Soviet Government*: *Sovnarkom*, *1930—41*, New York: St. Martin's Press, 1996.

89. S. Fitzpatrick Fitzpatrick, "Review the book «Molotov and Soviet Government. Sovnarkom, 1931—1941» by Derek Watson," *Europe-Asia Studies*, Vol. 49, No. 4, 1997, pp.744—747.

90. James H. Billington, *The Icon and the Axe*: *An Interpretative History of Russian Culture*, New York: Vintage, 1966.

91. Jeffrey Brooks, *When Russia Learned to Read*: *Literacy and Popular Literature*, *1861—1917*, Princeton, N.J.: Princeton University Press, 1985.

92. Richard Stites, *Russian Popular Culture*, *Entertainment and Society since 1900*, Cambridge: Cambridge University Press, 1994; Eric Lohr, *Russian Citizenship*: *From Empire to Soviet Union*, Cambridge, MA and London: Harvard University Press, 2012; Дэвид-Фокс Майкл. Американская русистика. Вехи историографии последних лет. Советский период. Пер. с англ. З. Н. Исидоровой. Самара: Самарский университет. 2001.

93. Robert Edelman, *Serious Fun*: *A History of Spectator Sports in the USSR*, New York: Oxford University Press, 1993.

94. Sheila Fitzpatrick, *The Cultural Front*: *Power and Culture in Revolutionary Russia*, Ithaca: Cornell University Press, 1992.

95. Denise J. Youngblood, *Movies for the Masses*: *Popular Cinema and Soviet Society in the 1920s*, New York: Cambridge University Press, 1992; Spencer Golub, *Recurrence of Fate*: *Theatre and Memory in Twentieth-Century Russia*, Iowa City, Iowa: University of Iowa Press, 1994; Gary Thurston, *The Popular Theatre Movement in Russia*, *1862—1919*, Evanston: Northwestern University Press, 1998; Lynn Mally, *Revolutionary Acts*: *Amateur Theater and the Soviet State*, *1917—1938*, Ithaca: Cornell University Press, 2000; Miriam Neirick, *When Pigs Could Fly and Bears Could Dance*: *A History of the Soviet Circus*, Madison: University of Wisconsin Press, 2012.

96. Michael David-Fox. *Showcasing the Great Experiment*: *Cultural Diplomacy and Western Visitors to the Soviet Union*, *1921—1941*, Oxford: Oxford University Press, 2012.

97. Stephen Kotkin, *Magnetic Mountain*: *Stalinism as a Civilization*, Berkeley: University of California Press, 1995.

98. Ibid.

99. Sheila Fitzpatrick, *Tear off the masks*! *Identity and imposture in twentieth-century Russia*, Princeton: Princeton University Press, 2005.

100. 1983 年 3 月 8 日,冷战时期美国总统里根在对福音教派全国联合会发表的演讲上,提出了他的最著名的论断,将美国的头号对手苏联称为"邪恶帝国"(The Evil Empire)。

101. 在美国学者眼中,苏联就是一个名副其实的当代帝国。比如,美国哥伦比亚大学教授罗伯特·莱格沃尔德就指出:“在过去五百年里,拥有一个庞大的帝国是俄罗斯的首要象征。苏联的解体使昔日的帝国已荡然无存。苏联本身就是一个帝国,如同沙俄帝国一样,无法超脱一个帝国的脆弱本质。”参见罗伯特·莱格沃尔德:《三个俄罗斯:衰落、革命与复兴》,载[美]罗伯特·A.帕斯特编:《世纪之旅——七大国百年外交风云》,胡利平、杨韵琴译,上海:上海人民出版社 2001 年版,第 173 页。

102. 冯绍雷:《一场远未终结的辩论——关于苏联解体问题的国外学术诠释》,第 139 页。David Rowley, "Interpretations of the End of the Soviet Union: Three Paradigms," *Kritika: Explorations in Russian and Eurasian History*, Vol.2, No.2, 2001, pp.395—426.

103. Каппелер А. Россия—многонациональная империя: Возникновение, история, распад/Пер. с нем.: Червонная С. М.: Прогресс-Традиция, 1997; Nicholas Breyfogle, "Enduring Imperium: Russia/Soviet Union/Eurasia as Multiethnic, Multiconfessional Space," *Ab imperio*, No.1, 2008, pp.75—129; Durba Ghosh, "Another Set of Imperial Turns?" *The American Historical Review*, Vol.117, No.3, 2012, pp.772—793;饶淑莹:《转型时代的帝国研究》,上海:上海人民出版社 2010 年版。

104. "Some Paradoxes of the 'New Imperial History'," *Kritika: Explorations in Russian and Eurasian History*, Vol.1, No.4, 2000, pp.624—662; Alfred J. Rieber, "From Reform to Empire: Russia's 'New' Political History," *Kritika: Explorations in Russian and Eurasian History*, Vol.2, No.2, 2001, pp.261—268.

105. W. Bruce Lincoln, *In the Vanguard of Reform: Russia's Enlightened Bureaucrats 1825—1861*, DeKalb: Northern Illinois University Press, 1982; Richard G. Robbinsjr, *Famine in Russia 1891—1892. The Imperial Government responds to a crisis*, New York and London: Columbia University Press, 1975; Richard G. Robbins, *The Tsar's Viceroys: Russian Provincial Governors in the Last Years of the Empire*, London: Cornell University Press, 1988.

106. Jane Burbank and David L. Ransel(eds.), *Imperial Russia: New Histories for the Empire*, Bloomington, IN: Indiana University Press, 1998; Thomas M. Barrett, *At the Edge of Empire: The Terek Cossacks and the North Caucasus Frontier, 1700—1860*, Boulder, Colo.: Westview Press, 1999; Seymour Becker, "Russia and the Concept of Empire," *Ab imperio*, No.3—4, 2000, pp.329—342; Laura Engelstein, "New Thinking about the Old Empire: Post-Soviet Reflections," *The Russian Review*, Vol.60, No.3, 2001, pp.487—496.

107. Дэвид-Фокс М. Отцы, дети и внуки в американской историографии царской России. С.31.

108. Robert P. Geraci, *Window on the East: National and Imperial Identities in Late Tsarist Russia*, Ithaca and London: Cornell University Press, 2001; Nicholas B. Breyfogle, *Heretics and Colonizers: Forging Russia's Empire in the South Caucasus*, Ithaca, N.Y.: Cornell University Press, 2005; Robert D. Crews, *For Prophet and Tsar: Islam and Empire in Russia and Central Asia*, Cambridge, Mass.: Harvard University Press, 2006.

109. Wayne Dowler, "The Politics of Language in Non-Russian Elementary Schools in the Eastern Empire, 1865—1914," *The Russian Review*, Vol.54, No.4, 1995, pp.516—538.

110. Jane Burbank and David L. Ransel(eds.), *Imperial Russia: New Histories for

the Empire, Bloomington, IN: Indiana University Press, 1998; Richard S. Wortman, *Scenarios of Power. Myth and Ceremony in Russian Monarchy, Vol. II, From Alexander II to the Abdication of Nicholas II*, Princeton: Princeton University Press, 2000.

111. Karen Barkey and Mark Von Hagen(eds.), *After Empire: Multiethnic Societies and Nation-Building. The Soviet Union and the Russian, Ottoman, and Habsburg Empires*, Boulder, CO: Westview Press, 1997.

112. 冯绍雷:《大历史中的新定位——俄罗斯在叙事—话语建构领域的进展与问题》,载《俄罗斯研究》2017年第4期,第10—14页。学界围绕现代性的其他相关讨论参见 Dominic Sachsenmaier and Jens Riedel, with Shmuel N. Eisenstadt(eds.), *Reflections on Multiple Modernities: European, Chinese, and Other Interpretations*, Leiden: Brill, 2002; Björn Wittrock, "Modernity: One, None, or Many? European Origins and Modernity as a Global Condition," *Daedalus*, Vol.129, No.1, 2000, pp.31—60; Mark Roseman, "National Socialism and the End of Modernity," *The American Historical Review*, Vol.116, No.3, 2011, pp.688—701。

113. David L. Hoffmann and Yanni Kotsonis(ed.), *Russian Modernity: Politics, Knowledge, Practices*, New York: St. Martin's Press, 2000; Joshua A. Sanborn, *Drafting the Russian Nation: Military Conscription, Total War, and Mass Politics, 1905—1925*, DeKalb: Northern Illinois University Press, 2003; DeKalb, 2003.

114. Stephen Kotkin, *Magnetic Mountain: Stalinism as a Civilization*, Berkeley: University of California Press, 1995; Stephen Kotkin, *Armageddon Averted: The Soviet Collapse, 1970—2000*, New York: Oxford University Press, 2001.

115. Domminic Sachsenmaier, Jens Riedel 等编著:《多元现代性的反思——欧洲、中国及其他的阐释》,郭少堂、王为理译,香港:香港中文大学出版社2009年版,前言部分。

116. Michael David-Fox, "Multiple Modernities vs. Neo-Traditionalism: On Recent Debates in Russian and Soviet History," *Jahrbücher für Geschichte Osteuropas*, Bd.54, H.4, 2006, pp.535—555.

117. Холквист П. «Осведомление—это альфа и омега нашей работы»: Надзор за настроениями населения в годы большевистского режима и его общеевропейский контекст//Американская русистика: Вехи историографии последних лет. Советский период. Самара, 2001.С.45—93; Oleg Kharkhordin, *The Collective and the Individual in Russia: A Study of Practices*, Berkeley: University of California Press, 1999; Igal Halfin, *From Darkness to Light: Class, Consciousness, and Salvation in Revolutionary Russia*, Pittsburgh: University of Pittsburgh Press, 2000; David L. Hoffmann, *Stalinist Values: The Cultural Norms of Soviet Modernity, 1917—1941*, Ithaca: Cornell University Press, 2003; Joshua A. Sanborn, *Drafting the Russian Nation: Military Conscription, Total War, and Mass Politics, 1905—1925*, DeKalb: Northern Illinois University Press, 2003.

118. Byjochen Hellbeck. *Revolution on My Mind: Writing a Diary under Stalin*, Cambridge, Mass.: Harvard University Press, 2006.

119. Polly Jones(ed.), *The Dilemmas of De-Stalinization: Negotiating Cultural and Social Change in the Khrushchev Era.*, London: Routledge Publishers, 2006; Jeremy Smith and Melanie Ilic(ed.), *Khrushchev in the Kremlin: Policy and Government in the Soviet Union, 1953—1964*, London: Routledge, 2011.

120. Terry Martin, *The Affirmative Action Empire. Nations and Nationalism in the Soviet Union, 1923—1939*, Ithaca-Londres: Cornell University Press, 2001; Mat-

thew Lenoe，*Closer to the Masses*：*Stalinist Culture*，*Social Revolution*，*and Soviet Newspapers*，Cambridge：Harvard University Press，2004.

121. Anna Krylova，"Soviet Modernity：Stephen Kotkin and the Bolshevik Predicament，" *Contemporary European History*，Vol.23，No.2，2014，pp.167—192.

122. Дэвид-Фокс М. Ш. Модерность в России и СССР：отсутствующая，общая，альтернативная，переплетенная?//Новое литературное обозрение. 2016. №4. С.19—44. 相关讨论参见 Десять ответов на статью Майкла Дэвид-Фокса//Новое литературное обозрение. 2016. №4；Michael David-Fox，*Crossing Borders*：*Modernity*，*Ideology*，*and Culture in Russia and the Soviet Union*.—*Crossing Borders*：*Modernity*，*Ideology*，*and Culture in Russia and the Soviet Union*，Pittsburgh：University of Pittsburgh Press，2015，pp.45—91。

123. Michael David-Fox，Peter Holquist，Alexander M. Martin，"From the Editors：Post-Post Historiography，or the Trends of the 'Naughts'，" *Kritika*：*Explorations in Russian and Eurasian History*，Vol.5，No.4，2004.

124. Саттер Д. Век безумия：распад и падение Советского Союза. Пер. с англ. М.：ОГИ，2005. С.9.

125. Коэн С. Провал крестового похода. США и трагедия посткоммунистической России. Пер. с англ. М.：Науч.-исслед. Центр АИРО-XX，2001. С.22.

126. Тэлботт Строуб. Какая Россия нужна Америке//Независимая газета. 11. 12. 1997.

127. Richard Pipes，"Flight From Freedom：What Russians Think and Want"，*Foreign Affairs*，Vol.83，No.3，2004，pp.9—15.

128. Andrei Shleifer and Daniel Treisman，"A Normal Country，" *Foreign Affairs*，Vol.83，No.2，2004，pp.9—10.

129. Строе А. Почему американские СМИ—как либеральные，так и консервативные—настроены одинаково антироссийски? http.//www.inosmi.ru/translation/216552.html.

130. Dale R. Herspring(ed.)，*Putin's Russia*：*Past Imperfect*，*Future Uncertain*，Lanham，Md.：Rowman and Littlefield，2003；Larry Diamond，*Developing Democracy. Toward Consolidation*，Baltimore and London：Johns Hopkins University Press，1999；Baker Peter and Susan Glasser，*Kremlin Rising*：*Vladimir Putin's Russia and the End of Revolution*，*Updated Edition*，Lincoln：University of Nebraska Press，2007.

131. Dale R. Herspring，*Putin's Russia*：*Past Imperfect*，*Future Uncertain*，Lanham，Md.：Rowman and Littlefield，2003.

132. Peter Rutland，"A Flawed Democracy，" *Current History*，Vol.97，No.621，1998，p.313.

133. Michael McFaul，"Democracy Unfolds in Russia，" *Current History*，Vol.96，No.612，1997，pp.319—325.

134. Dimitri Simes，"The Return of Russian History，" *Foreign Affairs*，Vol.73，No.1，1994，pp.67—82.

135. Michael McFaul，*Russia's Unfinished Revolution*：*Political Change from Gorbachev to Putin*，Ithaca：Cornell University Press，2001.

136. Michael McFaul，"Democracy Unfolds in Russia，" *Current History*，Vol.96，No.612，1997.

137. Leon Aron，Russia's Revolution：Essays 1989—2006，Wash D.C：AEI Press，2007，pp.182—183.

138. Richard D. Anderson, M. Steven Fish, Stephen E. Hanson, Philip G. Roeder, *Postcommunism and the Theory of Democracy*, Princeton: Princeton University Press, 2001; Valerie Bunce, "Comparative Democratization: Big and Bounded Generalizations," Vol.33, No.6—7, 2000.

139. Коэн С. Провал крестового похода. США и трагедия посткоммунистической России. С.257.

140. Thomas M. Nichols, "Putin's First Two Years: Democracy or Authoritarianism?" *Current History*, Vol.101, No.657, 2002, pp.307—312.

141. M. Steven Fish, *Democracy Derailed in Russia: The Failure of Open Politics*, New York: Cambridge University Press, 2005, p.27.

142. Michael McFaul, "Russia and the West: A Dangerous Drift," *Current History*, Vol.104, No.684, 2005, p.308.

143. Daniel Treisman, "Russia Renewed?" *Foreign Affairs*, No.6, 2002, p.58.

144. Richard Pipes, "Flight From Freedom: What Russians Think and Want", *Foreign Affairs*, Vol.83, No.3, 2004, p.1; Michael McFaul, "Russia and the West: A Dangerous Drift," *Current History*, p.308.

145. Андрей Терехов. Стивен Сестанович: «Дело ЮКОСа» привело к переоценке режима в России//Независимая газета. 10.09.2004.

146. Michael McFaul, "Russia and the West: A Dangerous Drift," p.309; Anders Åslund, "Comparative Oligarchy: Russia, Ukraine, and the United States," in A. Aslund & M. Dabrowski (Eds.), *Europe after Enlargement*, Cambridge: Cambridge University Press, 2007, pp.143—164.

147. Zvi Gitelman, "The Democratisation of Russia in Comparative Perspective," In White, S., Pravda, A., Gitelman, Z.(eds.), *Developments in Russian Politics 4*, London: Palgrave, 1997, pp.266—278.

148. Фергюсон Н. Россия скатывается к диктатуре//Los Angeles Times, 11 января 2005, http://www.inosmi.ru/translation/216182.html.

149. Baker Peterand Susan Glasser, *Kremlin Rising: Vladimir Putin's Russia and the End of Revolution, Updated Edition*, Lincoln: University of Nebraska Press, 2007, pp.355—356.

150. Пайпс Р. Россия при старом режиме. Пер. с англ. М.: Захаров, 2004; Richard Pipes, "Flight From Freedom: What Russians Think and Want," p.1.

151. Steven Rosefielde, *Russia in the 21st Century: The Prodigal Superpower*, Cambridge, Eng.: Cambridge University Press, 2004; Steven Rosefielde, "Illusion of Transition: Russia's Muscovite Future," *Eastern Economic Journal*, Vol. 31, No. 2, 2005, pp.285—299.

152. Richard Pipes, "Flight From Freedom: What Russians Think and Want"; M. Steven Fish, *Democracy Derailed in Russia: The Failure of Open Politics*, New York: Cambridge University Press, 2005, p.20.

153. Gordon M. Hahn, "Putin's 'Stealth Authoritarianism' and Russia's Second Revolutionary Wave," Radio Free Europe/Radio Liberty Regional Analysis, Vol. 4, Nos.14—16, 2004.

154. Andrew C. Kuchins, *Alternative Futures for Russia to 2017: A Report of the Russia and Eurasia Program*, Wash., D. C: Center for Strategic and International Studies, 2007.

155. Thomas F. Remington and Steven S. Smith, "Political Goals, Institutional Context, and the Choice of an Electoral System: The Russian Parliamentary Election Law," *American Journal of Political Science*, Vol.40, No.4, 1996, pp.1253—1279.

156. Cameron Ross, "Putin's Federal Reforms and the Consolidation of Federalism in Russia: one step. forward, two steps back!" *Communist and Post-Communist Studies*, Vol.36, No.1, 2003, pp.29—47.

157. Gail W. Lapidus(ed.), *The New Russia: Troubled Transformation*, Boulder, Colorado: Westview Press, 1995.

158. Dale R. Herspring(ed.), *Putin's Russia: Past Imperfect, Future Uncertain*, Lanham, MD: Rowman & Littlefield, 2005.

159. Dunlop John B, "Russia: Confronting a Loss of Empire, 1987—1991," *Political Science Quarterly*, Vol.108, No.4, 1993, pp.603—634; Дж. Биллингтон. Россия в поисках себя. М.: РОССПЭН, 2005.

160. Marshall I. Goldman, *Lost Opportunity: Why Economic Reforms in Russia Have Not Worked*, N.Y.: W. W. Norton & Company, 1994.

161. Åslund Anders, *How Russia Became a Market Economy*, Washington DC: The Brookings Institution, 1995.

162. Andrei Shleifer, *A Normal Country: Russia after Communism*, Cambridge, Mass.: Harvard University Press, 2005; Andrei Shleifer and Daniel Treisman, *Without a Map: Political Tactics and Economic Reform in Russia*, Cambridge: MIT Press, 2000.

163. Steven Rosefielde, *Russia in the 21st Century: The Prodigal Superpower*, Cambridge, Eng.: Cambridge University Press, 2004.

164. Dale R. Herspring(ed.), *Putin's Russia: Past Imperfect, Future Uncertain*, Lanham, MD: Rowman & Littlefield, 2005.

165. Маршалл И. Голдман. Пиратизация России, пер. с англ. В. И. Супруна. Новосибирск: Фонд социо-прогност. исслед. Тренды, 2005. С.28.

166. Stephen White, Zvi Gitelman and Richard Sakwa(eds.), *Developments in Russian Politics 6*, Basingstoke: Palgrave Macmillan, 2005, p.187.

167. Голдман М. Пиратизация России. С.29—30.

168. Dale R. Herspring(ed.), *Putin's Russia: Past Imperfect, Future Uncertain*, Lanham, MD: Rowman & Littlefield, 2005, p.129.

169. Голдман М. Пиратизация России. С.9.

170. Steven Rosefielde, "Russia's Warped Transition: The Destructive Consequences of Ethically Unconstrained Utility Seeking," *Eastern Economic Journal*, Vol.25, No.4, 1999, pp.459—476.

171. Голдман М. Пиратизация России. С.12.

172. Lawrence Harrison, Samuel Huntington(eds.), *Culture Matters: How Values Shape Human Progress*, New York: Basic, 2000.

173. M. Steven Fish, *Democracy Derailed in Russia: The Failure of Open Politics*, p.158 and pp.175—176.

174. Dale R. Herspring(ed.), *Putin's Russia: Past Imperfect, Future Uncertain*, Lanham, MD: Rowman & Littlefield, 2005, p.129.

175. Пайпс: Путин возвращается к царским временам, http://www.inosmi.ru/stories/05/08/08/3450/227673.html.

176. Хоффман Д. Олигархи. Богатство и власть в новой России. Пер. с англ. М.: Астрель, 2007. С.12.

177. Anders Åslund, "Comparative Oligarchy: Russia, Ukraine, and the United States," in A. Aslund & M. Dabrowski(Eds.), *Europe after Enlargement*, Cambridge: Cambridge University Press, 2007, p.296.

178. Ослунд А. Разоблачая грандиозный миф о президенте Путине//The Moscow Times, 29 ноября 2007, http://www.inosmi.ru/translation/238087. html.

179. Andrew C. Kuchins, *Alternative Futures for Russia to 2017: A Report of the Russia and Eurasia Program*, Wash., D. C: Center for Strategic and International Studies, 2007.

180. Ibid., pp.4—6.

181. Хоффман. Олигархи. Богатство и власть в новой Росси. С.12.

182. Голдман М. Кремлевский капитализм//The Moscow Times, 22 сентября 2006, https://inosmi.ru/20060922/230059.html.

183. Andrew C. Kuchins, *Alternative Futures for Russia to 2017: A Report of the Russia and Eurasia Program*, pp.7—8.

184. Padma Desai, "Putin's Russia," *Foreign Affairs*, May/June 2008.

185. Andrew C. Kuchins, *Alternative Futures for Russia to 2017: A Report of the Russia and Eurasia Program*, p.2.

186. Kris D. Beasley, *Russian Military Reform From Perestroika to Putin: Implications for U.S. Policy*, Biblio Scholar, 2004.

187. William E. Odom, *The Collapse of the Soviet Military*, New Haven and London: Yale University Press, 1998.

188. C. Dick, "The Military Doctrine of the Russian Federation," *Jane's Intelligence Review*, Special Report, No.1, January 1994, p.5.

189. Kris D. Beasley, *Russian Military Reform From Perestroika to Putin: Implications for U.S. Policy*, pp.22—24.

190. J. H. Slagle, "The Democratic Transition of Russia's Military: Russia's Democratic Moment? Defining US Policy to Promote Democratic Opportunities in Russia," in *Air War College Studies in National Securities*, Air University Press, 1996, p.223.

191. Anatol Lieven, "Russia's Military Nadir: The Meaning of the Chechen Debacle," *The National Interest*, No.44, 1996, pp.24—33.

192. Dale R. Herspring, "Russia's Crumbling Military," *Current History*, October, 1998, p.326.

193. Benjamin S. Lambeth, "Russia's Wounded Military," *Foreign Affairs*, Vol.74, No.2, 1995, pp.86—98.

194. Richard Felix Staar, *The New Military in Russia: Ten Myths That Shape the Image*, Naval Institute Press, 1996, pp.16—19.

195. B. G. Blair, "Who's got the button?" *The Washington Pos*, September 29, 1996.

196. Anatol Lieven, "Russia's Military Nadir: The Meaning of the Chechen Debacle," *The National Interest*, No.44, 1996, pp.24—33.

197. Zoltan Barany, "The Politics of Russia's Elusive Defense Reform," *Political Science Quarterly*, Vol.121, No.4, Winter 2006—2007; Dale R. Herspring, "Putin and Military Reform," in Dale R. Herspring(ed.), *Putin's Russia: Past Imperfect, Future*

Uncertain, Lanham, MD: Rowman & Littlefield, 2005.

198. Benjamin S. Lambeth, "Russia's Wounded Military," *Foreign Affairs*, Vol.74, No.2, 1995.

199. Dimitri K.Simes, "Losing Russia," *Foreign Affairs*, Vol.86, No.6, 2007.

200. Richard Felix Staar, *The New Military in Russia: Ten Myths That Shape the Image*, Naval Institute Press, 1996, p.30.

201. J. H. Slagle, *The Democratic Transition of Russia's Military*, p.234.

202. William E. Odom, *The Collapse of the Soviet Military*, New Haven and London: Yale University Press, 1998.参见中译本:[美]威廉·奥多姆:《苏联军队是怎样崩溃的》,王振西等译,北京:新华出版社 2000 年版。

203. Zoltan Barany, "The Politics of Russia's Elusive Defense Reform," *Political Science Quarterly*, Vol.121, No.4, 2007, p.613.

204. Kris D. Beasley, *Russian Military Reform From Perestroika to Putin: Implications for U.S. Policy*, p.51.

205. S. Blank, "This Time We Really Mean It: Russian Military Reform," *Russia and Eurasia Review*, Vol.2, No.1, 2003.

206. Dale R. Herspring, "Putin and Military Reform," in Dale R. Herspring(ed.), *Putin's Russia: Past Imperfect, Future Uncertain*, Lanham, MD: Rowman & Littlefield, 2005.

207. А. Ослунд. Разоблачая грандиозный миф о президенте Путине//The Moscow Times, 29 ноября 2007, http://www.inosmi.ru/translation/23 8087.html.

208. Zoltan Barany, "The Politics of Russia's Elusive Defense Reform," p.626.

209. Р. Ф. Джонсон. Что это, тупик?//The Weekly Standard, 05 февраля 2008, http://www.inosmi.ru/translation/239390.html.

210. Paul Kubicek, "Russian Foreign Policy and the West," *Political Science Quarterly*, Vol.114, No.4, 1999—2000. p.547.

211. David W. Rivera, "Engagement, Containment, and the International Politics of Eurasia," *Political Science Quarterly*, Vol.118, No.1, 2003, p.82.

212. John P. Hannah, "The (Russian) Empire Strikes Back," *New York Times*, October 27, 1993; Melor Sturua, "Yeltsin's Newest Proconsul," *New York Times*, October 27, 1993; Bruce D. Porter and Carol R. Saivetz, "The Once and Future Empire: Russia and the 'Near Abroad'," *The Washington Quarterly*, Vol.17, Summer 1994, pp. 75—90; Zbigniew Brzezinski, "The Premature Partnership," *Foreign Affairs*, Vol.73, No.2, 1994, pp.67—82; Ariel Cohen, "Russia and her Neighbors: Creating a U.S. Policy toward Eurasia," *The Heritage Foundation's Reports*, 19 November 1993.

213. Збигнсв Бжезинский. Великая шахматная доска. М.: Международные отношения, 2006. С.110—123.

214. Збигнсв Бжезинский. Великая шахматная доска. С.128—130.

215. Ariel Cohen, "Russia and her Neighbors: Creating a U.S. Policy toward Eurasia," *The Heritage Foundation's Reports*, 19 November 1993, p.13.

216. Stephen Blank, "Reflections on Russia and NATO Enlargement: The State of Russian Foreign Policy and U.S. Policy toward Russia," *Heritage Lectures*, 6 April 1998, p.16.

217. Karen Dawisha, "Russian Foreign Policy in the Near Abroad and Beyond," *Current History*, October 1996, pp.330—333.

218. Sherman W. Garnett, "A Nation in Search of its Place," *Current History*, October 1999, pp.328—350.

219. Paul Kubicek, "Russian Foreign Policy and the West," *Political Science Quarterly*, p.568.

220. Ibid.

221. Ted Hopf, "Managing Soviet Disintegration: A Demand for Behavioral Regimes," *International Security*, Vol.17, No.1, 1992, p.46.

222. Leon Aron, "A Different Dance: From Tango to Minuet," *The National Interest*, Vol.39, No.1, 1995, p.28.

223. Dimitri Simes, "The Return of Russian History," *Foreign Affairs*, Vol.73, No.1, 1994, pp.67—82.

224. Richard Pipes, "Is Russia Still an Enemy?" *Foreign Affairs*, Vol.76, No.5, 1997, pp.65—78.

225. Michael McFaul, "Realistic Engagement: A new Approach to American-Russian Relations," *Current History*, October 2001, p.313.

226. James M. Goldgeier and Michael Mc Faulm, "What to Do about Russia," *Policy Review*, October—November 2005.

227. С. Сестанович. Где истинное место России//Pro et Contra. Т.6. №1—2. 2001. С.156—166.

228. Mark N. Katz, "Exploiting Rivalries: Putin's Foreign Policy," *Current History*, October 2004, pp.337—341.

229. Ariel Cohen, "Competition over Eurasia: Are the U.S. and Russia on a Collision Course?"*Heritage Lectures*, No.901, September 4, 2005.

230. Dmitri Trenin, "Russia Leaves the West," *Foreign Affairs*, No.4, 2006.

231. Andrew C. Kuchins, "New Directions in Russian Foreign Policy: Is the East Wind Prevailing the West Wind in Moscow Johnson's Russia List 2006," Wilton Park conference paper, 29 November 2005.

232. Дж.Ф.О. Макалистер. Новый мировой порядок России//Time, 3 июля 2006 г. https://inosmi.ru/20060703/228534.html.

233. Л. Арон. США и Россия: отношения сквозь призму идеологий//Россия в глобальной политике. №3. 2006.

234. Н. Кинг-мл., Алан Каллисон. Российская нефть ограничивает влияние Америки//The Wall Street Journal. 28 июня 2006 г. https://inosmi.ru/20060628/228435.html; Д. Туайнинг. Великодержавная политика по-путински//Theweekly Standard. 13 января 2006. https://inosmi.ru/20060113/224814.html.

235. Ф. Хилл. Вновь обретенная сила России//The Globalist, https://inosmi.ru/20040826/212375.html.

236. К. Гэдди, Э. Качинс. План Путина//The Washington Quarterly. 19 марта 2008 г., https://inosmi.ru/20080319/240318.html.

237. К. Гэдди, Э. Качинс. План Путина//The Washington Quarterly. 19 марта 2008 г.

238. А. Ливен. Почему мы пытаемся вернуть Холодную войну?//Los Angeles Times. 20 марта 2006 г. https://inosmi.ru/20060320/226218.html.

239. Nye, Jr., Joseph S., "America Must Be Pragmatic with Putin," *Financial Times*, April 11, 2006.

240. Д. Сайме. Факты на стороне Москвы//Los Angeles Times. 16 января 2006. https://inosmi.ru/20060116/224848.html.

241. Дмитрий Саймс. Мы можем потерять Россию//Foreign Affairs, 01.11.2007, http://old.memo.ru/hr/hotpoints/caucas1/msg/2007/11/m112741.htm.

242. К. Флинтофф. Россия снова становится нашим врагом Национал Паблик Радио. 20.11.2007, https://inosmi.ru/20071120/237932.html.

243. Д. Саймс. Вехи развития американо-российских отношений//Выступление в комитете по международным делам Палаты представителей Конгресса США. 15 марта 2005 г., https://inosmi.ru/20050315/218044.html.

244. Andrew C. Kuchins, "The West Must not Turn its Back on Russia," *Moscow Times*, April 21, 2004.

245. Ariel Cohen, "Dealing with the Putin Challenge," *Heritage Foundation Issues*, 2006, p.82.

246. С. Коэн. Америка развязывает новую «холодную войну»//The Nation. 18.06. 2007, https://inosmi.ru/20070619/235029.html.

247. Пушков назвал перезагрузку отношений России и США невозможной//РБК, 15 ноя 2014, https://www.rbc.ru/rbcfreenews/5467237fcbb20f76427da267.

248. Стивен Коэн: Мы находимся в двух шагах от новой холодной войны, https://rg.ru/2012/12/23/mnenie.html.

249. Вступительное слово и ответы на вопросы СМИ Министра иностранных дел России С. В. Лаврова в ходе пресс-конференции по итогам деятельности российской дипломатии в 2012 году, Москва, 23 января 2013 г., https://www.mid.ru/ru/press_service/video/vistupleniya_ministra/1593524/.

250. США видят потенциал для сотрудничества с РФ, заявил Байден, https://ria.ru/20130202/920940110.html.

251.《外媒:奥巴马缺席冬奥会冻结美俄关系》,2014 年 1 月 21 日,新华国际频道, http://news.xinhuanet.com/world/2014-01/21/c_119053720.htm。

252. Thomas E. Graham, Dmitri Trenin, "Why the Reset Should Be Reset," *New York Times*, December 12, 2012.

253. Dmitri Trenin, "Capitol Indifference. Washington ignores Russia's obsession with the United. States at its own peril," *Foreign Policy*, February 1, 2013, https://foreignpolicy.com/2013/02/01/capitol-indifference/.

254. Andranik Migranyan, "Russia and Obama's Second Term," *The National Interest*, January 30, 2013, http://nationalinterest.org/commentary/russia-obamas-second-term-8037.

255. Arthur M. Schlesinger, *War and the American Precidency*, New York-London: W.W. Norton & Company, 2004.

256. Gerry Kearns, *Geopolitics and Empire: The Legacy of Halford Mackinder*, Oxford: Oxford University Press, 2009; Brian Bluet, *Global Geostrategy: Mackinder and the Defense of the West*, London: Frank Cass, 2005; Parker Goeffrey, *Geopolitics: Past, Present and Future*, London-Washington: Macmillan, 1998; Бжезинский З. Великая шахматная доска. М.: Международные отношения, 2005; Дугин А. Г. Геополитика постмодерна. СПб, 2007; Цымбурский В. Л. Остров России: геополитические и хронополитические работы 1993—2006. М.: РОССПЭН, 2007.

257. *Тэлботт С.* Какая Россия нужна Америке?//Независимая газета. 11 декабря

1997；Коэн С. Провал крестового похода：США и трагедия посткоммунистической России. Пер. с англ. М.：Науч.-исслед. Центр АИРО-XX，2001；Michael McFaul，"Realistic Engagement：A New Approach to American-Russian Relations，" *Current History*，October 2001.

258. Marvin Kalb. *Imperial Gamble：Putin，Ukraine，and the New Cold War*，Wash D. C.：Brookings Institution Press，2015.

259. Angela E. Stent，*The Limits of Partnership：U.S.-Russian Relations in the Twenty-First Century*，Princeton：Princeton University Press，2014.

260. David S. Foglesong，*The American Mission and the "Evil Empire"：The Crusade for a "Free Russia" since 1881*，New York：Cambridge University Press，2007.

261. Aron. Yeltsin，*A Revolutionary Life*，New York：St. Martin's Press，2000.

262. ф. Закария. Что сделал неправильно Борис Ельцин//Newsweek，30.04.2007，https://inosmi.ru/20070430/234272.html.

263. Daniel Treisman，"After Yeltsin Comes Yeltsin，" *Foreign Policy*，Winter 1999—2000，p.75.

264. Leon Aron，"What Does Putin Want?" *Commentary Magazine*，December 2006.

265. Stephen Holmes，"Simulation of Power in Putin's Russia，" *Current History*，October 2001，p.307.

266. Peter Lavelle，"What Does Putin Want?" *Current History*，October 2004，p.314.

267. Anatol Lieven，"The Essential Vladimir Putin，" *Foreign Policy*，February 28，2005.

268. David E. Hoffman，*The Oligarchs：Wealth and Power in the New Russia*，New York：Public Affairs，2001；Robert Service，*Russia：Experiment with a People*，Cambridge：Harvard University Press，2003；Stephen White，Zvi Gitelman and Richard Sakwa(ed.)，*Developments in Russian Politics*，Durham：Duke University Press，2005.

269. Robert Service，*Russia：Experiment with a People*，Harvard University Press. Cambridge，Massachusetts，2003.

270. Marshall I. Goldman，"Russia's Middle Class Muddle，" *Current History*，October 2006.

271. Ibid.

272. Working Paper of the Project on Systemic Change and International Security in Russia and the New States of Eurasia，April 19，2002，https://www.wanttoknow.info/documents/false_flag_russia_bombings.pdf.

273. Dale R. Herspring(ed.)，*Putin's Russia：Past Imperfect，Future Uncertain*，p.161.

274. Ibid.，p.167.

275. Daniel Treisman，"*Putin's Silovarchs*，" *Orbis*，Winter 2007，pp.142—145.

276. Dale R. Herspring(ed.)，*Putin's Russia：Past Imperfect，Future Uncertain*，p.142.

277. Ibid.

278. Nicholas Eberstadt，"The Russian Federation at the Dawn of the Twenty-First Century：Trappedin a Demographic Straitjacket，" *NBR Analysis*，Vol.15，No.2，2004.

279. Richard Pipes，"Flight from Freedom：What Russians Think and Want，" *For-*

eign Affairs, No.3, 2004.

280. Stephen F. Cohen, "Russian Studies Without Russia," *Post-Soviet Affairs*, No.1, 1999, pp. 37—55; Коэн Стивен. Провал крестового похода. США и трагедия посткоммунистической России. М.: АИРО-XX, 2001.

281. Kopecký P., Mudde C. "What Has Eastern Europe Taught Us about the Democratization Literature(and Vice Versa)?" *European Journal of Political Research*, Vol.37, No.4, 2000, pp.517—539.

282. Капустин Б. Г. Конец "транзитологии"? (О теоретическом осмыслении первого посткоммунистического десятилетия)//Полис. Политические исследования. 2001. №4. С.6—26.

283. Charap, Samuel and Timothy Colton, *Everyone Loses: The Ukraine Crisis and the Ruinous Contest for Post-Soviet Eurasia*, New York: Routledge, 2017.

284. Thomas Carothers, "The End of the Transition Paradigm," *Journal of Democracy*, Vol.13, No.1, 2002, pp.5—21; Larry Diamond, "Thinking About Hybrid Regimes," *Journal of Democracy*, Vol. 13, No. 2, 2002, p. 21. Cassani A. "Hybrid What? Partial Consensus and Persistent Divergences in the Analysis of Hybrid Regimes," *International Political Science Review*, Vol.35, No.5, 2014, pp.542—558.

285. Вячеслав Морозов. Наполовину выученный урок//Россия в глобальной политике. 2011. Том 9. №6. С.124—135.

286. Мельвиль А. Ю. Демократические транзиты: теоретико-методологические и прикладные аспекты. М: Московский общественный научный фонд: Издательский центр научных и учебных программ, 1999.

287. 杨光斌:《政治学研究范式的转型:从"求变"到"求治"——政治学学科史的视角》,载《中国政治学》2018 年第 1 期。

288. Thomas Carothers, "The End of the Transition Paradigm," *Journal of Democracy*, Vol.13, No.1, 2002, pp.5—21.

289. Juan J. Linz e Alfred Stepan, *Problems of Democratic Transition and Consolidation*. Southern Europe, South America, and Post-Communist Europe, Baltimore e London: The Johns Hopkins University Press, 1996.

290. Мельвиль А. Ю. Демократические транзиты/Под ред. А. И. Соловьева. М.: РОССПЭН, 2007. С.123—134.

291. Richard Rose, William Mishler, and Christian Haerpfer, *Democracy and Its Alternatives: Understanding Post-Communist Societies*, Baltimore: Johns Hopkins University Press, 1998.

292. Fidèle Ingiyimbere, *Domesticating Human Rights. A Reappraisal of their Cultural Political Critiques and their Imperialistic Use*, Springer Cham, 2017.

293. Michael Burawoy, "Transition Without Transformation: Russia's Involuntionary Road to Capitalism," *East European Politics and Societies*, Vol. 15, No.2, 2001, pp. 269—290.

294. Stephen F. Cohen, *Failed Crusade: America and the Tragedy of Post-Communist Russia*, New York: W. W. Norton, 2000; Коэн Стивен. Провал крестового похода. США и трагедия посткоммунистической России. М.: АИРО-XX, 2001.

295. Stephen F. Cohen, "Russian Studies Without Russia," *Post-Soviet Affairs*, No.1, 1999, pp.37—55.

296. Stephen F. Cohen, *Failed Crusade: America and the Tragedy of Post-Com-*

munist Russia, New York: W. W. Norton, 2000.

297. Stephen F. Cohen, "Russian Studies Without Russia," *Post-Soviet Affairs*, No.1, 1999, pp.37—55.

298. Stephen F. Cohen, *Failed Crusade: America and the Tragedy of Post-Communist Russia*, New York: W. W. Norton, 2000.

299. Ibid.

300. Michael Mcfaul, "South African Libertion and Great Power Intervention: Toward a theory of Revolution in an international Context," unpublished dissertation, Oxford University, 1991.

301. Robert Dreyfuss, "The Rise and McFaul of Obama's Russia Policy," July 2, 2008, http://www.thenation.com/bl-og/rise-and-mcfaul-obamas-russia-policy.

302. Meredith Alexander, "Stanford political scientist Michael McFaul takes a revolutionary new look at Russian politics," News Release, http://news.stanford.edu/pr/01/mcf aulprofile1128.html.

303. Ibid.

304. "How Much Worse Can Obama's Foreign Policy Team Get? I Give You Michael McFaul," January 17, 2009, http://tpmcafe.talkingpointsmemo.com/talk/blogs/dan_k/2009/01/how-much-wors-e-can-obamas-fore.php.

305. Michael McFaul and Kathryn Stoner-Weiss, "The Myth of the Authoritarian Model How Putin's Crackdown Holds Russia Back," *Foreign Affairs*, Vol.87, No.1, 2008.

306. Michael Mcfaul, "The Fourth Wave of Democracy and Dictatorship," *World Politics*, Vol.54, January 2002, pp.212—244.

307. Ibid., p.214.

308. Michael Mcfaul, *Russia's Unfinished Revolution: Political Change from Gorbachev to Putin*, Ithaca: Cornell University Press, 2001, p.6.

309. Michael Mcfaul, "Institutional Design, Uncertainly, and Path Dependency During Transitions: Cases from Russia," *Constitutional Political Economy*, No.10, 1999, p.27.

310. Michael Mcfaul, *Russia's Unfinished Revolution: Political Change from Gorbachev to Putin*, p.6.

311. Michael Mcfaul, "Institutional Design, Uncertainly, and Path Dependency During Transitions: Cases from Russia," p.28.

312. Michael Mcfaul, "The Fourth Wave of Democracy and Dictatorship," *World Politics*, p.221.

313. Michael Mcfaul, *Russia's Unfinished Revolution: Political Change from Gorbachev to Putin*, pp.7—8.

314. Michael Mcfaul, "Institutional Design, Uncertainly, and Path Dependency During Transitions: Cases from Russia," pp.28—33.

315. Michael McFaul, "Putin, Putinism, and the Domestic Determinants of Russian Foreign Policy," *International Security*, Vol.45, No.2, 2020, pp.95—139.

316. Michael Mcfaul, "Generational Change in Russia," *Demokratizatsiya*, Vol.11, No.1, 2003, pp.64—78.

317. Ibid.

318. Michael Mcfaul, *Russia's Unfinished Revolution: Political Change from Gor-*

bachev to Putin, p.7.

319. Ibid., 226.

320. Ibid.

321. [美]迈克尔·麦克福尔:《俄罗斯未竟的革命:从戈尔巴乔夫到普京的政治变迁》,唐贤兴等译,上海:上海人民出版社2010年版,第39页。

322. McFaul Michael, "The Democrats in Disarray," *Journal of Democracy*, Vol.4, No.2, 1993, pp.17—29; Michael McFaul, "Is Russian Democracy Doomed? Explaining the Vote," *Journal of Democracy*, Vol.5, No.2, 1994, pp.4—9; McFaul Michael, "One Step Forward, Two Steps Back," *Journal of Democracy*, Vol.11, No.3, 2000, pp.19—33.

323. Michael Mcfaul, "Democracy Promotion as a World Value," *The Washington Quarterly*, Vol.28, No.1, pp.147—163.

324. Philip Roeder, "Peopple and States After 1989: The Political Costs of Incomplete National Revolutions," *Slavic Review*, Vol.58, No.4, 1999, pp.845—882.

325. Michael Mcfaul, "The Fourth Wave of Democracy and Dictatorship," *World Politics*, p.216.

326. [美]迈克尔·麦克福尔:《俄罗斯未竟的革命:从戈尔巴乔夫到普京的政治变迁》,第134—135页。

327. Michael Mcfaul, *Russia's Unfinished Revolution: Political Change from Gorbachev to Putin*, pp.8—11.

328. Michael Mcfaul, "Russian Democracy: Still Not a Lost Cause," *The Washington Quarterly*, Vol.23, No.1, 2000, p.161.

329. Ibid.

330. [美]迈克尔·麦克福尔:《俄罗斯未竟的革命:从戈尔巴乔夫到普京的政治变迁》,第227页。

331. Philip Roder, "Varieties of Post-Soviet Authoritarian Regimes," *Post-Soviet Affairs*, No.10, 1994.

332. [美]迈克尔·麦克福尔:《俄罗斯未竟的革命:从戈尔巴乔夫到普京的政治变迁》,第228页。

333. 同上。

334. Michael Mcfaul, "Russian Democracy: Still Not a Lost Cause," *The Washington Quarterly*, Vol.23, No.1, 2000, p.161.

335. [美]迈克尔·麦克福尔:《俄罗斯未竟的革命:从戈尔巴乔夫到普京的政治变迁》,第356页。

336. Michael Mcfaul, *Russia's Unfinished Revolution: Political Change from Gorbachev to Putin*.

337. Masha Lipman and Michael Mcfaul, "Managed Democracy in Russia, Putin and Press," *The International Journal of Press/Politics June*, Vol.6, No.3, 2001, p.116.

338. Michael Mcfaul, "The Myth of the Authoritarian Model How Putin's Crackdown Holds Russia Back," *Foreign Affairs*, Vol.87, No.1, 2008, p.70.

339. Ibid., pp.70—75.

340. Ibid., p.84.

341. Michel Mcfaul, "State Power, Institutional Change, And the Politics of Privatization in Russia," *World Politics*, Vol.47, No.1, 1995, p.213.

342. Ibid.

343. Ibid., p.215.

344. Ibid., pp.225—230.

345. [美]迈克尔·麦克福尔:《俄罗斯未竟的革命:从戈尔巴乔夫到普京的政治变迁》,第153页。

346. 同上,第155页。

347. Michael Mcfaul, "The Myth of the Authoritarian Model How Putin's Crackdown Holds Russia Back."

348. Ibid., p.71.

349. Ibid.

350. Ibid.

第五章
科学研究纲领与美国俄罗斯学的批判

从19世纪末到21世纪初，美国俄罗斯学的发展已有百余年历史。第二次世界大战之前，美国的俄罗斯研究主要以斯拉夫学的形成与发展为主，不管是学科体系建设，还是研究机构和研究人才规范方面，都处于起步和缓慢发展阶段。虽然美国在第一次世界大战前后都已经称得上是世界大国，但其对国际事务的大规模参与则始于第二次世界大战，在此之前它更多地奉行孤立主义和封闭主义，甚至可以说对国际事务"漠不关心"。第二次世界大战后，随着美苏冷战拉开序幕和出于反共产主义国家的需要，在美国政府和私人组织的庞大资金和制度支持下，美国的地区和国别研究迅速发展，如此大规模地研究某一地区或一个国家，这在其历史上还没有先例。特别是作为美国俄罗斯学的重要分支苏联学的兴起，使得美国的俄罗斯学在西方国家占据主导地位，研究实力堪称"世界一流"，但却被高度政治化和意识形态化，这决定了美国苏联学的发展从一开始就具有诸多缺陷和弊端，最后因未能预测到苏联的解体而饱受诟病。虽然冷战后处于转型时期的美国俄罗斯学发展面临诸多的困难和挑战，但在学界的共同努力下逐渐走出危机，进入多元化发展时期。由此可见，从最初的斯拉夫学，到战后兴起的苏联学，再到目前的多元化发展，美国的俄罗斯学先后主要经历了三个不同的发展阶段，在这一演变历程中不仅确立了本学科的具体研究领域和研究任务，还运用了不同的研究方法开展跨学科综合性研究，同时构建起一系列保障俄罗斯研究的制度与机制（包括学术团体、高等院校、科研机构、图书馆和其他国家和私人组织机构），成功地为美国各界培养了一大批优秀的高水平俄罗斯问题专家队伍，最终形成了一门独特的学科——俄罗斯学。

回顾美国百余年的俄罗斯学发展历程，今天我们如何去评价它，这是一个值得思考的重要问题。对这一问题的思考，美国俄罗斯研究界也大有人在孜孜寻觅和探索，其中不乏他山之玉。[1]就如美国著名的俄罗斯问题专家斯蒂芬·科恩所言，好的学术研究就是一个不间断地好问、怀疑和修正的长期性过程。[2]这在很大程度上给从事俄罗斯研究的专家学者创造出巨大的想象和操作空间。笔者借助英国科学哲学家伊姆雷·拉卡托斯提出的“科学研究纲领方法论”(Methodology of Scientific Research Program，简称 MSRP)对美国俄罗斯学发展进行初步评估。

第一节　科学研究纲领方法论及其内涵

20 世纪 70 年代以来，西方人文社会科学理论经过长期的争论与发展之后，进入一个注重反思、评估与积累的时期，特别是在科学哲学的影响之下，对整个学科及其各种理论进行系统的评价和梳理是学术界的最新动向，包括检视以往的理论成果，迄今为止，西方学术界在评估学科发展和理论进步方面已经进行了不少的探索。[3]其中，比较合理的科学哲学理论代表之一是英国科学哲学家伊姆雷·拉卡托斯在继承波普尔的证伪主义传统和库恩的范式思想基础上提出的科学研究纲领(Scientific Research Program)概念，旨在克服已有理论缺陷，评价科学的进步和维护科学发展的合理性。他对科学研究纲领给出了一个较为明确的定义，认为人们对科学的评价往往不是针对单独的理论，而是一个具有相同硬核，可变的保护带和正反启发法的理论系列，最终将这个理论系列称为科学研究纲领。[4]

换句话说，硬核、保护带、启示法构成了科学研究纲领不可或缺的组成部分。一个完整的或成熟的理论体系通常有一个硬核，一组保护硬核的保护带和引导理论体系不断发展完善的启示法。具体来说，硬核，是指不可证伪的理论或无法拒绝的基础理论，它一般由若干个最能反映这种理论体系特征的核心概念组成。这些硬核为研究者从事科学研究提供了一个基本的理论框架。拉卡托斯认为，硬核是坚韧的，是一个科学研究纲领的核心，因此，它们不容许被改变、被反驳和被否定。

如果这些硬核受到反驳或否定，整个理论体系就受到反驳或否定。放弃硬核就等于放弃建筑在这个硬核基础上的整个理论体系。例如，地心说是托勒密天文学体系的硬核；万有引力定律是牛顿力学体系的硬核。如果它们遭到否定或反驳，相应的理论大厦就会倾覆。保护带是指一组附属性假说或假设，这些假说或假设可以通过科学研究或经验证据来加以检验、证伪或拒绝。保护带的作用是保卫硬核不受经验事实的反驳或否定。保护带本身可以被修改、调整和替换。反面启示法是指禁止人们把经验反驳的矛头指向硬核。当硬核遭到攻击时，要尽力把攻击的矛头由硬核转向保护带，通过修改、调整和替换保护带来保卫硬核。正面启示法是指如何改进和发展科学研究纲领中的可反驳部分，通过调整和完善保护带来发展科学研究纲领。[5]

拉卡托斯认为，在硬核和保护带的基础上，每一个科学研究纲领都提出自己的研究主题和特殊的论据来形成自己的理论结论。他反对波普尔的朴素证伪主义的观点，认为理论是不能被经验证伪的，所以就一个孤立的理论或命题说它是科学的或非科学的是没有什么意义的，只能说一个完整的理论体系是科学的还是非科学的。在此基础上，他进而提出了一个明确的经验标准，既要有继承，又要有超越，从而推动理论向前发展。具体而言，他把科学研究纲领区分为“进步的科学研究纲领”和“退化的科学研究纲领”。如果一个科学研究纲领不但能够解释先前的或现有的科学研究纲领所预言的所有事实，而且还可以解释其他科学研究纲领所没有预言或不能预言的事实，那么，这个科学研究纲领就是理论上进步的科学研究纲领；如果它的解释和预言得到了经验证实，那么它就是经验上进步的科学研究纲领。相反，如果一个科学研究纲领面对新事物的出现而不能解释这些新事物，只是在过去解释的基础上进行修修补补，那么这个科学研究纲领就是退化的科学研究纲领。科学的进步过程和理论的发展过程就是用进步的科学研究纲领来取代退化的科学研究纲领的过程。[6]因此，按照拉卡托斯的科学研究纲领的方法论，一种科学研究纲领的科学性可能不是一劳永逸的。在某个时期，一种科学研究纲领是科学的，但随着时间的推移，它可能不再是科学的，它就从进步的科学研究纲领滑落到退化的科学研究纲领。比如在自然科学中，进步的科学研究纲领取代退化的科学研究纲领的例子有“日心说”取代“地心说”。

上述的“研究纲领”是拉卡托斯科学研究纲领方法论的核心。根据他的方法论，区分一个理论体系科学与非科学的标准本身是动态的、历史的，因为世界是随着时间的推移而不断发展变化的。一个研究纲领最初可能不如与其相对立的研究纲领更进步，但是它可以通过发展完善成为进步的研究纲领。一个研究纲领的科学性可能不是永恒的，如果它不能随着时间的推移而不断发展的话。如果一个研究纲领一度是退化的，但是通过调整其保护带，修正一些假说或假设，它又可能变成进步的研究纲领。因此，一个理论体系的科学性是和“发展”联系在一起的。[7]换句话说，理论的发展不是一个完全取代和否弃的过程，而是多种理论相互竞争并不断修正完善的过程。

总之，科学研究纲领方法论为评估科学理论发展提供了一套客观的评估标准，设定了方法论规则，使得学科的发展更加科学与严谨。科学理论的发展史上存在不同的研究纲领，任何一个研究纲领都由若干理论组成，这些理论之间存在明确的连续性和理论的继承性。决定这种连续性的第一个因素是这些理论所共有的硬核，即它们共同认可的若干假定和假说。任何理论都是建立在一套相应的概念体系和假设前提基础上的。这些概念体系和假设前提设定了理论争论的空间，形成了研究的独特视角和特征，决定了所研究的问题的意义和重要性。由此可见，评价研究纲领的首要任务是识别该纲领的硬核，寻找该纲领的成员理论共同认可的假定和假说。

第二节　美国俄罗斯学的两大研究纲领及其批判

拉卡托斯科学研究纲领方法论将理论的发展视为多种理论相互竞争并不断修正、补充、完善的过程，而不是一个完全取代和否弃的过程，同时各个理论相互联系、具有严密内在结构的完整理论体系。20 世纪是美国俄罗斯学得以创立和迅速发展的世纪，也是俄罗斯研究理论流派出现、争论与分歧的世纪。所谓理论流派是对有关俄罗斯研究的基本问题或某个时期重要领域的问题持有相对一致的立场、观点的专家学者所形成的科学共同体[8]，或者是指一些俄罗斯问题研究专家学者在追随某个先驱者和理论领袖的基础上发展起来的一种理论体系。不同流派的理论体系和立场观点具有各自的特色，从而可以根据某些标准把它们区分开来。

据此界定并结合上文的详细梳理，我们可以将美国俄罗斯学的理论流派大体可以划分为两类，即极权主义学派与修正主义学派。根据科学研究纲领方法论，极权主义与修正主义可以被视为美国俄罗斯学的两个研究纲领。我们评价美国俄罗斯问题研究纲领的首要任务是识别该纲领的硬核，分辨出由附属性假说或假定构成的保护带以及正面和反面启示法。虽然拉卡托斯指出了研究纲领的四部分内容，但也有学者指出，真正能够辨别出一个独立的研究纲领、将其与其他纲领区分开来的核心要素就是硬核，因为保护带是根据保护硬核的负面启发和拓展硬核的正面启发而增设的，实际上其他三个部分都从属于硬核。[9]因此，识别美国俄罗斯研究纲领的关键在于识别它的硬核，也即寻找极权主义与修正主义研究纲领的成员理论共同认可的基本假定、核心概念以及对因果关系的解释。

极权主义理论是美国俄罗斯学最早形成的研究纲领，其理论内容包括对政权体制的基本假定，以苏联政治体系的静态性、垄断性、连续性和绝对性为核心概念，从国家政权体制类型来解释国家的内外行为。自阿伦特提出极权主义理论之后，有一批美国俄罗斯学的理论家在其理论基础之上进行本土化、完善、检验和修正，如卡尔·弗里德里克、兹比格纽·布热津斯基、默尔·芬索德、亚当·乌拉姆，沃尔特·拉克尔、亚力克斯·英克尔斯等知名专家学者，他们最终构建起一个俄罗斯研究纲领。在他们看来，极权主义理论的实质在于将苏联定性为一个极权主义国家，且其“极权性”难以改变，政治上实行一党高度垄断，执政精英控制民众暴露出苏联共产党执政的“反人民特性”，苏联的政治体系具有先天的延续性，高度意识形态化，个人崇拜盛行等。概况而言，极权主义理论成员共同认定的假定和假说包括：第一，极权专政区别于所有传统威权形式，具有广泛的社会基础；第二，极权主义区别于传统的专政，是最官僚化的政治体系；第三，极权体制的最大特征是借助恐怖活动来打击对手或敌人，甚至民众；第四，极权主义国家极为不稳定，推动不断的革命或战争；第五，相较于其他国家的政治领导人而言，极权体制的独裁者往往掌控巨大的权力。上述这些假说在很大程度上构成了极权主义的理论硬核。

20世纪50年代中后期开始，随着苏联内外政策的诸多变化，极权主义理论不能完全经受住现实的检验，难以解释苏联社会发生的新现象，存在一定程度的局限性，有鉴于此，对极权主义理论进行修正显得必要，也即为其增添保护带。在遵循研究纲领的内核前提条件下，试图通过研究问题转换来增添保护带，寻求解释苏联体制的其他途径，以便加强极权主义理论范式的理论描述、解释和预测国家行为的能力。这样的路径主要包括内部与外部的批评与修正，进而逐渐形成一套排他性的理论内核，围绕它聚集了一些展开逻辑演绎和经验实证研究的学者，从而与理论传统内的其他研究纲领相区别，具备了发展成为一个独立的研究纲领的潜力，围绕这一理论展开研究的学者严格遵循负面启示法、坚守理论的内核，同时，在正面启示法的指导下积极地拓展其经验内容、完善其逻辑链条，处于其他传统和纲领的学者不断发现与此纲领相反的经验事实，这促使纲领内的学者提出新的理论假说，增设保护带，以消解这些“异例”的冲击、防止其对理论的内核构成挑战。

从内部修正来看，20世纪60年代，包括汉娜·阿伦特、卡尔·弗里德里克、兹比格纽·布热津斯基、阿尔弗雷德·迈耶等极权主义理论的元老，要么再版之前出版的经典之作，要么出版一些关于苏联极权主义政治体系的主要特征的新著作，试图捍卫极权主义理论范式在美国苏联研究学界的主导地位。从外部批评与修正来看，作为对极权主义理论缺陷的回应，一些新的理论分析视角相继被美国学者提出来，比如，发展理论、现代化理论、官僚主义理论、管理型社会和克里姆林宫学等。这些多元理论视角的出现在一定程度上避免了极权主义理论的单一性所造成的理论的贫困，使斯大林去世以后西方苏联研究得以某种程度的“软着陆”，实现了从极权主义理论的内核向外延伸，或在极权主义理论范式内修外补，从价值观和方法论上对极权主义理论并不全盘否决。70年代末，国际形势变化和美苏关系的再度恶化，使得极权主义理论再度获得新的发展，毫无疑问，它作为一种研究纲领也继续在美国俄罗斯学研究界继续存在，并发挥着影响力。

修正主义理论是继极权主义理论之后出现的又一个有影响力的美国俄罗斯学研究纲领，它改变了极权主义的理论内核，以随机性、自发性、流动性和不彻底性为核心概念，重点解释苏联社会历史进程的诸多变化。修正主义理论形成最初主要由那些研究苏联社会内部冲突的专家共同推动，随后以罗伯特·塔克、摩西·卢因、斯蒂芬·科恩、亚历山大·拉比诺维奇等为主要代表的学者纷纷加入修正主义理论的建构行列。他们的出发点是对极权主义理论进行激烈的批评，都不赞同关于苏联社会单一线性发展轨迹，在承认十月革命、列宁主义、斯大林主义之间存在一定的延续性基础之上，他们提出不能够仅限于讨论很明显的共性特征，而是要找出在不同历史发展阶段的区别所在。到 70 年代，修正主义学派开始重点关注苏联的社会力量与社会进程。在这一研究方面，比较有代表性的专家学者包括：盖蒂、维奥拉、瑟斯顿、广昭、西格尔鲍姆等。这些学者的专著或文章在学界受到高度重视，并产生了较大影响。

20 世纪 80 年代中后期，美国俄罗斯学界的专家学者在学术期刊《俄罗斯评论》上，就苏联社会研究问题开展了两轮激烈的辩论，具有重要学术意义，得到美国苏联学界的好评。辩论的气氛非常激烈，甚至充满“火药味”，且参与辩论的学者的观点很多都站得住脚，以至于大家都认为，这样的研究对于理解苏联社会历史具有很多益处。特别是来自不同研究视角的新生代与老一代学者之间的辩论，对美国学界了解修正主义理论发挥了巨大作用。

需要指出的是，除了上述我们提到两个研究纲领通过纲领内问题转换与纲领外问题转换的形式来为理论内核增添保护带之外，还有一种路径就是纲领之间的对立与竞争。这种关系也就是库恩指出的“不可通约”，纲领之间的不可通约有可能是完全的、由于相互排斥的基本假定造成的，部分的、由于术语和议题的不同造成的。纲领之间的借鉴和吸收，研究纲领的发展也可以借鉴其他纲领的成功经验。[10] 20 世纪 70—80 年代，推动美国俄罗斯两大研究纲领发展的是极权主义纲领与修正主义纲领之间的对立与竞争，特别是修正主义理论学派大胆地向极权主义理论“宣战”，试图引导苏联历史研究的主攻方向转移到社会历史领域，从而获得美国俄罗斯研究界的理论主导位置。这也意味着，一个纲领在其初期是以单一理论的形式出现的，在发展出独立的理论内核之后，它开始成为研究纲领。由于纲领内和纲领外的学者都参与到对它的批评和修正中，纲领的发展以纲领内的问题转换和纲领外的问题转换两种模式进行，继而纲领之间既存在对立和竞争关系，也可以相互借鉴和吸收。

评价美国俄罗斯学的另一个重要问题是：极权主义与修正主义是进步的研究纲领还是退化的研究纲领？根据上文的界定，我们认为，在美国的俄罗斯学中，可以把20世纪50年代到60年代产生的极权主义研究纲领看作一个退化的研究纲领，因为它所预测的新事实，如静态性、垄断性、连续性和绝对性的效果，并未获得经验事实的支持。特别是面对苏联内外政策的变化，使得它既不能预测苏联社会各领域新现象的出现，也不能为导致这些新变化的原因提供合理的解释。之后，极权主义理论学派的支持者也仅是在过去解释的基础上进行修修补补。特别是在毫无任何思想准备的情况下，苏联的突然解体给美国学界都造成了强有力的震荡和冲击，极权主义学派中仅有极少学者预言了苏联解体，支持这一研究纲领的专家学者的洞察力是存在很大问题的。因此，极权主义研究纲领在很大程度上只能被视为一个退化的科学研究纲领。

修正主义研究纲领，以随机性、自发性、流动性和不彻底性为核心概念，在很大程度上解释先前的极权主义研究纲领没有预言的事实或不能预言的事实，推动对美国俄罗斯学的向前发展。因此，从这个层面而言，修正主义研究纲领可以被视为理论上进步的科学研究纲领。但另外一个现实是，并非修正主义所有的解释和预测都得到经验证实，特别是美国学界主要集中关注苏联“稳定性”、“成熟工业社会”、制度多元主义等问题，结果是多数苏联问题专家对戈尔巴乔夫执政后期陆续出台的激进改革政策所遇到的阻力以及伴生的风险毫无察觉，以至于苏联帝国居然顷刻崩塌，让他们措手不及，惊异不已。苏联解体之后，越来越多的档案材料和第一手材料的发掘，使得修正主义的一些论断也经不起经验的检验，因此，从这个角度来，修正主义研究纲领在经验上就是一个退化的科学研究纲领。

综上所述，首先，科学研究纲领方法论为我们评估美国的俄罗斯学发展提供了更加合理和客观的批判，体现出俄罗斯学发展历程的全景图式，比较符合学科中多种研究纲领并存、面临内部和内部的论争与批判、不断进行修正和完善的现实。其次，研究纲领为评估美国俄罗斯研究理论的修正设定了理论和经验的标准，这些标准可以用来评估理论内外的批判与修正合理与否。再次，研究纲领所设定的启发规则对两大理论的发展具有防护性和建设性的双层启发意义，尤其是正面启发法告诉理论家应该遵循哪些研究途径，如何改变、发展科学研究纲领，如何修改、精炼保护带，这有助于发现新的理论生长点。最后，研究纲领放宽了理论检验的时间，对理论之间的竞争和替代持宽容的态度，适合动态地审视学科发展。[11]

第三节　不同坐标系下的"转型范式"批判

虽然"转型学"可以追溯到20世纪70年代流行的现代化理论，不过不少专家认为，"转型学"太年轻，仍然无法确定转型的内涵及其研究主题，因此也很难纳入科学研究纲领的考察范畴。世纪之交，随着转型国家的政治制度的发展动力，以及全球政治格局的巨大变化，一些研究者注意到现有"转型"模式的学术弱点，它往往基于不太可靠的假设。[12]他们也比较了不同版本的转型学[13]，甚至对政治转型从专制政权到巩固的民主制度这一关键原则也提出了质疑。[14]美国耶鲁大学专家卡普斯金(Boris Kapustin)认为，转型学是一种将社会(主要是后共产主义社会)视为过渡性的非批判性指令。[15]对不确定性领域的进一步探索可能使"转型学"作为学科分支完全失去意义。

从转型的条件方面，研究者通常更关注一个国家的内部变化(或缺乏变化)，而不是其外交政策。一方面，这可以用转型研究社会经济过程的方式来解释；另一方面，影响意识形态和政府实践的相当一部分政治现实、社会状况及其与当局的关系，没有得到研究者的更多关注。俄罗斯研究政治转型的知名专家梅尔维尔提到了一个有利的国际环境(包括制度环境)，可以刺激从威权主义向更民主的政府形式转型，以及对民主的规范态度和民主理想的群众吸引力，经济上的低效率和威权主义的非法化，以及对民主机构和程序的实际试验[16]。他将外生因素对转型的影响定义为:外部环境的影响;融入主要国际结构和机构的程度;国际政治、经济和其他形式支持的规模。[17]

从现实变化来看,21世纪头十年前半期,对"转型学"和"转型范式"鼓吹的移植方法的失望已经相当明显,而且是相当具有反思性的。[18]一方面,其间不仅东欧国家,而且苏联的所有加盟共和国,都已经克服了转型期的经济衰退和政治动荡,进入了经济增长的轨道,获得了更稳定的政府和某种程度上运作的政治机制。这导致相当一部分人还没有准备好,也不打算按照被认为是吸收自由民主模式的机制和做法的最短和最正确的方式来行动。然而,十多年后的21世纪10年代末,情况再次发生了重大变化。21世纪头十年是欧亚大陆大多数后共产主义国家经济成功的时代,这与复苏的增长机会、有利的全球环境和不断进步的全球化有关,而10年代则是这些有利因素减弱或趋于减弱的时期(中欧和后苏联国家的平均增长率在下降)。到10年代末,大多数中东欧和后苏联国家的经济增长率已经从21世纪头十年的5.7%放缓到随后十年的2.6%。10—15年前被认为是走向西方模式的大多数转型国家和地区,要么发现自己陷入了逆转的趋势,至少部分拒绝了自由民主的理想(匈牙利、波兰),要么陷入了深深的沮丧和怨恨(保加利亚、波罗的海国家)。尽管在体制上成功地融入了大欧洲,但这些国家的人民感到被深深地边缘化,经历了重大的劳动力流失,特别是年轻和有前途的群体,使这些国家缺乏经济飞跃的资源,而生活水平仍然比一流欧洲低得多。

与此同时,美国学术界将转型理论用于研究当代俄罗斯,通常忽视俄罗斯的历史及其特征,更多将其视为这种乌邦托构想的"试验田"。[19]这是因为民主总是存在于具有独特政治文化和历史经验的特定国家。民主建设不能仅仅归结为对西方制度和做法的复制,每个社会都应寻求自己的民主理想实施形式,以最适合本国社会发展的现实和任务。此外,俄罗斯和后苏联空间的许多国家的民主转型经验证明了盲目追随"转型范式"的"食谱"是有害的。

按照"转型范式"的逻辑设计,苏联解体之后,俄罗斯本应成为从专制制度向市场化民主过渡的一个展示窗口。然而,几乎从一开始,俄罗斯的道路就偏离了预设的路线,后来又离它越来越远。俄罗斯专家指出，俄罗斯独特的地缘政治地位、军事政治上的“大国意识”、国家对主权至上的重视，以及西方的社会意识形态危机，这些因素的结合使俄罗斯的“转型”问题变得无关紧要。俄罗斯的转型将以它自己的方式进行，很可能要为其不可避免的转型寻找一个不同的坐标系。[20]越来越普遍的看法是，俄罗斯要么不能，要么不想这样做。[21]目前的“转型学”根本无法评估在俄罗斯展开的进程[22]，引发学界的质疑[23]。在对俄罗斯的民主进程如何发展的普遍失望中，几乎听不到更平衡的、更积极的评估。[24]

有专家指出，与“向西方转型”相伴的是俄罗斯国内政治进程中出现的“逆向转型”(reverse transition)：从 1990 年叶利钦号召俄罗斯各加盟共和国“能吞下多少主权就吞下多少”，到 2006 年苏尔科夫提出“主权民主”，再到 2012 年通过的“外国代理人法”“非政府组织法”等，其目标是打击外部势力对民主的“促进”和“援助”，以此减少外国对国家政策的影响。“逆向转型”的背后既与“转型范式”本身变化，也与俄罗斯转型进程中不变的主权观念是密切相关。可以说，主权概念是俄罗斯外交和国内政策的基础，而民主化和俄罗斯的身份(包括国家和民族)的相互影响，对俄罗斯公民和政府之间的“社会契约”的性质产生了重大影响。有关主权和身份的观点的结合也影响了“转型学”的一些方面，如合法性、正义、价值观的感知，以及最终意识形态的形成。由于俄罗斯所处的独特的外交政策条件，也很难将其与其他转型期国家进行比较。即使在苏联解体后，俄罗斯的国际地位急剧下降，社会经济崩溃，但它仍然是一个拥有联合国安理会否决权的核超级大国，并且是一个地缘政治规模空前的国家(占地球陆地面积的七分之一，同时拥有海洋和大陆资源)。这让人关注俄罗斯人民对其国家外交政策的看法。在这个意义上，自苏联时代以来，实际上没有任何转型。在俄罗斯，外交政策在公共生活中占有异常重要的地位……国家的国际定位及其在国际进程中的影响和作用问题对俄罗斯的大部分人来说仍然非常重要。[25]今天，人们普遍认为，无论从内部系统组织还是外交政策来看，俄罗斯都没有加入“民主世界”。

至于俄罗斯转型的前景，如果转型以一种简化的形式被理解为“西化”，它们可以被描述如下：当俄罗斯西化时，它将以俄罗斯的方式进行。[26]从更广泛的角度来看，西方将不得不承认，它与俄罗斯的对话不得不进行修改，不是因为“学徒”已经掌握了所有技能（或根本没有掌握）。这已经不是关键问题了。简单的原因是没有“学徒”，因为俄罗斯不再想成为“行会”成员并取得认可。[27]

基于上述评估，越来越多的专家认为“转型范式”遭遇巨大失败。过去二十多年的教训之一是，转型的处方只有在对民主转型的必要性有共识的社会中才会起作用，比如在中东欧、阿根廷、巴西和智利，由于各种原因，人们普遍认为借用西方制度是一件好事，因此，转型的进展相对顺利。相反，在俄罗斯则是另外一番场景。“民主转型”的失败被归罪于精英或个别领导人的独裁性质的表现。因此，通常以“转型范式”为指导的西方无法与以“主权民主”等相对主义口号来平衡民主化政策的领导人进行认真的讨论。

然而，“转型学”与“转型范式”的信奉者对这些问题不屑一顾，声称区分民主与非民主的标准是众所周知的：只要打开罗伯特·达尔、塞缪尔·亨廷顿或其他著名理论家的经典著作就可以了。不过，这些所谓标准远不是一门科学，因为它们包含价值判断。既然完美的民主不存在，那么自由主义教条的捍卫者最终不得不求助于信仰（例如，美国人相信美国是被选中的国家，被要求将民主之光带到世界各地）或受众的政治经验（美国比俄罗斯更民主）。但是，经历过不成功的民主转型的国家的人民所缺乏的恰恰是对民主的信念和在民主制度下生活的经验。根据他们自己的政治经验，更倾向于认为民主口号是空洞的宣传，其背后是经济和地缘政治利益。

“转型范式”的问题不仅在于将民主还原为一套制度，还在于将分析人为地限制在民族国家的框架内。许多西方的批评家都直接指出了这一点，他们强调，如果没有国际体系的民主化，真正的民主是无法实现的。此外，今天的世界，如果只是出于安全考虑，将民主制度限制在国家框架内是不可能的。西方的民主社会已经变得非常容易受到恐怖主义、网络攻击等挑战的影响。民主不能以任何有意义的方式停留在单一国家的边界内来定义。它不能被简化为一套制度或规则，因为这些规则要么过于抽象和模糊，要么过于注重特定国家或地区的经验，因此不适用于其他国家。[28]

与此同时,"转型范式"的破产并不否认当代自由民主是西方(欧洲)文明的产物,并借鉴了欧洲启蒙运动及其后各时代的历史和知识经验的事实。这种不可复制的历史内容仍然是民主对抗相对主义的最后一道防线,能够将真正的民主与各种"假货"区分开来。过去二十余年的历史特别清楚地表明,这种知识是不能还原为一套正式标准的。相反,它包括根据特定政治时刻的趋势和挑战,重新评估前几代人的经验的能力。

与"转型范式"密切相关的是作为比较政治学分支的"转型学",研究 20 世纪和 21 世纪之交各种政治变革的主要趋势,不再是为了建立一个普遍的民主化模式。转型被理解为一个"开放式的项目",涉及多种路径。"转型"概念把从以前的非民主国家过渡到另一个国家的任何形式或内容汇集在一起。在二十多年的"转型学"发展中,一种或另一种民主制度通常被假定为"转型"的最终结果,而现实表明这种结果很少能够实现。[29]因此,俄罗斯专家指出,对简化的"转型范式"的批评是有根据的,但从理论和方法上讲,将以"第三波民主化"为标志开始的政治变革的比较研究的所有内容简化为真正简化和肤浅的"转型范式"是不正确的。"转型学"研究的是现代性的多样化和多方向的政治变革模式,其目的并不是要构建一个普遍适用和普遍的民主化矩阵。实际上,"转型学"远远不能解释大多数转型国家的政治进程的具体方向。但"转型目的论"幻想的惨败并不意味着当代政治变革的比较研究这一主题领域的毁灭。因此,有专家特别指出,"转型范式的终结"并不等同于"转型学的终结"。当然,也有可能故意将"转型学"的主题领域缩小到一个线性的"转型学矩阵",然后对它进行批评。但这意味着对该子学科的内部动态、对某些错误假设的克服,以及对假设和解释模型的自我发展闭上眼睛。[30]

即使是美国研究民主问题的知名专家麦克福尔也认为,"转型范式"至少有两个基本假设是行不通的:(1)保守派和改革派力量的近似平衡导致的政治僵局的出路是为成功的民主化创造基础的契约;(2)作为精英妥协的结果,自上而下强加民主的想法。对于后共产主义国家来说,不是选择契约,而是选择用武力解决矛盾更具有特点,而出现的政权类型主要取决于政治变革的动力来自哪里。同时,不同群体之间长期的权力平衡导致某些种类的"混合型"政权的出现。[31]因此,试图将过去30年的所有政治变革轨迹纳入一个普遍的"转型范式"是不充分的,缺乏一个普遍的(超国家或跨国的)"转型范式",可以将各个国家的政权转型过程和政治变革的顺序和规律性概念化并充分预测。

"转型范式"的基本理论和方法论假设,即把当代政治转型解释为从专制政权到巩固的民主的运动,需要认真反思。转型往往不是指向自由民主的"矢量"转型,而是指一种类型的非民主政权向其他种类的非(新)民主政权的转变,这一事实并没有简单地引爆线性逻辑,而是提出了一项艰巨的研究任务,即制定一个新的政权变化概念框架和一个新的详细的、有区别的当代政治制度类型学。

总体而言,自21世纪初以来,西方政治学界有一种越来越流行的观点,认为"转型"概念已经耗尽其分析潜力,在被西方政治学界用来分析所谓"第三波民主化"中的转型后,实际上不是一种科学理论,而是一种意识形态的构建,一厢情愿的想法被当作现实。

与此同时,"转型范式"危机,甚至"终结"的原因,不仅在于该理论无法令人信服地解释几十个国家的民主转型失败的原因,而且还在于其与所宣称的实现全民民主的观点相关的根本基础被证明是错误的。与此同时,也需要看到,对20世纪90年代中东欧国家来说,"民主转型"理念在社会主义理想的破灭中起到了思想补偿的作用,给其追随者带来了希望,也即走西方的自由资本主义道路。事实上,这种理念的实际意义在于确保转型国家的最大开放性,并将其纳入世界资本主义分工的次等角色:一方面作为廉价但合格的劳动力、原材料和能源载体的供应商;另一方面作为西方商品的市场出口和危险生产废料的储存空间。因此,21世纪之初的地区政治现实越来越多地表明,这种为美国的"全球民主革命"政策辩护的"转型"理念已经过时,"转型范式"确实也需要重新修订。[32]

注释

1. David C. Engerman, *Know Your Enemy: The Rise and Fall of America's Soviet Experts*, New York: Oxford University Press, 2009.

2. Stephen F. Cohen, *Rethinking the Soviet Experience: Politics and History Since*

1917, New York: Oxford University Press, 1985.

3. 刘丰:《从范式到研究纲领:国际关系理论的结构问题》,载《欧洲研究》2006 年第 5 期,第 53 页。

4. [英] 伊姆雷·拉卡托斯:《科学研究纲领方法论》,兰征译,上海:上海译文出版社 1999 年版,第 67—78 页。

5. 保护带、反面和正面启发法的概念,参见伊姆雷·拉卡托斯:《科学研究纲领方法论》,第 67—69 页。方福前:《根据"硬核"和"保护带"来划分经济学流派》,载《中国人民大学学报》2004 年第 1 期,第 43—44 页。

6. 伊姆雷拉·卡托斯:《科学研究纲领方法论》,第 47—48 页、第 154—155 页、第 250 页。方福前:《根据"硬核"和"保护带"来划分经济学流派》,载《中国人民大学学报》2004 年第 1 期,第 43—44 页。

7. 方福前:《根据"硬核"和"保护带"来划分经济学流派》,载《中国人民大学学报》2004 年第 1 期,第 43—44 页。

8. "科学共同体"的概念由库恩提出,参见 I. Lakatos and A. Musgrave(eds.), *Criticism and Growth of Knowledge*, Cambridge: Cambridge University Press, 1970。

9. 刘丰:《从范式到研究纲领:国际关系理论的结构问题》,载《欧洲研究》2006 年第 5 期,第 61 页。

10. 同上文,第 65 页。

11. 同上文,第 66 页。

12. Stephen F. Cohen, *Failed Crusade: America and the Tragedy of Post-Communist Russia*, New York: W. W. Norton. 2000. Rudolf L. Tokés, "'Transitology': Global Dreams and Post-Communist Realities," *Central Europe Review*, Vol.2, No.10, 2000. Капустин Б. Г. Конец "транзитологии"? (О теоретическом осмыслении первого посткоммунистического десятилетия)//Полис. Политические исследования. 2001. №4. С.6—26. Carothers, Thomas, "The End of the Transition Paradigm," *Journal of Democracy*, Vol.13, No.1, 2002, pp.5—21.

13. Saxonberg, Steven and Jonas Linde, "Beyond the Transitology: Area Studies Debate," *Problems of Post-Communism*, Vol.50, No.3, 2003, pp.3—16.

14. Мельвиль А. Ю. Демократические транзиты/Под ред. А. И. Соловьева. М.: РОССПЭН, 2007. С.123—134.

15. Капустин Б. Г. Конец "транзитологии"? (О теоретическом осмыслении первого посткоммунистического десятилетия)//Полис. Политические исследования. 2001. №4. С.6—26.

16. Мельвиль, А. Ю. Демократические транзиты: теоретико-методологические и прикладные аспекты. Москва: Московский общественный научный фонд: Издательский центр научных и учебных программ, 1999.

17. Мельвиль А. Ю. Демократические транзиты/Под ред. А. И. Соловьева. М.: РОССПЭН, 2007. С.123—134.

18. Michael McFaul, "The Fourth Wave of Democracy and Dictatorship: Noncooperative Transitions in the Postcommunist World," *World Politics*, Vol.54, No.2, 2002, pp.212—244.

19. Stephen F. Cohen, *Failed Crusade: America and the Tragedy of Post-Communist Russia*, New York: W.W. Norton and Company, 2001, pp.44—45.

20. Fyodor Lukyanov, Alexander Soloviev, "The Curse of Geopolitics and Russian Transition," *Social Research: An International Quarterly*, Vol. 86, No. 1, 2019.

pp.147—180.

21. Stephen F. Cohen, "Russian Studies without Russia," *Post-Soviet Affairs*, Vol.15, No.1, 1999, pp.37—55.

22. Rudolf L. Tokés, "'Transitology': Global Dreams and Post-Communist Realities," *Central Europe Review*, Vol.2, No.10, 2000.

23. Steven M. Fish, "Russian Studies without Studying," *Post-Soviet Affairs*, Vol.17, No.4, 2001, pp.332—373.

24. Andrei Shleifer and Daniel Treisman, "A Normal Country," Working paper 10057. *National Bureau of Economic Research*, 2003.

25. Владислав Иноземцев. Несовременная страна. Россия в мире XXI века. М.: Альпина-Паблишер, 2018.

26. Michael Kimmage, "The People's Authoritarian. How Russian Society Created Putin," *Foreign Affairs*, No.4, 2018.

27. Alexei Miller and Fyodor Lukyanov, "Detachment Instead of Confrontation: Post-European Russia in Search of Self-Sufficiency", Report delivered at Bruno Kreisky Forum for International Dialogue, 2016.

28. Вячеслав Морозов. Наполовину выученный урок//Россия в глобальной политике, 2011. №6, С.124—135.

29. Мельвиль А. Ю. Демократические транзиты/Под ред. А. И. Соловьева. М.: РОССПЭН, 2007. С.123—134.

30. Мельвиль А.Ю. Демократические транзиты. С.123—134.

31. Michael McFaul. "The fourth wave of democracy and dictatorship," Paper prepared for the Annual Meeting of the American Political Science Association. San Francisco, 2001.

32. Ачкасов В. А. Транзитология-научная теория или идеологический конструкт?// Полис. Политические исследования. 2015. №1. С.30—37.

第六章

美国经验与构建中国俄罗斯学的启示

美国俄罗斯学百余年的发展历程对当下中国正在构建的区域国别知识体系具有较大启示意义。有鉴于此,我们既要对包括俄罗斯研究在内的中国区域国别研究的状况有一个清楚的认识,还要在借鉴和吸收美国俄罗斯学发展经验和教训的基础之上,进一步探索一条具有中国特色的"俄罗斯学"构建路径。

第一节　社会转型与区域国别知识体系重构

一、社会转型与人文知识体系的内涵及其相互关系

2016 年 5 月,习近平总书记在全国哲学社会科学工作座谈会上的讲话特别谈道:"历史表明,社会大变革的时代,一定是哲学社会科学大发展的时代。当代中国正经历着我国历史上最为广泛而深刻的社会变革,也正在进行着人类历史上最为宏大而独特的实践创新。这种前无古人的伟大实践,必将给理论创造、学术繁荣提供强大动力和广阔空间。这是一个需要理论而且一定能够产生理论的时代,这是一个需要思想而且一定能够产生思想的时代。我们不能辜负了这个时代。"[1]习近平总书记深刻地指出了社会转型和变革与哲学社会科学发展、人类社会进步之间相辅相成的紧密关系,呼吁广大哲学社会科学工作者要把握住新时代赋予的无限机遇,立足本职工作勇于担当、积极作为。习近平总书记的论述也表明,社会转型与知识体系之间存在密切的关联性。那么社会转型与人文知识体系之间到底是一种怎样的相互关系?在回答这个问题之前,首先需要界定一下"社会转型"与"人文知识体

系”两个术语的内涵。

当前,“社会转型”已成为学术界普遍使用的一个重要概念。一般意义而言,社会转型,至少包含两个层面的含义:一是国内层面,二是国际层面。国内层面的社会转型又有狭义与广义之分,有中国学者将其归纳总结为五种不同的理解路径,即(1)作为一种社会事实的“社会转型”,其在分析中把社会转型看作是一种客观的社会转变过程和一系列社会事实的存在;(2)作为一种价值取向的“社会转型”,其在分析中把社会转型看作是人类追求社会变化与发展的价值观念和行动理念;(3)作为一种社会行动的“社会转型”,其在分析中把社会转型看作是一系列社会行动所组成的社会行为和社会实践活动;(4)作为一种方法的“社会转型”,就像发展社会学一样,其在分析中把社会转型看作是促进社会变革与发展的一系列手段和方法;(5)作为一种理论范式的“社会转型”,其在分析中把社会转型看作一种分析社会变迁的宏观理论范式。无论是作为一种理论或方法的社会转型,还是作为一种社会事实、价值观念或社会行动的社会转型,社会转型最终都会体现在社会实践的整体性层面。[2]

有鉴于此,本书中的“社会转型”侧重于一个国家或文明体系内部的社会与制度转型实践。这样的社会转型,就激荡程度而言,有的通过战争、有的是通过总体和平方式来完成的;就政治内涵而言,有的是通过政权更替方式实现,而有的则是在既有政权格局之下推进的。国际层面的社会转型则是就更大范围而言,它首先表现为国际社会力量的分化与重组;也表现为从旧的整合机制向新的整合机制的过渡,并由此构成新的世界体系和世界秩序;还表现为国际社会治理的转型,即由传统的以国家治理为中心的全球治理过渡到由非国家行为体如国际组织、大众社会运动、全球市民社会等为主的、非保持现状志向的全球治理。[3]理论上而言,“社会转型”之所以得到学界的普遍性关注,主要是因为在世界历史长河中,无论就单个国家内部而言,还是就整体国际社会而言,都多次经历过权力、利益格局和治理方式的转型。一般而言,具有重大历史意义的社会转型,往往会是内部与外部两个层面的密切互动、相互作用。可见,“社会转型”这一概念对于描述和揭示国家内部和国际两个层面的社会结构所发生的一系列深刻变迁,具有非常重要的学术意义和现实价值。本书中的“人文知识体系”这一说法，主要是指正在重组背景下的人文社会科学整体及其知识体系本身出现的深刻变化，对其详细界定及内涵的探讨，参见本书第一章第一节的相关内容。

关于社会转型与人文知识体系之间的相互关系。无论是国际意义上，还是国家内部的社会转型，特别是近代以来的社会转型，大概都不可能脱离基于特定思想和理论的知识体系的推动和影响。[4] 从“大历史”的演进维度来看，任何社会转型的发起、延续或终止的过程中，总有这样、那样的社会理论与思潮的呼风唤雨。关于这一论断，习近平总书记在全国哲学社会科学工作座谈会的讲话中已经重点谈及：“人类社会每一次重大跃进，人类文明每一次重大发展，都离不开哲学社会科学的知识变革和思想先导。”[5] 美国耶鲁大学高级研究员、“世界体系”理论创始人、国际社会学学会前会长伊曼纽尔·沃勒斯坦曾经也再三强调，世界体系的转变与社会科学本身的重构和推动有着密切的关联性。例如，以欧洲为核心的工业化、现代化过程，扩而言之，整个资本主义的世界经济政治体系，正是在人文社会科学成功构建的前提下方得实现。[6] 反之，当代社会转型的丰富实践，又必然促使人文知识体系本身与时俱进。换言之，正是社会转型带来的无限张力和内驱力，使人文知识体系能够自我更新、不断完善，并逐渐成熟。由此可见，以各国国内政治经济变化与国际体系演进为体现的社会转型，必然要求人文知识体系的与时俱进和升华，也要求进一步提升本国的人文社会科学的水平与能力。

二、社会转型与重构人文知识体系的多重维度

基于上文对社会转型与人文知识体系之间相互关系的理解，本书选择具有代表性的两个最大的转型国家（中国与俄罗斯）作为案例，旨在进一步审视社会转型与重构人文知识体系之间的密切关系。之所以选择中国与俄罗斯的社会转型作为分析案例，主要基于这两个大国的最新一轮社会转型均发生在20世纪下半叶的新一轮全球化浪潮之下，不仅规模之大，而且颇具代表性，在很多方面都具有诸多相似性：既带来了国内制度的变化，引发出国际政治格局的变更，而且也激发了或正

在激发着思想文化和知识与学科领域的重大变革,不可忽视。

具体而言,中国的社会转型主要是指党的十一届三中全会以来推动的改革开放。这场深刻的社会变革,无论就其国内和国际意义而言,还是就其理论和学术含义来说,正在越来越受到人们的关注和讨论。俄罗斯的社会转型则是1989年到1991年的东欧剧变和苏联解体之后推动的大规模社会变革,无论就其国内政治经济制度变化,还是就其地缘政治的国际景观变化而言,包括所引起的思想领域的"震荡"而言,都对世界发展产生了巨大影响,迄今为止依然难以完全估量。就影响而言,中国的社会转型更多是发生在一个传统的东方古老文明中心,其所引发的世界经济政治结构性变化,则给国际、国内的既定体制都带来了前所未有的巨大冲击。而俄罗斯的社会转型主要发生在世界最大的一片东西方文明结合部。[7]为什么提出"东西方文化结合部"这一个概念,因为东西方文化结合部不仅是历史现象,也是迄今为止普遍可见的当代世界性现象。显然,像中国与俄罗斯这样来自不同历史文化背景之下的世界大国的社会转型,会对"人文知识体系"的重构产生不可忽视的重要影响,当然也提出了不同的时代要求。人们要对中俄两国的社会转型与人文知识体系重构的逻辑机理有一个更加客观成熟的认识,有必要找到一些分析进路和思考方法。有鉴于此,下文将选取不同维度对此进行一番考察,旨在为我国进一步构建成熟的人文知识体系提炼可用的经验与启示。

(一)维度一:强调主体性回归

这里指的是以中俄为代表的两种不同社会转型条件下的人文知识体系的构建,都有一个先是比较批判性的反思过程,表现出对以往传统或体制的否定性立场,然后经过一个阶段的反复折冲比较,都会出现重新评价在转型之前的知识体系的历史性回归,进一步强调构建本土知识体系的主体性。

就中国而言,早在新中国成立初期,我国哲学社会科学的知识体系构建就已经打上了深深的苏联烙印,深受苏联体制、苏联专家、苏联教材的影响。这与新中国推行"向苏联一边倒"的政策密切相关,有学者指出，这种政策旨在“发挥出双重功能：不仅可以解决新生中国政权的权力依托与国家安全问题，而且可以为中国输入支撑国家权力体系的现成理论。然而，随后中国与苏联的分道扬镳向世人表明，中国并不愿意臣服于苏联的意识形态权威与制度模式，中国试图维护自己国家的自主性与独特性”[8]。而以1978年十一届三中全会确立的改革开放为起点的新一轮社会大转型，则为中国引进西方理论创造了新的历史条件。所引进的西方理论遍及政治学、经济学、法学、哲学、宗教学、文学、语言学、社会学等多个人文社会学科，其译介高潮持续四十年之久，可谓一场重构知识体系的“新文化运动”。与此同时，越来越多的中国专家学者开始对西方理论进行反思，其中也不乏持否定态度者。有专家指出，近观40来年中国社会科学的演进：20世纪80年代中国社会科学展现出宏大理论一枝独秀的景象；90年代如火如荼展开的“反思80年代”运动，社会科学界的风气骤然转变，拒斥宏大理论的实证研究逐渐成为90年代以来的学界主调。这种变化，自然与中国社会的现代转型紧密联系在一起，当然也与中国社会科学的成长逻辑内在相关。不过，由于中国社会科学没有能力挣脱，甚至是自愿沉溺于西方社会科学的理论套路，呈现出令人十分忧虑的双失局面：一是足以在中国经验基础上对人与社会本性进行系统建构的宏大理论完全缺失；二是试图反映中国社会急遽变迁现实的经验研究，常常扭曲了人们仅凭常识就可以体认的中国现实，丧失了描述真实中国的微观能力。为此，在肯定我国社会科学取得进步的前提下，需要对其远远不适应中国社会变化需要，而且根本不能说明当下中国社会状况，且常常处于失语情形的痼疾进行不留情面的反省。[9]此外，还有专家观察到，改革开放后“引进”的西方理论更多是冷战产物，中国对西方理论背后的国际政治学考量认识不足，导致迄今依然很难孕育出超越这套理论的言说能力。[10]不过，需要指出的是，就我国哲学社会科学的整体发展状况而言，中国对西方打开大门的同时，并没有完全出现向“西方一边倒”的态势，相反，西方理论“涌入”中国，反而促使我国各界不断思想解放，在“摸着石头过河”过程中进而提出构建“中国特色的社会主义”，重点强调普遍性原则与本土经验的结合，大力坚持在开放创新中的独立自主性。这实际上就是我国在这轮社会大转型进程中，致力于构建本土人文知识体系的积极尝试。

就俄罗斯而言，早在戈尔巴乔夫改革时期就开启的社会转型，就已暴露出苏式知识体系存在的诸多弊端，而苏联的解体和冷战的结束，以及独立后的俄罗斯联邦新政府向西方“一边倒”政策，实际上宣告了苏联社会主义的终结和西方自由主义的“完全胜利”。当时福山提出的名噪一时的“历史终结论”就是西方这种“胜利”情绪的真实反映。但是20世纪90年代，俄罗斯试图通过融入西方文明大家庭的策略，包括引进西方理论，并没有导致新的知识体系被构建起来，相反，国家领导人发出令人担忧的警告：俄罗斯“正处于数百年来最困难的历史时期，大概这是俄罗斯近200—300年来首次真正面临沦为世界二流国家，甚至三流国家的风险”[11]。21世纪以来，在强调现代国家建构的背景之下，俄罗斯对包括苏联解体在内的历史经验教训进行总结的同时，更多地强调俄罗斯作为一个具有丰厚历史传统和独特文明特性的大国，以历史传统积累来强化其文明归属，稳固其生存发展和安全环境。例如，已有俄罗斯权威专家提出有关“社会科学的落后”是导致苏联解体的重要原因之一的新论断，在俄罗斯国内越来越多地引起广泛的关注和思考。[12]根据冯绍雷教授的亲身观察，苏联晚期的意识形态和人文社会科学的过于僵化保守、固步自封，乃至于整个高等学校、人文社会科学研究机构的萎靡不振，完全没有应对挑战的战略谋划，也没有主动加强主体性构建的思想高度，尤其是非常缺乏引导苏联改革、维持国家稳定的知识体系主体性的构建，很可能在苏联解体进程中是一个更为重要的原因。[13]正是考虑到这些惨痛教训，俄罗斯精英在生逢历史巨变之下，正在为推进自身主体知识体系的构建作全方位的努力。他们所要构建的不是一些相互独立的知识概念，而是要建立一个类似于“产业链”那样相互贯通的“知识链”（即宏大的国家知识体系），力图在多个重要领域之间筑起一道新的战线，以应对新一轮的艰难社会转型。[14]

（二）维度二：坚持多样进步间性

这里的“多样进步间性”是指多样性和进步性之间的间性关系。这也是法国著名哲学家、人类学家克洛德·列维-斯特劳斯穷尽毕生研究所得出的体认。他指出，多样性和进步性这两条最基本的原则之间孰轻孰重，何者更为重要，一时难以得出哲学上的结论，但关键在于这两者之间要进行沟通与交往，只有通过这两者才能摆正多样性和进步性之间的位置。他认为，文明的延续需要依靠不同文化之间的碰撞与沟通，而文化多样性也是使人类文明“得以良性发展的必要条件”[15]。据此逻辑，实际上，社会转型确实为转型国家提供了一个广谱来吸收世界先进文明，进而推进本土人文知识体系构建的极大机遇。要知道，社会转型背景下的人文知识体系重构，并不只是一个国家、一个民族的独创，而是在各国文明与思潮的相互交流与碰撞之后，所结出的丰硕果实。

就中国而言，早在一百余年前，王国维就曾提出“学无中西”的思想。其中，互文、互鉴是王国维本人一直倡导并身体力行的学术理念，因此，有学者指出，今天看来，这一问题被提出，本身就是中国学术现代转型的表征。在构建中国人文知识体系的过程中，西学催生了中国学术的现代转型，中国学术的现代转型借助了西学理论与方法。现代学术史也清楚地表明，无论专治中学还是西学，不以对方为参照便很难有现代意义上的突破，最多只能是某一传统论域的自然延展。[16]这一理念已经很好地体现在我国这一轮深刻的社会转型进程中。就俄罗斯而言，这样的多样进步间性表现得更加突出。俄罗斯本身是一个曾经花了几百年的时间、殚精竭虑地学习西方的一个欧亚国家。西方是其几百年来模仿与学习的对象。西方的学问和知识成为俄罗斯现代化的主要理论渊源。有一位北欧的学者曾经这样来总结苏联的失败，他认为，从俄国到苏联，一直有一个情结缠绕着这个国家，即这个国家过于关注从其他国家搬用和模仿意识形态，以此来代替自己的意识形态。这一批评虽然未必概全，但是却非常精到地指出了问题之所在。[17]可以说，俄罗斯现代化发展中的灵魂所在就是向西方学习，而这种学习也反过来推动了现代化国家的建构与发展。从这个意义上而言，多样进步间性完全可以成为一个有用的观察视角。

（三）维度三：重视内外间性

这里的“内外间性”既指社会转型的内外维度，也指内部与外部作为人文知识体系的间性结构。有学者指出，在人文社会知识的当前分科体制下，对内和对外知识之间基本区分的向度经常被淡化、被淹没、被忽略，因此，有必要将其关系凸显出来，有助于人们了解一国知识生产体系中内外知识的构成比例、组织机制与演变历程等。[18]与此同时，这种内外知识之间经常呈现出不平衡的发展特征，需要在两者之间寻求某种协调。从内部与外部的互动关系而言，中俄既重视两国的发展道路和模式的阐发，也侧重于考察本国发展经验特殊性之中所包含的、同自身的历史文化资源及其内在逻辑相通的普遍性价值和意义。这里不仅蕴含着世界发展对两国"现代性构建"的影响，而且也包括两国发展获得的经验教训，对世界范围内"现代性构建"的影响问题。这些相互影响是有赖于思想、文化和历史领域一系列知识体系的创建。与此同时，特朗普上台后重建美国与世界关系，把中俄视为战略竞争对手，很有可能造成又一个理论创造的繁荣时期。这样的趋势既值得警惕，也增添了中俄加快构建本国特色人文知识体系的迫切性。

具体而言，作为社会转型的内外间性主要体现为中俄两国内部转型和国际转型进程都进入全新的发展阶段。就内部进程而言，当前中俄两国面临的相似现实是：既要确保国家对发展的推动和维持稳定，又要发挥市场基础性作用，提高民主化决策水平。这是一个更为艰难的转型阶段。就国际进程而言，当前世界发展正面临深度变革和调整，传统守成大国整体实力下降，以中俄为代表的"新兴国家"则快速崛起，双方龃龉不断，世界处于权力弥散与失序的状态。这些变化的实质不仅是以美国为代表的西方势力的衰退，而且是几百年来西方所固守的意识形态、社会体制内部及其世界霸权战略路线的诸种结构性矛盾的集中暴露，当然这种危机也体现在西方所主导的知识体系层面。对中俄而言，当此两国内外发展的关键时刻，稳健有序地提出一套适于本国改革和发展需要，同时也与世界发展潮流吻合的人文知识体系，以此来激发和提升真正作为世界大国的创造性思想、理论和话语能力，显得尤为必要。

就人文知识体系的内外间性而言，中俄两国也面临着相似挑战。就内部而言，中国比苏联要早近十年接纳西方理论，其积极意义在于：不知不觉地挣脱了苏联反映论的压抑，中国知识界由此感受到苏联理论的简单化、粗糙，选择放弃苏联模式、接纳西方做法。然而，当前两国面临的普遍性问题是：依然习惯于就理论本身判断其真理性程度，缺少超越这套理论的能力。[19]就外部而言，后冷战时代的三十年来，西方失去了理论创新的现实压力，其表现就是当下世界变局和乱局给全球公共知识领域带来诸多挑战（如思想与现实的脱节和对立、各种意识形态之间的分歧和情绪化等），而多数国家的公共知识界面对这些挑战显得束手无策。在此背景下，中俄共同致力于重新认识和区分新旧要素的知识和理论，就重塑公共思想提供一些思考与探索，包括对西方概念和理论体系的反思，就显得尤为必要。为此，如何在个性与共性之间寻求这种内外间性的协调或平衡，也是一个有益的观察维度。

（四）维度四：紧跟时代性

一般来说，哲学社会科学是时代精神的体现，而时代性与社会转型既密不可分，同时也是构建人文知识体系不可回避的重大问题。这里更强调的是人文知识体系需要与时俱进，要侧重于学科知识的更新、改造与重塑。就当下而言，我们正身处这样一个伟大的时代，时代提出的问题是紧迫的、综合性的、全局性的、战略性的，为此，哲学社会科学工作者不能无动于衷、按部就班，不能散兵游勇、支离破碎，甚至局部突破都是难以胜任的，必须有一个整体性的大发展、体系化的大突破。[20]换句话说，这个伟大时代的伟大实践需要构建起基于本国实践经验的知识体系，去解释、去提升、去概念化、去理论化，对知识界而言，这显然是一项既光荣又艰巨的迫切任务。时代问题之于中俄两国而言，其意义非常大。

总之，当下社会转型背景下的人文知识体系重构，正处于一个新的关键时刻。需要指出的是，上述四种维度并非全貌，仅是提供一种观察视角，旨在进一步揭示社会转型与人文知识体系之间的相互关系及其背后的一些逻辑机理。与此同时，还需要指出的是，这四种维度并不是孤立存在的，它们之间是相互联系、相互交织的关系，且在社会转型进程中致力于共同推进人文知识体系的更新、改造，并逐渐走向成熟，进而保持强劲的生命力。

三、社会转型背景下的区域国别知识体系的重构

由于社会转型与人文知识体系重构的涉及面都非常广泛，且体系网络复杂，因此，这里仅选择我国区域国别知识体系构建问题进行分析和探讨，以期推动中国特色“俄罗斯学”的建构与发展。

前文的梳理表明，第二次世界大战后美国政府专门设立独立项目，在各大知名高校里投入大量的财力、物力和人力来推动美国区域研究，包括私人基金会也进入该领域。然而，随着冷战拉开帷幕和美苏两个超级大国之间的激烈竞争，几乎阻止了区域作为独立的国际关系行为体走向国际政治舞台的中心，它被笼罩在两极模式之下。换句话说，美国区域研究的主要对象是苏联，而不是其他区域，这可以从第二次世界大战后在美国兴起的苏联学最后成为一门“国家超级学科”可见一斑。因此，我们可以说，美国区域研究的重中之重是苏联及其所在的地区，而美国俄罗斯学的兴起主要源于区域研究。它是一门针对特定的地区和地区内国家进行综合性研究的学科，其研究领域包括区域内及其所属国家的地理、经济、社会、政治、历史、文化等各个方面。

与美国的区域研究不同的是，在中国更多地谈论区域国别研究，是指针对特定的国家或区域的综合性、全面性、深入性研究。近几年来，区域国别研究的作用越来越多地受到中国政府和学界的高度重视。政府层面，为贯彻落实国家教育规划纲要和党的十七届六中全会精神，服务国家外交战略，促进教育对外开放，教育部在部分高校和研究机构启动了区域和国别研究以及国际教育研究基地遴选与培育建设工作，力争将培育基地发展成能够为国家制定发展战略、政策措施提供智力支持的研究基地。首批获得教育部批准立项建设的区域和国别研究培育基地共 37 个。根据规定，教育部将对入选的研究培育基地每年给予一定的经费支持，经过约一年的培育建设，教育部将进行评估，最终确定正式的研究基地。教育部要求通过完善体制机制、加大政策引导、实施项目支撑、强化制度建设、注重调查研究等举措，努力构建基地建设和人才保障并重、基础研究和问题研究并行、研究对象和领域全面覆盖而重点突出、研究主体和方式多元开放而协作共享的区域和国别研究的新格局，并争取以实施国家层面的推进计划为牵引，实现区域和国别研

究的持续科学发展。可以说，区域和国别研究首次被提升到国家和战略层面，面临新的发展机遇。到 2021 年，教育部已经在全国高校设有国别和区域研究建设单位 444 家。同年底，“区域国别学”获批成为我国交叉学科门类下的一级学科，开启中国构建区域国别知识体系的新阶段。

从中国的区域和国别研究发展历程来看，它的发展与中国的国际问题研究有着紧密的关系，虽然从广度和深度上，前者大于后者。事实上，新中国的国际问题研究在很大程度上肇始于区域国别政治研究。20 世纪 60 年代初，北京大学、中国人民大学、复旦大学三所院校国际政治系的设置及其专业研究和教学分工便基本是按照亚非拉、苏联东欧和西欧北美而划分的。中国社会科学院的“国际片”除了世界经济与政治研究所为综合研究外，其他大致也是按照美国、日本、欧洲、亚太、俄罗斯东欧中亚、西亚非洲、拉丁美洲等主要国家和区域划分的。经过半个多世纪的发展，中国的国际问题研究有了长足的进步，同时亦存在这样那样的问题，不过区域国别政治研究在中国国际问题研究和教学中占有重要地位这一点依然没有大的变化。[21]

目前，我国的区域和国别研究基地正处于新的发展阶段，朝着建设国家智库的方向努力，区域和国别研究人才培养已初具规模和成效，但对于大部分区域和国别研究培育基地而言，培养区域和国别方面的高端人才仍然问题重重，在人才培养方向、招生与培养模式、学位设置与学科建设均存在一定的问题，突出表现为师生的再专业化等问题。特别是伴随着中国的崛起、海外利益的拓展和国际形势的变化，中国外交所面临的国际环境日趋复杂。对中国而言，无论是发展新型大国关系、经略周边，还是推动“一带一路”建设，都离不开对目标国、目标区域的深入考察和研究，这便对我国区域国别研究提出了新的要求，需要中国学界对区域国别研究的历史、理论和方法做较为系统的梳理和考察，并对未来我国区域国别研究的方向、议程和方法做出新的规划。令人鼓舞的是 2021 年底，国务院学位委员会印发的《交叉学科设置与管理办法(试行)》和将“区域国别学”设置为交叉学科门类下设的一级学科，这意味着包括俄罗斯学在内的区域国别研究迎来真正的“春天”，未来大有可为。与此同时，正如国务院学位办所指出的，学科交叉不等于交叉学科，学科建立有其自身规律，需要知识分化融合并形成相对独立的人才培养体系。[22]从这个角度而言，对美国俄罗斯学研究经验与教训的梳理，对我们更好地构建中国特色的区域国别知识体系具有较大的现实意义。

第二节　美国构建俄罗斯学知识体系的经验与启示

中国特色“俄罗斯学”的构建不应盲目遵循美西方的路径，但有必要考虑他们的发展经验和教训。通过对美国俄罗斯学的历史沿革和现状进行概括性归纳和梳理，主要总结出以下当代启示。

一、处理好政治与科学的相互关系

美国俄罗斯学的发展历程表明，政治和科学的成功互动更多存在于第二次世界大战后早期的一系列独特条件。一是，从政治来看，苏联学的研究成果主要服务于美国国家利益，是一种以应用研究为主的构建模式，其主要目的不再是比较超然的学术探讨。创立苏联学并使之在20世纪40—50年代获得空前发展的政府机构、基金会和大学，从一开始就强调这种研究迫切需要与国家政策联系起来。这种国家政策也使得一些优秀学生进入苏联研究，当然其中不少人(包括在高校接受苏联研究培训的政府工作人员)投身苏联学并不是对苏联研究的学术兴趣和热情使然，更多的是看到这门专业背后隐藏的职业安排机遇，尤其是与美国国家安全结合在一起。因此，到50年代，苏联学变成一门高度政治化的专业，学术界热衷于研究政治时事，富于十字军精神(学术传教士)。但是，60年代的美国苏联研究开始陷入“青黄不接”的周期。很多苏联学专家指出，导致这种危机局面的原因在于对苏联研究的财政资助持续减少，尤其是当苏联学成为美国越南战争之后国内通货膨胀、预算政策调整、内部事务优先方向改变的牺牲品时。先前大量资助苏联学的基金会和政府将其科学研究经费转向资助美国国内问题的研究。比如，多年来一直是苏联学研究主要资助方的福特基金会，将其对国际问题研究资助金额从1966年的4 700多万美金削减为1979年的

200多万美金，这也导致先前依赖这些资助的大学和科研机构无力得到新的外部资助来填补削减之后的真空。一方面，财政削减使得美国苏联学研究领域失去了过去20年吸引优秀学生的显著优势；另一方面，虽然新一代苏联学专家不仅积累了前期知识，且具备提出更加长远的研究设想能力，进而有可能改进美国对苏联政治、历史、社会、经济的研究水平，但财政资助的减少导致相关研究机构规模走下坡路，也很难找到施展之地。国家政策的调整显然对苏联学的后续发展产生了严重的负面影响。由此可见，在美国俄罗斯学研究领域，政治与科学之间的关系很难完全割裂。正如科恩所指出，一方面，需要承认苏联研究过度政治化确实对学术探讨产生了严重影响，尤其是导致对苏联研究的牵强附会，力求合乎政治口味的倾向，研究选题方面更是追求急功近利、立竿见影；另一方面，反对一切与政策相关的研究，并反对与政府建立联系的看法也不完全可取，尤其是那些抱怨政府政策的无知学者，因为这个时期的苏联学界更多是由于理想主义和深切关注而被政治化，而不是犬儒主义使然。[23]

二是，从科学研究角度来看，认清并处理好政治与历史的相互关系，对搞好美国俄罗斯学研究非常重要。以作为美国苏联学的思想支柱，并形成其总的前景及学术议程的政治与历史研究为例，科恩就指出，历史与政治是统一的研究课题，任何国家今天的政治生活，包括意识形态、制度、社会关系、领导人和权力机构，都是历史经验的直接产物。政治因素，如果被置于更广阔的社会、文化、历史因素的背景中，无疑是解释历史的基本组成部分。实际上，在最初的苏联研究中，史学与政治学几乎是没有分家的，大多数论述苏联历史的一般性著作出自政治学家的手笔，而即使是狭义的政治研究通常也是采用历史的分析方法。这是早期苏联学研究的一种长处，因为政治认识必然要求历史的认识。反之，不适当的历史分析必然会导致不适当的政治分析。政治分析不深深根植于对现实的历史认识，不是失之浮泛，便是流于谬误，结果形成“定论”，贻害无穷。具体到美国俄罗斯学的两大范式而言，从最好的方面来说，极权主义学派把局部的识见扩大为完备的公认真理。从最坏的方面来说，这种共识等于要略、空洞分析和虚假说明。盲目的偏见、标签、意象、隐喻和目的论，代替了实事求是的解释。[24]

三是，苏联学作为一门以多学科研究所蕴含的丰富思想为基础的学术专业，其学术生命的维持需要依靠不断地提出研究问题、敢于批评怀疑并进行修正。但是，多数时候正统派的研究者却把多样性和或然性排除在研究领域之外。在正统派那里，历史分析归结起来无非是这样一个命题：全部苏联历史必然贯穿着一种“完整的连续性”，从而大量排除真实的历史资料，这些材料冲击着传统、选择、转折点和因果关系。政治分析则集中于一种把其内政的极权主义逻辑强加于一个逆来顺受、听任摆布的社会统治方式。从而大量排除真实的政治资料，也即政治、历史、社会、文化、经济因素的相互作用；阶级、组织、集团、世代、意识和个性之间的冲突。这样的认知和潜意识的行为，不仅导致60年代苏联学研究的政治与历史研究的学术危机，也导致苏联学研究出现人才危机，许多优秀研究人才越来越多地选择改行，因为受到正统派错误认知的影响，也即既然一切重大研究问题似乎都已经给出了“完整”答案，那余下的研究无非就是重复已有研究的结论，抑或在此基础上稍加发挥，最后也就变成令人反感的陈词滥调。

四是，政治与历史研究应该以世界科学思想的最新成果为基础，研究者的主要任务是吸收它们，而不是不加区别地否定它们。针对用削足适履的办法，有选择地删减、简化，进而歪曲真实的历史过程，来发现虚假的连续性，科恩尤其指出这是不可取的，而是要强调历史研究说到底是“一种没有止境的论证”[25]。那些热衷于传播道德评价，寻找某种正在展开历史的必然性，试图以利用某种直接同现在挂钩的系统组织史实，以证实当前的政治状况。苏联学的极权主义研究的表现就是闭门造车式地搞历史与政治研究，目的就是呈现极权主义的内在必然性，忽视了作为历史政治与当代政治中变革的基础的社会因素的变化。

二、用学术多样化与广泛的学术议程来取代狭隘、单一的“共识与原则”

对20世纪30年代以来美国苏联学研究进行分阶段考察，可以发现一些值得关注的周期性现象，也即美国俄罗斯学的发展在“多样化—

单一性—危机—多样化”之间循环。

首先是30年代至40年代的苏联研究，虽然其规模不大，但可以从这些研究作品中发现各种各样的学术方法、多角度的解释和多元化的政治见解，既有对苏联持敌视的看法，也有同情苏联的立场，还有两者兼有的中立观点。很显然，早期的苏联研究遵循较为多样化的研究传统。

其次，40年代末到60年代中期是美国苏联学“走红”的新阶段，也即苏联学得以成长为一门专业。由于各种私人基金会和政府的慷慨资助，各种俄苏问题的研究项目迅速地从东部哥伦比亚大学和哈佛大学扩展到全国的100多所大学和学院。与此相关的管理机构、行政职务、院系学科、专业课程、各种类似的学生、出版刊物和图书资料等，如雨后春笋般涌现出来。也就是这个时间段，美国苏联学研究的多样化传统就此“销声匿迹”，取而代之的是单一性的僵化的研究共识。究其根源，显然与“冷战共识与使命”密切相关。科恩指出，没有哪个学术领域像苏联学那样同美国的政治与精神生活有如此紧密的联系。以大学为依托的苏联学也一直受到在美国内政外交中占有重大的几乎无法摆脱位置的苏联问题的决定性影响，也同好几代美国知识分子的最深刻的信念和政治记述有着直接的紧密联系。从这些大学里面产生了许多美国总统顾问、国务院官员、大使及顾问，就可见一斑。这个时期，美国学术界对苏联学研究的流行观点总是离不开陈旧的老框框，总是以一成不变的苏联制度、共识的政治答案、简化的历史解释为出发点，作为苏联学研究的正统派——极权主义学派——基本上垄断了对苏联研究的全部“话语权”。

三是，从70年代开始，一度欣欣向荣、蓬勃发展的苏联学研究开始出现危机局面，并一直持续到90年代末，这个阶段不仅苏联学发展陷入危机、积重难返，而且苏联学本身的学术效用也逐渐贬值。70年代出现的这种变化的背后，既与美苏关系缓和的国际大背景相关，实际上不仅打破了美国苏联学正统派提出的关于美苏“势不两立的分歧”的共识基础，也为修正派提出批评创造了机遇；还与苏联国内的政治变化有密切联系，尤其是赫鲁晓夫上台之后推行不同于斯大林时期的变革，这也使得美国苏联学研究者可以发掘越来越多的新材料，可以提出一些与正统派不同的看法。虽然这个阶段内修正派在批评正统派方面取得了一些影响力，但极权主义学派并没有销声匿迹，其对当代苏联政治研究的影响依然强大，其中一些专家学者也对修正派的观点和立场发起抵抗，试图维护其正统性。当然，也不能说修正派就没有任何缺陷，按照科恩的说法，美国苏联研究方面所存在的问题，有一部分是由于修正派政治学研究的缺陷造成的，比如，一些专家往往华而不实，行话连篇，例证不足；对方法论的争论压倒了对问题的实质性探讨；在研究社会政治或党国与社会之间关系方面也没有经历长期的概念上的探索；缺乏联系苏联政治现实与历史的发展，更不谈深入的研究。随着70年代末美苏关系再度恶化，正统派又开始复苏。而70年代以来苏联移民和流亡者的新高潮，导致对修正派的政治排挤变本加厉，因为这些人往往把苏联式的谩骂和粗暴指责带到西方苏联研究的学术探讨中。[26] 即使是苏联解体之后的90年代的美国俄罗斯学研究界，也普遍存在知识混乱现象，继续忽视俄罗斯独特的历史和经济状况，使得一些美国俄苏问题专家将这种“转型范式”视为“没有俄罗斯的俄罗斯研究”[27]。此外，90年代美国一些比较政治领域的研究者提出构建具有普遍主义的“转型范式”的雄心壮志，无论其有效程度如何，都完全“垂直”于苏联学时代普遍存在的、部分持续到今天的关于研究对象本身的特殊性的相当不同的想法，也即被理解为一种独特的现象，不适合普遍的历史和社会政治逻辑。关于俄罗斯、苏联和后苏联的经验与“普遍”模式和模型根本不相容的论点被复制和发展。这是一个一直未能未解决的大问题。在苏联研究的全盛时期，苏联的政治现实被正确地认为与西方政治学的概念和规范格格不入。这种模式得到部分重现，尽管它明显反对当代后苏联研究中占主导地位的“普遍主义”的悲情。但两难的局面依然长期存在：要么是社会政治进程的普遍性，要么是无端移植借用的其他学科的概念。[28]

四是，21世纪以来，美国俄罗斯学研究呈现出多元化的学术气象，似乎重新回到20世纪早期的研究生态。一方面，相较于90年代，这种多样化研究的回归，主要与俄罗斯和西方世界之间关系的恶化有很大关系，正如第二次世界大战后苏联学兴起时的情况一样。当时，苏联学作为知识和政治咨询的一个专门分支正在发展，更接近于地区研究。

尽管与历史学、社会学、经济学和文化研究在主题和内容上有重叠，但在理论和方法上，它们基本上是不同的学术世界。在概念和方法上，西方苏联学发现自己几乎处于一个特定的学科"贫民窟"，不得不打造自己的会议、期刊、客户、顾客和消费者。这种情况随着冷战的结束、苏联的解体和共产主义的结束而开始改变。然而，与俄罗斯关系的恶化使美国重新关注后苏联问题。另一方面，在比较政治学和整个政治学的理论和方法论上受过专业教育的新一代学者进入俄罗斯学研究，相应地，主导的焦点也发生了转变：从地区研究作为政治比较主义中一个特定的、有自我价值的领域，转变为把后苏联问题（主要是俄罗斯研究）作为检验和测试政治进程和发展的一般模式的案例之一来考虑。与经典的苏联研究相比，后苏联研究显然声称自己是政治学的"主流"，首先是在其理论和方法论基础方面。借用戴维·莱廷（David Laitin）的观点，即"后苏联研究对政治学的贡献是非常大的"[29]。2017年，针对美国关于"俄罗斯研究正在消亡"舆论，美国哥伦比亚大学研究后苏联政治的教授蒂莫西·弗莱（Timothy Frye）撰文指出，美国的俄罗斯研究正在蓬勃发展，而不是消亡，至少在政治学中，俄罗斯研究是活得很好的。他指出，政治学领域的旗舰期刊《美国政治科学评论》（APSR），仅一年内就刊登了四篇关于俄罗斯的文章。这是自1960年以来，从来没有在这么短的时间内，在美国政治学的旗舰杂志上发表了这么多关于俄罗斯的文章。在这一时期，APSR平均每年发表一到两篇专门讨论苏联或俄罗斯的文章。而其他主流期刊，如《政治学杂志》《世界政治学》《英国政治学杂志》《比较政治学》《后苏联事务》等，也发表了不少主题各异的俄罗斯研究学术论文，这还没有考虑到出版的许多关于俄罗斯的优秀学术书籍。这些工作大部分来自苏联解体后培养的新一代学者。在许多方面，对俄罗斯的研究已经成为政治学的主流，这比20世纪50年代和60年代初以来的任何时候都要多。有人指出，用于研究和培训的资金被大幅削减，这是事实，但情况并非完全暗淡。卡内基和平基金会向哥伦比亚大学、印第安纳大学和威斯康星大学麦迪逊分校的俄罗斯研究项目提供了大笔资助，以支持研究生对俄罗斯的研究。[30]

三、浓厚的政治意识形态对科学具有破坏性

冷战意识形态的形成，对美国的苏联研究可以说发挥的是支配性作用。对内的反共热和对外恐苏症的泛滥，构成美国苏联学的政治意识形态基础，且学术界很难置身事外。简单化的反共产主义共识，笼罩于美国知识界、学术界和教育界。这也导致不管是学校的各级人才培养，还是苏联研究的文献中，多数时候都充满了意识形态偏见和冷战时期的主导信念。分析、揭露并从思想上歼灭苏联宣传，成为这个时期经常性的话题。这种“冷战共识和使命”助长了美国苏联学研究方面一直站不住脚的学术共识的发展和长期存在，使得学术思想变得刻板、正统。到60年代美国苏联学研究机械地固守原来的教条共识开始受到动摇，也即作为苏联学研究的正统派——极权主义学派——遭受到修正派的猛烈批评，尤其指出极权主义学派忽视了丰富多彩的苏联现实、变革，进而提出需要摒弃传统思维定式，倡导与时俱进。科恩强烈呼吁，学术研究的真正使命在于超越表面现象，深入开掘，以批判性的眼光进行思考，尤其是以重新分析的眼光提出问题并作出复杂的综合解释，也即用新的探索并从更长期的观点对原来的答案提出商榷的过程。[31]具体到苏联学研究，要使真正的学术成为竭力捕捉不断变化、丰富多彩、错综复杂的苏联经验的各种观点、方法和解释的争鸣园地。

虽然有美国专家提出俄罗斯学不需要任何新的意识形态共识，只需要一个能容纳各种流派的宽松环境，但从美国百余年的俄罗斯学发展历程的梳理中，可以发现美国各界和广大民众中间存在着很多关于俄罗斯的固有思维定式(也即所谓一些政治意识形态共识)，它们在不同时代、不同阶段和不同领域都对美国对俄罗斯的认知产生极大影响。

一般而言，所谓思维定式，也称“惯性思维”，是由先前的活动而造成的一种对活动的特殊的心理准备状态，或活动的倾向性，在环境不变的条件下，定势使人能够应用已掌握的方法迅速解决问题，而在情境发生变化时，它则会妨碍人采用新的方法，消极的思维定式是束缚创造性思维的枷锁。[32]具体到美国政界与学界，冷战时期形成的很多关于苏联的消极思维定式深深地影响着美国对苏联的外交决策和两国之间的关系。比如，艾森豪威尔执政时期的美国国务卿杜勒斯就将苏联视为邪

恶的代表，将任何关于苏联的信息和任何苏联的行为都与邪恶联系起来，即使苏联做出合作的表示，他也不惜曲解事实；他还认为，俄国人是国际象棋大师，他们严密周到的设计，他们在国际舞台上的行动，就像他们在棋盘上筹棋运子一样，因此，苏联人也一样。美国总统里根对待苏联的强硬态度与古巴导弹危机给他留下的印象有关，后来就有了他将苏联称为“邪恶帝国”。诸如这样的消极思维定式，迄今为止仍然广泛地存在于美国各界，并继续对美国政府决策和广大民众对俄罗斯的认知产生消极影响，最终不利于俄美关系的长远发展。

美国著名国际政治学者罗伯特・杰维斯将上述行为称为“认知相符”，意指人们对世界的事物总是有一定的认识，这些认识保存在他们的记忆之中，形成人在接受新的信息之前的原有认识，并简单机械地将现实与历史对比，结果就会完全错误地认识现实，在他看来，这就是一种错误知觉。[33]事实上，这里的错误知觉在很大程度上与人的思维定式紧密联系，结果往往是这样的错误知觉导致国家之间关系的紧张与冲突，甚至是战争。

这方面的例子我们可以从冷战之后，美苏关系到今天的俄美关系的发展历程中找到很多，两国在长期的对抗、冲突和有限的合作过程中形成的大量思维定式严重地影响两国之间关系的发展，以及地区和世界的和平与稳定。比如，早在冷战时期，杜鲁门就这样说：“全世界自由的人民指望着我们支持他们维护他们的自由。如果我们领导不力，我们就可能危及世界和平——而肯定会危及我们自己国家的利益。”[34]这种反对共产主义的政策事实上就是一种思维定式，被看成是美国维护国家利益的主要信念。对于这些消极思维定式的形成在很大程度上来自美国的俄罗斯问题研究界，正是他们在长期观察、分析、解读和研究俄罗斯的政治和社会进程的过程中逐渐提出来的，然后通过各种媒介在美国国内大范围地传播，最终影响了美国民众对俄罗斯的认知。特别是第二次世界大战后被高度政治化和意识形态化的苏联学，将苏联“妖魔化”，使得冷战期间两国爆发长期性的对抗，甚至将它们推向核战争的边缘。虽然冷战结束后的90年代初期的俄美关系改善使得美国学界对俄罗斯的妖魔化得以减少，但随后两国之间的矛盾激化，使得一度被视为冷战遗产的传统思维定式再次回归现实世界中。虽然俄美两国领导人多次在不同国际场合宣称冷战结束，呼吁要跟上时代前进步伐，不能身体已进入21世纪，脑袋还停留在冷战思维、零和博弈的旧时代[35]，但综观冷战后美俄关系的发展立场，那些旧式的消极思维定式无时无刻不存在于美国的决策界和学界。由此可见，这些旧式的思维定式在很大程度上作为已被强化成为强国外交基础的意识形态，仍旧留在美国的俄罗斯研究中，成为美国与包括俄罗斯在内的其他非西方国家之间开展国际合作和国际合作交往中的一道难以跨越的门槛。

面对这些传统的消极思维定式，特别是涉及俄罗斯问题研究，如何找到解决之道成为学界需要重点思考的问题。在我们看来，关键还是要在解放思想方面下功夫，也即要树立摒弃传统思维定式的意识形态，防止以自己国内政治与社会进程的习惯性定式去判断对方的行为与对策。

四、构建跨学科的全新知识生产模式需要非常规的组织力

探索多元化、跨越学科限制的全新的知识生产新模式，也是美国推进包括俄罗斯学在内的区域研究的最初目标和共识，也即致力于多视角、多方法、多维度地分析和研究俄罗斯的内外政治与社会进程，只有这样才能够获得一个全景式的相对客观的俄罗斯。

不过，长期以来，学术界存在着两种相悖的意见：一种意见认为，特定的学者只能从其本专业出发去研究区域国别问题，至于其他门类的学科则不可能广泛涉及，更不可能做得好。比如，研究哲学的只能研究俄罗斯哲学，搞经济的只能从事俄罗斯经济研究。即便是多学科研究，也只能是研究各门学科的人在恪守本位式的参与下的一种简单集合。这种意见特别在传统人文学科领域比较多见。另一种意见认为，所谓多学科研究就是要像历史上的百科全书式的学者那样，一个人尽其可能涉猎不止一门，而是更多学科的知识，因为国际研究本身就涉及各个学科研究领域。[36]然后考虑到人文社科研究过程及研究成果产出具有更多国别性、民族性、地区性，更多受到该国该地区文化、宗教、历史、国家利益、地缘政治、价值体系、意识形态的深刻影响等特征，因此，在开

展地区与国别研究的过程中，多学科研究的必要性是显而易见的。

事实上，在人文和社会科学各门学科的形成与发展过程中，多学科和跨学科因素都已经发挥了重要的作用。真正意义上的多学科研究不仅是目的，也是一种手段，手段、目的之间存在着密切的关联互动。自人文社会科学诞生之日起，便不存在单纯意义上的专业研究，学科专业间在概念、理论、方法等方面的互相借鉴很早即已存在。如果我们把多学科研究的目的仅仅局限于此的话，其意义势必大打折扣。由此，多学科研究的真正目标应是学者游走于不同学科之间，寻找新的学术生长点，以解决人类社会面临的复杂问题。在具体的研究实践中，要多以问题为立足点，以问题所涉及的领域为线索，使用综合的方法开展研究，形成一种强烈的“问题意识”，并在学理探讨的基础上形成相应的对策。[37]

虽然多数时候能够意识到跨学科研究的必要性及其巨大效用，尤其值得指出的是“学科交叉融合是科学技术发展的重大特征，是新学科产生的重要源泉，是培养复合型创新人才的有效路径，是经济社会发展的内在需求”，但学界对交叉学科概念和内涵的认知还不统一，社会公众对其认同度还不够高，亟须政府进一步加强引导。[38]

从美国政府组织区域研究的经验来看，如果没有研究实践中的制度化，显然，跨学科就无法实现。不过，美国的问题在于科学管理部门始终无法制定有效的方法来支持跨学科的研究。很多时候，政府将构建地区综合知识的重任简化为专家小组的工作，这些专家实际上更倾向于研究自己的主题，导致组织化努力不足。与此同时，在此过程中推进区域研究的老大难问题也开始显现，如果说最初一段时间，项目团队能够保持一定的跨学科性，但几年后，学科的分歧开始出现在不同学科的研究人员群体，这导致研究团队主要依托大型合作项目开展跨学科合作，余下的合作由于没有类似于大项目制度上的保障，来自不同学科的研究人员多数时候限于集体午餐时围着桌子交流。[39]

具体到美国俄罗斯学研究，其在推进跨学科研究过程中的内在矛盾也逐渐累积：一是学科发展层面，美国俄罗斯研究机构所从事的主要学科（经济学、政治学、历史学、社会学、语言学）这时已经达到相当成熟，并开始明显超越其“区域”属性。美国俄苏问题专家恩格曼专门追溯了主导美国俄罗斯学的五个学科的发展历史，并指出面临的主要问题，也即它们的不同发展轨迹表现出俄罗斯学作为一个知识分支，正逐渐变得分散。[40] 二是方法论层面，区域研究作为一个独特的知识分支所构建的跨学科方法论基础开始逐渐被削弱，尤其是跨学科的文明研究方法不能按照最初的设计完全实施（文明研究法被指责充满了对特殊性的过度迷恋），而且越来越多地被意识形态浓厚的“现代化理论”[41] 的研究方法所取代，也即其研究越来越多地被“真正科学的”数学方法的应用、社会学模型的构建和大量历史资料的定量分析所取代；三是个人层面上，区域研究项目的参与专家也更多地对深化专业研究感兴趣，而不是对综合关注对象区域的知识感兴趣。此外，不同问题领域的专家数量也是不对称的，比如参与俄罗斯研究的社会学家人数就非常少，使得这方面的专家难以通过在俄罗斯学领域取得的研究成果去申请教授评聘。最终的结果就使得构建区域国别知识体系的任务进入一条死胡同，没能找到有效的出路。

第三节　构建中国俄罗斯学的可能路径

按照前文所界定的“知识体系”内涵的标准，很显然，中国的俄罗斯研究迄今还没有构建起真正属于本土的完整知识体系，任重道远。有鉴于此，结合上文总结的构建俄罗斯学知识体系的美国经验及其当代启示，同时基于前文社会转型与重构人文知识体系的多重维度视角，下文选择从主体性、多样进步间性、内外间性和时代性的多种角度，尝试探讨推进中国特色俄罗斯学知识体系构建的可能路径，以期抛砖引玉。

其一，强化主体性。不管是新中国成立初期，还是改革开放后，中国的俄罗斯研究先后受到苏俄理论、西方理论的深刻影响，然而这些理论多是第二次世界大战后所建构，或后冷战时代对其进行修补的“后理论”，这套理论是应对苏联系统的共产主义学说之压力，欧美各国联合成共同的“西方”，一致应对的结果，与欧共体应对经互会、北约应对华沙相呼应。随着冷战结束，西方理论也就意外地和“历史终结论”一样获得充分的合法性。但在后冷战时代，西方理论越来越多地饱受争议，成为学界关心的话题。以俄罗斯研究为例，一些所谓俄罗斯问题专家学者，既不懂俄语，也不了解俄罗斯的风土人情，却热衷于拿西方的理论模型来“套”俄罗斯问题研究，或是借用西方的话语来分析或研究俄罗斯，并没有去研究西方知识体系的那套生产逻辑，更未能回到历史语境而展开学理性的探究，尤其是把西方理论置于其产生和发展的情境中进行历史主义辨析。因此，要推进中国特色俄罗斯学的构建，首先需要解放思想，跳出“西方中心主义”的思维定式，经过严肃认真的研究，对俄苏时期无论是当前、还是历史问题，拿出我们自己的见解，特别是要思考西方知识体系是如何生产的，只有了解了这套生产逻辑，才会有针对性地去批判、解构，再到形成自己的研究理论、研究机制、研究方法，最后建构起有中国特色的知识体系。为此，有必要强化中国俄罗斯学的主体性建构，包括重视自身区域国别研究的历史传承。

其二，识别多样进步间性。在构建中国特色国别区域研究知识体系过程中，尤其需要进一步借鉴、反思传统与新兴学科，同时借助多学科方法和理论视角来审视当下的重大问题，这是一个必然出路，俄罗斯学当然也不例外。从多样进步间性维度而言，构建中国特色的俄罗斯学，尤其需要借助传统和新兴学科的客观观念和理论思潮。这方面可以吸取养分的来源就是对国外俄苏研究状况的梳理与总结，不仅包括欧美俄罗斯研究，也包括以日本、韩国等为代表的亚洲国家对俄罗斯的研究，最终目标是总结出有用的学科机理、客观的观点和方法、值得借鉴的学术规范，以期推动俄罗斯研究的深入发展。当然，也包括总结得失成败，从其他国家特别是西方大国在俄罗斯研究领域的进展和走过的弯路中取得借鉴。因此，站在一个客观和自主的立场上，去反思国外俄苏研究中的得失成败，显然有助于形成一种相对而言比较成熟的认知。为此，充分了解和把握国外学术界对于俄罗斯问题的立场和看法，探究其来龙去脉，就显得十分必要。

其三，明晰内外间性。弄清楚构建中国特色俄罗斯学的内外间性，其实质就是处理好俄罗斯研究的个性与共性关系。就个性而言，强调的是研究俄罗斯的政治、经济、外交、安全、文化、社会等方面的个案，也是为质疑、打破众多普遍性理论提供样本；而普遍性理论归纳恰恰是所有现代学科赖以存在的前提，换句话说，就是从众多个性中去寻求共性的努力。[42]虽然这一直是个难以调和的矛盾，且迄今为止依然争论较大，但适当地寻求一定平衡还是需要的。就如冯绍雷教授所言，在一个多元文明时代，能否全面而准确地把握犹如俄罗斯这样既有自己独特历史路径，同时又对总体世界历史进程产生深刻影响的国家和文明的演进进程，乃是决定这个多元文明时代的各个国家、各大文明主体能否和谐相处、合作发展的一个重要前提。俄罗斯国家千年历史的演进历程，显然既不能脱离人类社会发展的基本逻辑，又不能忽视其非常特立独行的个性。[43]所以，无论从外部还是从内部的视角来看（也即内外间性），对俄罗斯作为一个大国历程的叙事构建，还远未终结，有待学术界站在历史新高度，对以往有关俄罗斯的浩如烟海的记载和评说，来作一番系统的考察和总结。

其四，认清时代性。回顾中国改革开放历程，当时推动我国各个领域思想解放和对外开放进程，不仅是对于西方市场和民主法治体制的研究和引进，而且包括大量的对苏联和东欧国家的研究。冷战之后，中国学术界和决策研究部门已经在内部非常急切而系统地研究"社会主义国家的改革经验"。因为改革的实践，实际上在当时的苏联和东欧国家已经有几十年的经验积累和教训。对中国这样一个曾与苏联有着千丝万缕联系的国家而言，要进一步推进改革开放，原苏联加盟共和国的实验和挫折有着重要的参照意义。[44]这实际上就是时代性的具体体现。现如今，新的时代再次来临，"华盛顿共识"和新自由主义路线的体制转型模式受到了严重质疑，以市场和民主法治建设为主要内容的传统体制转型过程，应该如何与本土历史文明特征相结合？应该如何确保国家主权的实现？应该如何与有效管理和有序推进的现代化模式相匹配？这一系列问题，基本上都能够在推进俄罗斯研究过程去探讨和总结，且能找到俄罗斯式的解决方案，毫无疑问，对我方也大有参照的裨益。

今天的俄罗斯研究涉及政治、经济、历史、文化、语言等多个专业门类，且以多学科的方式进行，因此，不仅在国际研究的领域，人们正在普遍地思考如何改进传统的地区国别研究领域的状况，使之适应高度动态中的国别与地区事务的变化；而且人文社会科学领域正在严肃思考如何进行学科的构建与配置、分化与组合，在这一重要时刻，通过对构建中国特色的俄罗斯学的分析，进而探讨当代人文社会科学的发展逻辑，也是一件具有相当普遍意义的事情。

总体而言，建构中国特色的俄罗斯学知识体系还只是刚刚开始的一项工作，无论是研究的深度，还是理论、方法的创建，都还有很长的一段路要走。本书仅是对此话题进行初步探讨，很多构建知识体系方面的内容远未涉及，还大有进一步加以细化和推敲的余地，这可以作为新的研究工作来开展。

注释

1. 习近平：《在哲学社会科学工作座谈会上的讲话（2016 年 5 月 17 日）》，北京：人民出版社 2016 年版，第 8 页。

2. 文军：《社会转型与转型社会：发展社会学的中国观照及其反思》，载《中国社会科学评价》2017 年第 4 期，第 27—28 页。

3. ［日］星野昭吉：《全球政治学——全球化进程中的变动、冲突、治理与和平》，刘小林、张胜军译，北京：新华出版社 2000 年版，第 295—298 页。

4. 引自 2018 年 9 月 29 日，华东师范大学俄罗斯研究中心主任冯绍雷教授在上海社会科学院主办的"改革开放四十年：中国的原创性理论——实践与未来挑战"学术研讨会上的发言。

5. 习近平：《在哲学社会科学工作座谈会上的讲话（2016 年 5 月 17 日）》，第 3 页。

6. 阎光才：《从断裂到整合：当代人文社会科学的社会功能变迁——兼论沃勒斯坦的后现代社会科学观》，载《重庆社会科学》2004 年第 1 期。另可参见［美］伊曼纽尔・沃勒斯坦：《现代世界体系（第四卷）》，郭方等译，北京：社会科学文献出版社 2013 年版。

7. 冯绍雷：《东西方文明结合部：俄国研究的一个基本分析范畴》，载《俄罗斯研究》2012 年第 6 期。

8. 任剑涛：《寻找中国的位置：70 年中国政治学国家主题的显隐》，载《中央社会主义学院学报》2019 年第 3 期，第 55—56 页。

9. 任剑涛：《宏大理论回归与中国社会科学的双赢诉求》，载《社会科学》2017 年第 6 期，第 3 页。

10. 引自 2018 年 11 月 3 日，首都师范大学林精华教授在教育部人文社会科学重点研究基地华东师范大学俄罗斯研究中心主办的，以"俄罗斯欧亚研究的学科理论与知识体系构建"为主题的青年学者工作坊上的发言，发言题目为《当代西方人文学科理论及其国际政治学考量与全球影响力问题》。

11. 普京：《千年之交的俄罗斯》，载《普京文集》，徐葵等译，北京：中国社会科学出版社 2002 年版，第 16 页。

12. Кара-Мурза С. Г. Российское обществоведение: становление, методология, кризис. М.: Алгоритм, 2016. Кара-Мурза С.Г. Между идеологией и наукой. 2-е изд. М.: Научный эксперт, 2014. Кара-Мурза С. Г. Кризисное обществоведение. Часть вторая. Курс лекций. М.: Научный эксперт, 2012. Кара-Мурза С.Г. Кризисное обществоведение. Часть первая. Курс лекций. М.: Научный эксперт, 2011.

13. 引自 2018 年 9 月 29 日，华东师范大学俄罗斯研究中心主任冯绍雷教授在上海社会科学院主办的"改革开放四十年：中国的原创性理论——实践与未来挑战"学术研讨会上的发言。

14. 冯绍雷:《大历史中的新定位——俄罗斯在叙事—话语建构领域的进展与问题》,载《俄罗斯研究》2017 年第 4 期。

15. 克洛德·列维-斯特劳斯:《种族与历史:种族与文化》,于秀英译,北京:中国人民大学出版社 2006 年版,第 9 页。

16. 赵宪章:《文学理论知识体系的间性结构——基于我国改革开放以来的学术史》,第 6 页。

17. 冯绍雷主编:"国外俄苏研究丛书",上海:上海人民出版社 2018 年版,总序。

18. 刘青、牛军:《区域和国际研究:关于历史和"原理"的思考——牛可副教授访谈》,载《国际政治研究》2018 年第 5 期,第 123—125 页。

19. 引自 2018 年 11 月 3 日,首都师范大学林精华教授在教育部人文社会科学重点研究基地华东师范大学俄罗斯研究中心主办的,以"俄罗斯欧亚研究的学科理论与知识体系构建"为主题的青年学者工作坊上的发言,发言题目为《当代西方人文学科理论及其国际政治学考量与全球影响力问题》。

20. 谢伏瞻:《加快构建中国特色哲学社会科学学科体系、学术体系、话语体系》,第 8 页。

21. 王缉思:《中国的地区国别政治研究:历史、理论与方法》,载《国际政治研究》2016 年第 5 期,第 9 页。

22.《国务院学位委员会办公室负责人就〈交叉学科设置与管理办法(试行)〉答记者问》,中国政府网,2021 年 12 月 6 日,http://www.gov.cn/zhengce/2021-12/06/content_5656046.htm。

23. Stephen F. Cohen, *Rethinking the Soviet Experience: Politics and History Since 1917*, New York: Oxford University Press, 1985.

24. Ibid., pp.2—15.

25. Ibid., pp.1—2.

26. Ibid., pp.36—42.

27. Stephen F. Cohen, "Russian Studies without Russia," *Post-Soviet Affairs*, No.1, 1999, pp.37—55.

28. Мельвиль А. Ю. Выйти из "гетто": о вкладе постсоветских исследований/Russian Studies в современную политическую науку//Полис. Политические исследования. 2020. №1. С.22—43.

29. David D. Laitin, "Post-Soviet Politics," *Annual Review of Political Science*, No.3, 2000, pp.117—148.

30. Timothy Frye, "Russian Studies is Thriving, Not Dying," *The National Interest*, October 3, 2017, https://nationalinterest.org/feature/russian-studies-thriving-not-dying-22547.

31. Stephen F. Cohen, *Rethinking the Soviet Experience: Politics and History Since 1917*, pp.1—3.

32. 冯忠良等:《教育心理学》,北京:人民教育出版社 2010 年版。

33. 罗伯特·杰维斯:《国际政治中的知觉与错误知觉》,秦亚青译,北京:世界知识出版社 2003 年版,译者前言。

34. 资中筠主编:《战后美国外交史——从杜鲁门到里根》(上册),北京:世界知识出版社 1994 年版,第 60—61 页。

35. Алексей Фененко. Военно-техническая модернизация и «циклы» сближения между США и Россией//Международные процессы. 2011. Т. 9. №2. С.40—57.

36. 冯绍雷:《跨学科背景下的俄罗斯问题研究》,载《俄罗斯研究》2007 年第 1 期,第

2 页。

37. 赵俊芳:《人文社会科学研究的"后专业"转向》,载《光明日报》2007 年 12 月 7 日。

38. "国务院学位委员会办公室负责人就《交叉学科设置与管理办法(试行)》答记者问",中国政府网,2021 年 12 月 6 日,http://www.gov.cn/zhengce/2021-12/06/content_5656046.htm。

39. David C. Engerman, *Know Your Enemy: The Rise and Fall of America's Somet Experts*, p.8.

40. Ibid.

41. 周嘉滢:《美苏意识形态分歧与经典现代化理论的形成》,载《史学月刊》2021 年第 6 期,第 102—109 页。

42. 初晓波:《日本地区研究的论争与发展》,载《国际政治研究》2018 年第 5 期,第 55 页;于铁军:《日本特色的地区研究及其对中国的启示》,载《国际政治研究》2018 年第 5 期。

43. 冯绍雷主编:"国外俄苏研究丛书",上海:上海人民出版社 2018 年版,总序。

44. 同上。

附 录

一、美国俄罗斯学的主要研究机构

美国百余年的俄罗斯学发展进程中还构建起一系列保障俄罗斯研究的制度与机制，主要包括学术团体、高等院校、科研机构、图书馆等，它们在推动美国俄罗斯学发展和俄罗斯问题专家的培养方面也发挥着重要作用。

（一）推动美国俄罗斯研究的主要学术组织

美国斯拉夫研究促进会(American Association for the Advancement of Slavic Studies, AAASS)[1]

美国斯拉夫研究促进会，作为非营利性、非政治性的学术团体，是有关俄罗斯、欧亚、东欧和中欧研究的权威组织。美国斯拉夫研究促进会由美国学术协会委员会创建于1938年，当时名为斯拉夫研究委员会。十年后更名为美国斯拉夫研究促进会，此后致力于将发展斯拉夫学科的学者聚集起来，这一学科涉及斯拉夫文化、历史、语言、区域经济与政治制度等领域。

美国斯拉夫研究促进会以加强从事斯拉夫研究的个人、组织与团体之间的联系为己任，为它们提供研究支持，保证专业人才的培养、出版物的发表及所研究区域的知识传播。在美国斯拉夫研究促进会的对外声明中，强调对俄罗斯、原苏联加盟共和国、东欧和中欧国家的研究比以往任何时候都更加重要。作为世界最大区域，其面积占世界领土的四分之一，并拥有世界四分之一的人口，目前正经历严峻的政治、经济改革。对这些国家的人民、历史、语言、文化及转型中的经济、政治的了解，是形成良好的国际政策的必要因素，也对评估文化的丰富性、地区的多样性极其重要，最终有助于拓宽对人类经验的认知。

美国斯拉夫研究促进会有九个地区分会，覆盖美国不同地区，便于举办学术会议、科学和教育活动。每个组织选派一名代表进入区分支委员会，区分支委员会成员轮流成为美国斯拉夫研究促进会会长。具体而言，美国斯拉夫研究促进会的地区分会包括：中央区斯拉夫研究会（作为第一地区分部，成立于1962年，包括密苏里州、堪萨斯州、科罗拉多州、内布拉斯加州、艾奥瓦州和俄克拉荷马州）、中大西洋区斯拉夫研究会（包括来自纽约州、新泽西州、宾夕法尼亚州和特拉华州的近100多位研究者）、中西区斯拉夫研究会（包括来自美国中西部各大州的研究人员，每年召开一次春季会议）、新英格兰区斯拉夫研究会（每年出版一期或两期《NESA学报》，召开一次春季例会）、落基山区斯拉夫研究会（每年出版一期或两期《RMASS学报》，召开一次春季例会）、南方斯拉夫研究会（每年出版两次学术公报，定期召开成员年度会议）、西南部斯拉夫研究会（每年召开成员年度会议）和西部斯拉夫研究会（出版西部斯拉夫学会通讯，并召开年度秋季例会）。

美国斯拉夫研究促进会还拥有28个分学会，它们在斯拉夫研究中专注于特定的主题和研究领域。比如，美国乌克兰研究学会、斯拉夫研究女学者学会、古斯拉夫研究学会、斯拉夫和东欧民间文学研究学会，以及东欧、俄罗斯艺术和建筑史学家协会。

美国乌克兰研究学会（AAAUS）。该研究学会旨在通过学术交流、学术会议、学术成果、跨学科和比较研究等方面促进美国的乌克兰研究。每年出版三期《信息学报》。

斯拉夫研究女学者学会（AWSS）。该学会的主要目标是基于中欧、东欧和原苏联加盟共和国的文化及语言背景下研究性别问题。学会对在这一领域研究的女研究者提供支持，每年出版五期《信息学报》。

古斯拉夫研究学会（EASS）。该学会作为一个非营利学术组织，通过学术交流、学术会议和学会刊物的发表来传播早期斯拉夫历史的研究信息。

斯拉夫和东欧民间文学研究学会（SEEFA）。该学会为非营利组织，主要保障斯拉夫和东欧民间文学的研究，以及与此领域相关的其他研究，如历史学、人类学、民族学和语文学。学会组织国内与国际学术会议，促进学术交流和举办暑期培训班。研究学会每年出版两期《斯拉夫和东欧民间文学研究学会新闻》和《斯拉夫和东欧民间文学研究学会期刊》，同时会将文章上传到斯拉夫和东欧民间文学研究学会官网。

东欧、俄罗斯艺术和建筑史学家协会(SHERA)。加入这一协会的成员有老师、学生、学术研究者、图书管理员、对俄罗斯文化和原苏联加盟共和国、中欧和东欧地区人民感兴趣的博物馆工作者。该协会支持改善研究条件的努力和建立成员之间的联系。每年出版三期《东欧、俄罗斯艺术和建筑史学家协会学报》。委员会的结构组成方便成员之间的有效合作，其中包括图书编目委员会、文献资料委员会和教育委员会。协会所有的活动都由设在哈佛大学的中心办公室进行协调。

美国斯拉夫研究促进会各分会的国内外会员有近五千名，重点面向学术团体、政府间组织和事业单位的工作人员，但会员资格对任何有志于推动促进会学术目标实现的人都是开放的。个人会员缴纳的会费与收入水平成正比。该会的所有会员都可以获阅《斯拉夫评论》和《新闻简报》，并可参加研究促进会的年度会议。

对俄罗斯、中欧和东欧研究感兴趣的机构，都有机会成为研究促进会的集体会员。近100所美国机构通过成为美国斯拉夫研究促进会的会员，为斯拉夫研究贡献自己的一份力量。美国斯拉夫研究促进会集体成员资格对所有大学、学院及其他机构开放，只需对斯拉夫问题研究感兴趣。这使得教育机构在研究促进会中占据重要地位，并熟知全国范围的研究成果与问题。从团体成员处得到的年费，用来帮助美国斯拉夫研究促进会对从事这一领域研究的人员提供学术服务和专业服务。美国斯拉夫研究促进会的成员机构委员会，目前由各成员机构代表组成，每年秋季在不同城市参加全国促进会年会。全国促进会年会论坛，旨在促进学术信息和学术思想的交流，激发研究工作的深入推进。

美国斯拉夫研究促进会还参加国际学术会议工作，尤其是中东欧研究国际大会。与会者包括来自世界各地的斯拉夫研究专家。当国际研究大会在美国举办时，美国斯拉夫研究促进会也是大会的组织者。

美国斯拉夫研究促进会的会员制，保障研究者在期刊《斯拉夫评论》发表论文的机会,同时期刊的订阅客户也是促进会会员。美国斯拉夫研究促进会的学术季刊《斯拉夫评论》致力于对俄罗斯、欧亚和东欧问题的研究,内容包括与斯拉夫学术问题相关的研究文章、文学评论等。世界各地近 1 500 家的图书馆是它的订阅客户。《信息学报》(*NewsNet*)为半月刊,内容包括专业学术材料、本会新闻、提供研究支持的信息等。读者悉知近期会议日程,能够获得最新研究目录和评论。

从 1956 年开始,由美国斯拉夫研究促进会引领,美国国务院、科学研究与交流国际组织(IREX)及匹兹堡大学俄罗斯与东欧研究中心支持的美国斯拉夫和东欧研究图书索引(ABSEES)编纂工作持续进行。该索引收录了北美对东欧、俄罗斯和原苏联加盟共和国的所有研究。其中既有期刊文章、书籍、书评、论文的文献记录,也包括政府公告的记录,其电子版可供各大学院、大学和图书馆使用,只需缴纳电子库年费即可。

在每年的全国大会上,美国斯拉夫研究促进会为最出色的会员颁发斯拉夫研究杰出贡献奖,同时也为前一年出版专著的作者颁奖。

美国斯拉夫研究促进会与其他专业学术组织合作密切,如美国历史学会、美国政治学会、美国社会学会和现代语言学会。

美国历史学会(American Historical Association, AHA)[2]

美国历史学会建于 1884 年,为非营利性组织,旨在促进历史研究、史料和展品的收集与保存。美国历史学会目前是美国规模最大的历史学家团体,有 14 000 名会员,其中包括中学老师、大学老师、历史学家、博物馆学专家、政府机构工作者、图书管理员和档案管理员等。历史学会对历史学科研究方向的人才实行有效的教学、专业计划。

美国历史学会发行大量期刊,供专业研究者及普通大众使用。美国历史学会的期刊《美国历史评论》,是美国史学界最具权威的专业学术刊物,每年出版五期,由印第安纳大学卢明顿分校出版。《美国历史评论》的内容包括当前历史研究领域的学术文章和评论。

美国历史学会的信息学报《前景》每年出版 9 期。信息学报内容包括有关历史学家、重要事件和发展趋势的文章和评论,有关美国历史学会的学术会议、研讨会、新研究方向、活动安排、奖励和补助等方面的信息。

美国政治学会(American Political Science Association, APSA)[3]

美国政治学会建于1903年,是专业的政治学学术团体,从事政治和政府机构活动研究。美国政治学会四分之一的会员在政府部门、私人研究机构工作。政治学会把来自世界各地80多个国家的15 000名政治学家聚集起来,展开对政治学各领域的研究。该政治学会致力于传播对政治和政治生活的个人认识。

美国社会学会(American Sociological Association, ASA)[4]

美国社会学会建于1905年,为非营利性学会,旨在促进社会学研究、培养专业研究人才。目前拥有14 000多名会员,其中大多数是来自高校的学生和老师、研究者及社会学家,有20%的会员在政府部门、企业或其他非营利机构工作。社会学会内部有44个分会,刊发10本期刊。美国社会学会(ASA)每年举行一次学术会议,有近6 000人参加。该学会的目标是完成纲要计划,对当前和未来社会学的发展产生显著影响。

现代语言学会(Modern Language Association, MLA)[5]

现代语言学会拥有9 000多名从事语言和文学研究的教师、学者、研究生,并就人文学科刊发多本期刊,每年举行年度会议。

美国国际教育委员会(American Councils for International Education, ACTR-ACCELS)[6]

美国俄语教师协会(ACTR)成立于1974年,是专门针对东欧、俄罗斯和欧亚国家的非营利性教育组织及咨询组织。俄语教师协会的项目包括专业培训、学术交流和研究工作,为其成员提供材料、技术支持和咨询服务。

俄语教师协会成立后,其主要活动集中在促进俄语和英语语言研究领域的发展。该协会的主要目的是加强研究者和语言、文学老师团体之间的联系，尤其在美国、东欧和欧亚大陆不同国家工作的研究者和老师团体之间。在 20 世纪 80 年代中期，随着俄语教师协会的逐步发展，成立了美国教育和语言研究协会（ACCELS），并成为促进人文和社会科学交流的先锋组织。1998 年，该协会更名为美国国际教育委员会（ACTR-ACCELS）。

目前，美国俄语教师协会以及美国教育和语言研究协会作为委员会的分支部门一直存在。美国俄语教师协会是主要针对美国公民的教育、教学和研究项目的专业协会。美国教育和语言研究协会的功能是通过对东欧、俄罗斯和欧亚大陆国家提供技术帮助，进而组织学术交流的进行。

美国国际教育委员会为美国和外国政府机构、教育机构制定教育和教学计划，组织进行专业交流、培训项目，如举行学术会议和座谈会。美国国际教育委员会在不同国家有 47 个办事处，有近 430 名专家在其中工作，与原苏联加盟共和国有 15 项交流项目。每年都有来自美国和独联体国家的 3 000 多名公民和 700 多家教育机构，参加美国国际教育委员会的年度例会。

学者国际交流协会（Council for International Exchange of Scholars, CIES）

学者国际交流协会协调与国际教育研究所的活动，是致力于协助富布莱特项目的私人组织。该协会与美国新闻署（USIA）和负责富布莱特项目的美国政府机构合作。从 1999 年 10 月起，美国新闻署隶属于美国国务院。

富布莱特项目是世界规模最大、声望最高的国际交流项目，它是由来自阿肯色州的前参议员威廉·富布莱特提出，国会通过后于 1946 年建立。富布莱特项目的目标是增进美国公民与其他国家公民之间的相互理解。该项目为美国和外国的学生、老师及学者提供资金，帮助他们出国学习、研究和教学。选拔要求是根据申请者的专业知识、科研能力和潜力、与其他文化代表者分享经验和想法的意愿。每年富布莱特项目的资助人数为 4 200 人，从 1946 年至今，已有 22 万人获得资助，其中美国人有 8.2 万，其他国家代表有 13.8 万。

国际研究与交流协会(International Research & Exchange Board, IREX)[7]

国际研究与交流协会为非营利性组织,旨在促进美国、原苏联加盟共和国、中欧与东欧国家的研究项目和教学项目的深入发展。国际研究与交流协会支持研究项目的进行,组织学术会议和研讨会。国际研究与交流协会与各大学研究团体、政治家、企业家、大众传媒和私人基金会合作。通过扩大国际信息资源通道,促进人文和社会科学的实用研究,这是国际研究与交流协会的目标之一。国际研究与交流协会与其合作机构欧洲国际研究与交流协会(IREX Europe)一起,在世界50多个国家提供跨学科交流项目和专业咨询。

社会科学研究协会(Social Science Research Council, SSRC)[8]

该协会建于1923年,作为一个独立的非政府的非营利性国际组织,旨在深化社会学科领域的研究。通过提供资助、支持学术交流、举办跨学科研讨会和学术会议、刊物发行等方式,实现任务目标。为提高社会学科领域的研究质量,社会科学研究协会鼓励人类学家、经济学家、历史学家、政治学家、社会学家、统计学家等不同学科的研究者,在重要概念和方法论问题上通力合作,通过跨学科研究得到新发展。社会科学研究协会支持来自美国和其他国家的社会科学家的工作,使他们能够找到新的科学方法,回应现代和历史问题的挑战。

(二)推动美国俄罗斯学研究的高等院校系统

美国《高等教育法》中指出:(1)在当今世界充满挑战的复杂环境下,美国的安全、稳定与经济活力取决于美国在世界范围内的各研究基地,取决于拥有外语、区域和国际关系知识的专家和公民;(2)随着通信技术的进步和国际区域问题的增加,掌握其他国家的语言和知识变得至关重要,成为促进各族人民之间相互理解和合作的重要条件;(3)世界政治经济的急剧变化,对其他大多数国家民族和人民的认知成为必然。

国际教育项目作为高等教育法的组成部分,指出美国政府、高等教育机构和私营部门要通力协作，共同促进世界区域信息的传播、完善外语研究和国际关系研究。国家向美国教育机构拨款，努力促进研究机构和项目的发展，提供出国留学和从事科研的机会，并协调各方行动。

随着项目实施，国际教育项目已成为专业培育从事俄罗斯、东欧和欧亚地区研究专家的有力工具，向20多家著名的从事俄罗斯、欧亚和斯拉夫研究的研究机构提供资助，如哥伦比亚大学、康纳尔大学、乔治敦大学、华盛顿大学、哈佛大学、印第安纳大学、俄亥俄州立大学、斯坦福大学、密歇根大学、北卡罗来纳大学、匹兹堡大学、得克萨斯大学、弗吉尼亚大学、威斯康星大学等。

哥伦比亚大学哈里曼研究所(Columbia University, Harriman Institute)[9]

哈里曼研究所是美国第一家从事俄罗斯、苏联、后共产主义国家跨学科研究的专业研究机构。它组建于1946年，当时为俄罗斯研究所。从1954年开始，开始加入对东欧和中欧的研究。1982年，为表示对州长威·埃·哈里曼的尊重，研究所以他的名字命名为哈里曼苏联研究所。1992年，研究所拓展了研究领域，涵盖所有原苏联加盟共和国的研究，最终更名为哈里曼研究所。从1997年开始，研究所与东欧和中欧有实力的研究所合作，促进对后共产主义地区的经济、政治、社会和文化的高质量研究。

俄罗斯研究所始建于国家和国际社会发生根本变化的时代，美国需要专家对东欧和苏联正发生的事件进行解析。如今，美国需要应对原苏联加盟共和国和社会所发生的前所未有的事件和面临的新挑战。研究所发扬创始人精神，对该区域进行批判性研究，培养新一代专家，让他们能够做好迎接当代世界挑战的准备。

康奈尔大学欧洲研究所(Cornell University, Institute of European Studies, IES)[10]

欧洲研究所负责协调该校有关欧洲问题和原苏联加盟共和国问题研究的院系与部门之间的活动。欧洲研究所是康奈尔大学从事国际项目研究的领头组织。

康奈尔大学图书馆中有关斯拉夫和东欧的文献典藏丰富。这些典藏收集工作持续近一个世纪，发起人是康奈尔大学第一任校长安德鲁·德克森·怀特、尤金和斯凯勒。如今图书馆的典藏有30万卷，每年还有1万卷的更新。其中俄语文献和侨民文献的收藏尤为显著，为斯拉夫语言学家、俄罗斯历史学家、俄罗斯和东欧经济学家的课题研究提供资料。同时，还有波兰、塞尔维亚、克罗地亚、捷克、斯洛伐克等国家的相关资料。资料刊发语言为当地地区语言，涉及内容广泛，从经济、民族学问题到儿童教育和城市规划问题。

乔治敦大学欧亚、俄罗斯和东欧研究中心(Georgetown University, Center for Eurasian, Russian, and East European Studies, CEREES)[11]

乔治敦大学欧亚、俄罗斯和东欧研究中心建于1959年，当时的主要目的是对苏联进行研究。苏联解体之后，对原超级大国关注的焦点转移到对各区域不同文化的研究。研究中心的活动也多样化。研究中心隶属于埃德蒙·A.沃尔什外交事务学院。研究中心也与土耳其研究所共同开展有关土耳其研究的项目。

中心拥有美国国内最优秀的硕士课程项目，专注于对该区域的历史、政治、语言和文化研究。研究中心每月出版一期《信息学报》。中心两年的课程计划，旨在培养专业人才，为他们在科研机构、教育机构、政府部门或政府部门的工作做好准备，课程计划专注于对该区域的历史、政治、语言和文化研究。

首都华盛顿为从事俄罗斯、东欧国家研究的大学生创造了特别有利的条件。美国国会图书馆、威尔逊中心、凯南研究所内藏有丰富的学术资料，很多杰出的美国学者及外国学者都在此工作。中心还积极参加乔治敦大学的活动。在学术讲座和研讨会上，学生与来自中欧、东欧和原苏联加盟共和国的专家、外交官进行学术交流。2008年，成为国家资源中心(National Resource Center, NRC)。

乔治·华盛顿大学欧洲、俄罗斯和欧亚研究所(George Washington University, Institute for European, Russian and Eurasian Studies, IERES)[12]

为支持学术研究，以及加强对苏联、中欧、东欧和东亚区域研究的人才培养，乔治·华盛顿大学于1961年成立了中国和苏联研究所。

鉴于社会主义阵营的剧变，1992年初，研究所更名为欧洲、俄罗斯和欧亚研究所，其研究领域涉及政治学、经济学、历史学、社会学以及它们的交叉学科。乔治·华盛顿大学内藏有丰富的学位论文和学术期刊杂志，对所有研究者开放，可以在斯拉夫、东欧和亚洲阅读室阅览。

该研究所出版期刊《后共产主义问题》，原名为《共产主义问题》。期刊内容既有书评、史评，也有资料的分析与讨论。1990年，该所成为开展美国和俄罗斯之间交流项目的主导机构，组织两国的学生、学者和外交官进行交流合作。该研究所也加强对乌克兰的研究和研究专家培养工作。为此该所也参加与利沃夫大学的交流合作项目，主要面向教师和研究生。

2000年，成立了冷战史研究中心，致力于研究冷战时期的世界历史，以及冷战遗留问题对很多国家经济和政治进程的影响。

研究所还与威尔逊国际学术中心合作，共同开展"冷战"项目研究，让东西方学者来解密那段不为人知的历史档案。欧洲、俄罗斯和欧亚研究所加入了华盛顿大学和图书馆的国际性协议，从而使其研究人员和学生可以使用其他协议成员的资料。

哈佛大学俄罗斯、东欧和中亚研究的国家资源中心(Harvard University, Davis Center for Russian and Eurasian Studies)[13]

为支持区域和语言课程研究，向学生提供资助，以及扩大图书馆馆藏，哈佛大学1973年建立了国家资源中心。由美国教育部拨款促进该中心的发展。为促进哈佛大学俄罗斯研究的发展，NRC REECAS与戴维斯中心合作紧密。

结合区域和历史背景，加深对俄罗斯的认识，这是戴维斯中心的主要任务。该中心支持对这些国家的研究：与俄罗斯相邻的周边国家，或者在不同时期隶属于俄罗斯的国家，以及与俄罗斯发展进程相似的国家。戴维斯中心创建相应的学术环境，提供优质的资源和服务，并对这些问题研究给予帮助。在社会、文化研究方面，不同学科之间相互融合、借鉴，以此来促进对研究课题的理解，这是制定与俄罗斯、东欧和中亚(REECA)区域研究相关研究方案的先决条件。

从1993年开始,戴维斯中心与NRC REECAS通力协作,致力于开展对中亚和高加索地区的研究。从1995年开始,随着福特基金会为促进哈佛大学研究和培养中亚区域研究的专业人才提供大量资助,提高了研究项目计划实施的可能性。中心开始开设区域研究和语言研究课程,为访问学者提供帮助和支持。乌兹别克斯坦、哈萨克斯坦、吉尔吉斯斯坦、塔吉克斯坦和土库曼斯坦是研究的主要对象。然而,由于这些国家与周边区域息息相关,所以,项目也从事对高加索和俄罗斯伊斯兰教地区的研究。深化对中亚国家所面临的社会、文化、政治和经济问题的理解,是该项目的主要目的。构建新的政治结构、发展独立自主的经济、寻找新的民族认同是该区域的关键问题。有关中亚研究的资料收集,哈佛大学图书馆是世界收藏最丰富的图书馆之一。

1997年,开始实行"哈佛大学冷战史研究项目"(CWSHU)。冷战结束和苏联解体从根本上改变了档案资料的状况,之前未公开的档案向研究者开放。该项目旨在利用现存资料公开的机会进行研究,并促进现有成果的深化。从1992年开始,"冷战国际史项目研究"和华盛顿国家安全档案馆通过新解密的档案资料归纳分类,率先支持档案研究,鼓励学者进行科研活动。

该项目也旨在支持和深化国际历史课题的研究。为实现此目标,采用的主要手段之一是资助学术刊物出版的发行,其中包括刊发丛书系列和冷战问题研究的新期刊。哈佛关于冷战的研究丛书系列于1997年问世,期刊的首次发行是在1999年。哈佛大学为原苏联加盟共和国、东欧、中欧及世界其他地区的解密文件建立了电子数据库,学者也可获得缩微照片和照片复印件。

印第安纳大学俄罗斯和东欧研究所(Indiana University, Russian and East European Institute, REEI)[14]

俄罗斯和东欧研究所建于1958年,位于印第安纳大学布卢明顿校区。研究所进行语言问题和区域问题研究,为老师和学生从事研究和发表学术作品提供帮助。第二次世界大战期间,印第安纳大学就已经开始了对东欧语言的研究。俄罗斯和东欧研究所由联邦政府拨款,并从福特基金会和梅隆基金会获得研究经费。从研究所毕业的专业人才在美国、东欧和原苏联加盟共和国的政府部门、学术机构工作。

目前，来自18所院系的100多名老师与研究所合作。俄罗斯和东欧研究所协调进行关于俄罗斯和东欧研究的最大学术项目之一。该研究所的学术季刊为*Reefication*，期刊中有新研究资料、教科书、研讨会信息的介绍，旨在促进老师、学生和毕业生科研工作。

有关斯拉夫和东欧国家的图书馆馆藏资源，是构成学术研究的重要基础。与美国其他大学的合作协议，以及与世界其他大学的国际交流协议，使布卢明顿图书馆可以享受其他学校的资源，使其成为美国藏有俄罗斯研究资料最丰富的图书馆之一。20世纪90年代末，有关斯拉夫研究的馆藏资料已多达55万册图书，1 800多种期刊。其中约90%的书籍和期刊都是原文资料。同时，图书馆还拥有电子资料资源，包括俄罗斯国家书目的光盘、苏联共产党档案的缩微胶片、电子期刊数据库(EBSCO)。

俄亥俄州立大学斯拉夫与东欧研究中心(Ohio State University, Center for Slavic and East European Studies, CSEES)[15]

该研究中心由特瓦罗克教授于1965年建立，列入国家级资源中心，由国家提供资金。中心开设研究课程，向图书馆提供额外资金，对与国外大学的交流项目提供资金支持，从而促进东欧和斯拉夫研究工作的开展。该研究中心还进行校外工作，为老师组织语言、社会学科年度研讨会，在地区学校开设课程，举办商务研讨会、区域研究学术会议，以及出版信息学报。

俄亥俄州立大学图书馆有关斯拉夫和东欧研究问题的收藏有50万册。专门的收藏室中藏有俄罗斯、波兰、克罗地亚和保加利亚的文集，斯拉夫语的参考书刊和学术期刊。

斯拉夫与东欧研究中心有一个专门的影片收藏馆，里面收藏了1 300多部电影和录像，影片语言有英语、俄语、波兰语、亚美尼亚语、爱沙尼亚语、捷克语、格鲁吉亚语、匈牙利语、罗马尼亚语、塞尔维亚—克罗地亚语、斯洛伐克语、乌克兰语、乌兹别克斯坦语和希伯来语。斯拉夫与东欧研究中心出版跨学科季刊《俄罗斯评论》，致力于研究俄罗斯与东欧国家的历史、文化、政治和社会生活。《俄罗斯评论》是一本独立杂志，获得俄亥俄州立大学支持，由布莱克威尔（Blackwell）出版社出版。

斯坦福大学俄罗斯与东欧研究中心（Stanford University, Center for Russian, East European and Eurasian Studies, CREEES）[16]

该中心成立于1969年，它的主要任务是支持并促进俄罗斯与东欧的跨学科研究。俄罗斯与东欧研究中心协调教学与研究工作，举办专题研讨会、学术讲座和会议。中心为学者研究提供帮助，为他们外出学习研究提供资助，建立与独联体国家学术组织和机构之间的联系，组织斯拉夫语言的教学，出版信息学报和学术文集。

在斯坦福大学图书馆和档案馆内，收藏了50多万份有关东欧、俄罗斯和原苏联加盟共和国的研究资料文献。主要研究资料集中在格林图书馆的斯拉夫文献图书馆，以及胡佛图书馆与档案馆。此外，图书馆内还有很多未刊发的绝版资料，其中包括一些专著，还有美国、外国侨民的学术期刊和杂志。中心与俄罗斯和东欧国家大型图书馆的合作，促使斯坦福大学图书馆馆藏资料的不断更新。图书馆的视听中心，藏有大量俄罗斯、东欧和欧亚国家的文献纪录片。

中心为斯坦福大学学生出国留学提供大量机会。自1993年开始的"莫斯科项目"，包括对政治学、历史学、经济学、社会学和语言学领域的专业人才培养。

斯坦福大学胡佛战争、革命与和平研究所创立于1919年。研究所创立之初，主要收集与第一次世界大战的原因和后果相关的历史资料和文件，并很快成为世界最大的档案馆之一，以及拥有资料最全的图书馆之一，藏有20世纪重要政治、经济和社会变革问题的丰富资料。该研究所是美国第一批智库之一，众多世界知名的政治研究专家在此工作。来自经济学、政治学、历史学、国际关系、法律和其他领域的研究专家，其中包括4名诺贝尔奖获得者、19名美国艺术与科学院院士，以及其他众多奖项和荣誉获得者。

胡佛研究所搜集到的材料是世界研究俄国、苏联以及独联体国家的最大规模的史料来源之一。所汇集的区域问题资料，包括20世纪历史、政治、经济、战争、政治更迭和社会变革历史相关的出版物。图书馆竭力收集并保存所有可能的文献，包括专著、定期刊物、报纸、小册子、政府文件、手稿、私人笔记、组织机构的文献、电影、宣传画、照片、图片等。资料绝大部分是俄语撰写，在苏联是可以找到所有用外语撰写的文献资料。图书馆收集了3.4万本专著和6 400本定期刊物。

收藏主要包括2.6万张缩微胶片，750部文艺电影，超过1 000份手稿，2万册单行本，1万张政治宣传画和2.3万张照片。在图书馆保存约3 000张独立名称的报纸和2万份1980—1990年发行的报纸。有关俄罗斯和苏联宣传画的收藏有2万份，以及其他档案馆所没有的资料。这些小册子阐述了20世纪俄国和苏联历史的视点。胡佛研究所拥有大量俄国和苏联官方文件的收藏（约5 000卷），包括沙皇俄国的文献（沙皇俄国完整的法律汇编，杜马会议的记录，国家、省级和城市政权部门的文件）以及苏联时期政府和政党的文件资料。

加利福尼亚大学伯克利分校斯拉夫、东欧和欧亚研究所（University of California, Berkeley, Institute of Slavic, East European, and Eurasian Studies, ISEEES）[17]

斯拉夫、东欧和欧亚研究所成立于1957年，主要从事该领域的相关问题研究，为专业人才的培养和研究提供支持，并进行一系列的科研活动与社会活动，如学术会议、讲座、课堂讨论和展览会等。该研究中心每年出版三期信息学报。

中心每年会邀请来自世界各地的大量学者和社会活动家。通常，这些访问学者会参与中心举办的活动，为学校的师生答疑解惑。同时，中心会为学生提供多种形式的帮助，如年度奖学金、假期语言课程培训的资金补贴等，以及撰写论文和进行科研的津贴。研究生主要学习社会科学的跨学科研究方法与理论，以及苏联各加盟成员国的历史、语言和文化等。

作为伯克利分校的主要图书馆，亚共图书馆保存了大量有关斯拉夫与东欧的文献，约750万卷，其中三分之二由斯拉夫各地区的语言撰写，包括以原文发行的3 500种订阅出版物，以及西方和英语地区的斯拉夫学的文献集。中心的藏书还包括在其他大学图书馆放置的供斯拉夫学院学生使用的1.8万卷图书，以及斯拉夫和东欧研究中心阅览室定期发行的刊物。图书馆还保存着数量可观的微缩胶片，有18世纪的俄国出版物、《圣彼得堡学报》，以及19世纪刊发的杂志。一些报纸也以微缩胶片的形式进行保存。

伊利诺伊大学俄罗斯与东欧研究中心(University of Illinois, Russian, East European and Eurasian Center, REEES)[18]

伊利诺伊大学俄罗斯与东欧研究中心成立于1959年，为学院团体的学者和知识分子服务，尤其是关注东欧、俄罗斯问题的学者和知识分子。为传播本区域的知识，中心为学生和研究生提供科研项目，丰富他们的精神生活，举行会议、讲座、学术研讨会，邀请来自其他国家的学者访问。该中心把大学团体和国家区域组织、学校和社会团体联系起来。在国际化和全球化进程中，其主要任务是基于跨学科方法培养俄罗斯与东欧地区研究方面的大学生与研究生。中心致力于在深入研究各国人民文化、历史基础之上，积极发展专题型和比较型的国际研究。

伊利诺伊大学是俄罗斯东欧问题研究项目的领导者之一。美国斯拉夫研究促进会在其基础之上运行，在1975—1985年和自1996年起至今出版杂志《斯拉夫评论》。斯拉夫和东欧图书馆是美国国内斯拉夫文献资料收藏最多的图书馆之一。中心每年都会举办学术会议。

从科研资料数量来看，该校图书馆斯拉夫、东欧语言撰写的著作收藏约56万卷，后补充11.2万卷有关俄罗斯和东欧国家问题的西语著作。图书馆在1970年设置了斯拉夫和东欧研究的阅览室，包括书籍、目录、字典、百科全书，以及约1 000种不同语种的定期刊物、110种报刊的资料收集。

1977年起，图书馆与赫尔辛基大学图书馆的斯拉夫研究机构进行合作，把赫尔辛基收藏室中19世纪和20世纪的少量书籍拍成微缩胶片，供国际科学团体研究。这部分收藏包括最重要的俄罗斯定期刊物和19世纪、20世纪的报刊。图书馆内还有17世纪、18世纪俄国书籍的微缩胶片，来自俄罗斯的主要藏书库、胡佛研究所、哈佛大学、哥伦比亚大学和国会图书馆。

伊利诺伊大学保存着1980年对2 750名苏联侨民进行社会调查

的资料。档案馆按不同的问题,如种族属性、侨民政治、大众传媒和艺术、供给状况,以及过去苏联的司法系统等保存着这些记录。

艾奥瓦大学俄罗斯、东欧和欧洲研究中心(University of lowa, Center for Russian, East European, and Eurasian Studies, CREEES)[19]

该研究中心源于艾奥瓦大学国际项目,该项目的设立与俄罗斯、东欧和欧亚大陆的巨大变化密切相关。中心鼓励并支持在大学学院和专业院校所进行的个体与协同研究方案。这些方案包括新的研究方法和学生的培养,帮助他们正确有效地看待区域变革,促使他们可以完成社会、区域、国家的项目。中心的主要目的是:进行科学研究、探究艾奥瓦大学的教学计划、拓展和深化大学针对俄罗斯、东欧和欧亚大陆问题的课程研究。

堪萨斯大学俄罗斯与东欧研究中心(University of Kansas, Center for Russian, East European and Eurasian Studies, CREEES)[20]

堪萨斯大学的俄罗斯与东欧研究项目是跨学科的科研项目,始于1959年。该项目对主要的人文学科提供攻读博士学位,其任务在于满足国家对俄罗斯与东欧区域问题研究专家的需求。从1965年起,该中心成为国家资源中心。为给政府部门和私营组织培养人才,堪萨斯大学俄罗斯和东欧研究中心为学生教授语言知识、区域问题知识,为出国学习和进行研究提供可能性。中心还为大学所有院系、国家机构、科研团体和工商单位提供信息支持。

中心出版《俄罗斯观察》,以电子形式来提供关于南斯拉夫、中亚和原苏联加盟共和国的资料。该校的斯拉夫图书馆藏有超过40万本以俄罗斯和东欧地区不同语言出版的书籍,收藏的资料包括革命前和苏联时期的出版物,以及俄罗斯侨民文学。在图书馆保存着约3 000卷有关俄罗斯和东欧问题的报刊和定期刊物。

密歇根大学俄罗斯、东欧与欧亚研究中心(Michigan State University, Center for Russian, East European and Eurasian Studies, CERES)[21]

中心成立于1959年,成立初衷是为研究斯拉夫语言和区域问题,现为美国俄罗斯、东欧和中亚问题研究领域的国家资源中心之一。中心汇聚近 600 名区域问题研究和人文社科领域的专家、学者,同时为学校、科研机构、传媒界和商界提供信息支持。该中心的中欧研究(尤其是波兰和捷克)、南部东欧研究也很有特色。中心与俄罗斯的莫斯科国立大学、位于圣彼得堡的欧洲大学建有学术合作联系。

在资料馆藏建设方面,该中心的斯拉夫与东欧馆藏较为丰富,涉及中欧和东欧以及原苏联加盟共和国的历史、经济、政治、社会、民族、地理和文学等领域的资料。中心还收藏俄罗斯革命运动、亚美尼亚历史和文学方面的图书资料,俄罗斯白银时代文学的珍藏本和档案资料,斯拉夫、东欧国家科学院的定期出版刊物,俄罗斯和东欧国家的侨民、持不同政见者的笔记等。其中不少收藏文献是基里尔文,为使其能被计算机处理,这些文献被翻译为拉丁文,并以电子形式存档。此外,为促进人文和社会科学领域的学习与研究,该校建立了一个专门网站——人文社会科学在线(H-Net),旨在促进思想和科学研究的自由交流。

杜克大学斯拉夫、欧亚与东欧研究中心(Duke University, Center for Slavic, Eurasian, and East European Studies, CSEEES)[22]

中心是 1991 年在两所大学(北卡罗来纳大学教堂山分校和杜克大学)基础之上成立,也是美国教育部认定的 16 个国家资源中心之一。该中心主要致力于资助课程开发,出版学术季刊和文献公报,组织讲座、研讨会、会议、展览、演出和其他活动,资助教师开展学术研究和与研究相关的访学,管理和颁发斯拉夫、欧亚和东欧研究研究生证书,以及俄罗斯法律研究研究生证书,资助杜克大学图书馆购买图书资料,同时为研究生提供奖学金,以促进对东欧和欧亚大陆的了解和研究。其中,“杜克大学在俄罗斯”项目面向美国高校的大学生与研究生。参与者需要进行高强度的俄语课程培训,学习俄罗斯的文学、文化、历史,了解多种媒体信息,并可在俄罗斯圣彼得堡国立大学进修。

杜克大学图书馆斯拉夫和东欧馆藏居美国斯拉夫学研究机构的前列,也包括由西欧或其他地区语言撰写的有关斯拉夫文学、语言学、苏联和俄罗斯历史、经济和政治方面的文献资料。该馆还拥有丰富的俄罗斯和波兰报纸馆藏,并增加了苏联文艺电影的收藏,尤其关注斯大林时期的社会主义现实主义作品，以及改革时期和苏联解体之后的电影。

匹兹堡大学俄罗斯、东欧与欧亚研究中心（University of Pittsburgh, Center for Russian, East European, and Eurasian Studies, REEES）[23]

中心成立于1965年，是美国教育部资助的国家资源中心之一。中心的研究人员来自该校法律、商业、教育、公共卫生、工程、公共和国际事务等专业学院。中心的主要任务是致力于促进学术研究，开发和支持学生项目，促进外语学习、文化熏陶，并在推进国际合作、探寻新的研究和学习方向等领域，以及组织从事俄罗斯、东欧与欧亚相关问题研究的其他院校和学者之间的紧密合作方面发挥了重要作用。

匹兹堡大学的希尔曼图书馆拥有俄罗斯、东欧国家的大量馆藏资料，共计37.5万卷，其中有24万卷由斯拉夫和东欧语言撰写而成。图书馆还有1 500部俄罗斯、东欧国家的电影，而且与俄罗斯、东欧的此类研究所之间有资料交换项目，电影的数量还在不断增加。匹兹堡大学还是俄罗斯研究电子出版物开发的领先者。

得克萨斯大学奥斯汀分校俄罗斯、东欧和欧亚研究中心（University of Texas at Austin, Center for Russian, East European and Eurasian Studies, CREEES）[24]

1984年，得克萨斯大学奥斯汀分校启动俄罗斯、东欧和欧亚研究项目。1985年，美国斯拉夫研究促进会（AAASS）选定该校为1985—1991年间《斯拉夫研究》（*Slavic Review*）杂志出版地。1988年，美国教育部认定该中心为研究俄罗斯和东欧地区问题的国家资源中心，并开始给外语学习和地区问题研究者提供资助，包括：提供语言、文化、历史、经济、商业和政治课程学习；创造出国留学和国外实习的机会；帮助学生寻找与俄罗斯、东欧和欧亚有关的工作机会。中心分别于1988—2010年、2014—2018年、2018—2022年和2022—2026年获得外语和地区研究（FLAS）奖学金资助。

得克萨斯大学佩里-卡斯塔涅达图书馆收集的有关俄罗斯、东欧和欧亚研究领域的图书资料超过十万册。兰索姆人文研究中心和社会研究中心也收藏着相关的档案和数据信息。其中，兰索姆人文研究中心的档案包括俄罗斯革命前的文件、苏联历史和文学资料；社会研究中心则保存着东欧国家、俄罗斯人口调查的完整数据。该校承办的俄罗斯东欧网络信息中心(REENIC)，允许全世界的用户访问数据库。

弗吉尼亚大学俄罗斯、东欧和欧亚研究中心(University of Virginia, Center for Russian, East European, and Eurasian Studies)[25]

中心是俄罗斯、东欧和欧亚研究领域的专门学术机构。该中心支持教学、研究、课程开发、项目推广和全校性活动，具体包括组织大学生和研究生的学习工作，开展研究活动，为大学制定学期计划和社会项目提供帮助，并同弗吉尼亚州其他教育机构合作。该中心为研究生及教师提供资助，确保大学生和研究生能在俄罗斯高等教育机构进修。中心属于为全美技校、大学、中学和其他教育机构提供全面试听资料的两所机构之一。中心还举办进修班，主要对象为从事俄罗斯和东欧国家研究的美国青年学者。多年来，该中心支持弗吉尼亚大学的夏季外语速成班的工作，使美国大学生和研究生能在短期内完善自己的俄语知识。

华盛顿大学艾利森俄罗斯、东欧及中亚研究中心(University of Washington, Ellison Center for Russian, East European and Central Asian Studies)[26]

2004 年，为纪念华盛顿大学教授赫伯特·艾利森，在艾利森家庭成员和资助者的努力下，艾利森俄罗斯、东欧及中亚研究中心成立。该中心有 60 多位研究人员，致力于跨学科的后共产主义研究，同时组织涵盖整个东欧和欧亚大陆研究领域的讲座、会议和交流活动，提供本科辅修课程以及俄罗斯、东欧和中亚研究硕士学位课程。

威斯康星大学麦迪逊分校俄罗斯、东欧及中亚研究中心(University of Wisconsin—Madison, Center for Russia, East Europe, and Central Asia, CREECA)[27]

1993 年，该中心由俄罗斯东欧研究和中亚研究项目合并组建，有约 100 名研究人员。中心致力于俄罗斯、东欧和中亚领域的知识汇编，促进教师的跨学科研究，培养下一代研究人才，为科研团体、事业单位及对相应地区问题研究感兴趣的组织收集信息资源。该中心还鼓励大学生在东欧国家进行不少于一学期的研究学习。中心图书馆提供给大学生和研究者大量文集、外国电影、新闻纪录片和其他信息资源。

波士顿大学冲突、意识形态与政策研究所(Boston University, Institute for the Study of Conflict, Ideology, and Policy, ISCIP)[28]

研究所成立于1988年，主要致力于研究危机时期的社会冲突。该研究所的重点研究对象是俄罗斯和其他后苏联国家具有政治性、民族性和国际性等特征的不稳定因素。研究所的工作人员在原苏联加盟共和国收集和创建关于政治安全问题的数据库，包括国家机构（及国家安全机构）的活动，分析俄罗斯与周边国家的关系、俄罗斯外交政策方式和内容，以及这些因素对美国政策的影响。数据库同时详细描述基本事件、机构和人物，为方便检索，数据库的所有资料被分为以下领域：苏联（档案、武装力量、传记、苏联共产党、国际关系、经济、政府、法律权力、大众传媒、总统、安全服务），俄罗斯联邦（武装力量、车臣、宪法、变革、法院、选举、国际关系、政府、立法机关、大众传媒、政党、总统、检察院、地区和安全机关），并建立每个后苏联国家的分析类群。

兰德公司俄罗斯与欧亚中心(RAND Corporation, Center for Russia and Eurasia)[29]

兰德公司于1946年设立，是非营利性研究机构，重点研究美国国家安全的各个领域。兰德公司俄罗斯与欧亚中心汇集了兰德公司的专家，重点对原苏联加盟共和国的外交政策、国内政治和经济关系进行深入研究。无论是俄罗斯的国防规划、在乌克兰的外国投资，还是在中亚和高加索地区的援助项目，兰德公司的研究人员利用多学科工具、深厚的区域知识，以及在经济、安全、卫生、教育和其他领域丰富的专业知识，为增进对该地区事务的了解和完善政府政策做出了研究贡献。自1997年以来，该中心还主办兰德商业领袖论坛（RBLF），汇聚来自美国、俄罗斯和欧洲的高管和政策制定者,就政府和公司面临的广泛战略问题进行对话,提高企业对俄罗斯战略环境的认识,并鼓励私营企业为构建公民社会做贡献。

加州大学洛杉矶分校欧洲和欧亚研究中心(University of California at Los Angeles, Center for European and Eurasian Studies, CEES)[30]

中心成立于1957年,其前身是俄罗斯东欧国家研究中心,是专注于俄罗斯和东欧跨学科研究和地区研究的专业机构。1993年,该中心重组为欧洲和俄罗斯研究中心;2002年,该中心将其研究覆盖范围扩大到所有原苏联加盟共和国,并更名为欧洲和欧亚研究中心;2015年,该中心重新将重点放在欧洲和俄罗斯。目前,该中心致力于推动创新教学、研究和公共教育,增进对现代和当代欧洲和俄罗斯的语言、文化和社会的了解。

芝加哥大学东欧和俄罗斯/欧亚研究中心(University of Chicago, Center for East European and Russian/Eurasian Studies, CEERES)[31]

中心成立于1965年,主要从事有关俄罗斯、欧亚大陆和东欧、中欧,包括北极、巴尔干、高加索和中亚地区的教学和研究。该中心下设俄罗斯、巴尔干、高加索和中亚研究科室,研究人员来自政治学、国际关系、经济学、社会学、中欧和东欧、拜占庭和奥斯曼史等学科或专业领域。中心重点培养以俄罗斯和东欧国家为研究方向的研究生,并在相应研究领域提供资助。芝加哥大学自1903年就开设俄语和地区研究课程。除提供完善的语言课程外,中心还支持目前在俄罗斯/苏联历史、斯拉夫和北极原住民语言学、斯拉夫文学(俄语、波兰语、捷克语、巴尔干语)、俄罗斯和东欧文化人类学、比较文学、高加索考古学、俄罗斯和东欧电影和艺术史以及工商管理方面的课程学习或培训。

芝加哥大学图书馆斯拉夫和东欧研究馆藏超过58.8万册,包括斯拉夫和东欧国家语言的人文社会科学资料。比较完整的整套书籍涉及斯拉夫语文和语言学、历史学、经济学、政治学和地区历史。斯拉夫介绍性文集包括专业图书目录学、词典、百科全书和档案查询簿的目录。

伍德罗·威尔逊中心凯南研究所(Woodrow Wilson Center, Kennan Institute for Advanced Russian Studies)[32]

伍德罗·威尔逊中心作为非营利性机构,组建于1968年,美国国会为其提供部分基金支持。中心开设的东欧研究项目致力于为政治家、国家机构、学者、事业团体和民众提供信息资源支持,促进不同学科领域专家力量的联合,支持培养新一代研究者,大力提高社会教育水平。1974年,为深入研究苏联和培养高级研究人员,伍德罗·威尔逊中心建立凯南研究所,为美国和国外的学者提供研究支持,协调出版和社会演讲。如今,该中心的"冷战国际史"研究项目享誉世界。

耶鲁大学斯拉夫和东欧藏书(Yale University, Slavic and East European Collections)[33]

耶鲁大学图书馆斯拉夫和东欧馆藏建于1896年,是美国最早系统收集斯拉夫语资料的大学馆藏之一。收藏的主要学科领域是人文和社会科学,重点是从俄罗斯、波兰、捷克、波罗的海国家和其他东欧国家获取的资料,其中俄语藏书占本类馆藏的绝大部分(约40%)。斯拉夫和东欧馆藏还负责收集在北美、欧洲以及俄罗斯和东欧以外的其他地区和国家出版的俄罗斯和东欧研究领域的资料。斯拉夫和东欧馆藏重点为耶鲁大学全校与俄罗斯和东欧相关国家的研究和教学提供信息资源获取支持,教师与科研人员主要分布在该校的历史系、艺术史系、人类学系、电影和媒体研究系、政治学系、比较文学系和全球事务系。

(三) 推动美国俄罗斯学研究的图书馆系统

研究图书馆中心(Center for Research Libraries, CRL)[34]

中心成立于1949年,是一个由美国的大学、学院和独立研究型图书馆组成的联合体,属于非营利性机构。20世纪60年代中期,该中心获得国家级机构的地位,并从1965年开始使用当前名称。中心位于伊利诺伊州的芝加哥,拥有面向研究者的收藏资料超过五百万册,并可获得来自芝加哥大学、伊利诺伊大学、印第安纳大学等30所大学的藏书资料。中心大力支持研究和教学人员在人文社会科学和自然科学领域开展原创性研究和启发式教学。

20 世纪 90 年代，该中心启动"斯拉夫和东欧微缩胶片计划"(SEEMP)，旨在获取大量斯拉夫和东欧研究学术资料，保存受损纸质资料和微缩胶片，主要收藏欧洲东部和中部国家、原苏联加盟共和国的出版物，比如十月革命时期的微缩胶片报纸，1991—1995 年俄罗斯的地区报纸，1990—1998 年俄罗斯激进派出版的报纸，1925—1940 年雅库特语、卡尔梅克语、楚瓦什语的稀有小册子。

美国国会图书馆俄文藏书（Library of Congress, Russian Collection）[35]

美国国会图书馆的俄文藏书是迄今为止俄罗斯本土以外最大和最全面的俄文藏书。目前该官拥有约 70 万册俄文藏书（书籍、套书、连续出版物和装订期刊），以及大约相同数量的苏联其他语言的藏书和关于俄罗斯和苏联的西方语言藏书。此外，还收藏了大量其他非图书印刷材料（乐谱、报纸、缩微胶卷和制图材料）和非印刷材料（录音、电影、手稿、照片和海报）。俄文藏书涵盖语言学、文学、历史、地理、政治学、艺术理论、经济等人文和社会科学领域，同时藏有俄罗斯文学领域的百科全书、字典、传记薄、集体和个人的传记等。

图书馆的期刊分部藏有超过 200 份俄语报纸的微缩胶片，以及 1918—1920 年间《事实与论据》《消息报》的原版报纸。法制分部藏有俄国革命前和苏联时期的法制资料，包括宪法、法律汇编和指示，如法律全编（革命前期）和苏联法律汇编（苏联时期），同时收藏有法学的批判性研究作品。

纽约公共图书馆斯拉夫和巴尔干分部（New York Public Library, Slavic and Baltic Division）[36]

1895 年，纽约公共图书馆开始收集斯拉夫和东欧民族历史和文学方面的资料，是美国早期斯拉夫国家印刷资料保存最多的藏书单位之一，其中有基里尔语版印刷的书籍和 14 世纪的微缩胶片。迄今为止，所收集的斯拉夫研究材料超过 46.5 万卷、1 200 册期刊和 2.08 万微缩胶片,包括稀有的印刷和非印刷资料、参考文学、历史和传记、艺术类书籍、民族组织档案和移民潮中的优秀人物,移民文学和俄语期刊等。该馆还藏有30万卷西方语言版本的斯拉夫国家资料,也藏有苏联时期非斯拉夫语言编写的资料。

图书馆的珍品是1918—1950年间移民北美的斯拉夫侨民资料,包括源于私人或俄罗斯宫廷皇室家族图书馆的上千原版照片、插图、东欧结构主义和未来主义艺术家的书籍。

太平洋沿岸斯拉夫和东欧图书馆共同体(Pacific Coast Slavic and East European Library Consortium, PACSLAV)[37]

1995年,以斯拉夫、东欧、苏联问题为专业研究的七所美国和加拿大图书馆联合成立图书馆共同体,其成员包括哈佛大学、斯坦福大学、亚利桑那大学、加州大学、俄勒冈大学、西雅图大学和英属哥伦比亚大学。共同体建立的目的是为促进北美斯拉夫研究,并扩大参与高校的研究基础,为师生提供图书、专业信息资源等共享服务,主要合作领域包括文集收藏、新目录构建、储存文件、图书馆管理、创建一些电子数据的档案库和其他技术服务。

亚利桑那大学图书馆的斯拉夫和东欧收藏涵盖历史、艺术、语言、经济和政治等领域,着重收集俄罗斯文学、语言学,以及俄罗斯和东欧历史的资料。斯坦福大学图书馆的斯拉夫和东欧馆藏主要为人文学科领域,以及俄罗斯主题相关的美国图书资源,包括稀有资料、微缩胶片、俄罗斯移民研究出版物。加利福尼亚大学图书馆斯拉夫和东欧馆藏主要包括印刷和电子版的不同语言版本的专著、期刊和研讨会资料。哈佛大学图书馆俄罗斯馆藏达5.5万卷,大部分是人文和社科学科领域。西雅图大学图书馆俄罗斯和东欧馆藏包括40万册历史、语言学和文学领域的材料,还藏有17—18世纪的俄罗斯书籍、19世纪报纸微型胶片。

东岸图书馆斯拉夫馆藏共同体(East Coast Consortium of Slavic Library Collections)[38]

1993年,哥伦比亚大学、哈佛大学、康奈尔大学、耶鲁大学、普林斯顿大学图书馆和纽约公共图书馆共同发起成立东岸图书馆斯拉夫馆藏共同体。目前，共同体由12个成员机构组成，包括10所大学和2家研究型图书馆。该共同体致力于拓展图书资源收藏，共享资料来源查询，构建识别斯拉夫和东欧研究的电子资源。该共同体的协调中心设在普林顿大学，该校的俄罗斯和斯拉夫馆藏约25万册，包括综述性印刷品、电子资料、图画、微缩胶片和档案资料。其中，俄语材料占欧洲资料馆藏的约50%，主要是移民文学、俄罗斯女性作家文集和俄罗斯历史、政治方面的资料。

注释

1. http://www.fas.harvard.edu/～aaass/.
2. http://www.historians.org/.
3. http://www.apsanet.org/.
4. http://www.asanet.org/index.ww.
5. http://www.mla.org/.
6. http://www.americancouncils.org/aboutOrg.php.
7. http://www.irex.org/.
8. http://www.ssrc.org/.
9. http://www.columbia.edu/cu/sipa/REGIONAL/HL/home.html.
10. http://www.einaudi.cornell.edu/Europe/.
11. http://ceres.georgetown.edu/.
12. http://www.gwu.edu/～ieresgwu/.
13. http://www.fas.harvard.edu/～nrc/.
14. http://www.iub.edu/～reeiweb/index.shtml.
15. http://slaviccenter.osu.edu/index.html.
16. http://creees.stanford.edu/.
17. http://socrates.berkeley.edu/～iseees/nrc.html.
18. http://www.reec.uiuc.edu/.
19. http://www.uiowa.edu/～creees/.
20. http://www.ukans.edu/～crees/welcome.htm.
21. https://ii.umich.edu/crees.
22. https://slaviccenters.duke.edu/.
23. https://www.ucis.pitt.edu/crees/.
24. https://www.utcreees.com/.
25. https://uva.theopenscholar.com/creees/.
26. https://jsis.washington.edu/ellisoncenter/.
27. https://creeca.wisc.edu/.
28. https://uia.org/s/or/en/1100011090.
29. https://www.rand.org/international/cre.html.
30. https://www.international.ucla.edu/euro/home.

31. https://ceeres.uchicago.edu/.

32. https://www.wilsoncenter.org/program/kennan-institute.

33. https://web.library.yale.edu/collection-development/slavic-east-european-collection.

34. http://www.crl.edu/.

35. https://www.loc.gov/rr/european/coll/russ.html.

36. https://www.nypl.org/about/divisions/general-research-division/slavic.

37. https://www.aseees.org/news-events/aseees-blog-feed/pacific-northwest-academic-library-collections.

38. https://www.eccslavic.org/.

二、美国主要俄罗斯学专家及其作品简介

阿瑟·亚当斯(Arthur Adams)——著有:《斯大林和他的时代》(*Stalin and his Times*, 1972);合著:《俄罗斯和东欧历史地图集》(*An Atlas of Russian and East European History*, 1967);主编:《俄国革命与布尔什维克的胜利,为何与如何》(*The Russian Revolution and Bolshevik Victory, Why and How*, 1960);《俄国革命与布尔什维克的胜利:原因与过程》(*The Russian Revolution and Bolshevik Victory: Causes and Processes*, 1972);《俄国革命与布尔什维克的胜利:展望与修正》(*The Russian Revolution and Bolshevik Victory: Visions and Revisions*, 1990)。

戈尔弗·亚历克索普洛斯(Golfo Alexopoulos)——南佛罗里达大学历史系教授,著有:《被斯大林剥夺权力者:外国人、公民和苏维埃国家,1926—1936年》(*Stalin's Outcasts: Aliens, Citizens, and the Soviet State, 1926—1936*, 2003);《描写斯大林时代:希拉·菲茨帕特里克与苏联史学》(*Writing the Stalin Era: Sheila Fitzpatrick and Soviet Historiography*, 2011)。

希拉里·阿佩尔(Hilary Appel)——卡莱门麦肯纳学院(加利福尼亚州)教授,于宾夕法尼亚大学获得博士学位,著有:《新资本主义秩序:俄罗斯与东欧的私有化与意识形态》(*A New Capitalist Order: Privatization & Ideology in Russia & Eastern Europe*, 2004);主编:《评估后共产主义改革的成败》(*Evaluating Success and Failure in Post-Communist Reform*, 2004)。

汉娜·阿伦特(Hannah Arendt)——历史学家、政治学家、哲学家，出生于德国，1929 年在海德堡大学获得博士学位，1951 年移民美国，曾在普林斯顿大学、加州大学伯克利分校、芝加哥大学、哥伦比亚大学任教，著有：《极权主义的起源》(*The Origins of Totalitarianism*, 1951)；《艾希曼在耶路撒冷》(*Eichmann in Jerusalem*, 1963)；《论革命》(*On Revolution*, 1963)；《过去与未来之间》(*Between Past and Future*, 1968)。

约翰·阿姆斯特朗(John Armstrong)——威斯康星大学政治学教授，著有：《苏联官僚精英：对乌克兰机构的案例研究》(*The Soviet Bureaucratic Elite: A Case Study of the Ukrainian Apparatus*, 1959)；《极权主义的政治：1934 年至今的苏联共产党》(*The Politics of Totalitarianism: The Communist Party of the Soviet Union from 1934 to the Present*, 1961)；《苏联意识形态、政治与政府导论》(*Ideology, Politics, and Government in the Soviet Union, An Introduction*, 1962)。

莱昂·阿伦(Leon Aron)——美国企业研究所所长，生于莫斯科，毕业于莫斯科国立师范学院，于 1978 年移民美国，在哥伦比亚大学获得硕士与博士学位，著有：《叶利钦：革命的一生》(*Yeltsin: A Revolutionary Life*, 2000)；《俄罗斯新外交政策》(*The New Russian Foreign Policy*, 1998)；主编：《俄罗斯外交政策的产生》(*The Emergence of Russian Foreign Policy*, 1994)。

乔纳森·艾维斯(Jonathan Aves)——著有：《反对列宁的工人：劳工抗议和布尔什维克独裁》(*Workers Against Lenin: Labour Protest and the Bolshevik Dictatorship*, 1996)；合著：《走向后共产主义之路：苏联的独立政治运动，1985—1991》(*The Road to Post-Communism: Independent Political Movements in the Soviet Union, 1985—1991*, 1992)。

杰里米·阿兹雷尔(Jeremy Azrael)——兰德公司政治学教授，著有：《管理权力与苏联政治》(*Managerial Power and Soviet Politics*, 1966)；主编：《苏联民族政策与实践》(*Soviet Nationality Policies and Practices*, 1978)。

肯德尔·贝勒斯(Kendall Bailes)——著有：《列宁和斯大林治下的技术与社会：苏联技术知识界的起源，1917—1941》(*Technology and*

Society under Lenin and Stalin: *Origins of the Soviet Technical Intelligentsia*, *1917—1941*, 1978);《革命时代的科学与俄罗斯文化:弗拉基米尔·维尔纳德斯基及其科学流派,1863—1945》(*Science and Russian Culture in an Age of Revolutions*: *V.I. Vernadsky and His Scientific School*, *1863—1945*, 1990)。

弗雷德里克·巴洪(Frederic Barghoorn)——耶鲁大学教授,著有:《苏联的美国形象——一项失真的研究》(*The Soviet Image of the United States*: *A Study in Distortion*, 1950);《苏联的俄罗斯民族主义》(*Soviet Russian Nationalism*, 1956);《苏联政治:一项国别研究》(*Politics in the USSR*: *A Country Study*, 1966)。

兹比格纽·布热津斯基(Zbigniew Brzezinski)——政治学家,出生于波兰,于1938年迁居至加拿大,于1958年获得美国国籍,曾在哈佛大学和哥伦比亚大学任教,曾任卡特总统时期国家安全顾问,著有:《苏联政治中的意识形态和权力》(*Ideology and Power in Soviet Politics*, 1962);《永恒的清算:苏联极权主义下的统治》(*The Permanent Purge*: *Politics in Soviet Totalitarianism*, 1956);《极权专政与独裁政体》(*Totalitarian Dictatorship and Autocracy*, 1956)。

罗伯特·伯恩斯(Robert Byrnes)——罗格斯大学俄罗斯与东欧研究院院长,印第安纳大学历史学教授,在1978—1979年间曾任美国斯拉夫研究促进会主席,著有:《苏美学术交流,1958—1975》(*Soviet American Academic Exchanges*, *1958—1975*, 1976);《美国俄罗斯东欧研究史:精选论文》(*A History of Russian and East European Studies in the United States*: *Selected Essays*, 1994)。

斯蒂芬·科恩(Stephen Cohen)——纽约大学教授,曾在1973—1980年间领导俄罗斯研究项目,曾任美国国家科学院苏联东欧研究委员会成员,著有:《大清洗审判》(*The Great Purge Trial*, 1965);《布哈林与布尔什维克革命:一本政治传记,1888—1938》(*Bukharin and the Bolshevik Revolution*; *A Political Biography*, *1888—1938*, 1973);《斯大林以来的苏联》(*The Soviet Union since Stalin*, 1980);《反思苏联经验:1917年以来的政治与历史》(*Rethinking the Soviet Experience*: *Politics and History since 1917*, 1985);《失败的十字军远征:美国与后

共产主义俄罗斯的悲剧》(*Failed Crusade: America and the Tragedy of Post-Communist Russia*, 2000)。

罗伯特·康奎斯特(Robert Conquest)——在美国、英国多所大学与研究机构任教和从事研究工作,为斯坦福大学胡佛战争、革命与和平研究所负责人,英国科学院成员,华盛顿战略与国际研究中心成员,哈佛大学乌克兰研究所成员,在第二次世界大战期间曾为英国从事外交工作,被授予大不列颠及北爱尔兰联合王国国家奖章,著有:《大恐怖:斯大林三十年代的清洗》(*The Great Terror: Stalin's Purge of the Thirties*, 1968);《民族杀手:苏联的民族迁移》(*The Nation Killers: The Soviet Deportation of Nationalities*, 1970);《苏联共产主义的人力代价》(*The Human Cost of Soviet Communism*, 1970);《科雷马:北极死亡集中营》(*Kolyma: the Arctic Death Camps*, 1978);《斯大林的秘密警察:人民内务委员会政治,1936—1939》(*Inside Stalin's Secret Police: NKVD Politics, 1936—1939*, 1985);《悲伤的收获:苏联集体化与恐怖饥荒》(*The Harvest of Sorrow: Soviet Collectivization and the Terror Famine*, 1986);《斯大林与基洛夫谋杀案》(*Stalin and the Kirov Murder*, 1989);《大清洗:一次重新评估》(*The Great Terror: A Reassessment*, 1990);《斯大林:民族破坏者》(*Stalin: Breaker of Nations*, 1991)。

迈克尔·柯蒂斯(Michael Curtis)——著有:《比较政府与政治:政治学引论》(*Comparative Government and Politics: An Introductory Essay in Political Science*, 1968);《集权主义》(*Totalitarianism*, 1979);合著:《极权主义透析:三种观点》(*Totalitarianism in Perspective: Three Views by Carl J. Friedrich, Michael Curtis and Benjamin R. Barber*, 1969);主编:《伟大的政治理论》(*The Great Political Theories*, 1961);《马克思主义》(*Marxism*, 1970);《比较政府导论》(*Introduction to Comparative Government*, 1985)。

亚历山大·达林(Alexander Dallin)——斯坦福大学教授,著有:《共产主义体系中的政治恐怖》(*Political Terror in Communist Systems*, 1970);主编:《在极权主义与多元主义之间》(*Between Totalitarianism and Pluralism*, 1992);《苏维埃制度的本质》(*The Nature of* *the Soviet System*, 1992)；《斯大林和斯大林主义》(*Stalin and Stalinism*, 1992)。

罗伯特·丹尼尔斯(Robert Daniels)——佛蒙特大学教授，曾任该校地区研究中心主任，历史系主任，1973—1982 年间曾任佛蒙特州参议员，著有：《研究历史：如何与为何》(*Studying History*: *How and Why*, 1966)；《共产主义的本质》(*The Nature of Communism*, 1962)；《俄罗斯》(*Russia*, 1964)；《红色十月：1917 年布尔什维克革命》(*Red October*: *The Bolshevik Revolution of* 1917, 1967)；《革命的良心：苏联党内反对派》(*The Conscience of the Revolution*: *Communist Opposition in Soviet Russia*, 1988)；《托洛茨基、斯大林和社会主义》(*Trotsky, Stalin, and Socialism*, 1991)；主编：《斯大林革命：共产主义的实现还是背叛？》(*The Stalin Revolution*: *Fulfillment or Betrayal of Communism*, 1965)；《斯大林革命：苏维埃极权主义的基础》(*The Stalin Revolution*: *Foundations of Soviet totalitarianism*, 1972)。

迈克尔·戴维-福克斯(Michael David-Fox)——马里兰大学教授，主编：《美国的俄罗斯研究：近年来史学的里程碑——帝国时期》(*Американская русистика*: *Вехи историографии последних лет. Императорский период*, 2000)；《美国的俄罗斯研究：近年来史学的里程碑——苏联时期》(*Американская русистика*: *Вехи историографии последних лет. Советский период. Антология*, 2001)。

艾萨克·多伊奇(Isaac Deutscher)——历史学家，出生于波兰，在 1926 年加入共产党，曾任共产主义期刊主编，因反对斯大林，在 1939 年被迫流亡伦敦，曾在 *The Economist* 和 *The Observer* 编辑部工作，著有：《武装的先知：托洛茨基，1879—1921》(*The Prophet Armed*: *Trotsky, 1879—1921*, 1954)；《被解除武装的先知：托洛茨基，1921—1929》(*The Prophet Unarmed*: *Trotsky, 1921—1929*, 1959)；《流亡的先知：托洛茨基，1929—1940》(*The Prophet Outcast*: *Trotsky, 1929—1940*, 1963)；《斯大林政治传记》(*Stalin, a Political Biography*, 1949)；《历史的讽刺：当代共产主义论文集》(*Ironies of History*: *Essays on Contemporary Communism*, 1966)；《未完成的革命：俄国，1917—1967》(*The Unfinished Revolution*: *Russia, 1917—1967*, 1967)。

马克斯·伊斯门(Max Eastman)——记者、作家,曾在具有影响的"左"派刊物 *Masses* 和 *The Liberator* 任编辑,后成为马克思主义批评家,著有:《社会主义在俄国的终结》(*The End of Socialism in Russia*, 1937);《斯大林的俄国与社会主义危机》(*Stalin's Russia and the Crisis in Socialism*, 1940);《马克思主义是科学吗?》(*Marxism, is It Science?*, 1940);《对社会主义失败的反思》(*Reflections on the Failure of Socialism*, 1955)。

默尔·芬索德(Merle Fainsod)——哈佛大学教授,曾任哈佛大学俄罗斯研究中心主任,哈佛大学图书馆馆长,著有:《苏联统治下的斯摩棱斯克》(*Smolensk under Soviet Rule*, 1958);《苏联是如何治理的?》(*How Russia is Ruled*, 1963)。

希拉·菲茨帕特里克(Sheila Fitzpatrick)——芝加哥大学历史学教授,著有:《苏联的教育与社会流动,1921—1934》(*Education and Social Mobility in the Soviet Union, 1921—1934*, 1979);《文化战线:革命俄国的权力与文化》(*The Cultural Front: Power and Culture in Revolutionary Russia*, 1992);《斯大林时代的农民:集体化后俄国农村的抵制和生存》(*Stalin's Peasants: Resistance and Survival in the Russian Village after Collectivization*, 1994);《日常斯大林主义:非常时期的平凡生活——20 世纪 30 年代的苏维埃俄国》(*Everyday Stalinism: Ordinary Life in Extraordinary Times: Soviet Russia in the 1930s*, 1999);《俄国文化革命,1928—1931》(*Cultural Revolution in Russia, 1928—1931*, 1978);《20 世纪 30 年代苏联社会史研究者指南》(*A Researcher's Guide to Sources on Soviet Social History in the 1930s*, 1990);《斯大林主义:新方向》(*Stalinism: a Reader*, 1999)。

卡尔·弗雷德里克(Carl Friedrich)——政治学家,出生于德国,1922 年移民美国,曾在哈佛大学工作,著有:《政治理论导论:哈佛十二讲》(*An Introduction to Political Theory: Twelve Lectures at Harvard*, 1967);《政治病理学:暴力、背叛、腐败、保密和宣传》(*The Pathology of Politics: Violence, Betrayal, Corruption, Secrecy, and Propaganda*, 1972);合著:《极权专政与独裁政体》(*Totalitarian Dictatorship and Autocracy*, 1956);《极权主义透析:三种观点》(*Totalitarianism in Per-*

spective: *Three Views by Carl J. Friedrich*, *Michael Curtis and Benjamin R. Barber*, 1969);主编:《极权主义:对1953年3月美国人文与科学院会议的记录》(*Totalitarianism*: *Proceedings of a Conference Held at the American Academy of Arts and Sciences*, *March 1953*, 1954)。

约翰·格蒂(John Getty)——加利福尼亚大学历史学教授,曾任俄罗斯国家人文大学、哥伦比亚大学哈里曼研究所、哈佛大学俄罗斯研究中心研究员,俄罗斯与苏联国际研究中心负责人之一,著有:《反思苏共:1933—1938》(*the Soviet Communist Party Reconsidered*, *1933—1938*, 1985);合著:《斯大林恐怖:新视角》(*Stalinist Terror*: *New Perspectives*, 1993);《通向恐怖之路:斯大林和布尔什维克的自我毁灭,1932—1939》(*The Roadto Terror*: *Stalin and the Self-Destruction of the Bolsheviks*, *1932—1939*, 1999)。

格雷姆·吉尔(Graeme Gill)——著有:《斯大林主义政治制度的起源》(*The Origins of the Stalinist Political System*, 1990);《斯大林主义》(*Stalinism*, 1990);合著:《党的权力:苏共中的权力与中央—加盟共和国关系的组织》(*Power in the Party*: *the Organization of Power and Central-Republican Relations in the CPSU*, 1997);主编:《俄罗斯政治中的精英与领导:第五届中东欧研究世界大会论文集》(*Elites and Leadership in Russian Politics*: *Selected Papers from the Fifth World Congress of Central and East European Studies*, 1998)。

阿伯特·格雷森(Abbott Gleason)——布朗大学历史学教授,著有:《极权主义:冷战秘史》(*Totalitarianism*: *the Inner History of the Cold War*, 1995);主编:《布尔什维克文化:俄国革命中的实验与秩序》(*Bolshevik Culture*: *Experiment And Order in the Russian Revolution*, 1985);《尼基塔·赫鲁晓夫:对最后共产党人的新看法》(*Nikita Khrushchev*: *Fresh Perspectives on the Last Communist*, 2000)。

保罗·格雷戈里(Paul Gregory)——休斯敦大学经济学教授,于哈佛大学获得博士学位,著有:《苏联经济结构与绩效》(*Soviet Economic Structure and Performance*, 1974);《苏联经济官僚制的重组》(Restructuring the Soviet Economic Bureaucracy, 1989)。

马克·哈根冯(Mark Hagen-von)——哥伦比亚大学教授，长期在苏联工作，著有:《无产阶级专政下的士兵:红军和苏维埃社会主义国家，1917—1930》(*Soldiers in the Proletarian Dictatorship: the Red Army and the Soviet Socialist State, 1917—1930*, 1990);主编:《帝国之后:多民族社会与国家建设——苏联与俄罗斯、奥斯曼帝国与哈布斯堡帝国》(*After Empire: Multiethnic Societies and Nation-Building: the Soviet Union and the Russian, Ottoman, and Habsburg Empires*, 1997)。

约亨·赫尔贝克(Jochen Hellbeck)——罗格斯大学历史系教授，著有:《我的思想革命:斯大林时期写成的日记》(*Revolution on my Mind: Writing a Diary under Stalin*, 2006);《苏联自我实验室:斯大林时代的日记》(*Laboratories of the Soviet Self: Diaries from the Stalin Era*, 1998)。

埃里克·霍夫曼(Eric Hoffman)——纽约州立大学政治学教授，合著:《苏联经济现代化的政治》(*The Politics of Economic Modernization in the Soviet Union*, 1982);《后共产主义研究与政治学:苏联学的方法论和实证理论》(*Post-Communist Studies and Political Science: Methodology and Empirical Theory in Sovietology*, 1993)。

保罗·霍兰德(Paul Hollander)——麻省理工学院教授，于普林斯顿大学获得博士学位，著有:《苏美社会比较》(*Soviet and American Society: A Comparison*, 1973);《社会主义的多面性:比较社会学与政治学》(*The Many Faces of Socialism: Comparative Sociology and Politics*, 1983);《衰落与不满:共产主义与今天的西方》(*Decline and Discontent: Communism and the West Today*, 1992);《反美主义:1965年至1990年国内外的批评》(*Anti-Americanism: Critiques at Home and Abroad, 1965—1990*, 1992);《不满:后现代与后共产主义》(*Discontents: Postmodern and Postcommunist*, 2002)。

戴维·霍尔维(David Holloway)——斯坦福大学政治学与历史系教授，于剑桥大学获得博士学位，著有:《斯大林与原子弹:苏联与原子能，1939—1956》(*Stalin and the Bomb: the Soviet Union and Atomic Energy, 1939—1956*, 1994);主编:《重新审视苏联经验:纪念亚历山大·达林的论文集》(*Reexamining the Soviet Experience: Essays in Honour of Alexander Dallin*, 1996)。

杰里·霍夫(Jerry Hough)——政治学家,曾在伊利诺伊大学、多伦多大学、杜克大学和布鲁金斯学会任教,著有:《苏联总督:工业决策中的地方党组织》(*The Soviet Prefects: the Local Party Organs in Industrial Decision-Making*, 1969);《苏联与社会科学理论》(*The Soviet Union and Social Science Theory*, 1977);《变迁中的苏联领导层》(*Soviet leadership in Transition*, 1980);合著:《苏联如何治理、修正和扩展》(*How the Soviet Union is Governed, Revised and Enlarged*, 1979)。

莫顿·卡普兰(Morton Kaplan)——芝加哥大学政治学教授,主编:《共产主义的多面性》(*The Many Faces of Communism*, 1978);《苏联与未来的挑战》(*The Soviet Union and the Challenge of the Future*, 1988)。

乔治·凯南(George Kennan)——历史学家,外交家,1952—1953年曾任美国驻苏联大使,1961—1963年曾任美国驻南斯拉夫大使,曾任教于牛津大学和普林斯顿大学,代表作有:《美国外交,1900—1950》(*American Diplomacy, 1900—1950*, 1951);《美国对外政策的现实》(*Realities of American Foreign Policy*, 1954);《俄国退出大战》(*Russia Leaves the War*, 1956);《决定干预》(*The Decision to Intervene*, 1958);《俄国、原子与西方》(*Russia, the Atom, and the West*, 1958);《列宁和斯大林时期的俄国与西方》(*Russia and the West under Lenin and Stalin*, 1961);《回忆录,1925—1950》(*Memoirs, 1925—1950*, 1967);《回忆录,1950—1963》(*Memoirs, 1950—1963*, 1972);《危险的阴云》(*Cloud of Danger*, 1978);《核迷惑:原子时代的苏美关系》(*The Nuclear Delusion: Soviet-American Relations in the Atomic Age*, 1982);《决定性的联盟:法国、俄国与第一次世界大战的爆发》(*The Fateful Alliance: France, Russia, and the Coming of the First World War*, 1984)。

彼得·肯内兹(Peter Kenez)——加利福尼亚大学历史学教授,著有:《宣传国家的诞生:苏联的大规模动员手段,1917—1929》(The

Birth of the Propaganda State: Soviet Methods of Mass Mobilisation, 1917—1929, 1985);《电影与苏联社会,1917—1953》(*Cinema and Soviet Society, 1917—1953*, 1992);《从起点到尽头的苏联历史》(*A History of the Soviet Union from the Beginning to the End*, 1999);合著:《布尔什维克文化:俄国革命中的实验与秩序》(*Bolshevik Culture: Experiment and Order in the Russian Revolution*, 1985)。

黑宫·广昭(Hiroaki Kuromiya)——任教于印第安纳大学,大学毕业于日本,在普林斯顿大学获得博士学位,曾在苏联和英国工作,著有:《斯大林的工业革命:政治和工人,1928—1932》(*Stalin's Industrial Revolution: Politics and Workers, 1928—1932*, 1988);《19 世纪 70 年代至 20 世纪 90 年代顿巴斯的自由和恐怖:乌俄边境地区》(*Freedom and Terror in the Donbas: a Ukrainian Russian Borderland, 1870s—1990s*, 1998)。

盖尔·拉皮德斯(Gail Lapidus)——政治学家,加利福尼亚大学教授,著有:《新俄罗斯:麻烦重重的转型》(*The New Russia: Troubled Transformation*, 1995);合著:《从联盟到联邦:各苏维埃共和国的民族主义与分裂主义》(*From Union to Commonwealth: Nationalism and Separatism in the Soviet Republics*, 1992)。

沃尔特·拉克(Walter Laquer)——乔治敦大学政治学教授,国际战略研究中心研究员,曾在以色列和英国工作,曾任伦敦现代历史研究院院长,*Survey* 杂志创始人,著有:《革命的命运:对苏联历史的解读》(*The Fate of the Revolution: Interpretations of Soviet History*, 1967);《美国、欧洲和苏联:精选论文集》(*America, Europe, and the Soviet Union: Selected Essays*, 1983);《苏联现实:从斯大林到戈尔巴乔夫的文化与政治》(*Soviet Realities: Culture and Politics from Stalin to Gorbachev*, 1990);《斯大林:公开化的启示》(*Stalin: the Glasnost Revelations*, 1990);《失败的梦想:对苏联的反思》(*The Dream That Failed: Reflections on the Soviet Union*, 1994);主编:《苏联研究现状》(*The State of Soviet Studies*, 1965);《重估:历史的新视角——社会科学与历史》(*Reappraisals: a New Look at History; the Social Sciences and History*, 1968);《新历史:第二次世界大战以来历史研究与写作的

趋势》(*The New History: Trends in Historical Research and Writing since World War II*, 1967);《政治中的历史学家》(*Historians in Politics*, 1974)。

莫西·卢因(Moshe Lewin)——巴黎大学博士,1965—1967年曾任巴黎科研机构Ecole des Hautes Etudes负责人,1978—1995年任宾夕法尼亚大学历史学教授,著有:《俄国农民与苏维埃政权》(*Russian Peasants and Soviet Power*, 1968);《列宁的最后斗争》(*Lenin's Last Struggle*, 1969);《苏联体系的建构:两次大战间俄国社会史论文集》(*The Making of the Soviet System: Essays in the Social History of Interwar Russia*, 1985);《戈尔巴乔夫现象:历史解读》(*The Gorbachev Phenomenon: a Historical Interpretation*, 1991);《斯大林主义与苏联改革的种子:20世纪60年代的争论》(*Stalinism and the Seeds of Soviet Reform: the Debates of the 1960s*, 1991);主编:《斯大林主义和纳粹主义:对独裁的比较》(*Stalinism and Nazism: Dictatorships in Comparison*, 1997)。

马丁·马里亚(Martin Malia)——加利福尼亚大学教授,著有:《苏联悲剧:俄国社会主义史,1917—1991》(*The Soviet Tragedy: a History of Socialism in Russia, 1917—1991*, 1994);《西方眼中的俄罗斯:从青铜骑士到列宁陵墓》(*Russia under Western Eyes: from the Bronze Horseman to the Lenin Mausoleum*, 1999)。

迈克尔·麦克福尔(Michael McFaul)——斯坦福大学教授,奥巴马第二任期美国驻俄罗斯大使,长年与卡内基基金会合作,著有:《后共产主义政治:民主在俄国和东欧的前途》(*Post-Communist Politics: Democratic Prospects in Russia and Eastern Europe*, 1993);《选举之间的俄罗斯:1995年12月的结果究竟意味着什么?》(*Russia between Elections: What the December 1995 Results Really Mean*, 1996);《俄罗斯1996年总统大选:极化政治的终结》(*Russia's 1996 Presidential Election: the End of Polarized Politics*, 1997);《俄罗斯未竟的革命:从戈尔巴乔夫到普京的政治变迁》(*Russia's Unfinished Revolution: Political Change from Gorbachev to Putin*, 2001);《读懂俄罗斯1993年议会选举:对美国外交政策的启示》(*Understanding Russia's*

1993 Parliamentary Elections: Implications for U.S. Foreign Policy, 1994);合著:《艰难中诞生的俄罗斯民主:政党、个性和纲领》(*The Troubled Birth of Russian Democracy: Parties, Personalities, and Programs*, 1993);《大众选择与受控民主:1999年和2000年俄罗斯选举》(*Popular Choice and Managed Democracy: the Russian Elections of 1999 and 2000*, 2003);《权力与意图:后冷战时期美国对俄罗斯政策》(*Power and Purpose: U.S. Policy toward Russia after the Cold War*, 2003);主编:《共产主义的崩溃:转型的比较教训》(*After the Collapse of Communism: Comparative Lessons of Transition*, 2004);《俄罗斯的私有化,转型与企业改革》(*Privatization, Conversion, and Enterprise Reform in Russia*, 1995)。

罗伯特·马可尼尔(Robert McNeal)——麻省理工学院历史学教授,著有:《布尔什维克传统:列宁、斯大林、赫鲁晓夫》(*The Bolshevik Tradition: Lenin, Stalin, Khrushchev*, 1963);《斯大林时代,1929—1953》(*The Stalin Years, 1929—1953*, 1974);《布尔什维克传统:列宁、斯大林、赫鲁晓夫、勃列日涅夫》(*The Bolshevik Tradition: Lenin, Stalin, Khrushchev, Brezhnev*, 1975);《斯大林:人与统治者》(*Stalin: Man and Ruler*, 1988);主编:《斯大林文集:附注释的参考书目》(*Stalin's Works; an Annotated Bibliography*, 1967);《苏联共产党的决议和决定》(*Resolutions and Decisions of the Communist Party of the Soviet Union*, 1974)。

阿尔弗雷德·迈耶(Alfred Meyer)——密歇根大学政治学教授,于哈佛大学获得博士学位,曾在哥伦比亚大学任俄共历史研究项目负责人,曾在哈佛大学、华盛顿大学和德国柏林自由大学任教,著有:《马克思主义作为理论与实践的统一:批判文集》(*Marxism: the Unity of Theory and Practice: a Critical Essay*, 1954);《列宁主义》(*Leninism*, 1957);《共产主义》(*Communism*, 1960);《苏联政治体系》(*The Soviet Political System*, 1965)。

巴林顿·摩尔(Barrington Moore)——著有:《苏联政治:权力的困境——观念在社会变革中的作用》(*Soviet Politics: the Dilemma of Power; the Role of Ideas in Social Change*, 1950);《苏联的恐怖与进

步:苏联变革和稳定的来源》(*Terror and Progress USSR: Some Sources of Change and Stability in the Soviet Dictatorship*, 1954);《政治权利和社会理论:六项研究》(*Political Power and Social Theory; Six Studies*, 1958);《专制与民主的社会起源:现代世界形成过程中的地主和农民》(*Social Origins of Dictatorship and Democracy; Lord and Peasant in the Making of the Modern World*, 1966);《历史上的道德纯洁与迫害》(*Moral Purity and Persecution in History*, 2000)。

亚历山大·莫特尔(Alexander Motyl)——哥伦比亚大学政治学教授,著有:《帝国的终结:各帝国的衰落、崩溃和复兴》(*Imperial Ends: The Decline, Collapse, and Revival of Empires*, 2001);《革命、民族、帝国:概念局限和理论可能性》(*Revolutions, Nations, Empires: Conceptual Limits and Theoretical Possibilities*, 1999);《独立困境:极权主义后的乌克兰》(*Dilemmas of Independence: Ukraine after Totalitarianism*, 1993);《苏联学、理性、民族性:切近苏联民族主义》(*Sovietology, Rationality, Nationality: Coming to Grips with Nationalism in the USSR*, 1990);《非俄罗斯族会反叛吗? 苏联的国家、民族和稳定》(*Will the NonRussians Rebel? State, Ethnicity, and Stability in the USSR*, 1987);《向右转:乌克兰民族主义的思想渊源及其发展,1919—1929》(*The Turn to the Right: The Ideological Origins and Development of Ukrainian Nationalism, 1919—1929*, 1980);主编:《民族主义百科全书》(*Encyclopedia of Nationalism*, 2000);《关于苏联民族的理论思考》(*Thinking Theoretically about Soviet Nationalities*, 1992);《后苏联国家:关于苏联解体的观点》(*Post-Soviet Nations: Perspectives on the Demise of the USSR*, 1992)。

托马斯·尼科尔斯(Thomas Nichols)——美国海军战争学院教授,著有:《当前苏联关于国家安全的辩论:对可能结果的调查》(*The Current Soviet Debate on National Security: a Survey of Possible Outcomes*, 1988);《俄罗斯总统制的逻辑:后共产主义的制度与民主》(*The Logic of Russian Presidentialism: Institutions and Democracy in Postcommunism*, 1998);《俄罗斯总统:俄罗斯第二共和国的社会和政治》(*The Russian Presidency: Society and Politics in the Second Rus-*

sian Republic，1999）。

亚历克斯·诺夫（Alex Nove）——著有：《斯大林真的必要吗?》（*Was Stalin Really Necessary?*，1960）；《经济理性与苏联政治》（*Economic Rationality and Soviet Politics*，1964）；《苏联经济史》（*An Economic History of the U.S.S.R.*，1969）；《斯大林主义及其之后》（*Stalinism and after*，1975）；《苏联经济体制》（*The Soviet Economic System*，1977）；《斯大林主义之后：通往戈尔巴乔夫之路》（*Stalinism and after：the Road to Gorbachev*，1989）；《经济学与俄罗斯研究》（*Studies in Economics and Russia*，1990）；《苏联经济史 1917—1991》（*An Economic History of the USSR，1917—1991*，1992）；主编：《斯大林现象》（*The Stalin Phenomenon*，1993）。

理查德·派普斯（Richard Pipes）——著名报纸与杂志评论员、里根政府工作人员，出生于波兰，在美国接受教育，曾在哈佛大学工作，著有：《俄国知识界》（*The Russian Intelligentsia*，1961）；《苏联的形成：共产主义与民族主义，1917—1923》（*The Formation of the Soviet Union；Communism and Nationalism，1917—1923*，1964）；《旧制度下的俄国》（*Russia under the Old Regime*，1974）；《俄罗斯观察：俄国与苏联历史论文集》（*Russia Observed：Collected Essays on Russian and Soviet History*，1989）；《俄国革命》（*The Russian Revolution*，1990）；《布尔什维克政权治下的俄国》（*Russia under the Bolshevik Regime*，1993）；《不为人知的列宁：从秘密档案中知晓的》（*The Unknown Lenin：From the Secret Archive*，1996）；《财产与自由》（*Property and Freedom*，1999）；《共产主义史》（*Communism：A History*，2001）；《无处归属者的回忆录》（*Memoirs of a Non-Belonger*，2003）；《德加耶夫事件：沙俄的恐怖与背叛》（*The Degaev Affair：Terror and Treason in Tsarist Russia*，2003）；《俄国保守主义及其批评者：政治文化研究》（*Russian Conservatism and Its Critics*，2006）。

菲利普·庞珀（Philip Pomper）——著有：《俄国革命知识分子》（*The Russian Revolutionary Intelligentsia*，1970）；《历史中的心理结构：心理史学中的五大主要人物》（*The Structure of Mind in History：Five Major Figures in Psychohistory*，1985）；《列宁、托洛茨基和斯大

林:知识分子与权力》(*Lenin, Trotsky, and Stalin: the Intelligentsia and Power*, 1990);主编:《历史与理论:当代读物》(*History and Theory: Contemporary Readings*, 1998);《世界历史:意识形态、结构和身份》(*World History: Ideologies, Structures, and Identities*, 1998)。

亚历山大·拉比诺维茨(Alexander Rabinowitch)——印第安纳大学教授,著有:《革命前奏:彼得格勒布尔什维克与1917年7月起义》(*Prelude to Revolution: The Petrograd Bolsheviks and the July 1917 Uprising*, 1968);《布尔什维克上台:1917年彼得格勒革命》(*The Bolsheviks Come to Power: The Revolution of 1917 in Petrograd*, 1976);《执政的布尔什维克:苏联统治彼得格勒的第一年》(*The Bolsheviks in Power: The First Year of Soviet Rule in Petrograd*, 2007);合著:《斯大林以来的苏联》(*The Soviet Union since Stalin*, 1980);《新经济政策时代的俄国:苏联社会与文化的探索》(*Russia in the era of NEP: Explorations in Soviet Society and Culture*, 1991)。

彼得·雷德韦(Peter Reddaway)——曾任教于伦敦经济学院,为华盛顿大学欧洲、俄罗斯与欧亚研究学院执行委员会成员,*Problems of Post-Communism* 期刊编辑部成员,著有:《精神科恐怖:苏联精神病学如何被用来压制异见者》(*Psychiatric Terror: How Soviet Psychiatry Is Used to Suppress Dissent*, 1977);主编:《列宁:人、理论家、领袖》(*Lenin: the Man, the Theorist, the Leader; a Reappraisal*, 1967);《苏联的权威,权力和政策:献给伦纳德·夏皮罗的论文集》(*Authority, Power, and Policy in the USSR: Essays Dedicated to Leonard Schapiro*, 1980)。

托马斯·雷明顿(Thomas Remington)—— 埃默里大学政治学教授,于耶鲁大学获得博士学位,著有:《在布尔什维克俄国建设社会主义:意识形态和产业组织,1917—1921》(*Building Socialism in Bolshevik Russia: Ideology and Industrial Organization, 1917—1921*, 1984);《苏联政治》(*Politics in the USSR*, 1986);《权威的真相:苏联的意识形态与传播》(*The Truth of Authority: Ideology and Communication in the Soviet Union*, 1988);《俄罗斯的政治》(*Politics in Russia*, 1999);主编:《政治与苏维埃制度:纪念巴洪·弗雷德里克

的论文集》(*Politics and the Soviet System: Essays in Honour of Frederick C. Barghoorn*, 1989)。

阿尔弗雷德·里伯(Alfred Rieber)——宾夕法尼亚大学、中欧大学教授,著有:《斯大林和法国共产党,1944—1947》(*Stalin and the French Communist Party, 1944—1947*, 1962);《专制政治》(*The Politics of Autocracy*, 1966);《俄罗斯帝国的商人和企业家》(*Merchants and Entrepreneurs in Imperial Russia*, 1982);《日丹诺夫在芬兰》(*Zhdanov in Finland: The Carl Beck Papers in Russian and East European Studies*, 1995);合著:《苏联与共产主义研究》(*A Study of the USSR and Communism*, 1962);《苏联与共产主义:资料解读与诠释》(*The USSR and Communism: Source Readings and Interpretations*, 1964);《改革的十字路口》(*Perestroika at the Crossroads*, 1991);《中东欧的强制移民,1939—1950》(*Forced Migration in Central and Eastern Europe, 1939—1950*, 2000)。

史蒂文·罗斯菲尔德(Steven Rosefielde)——北卡罗来纳大学经济学教授,于哈佛大学获得博士学位,著有:《比较经济制度:21世纪的文化、财富和权力》(*Comparative Economic Systems: Culture, Wealth, and Power in the 21st Century*, 2002);《21世纪的俄罗斯:浪子超级大国》(*Russia in the 21st Century: the Prodigal Superpower*, 2005);《共产主义错误工业化与俄罗斯凋零的工业潜力》(*Communist Misindustrialization and Russia's Blighted Industrial Potential*, 1996);主编:《经济福利与苏维埃社会主义经济学:纪念博格森的论文集》(*Economic Welfare and the Economics of Soviet Socialism: Essays in Honour of Abram Bergson*, 1981);《效率与2000年及之后的俄罗斯经济复苏潜力》(*Efficiency and Russia's Economic Recovery Potential to the Year 2000 and Beyond*, 1998)。

彼得·拉特兰(Peter Rutland)——康涅狄格大学教授,著有:《商业精英与俄罗斯经济政策》(*Business Elites and Russian Economic Policy*, 1992);《计划的神话:苏联计划经验的教训》(*The Myth of the Plan: Lessons of Soviet Planning Experience*, 1985);《苏联经济停滞的政治:地方党组织在经济管理中的作用》(*The Politics of Economic*

Stagnation in the Soviet Union: the Role of Local Party Organs in Economic Management, 1993);《苏联学,从停滞到改革:苏联政治学博士研究十年》(*Sovietology, from Stagnation to Perestroika? A Decade of Doctoral Research in Soviet Politics*, 1990);《俄罗斯、欧亚大陆和全球经济》(*Russia, Eurasia, and the Global Economy*, 1997);主编:《当代俄罗斯的商业与国家》(*Business and State in Contemporary Russia*, 2001)。

弗拉基米尔·施拉朋托克(Vladimir Shlapentokh)——密歇根州立大学社会学教授,著有:《苏联:苏联社会的内外视角》(*The Soviet Union: Internal and External Perspectives on Soviet Society*, 2008);《正常的极权社会:苏联是如何运作及崩溃的》(*A Normal Totalitarian Society: How the Soviet Union Functioned and How it Collapsed*, 2001);《后斯大林时代的苏联知识分子和政治权力》(*Soviet Intellectuals and Political Powers: The Post-Stalin Era*, 1990);《苏联人民的公私生活:转变中的后斯大林时期俄国价值观》(*Public and Private Life of the Soviet People: Changing Values in Post-Stalin Russia*, 1989)。

刘易斯·西格尔鲍姆(Lewis Siegelbaum)——密歇根州立大学历史系教授,著有:《斯达汉诺夫运动与苏联的生产力政治,1935—1941》(*Stakhanovism and the Politics of Productivity in the USSR, 1935—1941*, 1988);《苏维埃国家与革命之间的社会,1918—1929》(*Soviet State and Society between Revolutions, 1918—1929*, 1992);主编:《苏联的残疾人:过去与现在、理论与实践》(*The Disabled in the Soviet Union: Past and Present, Theory and Practice*, 1989);《苏联工业化的社会维度》(*Social Dimensions of Soviet Industrialization*, 1993);《使工人苏维埃化:权力,阶级和身份》(*Making Workers Soviet: Power, Class, and Identity*, 1994)。

布赖恩·西尔弗(Brian Silver)——密歇根大学政治学教授,人口研究中心研究员,合著:《苏联的亚洲民族边疆》(*Soviet Asian Ethnic Frontiers*, 1979);《社会研究方法论》(*A Methodology for Social Research*, 1968);主编:《伦理,政治和社会研究》(*Ethics, Politics, and*

Social Research, 1967);《作为社会问题的官僚主义》(*Bureaucracy as a Social Problem*, 1983)。

尤里·斯莱兹金(Yuri Slezkine)——加州大学伯克利分校教授,苏联移民,于得克萨斯大学获得博士学位,师从菲茨帕特里克,著有:《北极之镜:俄罗斯与北方小民族》(*Arctic Mirrors: Russia and the Small Peoples of the North*, 1994);《犹太世纪》(*The Jewish Century*, 2004);主编:《在革命的阴影下:1917年至第二次世界大战的俄罗斯妇女生平事迹》(*In the Shadow of Revolution: Life Stories of Russian Women from 1917 to the Second World War*, 2000);《天堂与地狱之间:俄罗斯文化中的西伯利亚神话》(*Between Heaven and Hell: the Myth of Siberia in Russian Culture*, 1993)。

理查德·斯蒂茨(Richard Stites)——历史学教授,于哈佛大学获得博士学位,任教于乔治敦大学,著有:《俄罗斯妇女解放运动:女性主义、虚无主义和布尔什维克主义,1860—1930》(*The Women's Liberation Movement in Russia: Feminism, Nihilism, and Bolshevism, 1860—1930*, 1978);《革命的梦想:俄国革命的乌托邦视角与社会实验》(*Revolutionary Dreams: Utopian Vision and Social Experiment in the Russian Revolution*, 1989);《俄国流行文化:1900年以来的娱乐与社会》(*Russian Popular Culture: Entertainment and Society since 1900*, 1992);《战时俄国的文化与娱乐,1941—1945》(*Culture and Entertainment in Wartime Russia, 1941—1945*, 1995)。

罗纳德·森尼(Ronald Suny)——密歇根大学历史学教授,著有:《对过去的复仇:民族主义、革命和苏联解体》(*The Revenge of the Past: Nationalism, Revolution, and the Collapse of the Soviet Union*, 1993);《苏维埃实验:俄罗斯、苏联和继承国》(*The Soviet Experiment: Russia, the USSR, and the Successor States*, 1998);主编:《俄国内战中的政党、国家与社会:社会历史的探索》(*Party, State, and Society in the Russian Civil War: Explorations in Social History*, 1989);《俄国革命与布尔什维克的胜利:展望与修正》(*The Russian Revolution and Bolshevik Victory: Visions and Revisions*, 1990);《使工人苏维埃化:权力,阶级和身份》(*Making Workers Soviet: Power, Class, and

Identity, 1994)。

理查德·泰勒(Richard Taylor)——著有:《苏联电影的政治,1917—1929》(*The Politics of the Soviet Cinema, 1917—1929*, 1979);《电影宣传:苏联和纳粹德国》(*Film Propaganda: Soviet Russia and Nazi Germany*, 1979);主编:《电影工厂内部:俄罗斯与苏联电影新探》(*Inside the Film Factory: New Approaches to Russian and Soviet Cinema*, 1991);《斯大林主义与苏联电影》(*Stalinism and Soviet Cinema*, 1993)。

希勒尔·蒂克廷(Hillel Ticktin)——任教于洛杉矶大学,*Critique*杂志编辑,著有:《苏联危机的根源:关于瓦解中制度的政治经济论文集》(*Origins of the Crisis in the USSR: Essays on the Political Economy of a Disintegrating System*, 1992);主编:《戈尔巴乔夫与戈尔巴乔夫主义》(*Gorbachev and Gorbachevism*, 1989)。

唐纳德·特雷德戈尔德(Donald Treadgold)——于牛津大学获得博士学位,1949—1993年在华盛顿大学任教,为《斯拉夫评论》期刊的发展做出了巨大贡献,曾任该期刊主编,著有:《列宁及其对手》(*Lenin and His Rivals*, 1955);《西伯利亚大迁徙》(*The Great Siberian Migration*, 1957);《西方在俄罗斯与中国》(*The West in Russia and China*, 1973);《基督教史》(*A History of Christianity*, 1979);《20世纪的俄国》(*Twentieth Century Russia*, 1959);主编:《戈尔巴乔夫与苏联的未来》(*Gorbachev and the Soviet Future*, 1988)。

罗伯特·塔克(Robert Tucker)——历史学家、外交家,曾在美国驻苏联大使馆工作,曾任教于普林斯顿大学,曾任该校国际与地区研究委员会主席与俄罗斯研究项目负责人,美国人文与科学院院士,著有:《卡尔·马克思的哲学与神话》(*Philosophy and Myth in Karl Marx*, 1961);《苏联政治思想:斯大林主义和后斯大林时期变化研究》(*The Soviet Political Mind; Studies in Stalinism and Post-Stalin Change*, 1963);《马克思革命思想》(*The Marxian Revolutionary Idea*, 1969);《作为革命者的斯大林,1879—1929:一项历史与人格的研究》(*Stalin as Revolutionary, 1879—1929; a Study in History and Personality*, 1973);《政治领导论》(*Politics as Leadership*, 1981);《苏维埃俄国的

政治文化与领导:从列宁到戈尔巴乔夫》(*Political Culture and Leadership in Soviet Russia: from Lenin to Gorbachev*, 1987);《掌权的斯大林:顶层革命,1928—1941》(*Stalin in Power: the Revolution from Above, 1928—1941*, 1990);主编:《大清洗审判》(*The Great Purge Trial*, 1965);《斯大林主义:历史解读论文集》(*Stalinism: Essays in Historical Interpretation*, 1977)。

亚当·乌拉姆(Adam Ulam)——历史学家,出生于利沃夫,后移民美国,在哈佛大学任教,曾任该校俄罗斯研究中心领导人,著有:《苏联极权主义的新面孔》(*The New Face of Soviet Totalitarianism*, 1963);《布尔什维克:俄国共产主义胜利的知识分子与政治史》(*The Bolsheviks; the Intellectual and Political History of the Triumph of Communism in Russia*, 1965);《列宁与布尔什维克:俄国共产主义胜利的知识分子与政治史》(*Lenin and the Bolsheviks: the Intellectual and Political History of the Triumph of Communism in Russia*, 1966);《俄国政治制度》(*The Russian Political System*, 1974);《苏维埃俄国史》(*A History of Soviet Russia*, 1976);《基洛夫事件》(*The Kirov Affair*, 1988);《共产主义者:权力的故事和失落的幻想,1948—1991》(*The Communists: the Story of Power and Lost Illusions, 1948—1991*, 1992)。

乔治·厄本(George Urban)——著有:《自由欧洲电台与民主追求:冷战时期我的战争》(*Radio Free Europe and the Pursuit of Democracy: My War within the Cold War*, 1997);主编:《斯大林主义对俄罗斯和世界的影响》(*Stalinism, Its Impact on Russia and the World*, 1982);《苏维埃制度能否从改革中幸存:七问布尔什维克革命70年后的苏联社会主义》(*Can the Soviet System Survive Reform? Seven Colloquies about the State of Soviet Socialism Seventy Years after the Bolshevik Revolution*, 1989);《帝国终结:苏联的灭亡》(*End of Empire: the Demise of the Soviet Union*, 1993)。

阿米尔·韦纳(Amir Weiner)——斯坦福大学历史系教授,著有:《美化人类花园:比较框架下的20世纪人口控制》(*Landscaping the Huaman Garden: 20th Century Population Management in a Comparative Framework*, 2003);《理解战争:第二次世界大战与布尔什维

克革命的命运》(*Making Sense of War*: *The Second World War and the Fate of the Bolshevik Revolution*, 2001)。

戴维·沃尔夫(David Wolfe)——美国共产主义者,冷战问题研究者,著有:《掌权的意识形态:对俄国革命的反思》(*An Ideology in Power*: *Reflections on the Russian Revolution*, 1969);《共产极权主义:苏联体制的关键》(*Communist Totalitarianism*: *Keys to the Soviet System*, 1961);《三维制造革命的人:列宁,托洛茨基和斯大林自传史》(*Three who Made a Revolution*: *A Biographical History*, 1956)。

三、代表性参考文献

(一) 英文文献

Abel, L., "Looking Back at Sovietology: An Interview with William Odom and Alexander Dallin," *Occasional Papers* (Kennan Institute for Advanced Russian Studies), Vol.239, Washington: Woodrow Wilson International Center for Scholars, 1990.

Acton E., *Rethinking the Russian Revolution*, New York: Edward Arnold, 1990.

Adams, A., *Stalin and His Times*, New York: Waveland Pr Inc, 1972.

Adams, A., "The Hybrid Art of Sovietology," in Cornell, R. (ed.), *The Soviet Political System*: *A Book of Readings*, Englewood Cliffs: Prentice Hall, 1970.

Abelson D. E., *A Capital Idea. Think Tanks and US Foreign Policy*, Quebec: McGill: Queen's University Press, 2006.

Abshire D. M., "U.S. Global Policy: Toward an Agile Strategy," *The Washington Quarterly*, 1996, Vol.19, No.2, pp.41—61.

Aldred K. and Smith M. A., *Superpowers in the Post-Cold War Era*, New York: St. Martin's Press, 1999.

Allison G. and Blackwill R., "America's Stake in the Soviet

Future," *Foreign Affairs*, 1991, Vol.70, No.3, pp.77—97.

Allison R. Regionalism, "Regional Structures and Security Management in Central Asia," *International Affairs*, 2004, Vol.80, No.3, pp.463—483.

Alexopoulos, G., "Portrait of a Con Artist as a Soviet Man," *Slavic Review*, 1998, Vol.57, No.4, pp.774—790.

Adomeit, Hannes., "Russia as a 'Great Power' in World Affairs: Images and Reality," *International Affairs*, 1995, Vol. 71, No. 1, pp.35—68.

Allison, Graham and Blackwill, Robert, "America's Stake in the Soviet Future," *Foreign Affairs*, 1991, Vol.70, No.3, pp.77—97.

Aslund, Anders., "Russia's Collapse," *Foreign Affairs*, 1999, Vol.78, No.5, pp.64—77.

Asmus, Ronald D., Kugler, Richard L., and Larrabee, F. Stephen, "Building a New NATO," *Foreign Affairs*, 1993, Vol. 72, No.5, pp.28—40.

Alexopoulos, G., *Stalin's Outcasts. Aliens, Citizens, and the Soviet State*, Ithaca and London: Cornell University Press, 2003.

Ali, T., *Revolution from Above: Where is the Soviet Union Going?* London: Hutchinson, 1988.

Allen, R., *Farm to Factory: A Reinterpretation of the Soviet Industrial Revolution*, New Jersey: Princeton University Press, 2003.

Almond, G. A., *Commentary: The Record of Soviet Studies*, Washington, D.C.: Baltimore, Md., 1995.

Almond, G., "Comparative Political Systems," *Journal of Politics*, 1956, Vol.18, No.3, pp.391—409.

Almond, G., Roselle, L., *Model Fitting in Communism Studies*, New York: The Nature of the Soviet System, 1992.

Alt, H., *The New Soviet Man: His Upbringing and Character Development*, New York: Bookman Associates, 1964.

Andersen, B.B., "Tautologies in the Study of Excess Mortality in the USSR in the 1930s," *Slavic Review*, 1986, Vol.45, No.2, pp.307—313.

Andersen, B., "Demographic Analysis and Population Catastrophes in the USSR," *Slavic Review*, 1985, Vol.44, No.3, pp.517—536.

Anderson, P., "Trotsky's Interpretation of Stalinism," *New Left Review*, 1983, Vol.139, No.1, pp.98—112.

Andrle, V., *A Social History of Twentieth-century Russia*, London: Hodder Education, 1994.

Andrle, V., *Workers in Stalin's Russia: Industrialization and Social Change in Planned Economy*, New York: St. Martin's Press, 1988.

Angotti, T., "The Stalin Period: Opening Up History," *Science & Society*, 1988, Vol.52, No.3, pp.5—34.

Arato, A., "Dictatorship Before and After Totalitarianism," *Social Research*, 2002, Vol.69, No.2, pp.473—503.

Arendt, H., *The Origins of Totalitarianism*, New York: Schocken Books, 1951.

Armstrong, J., "Comments on Professor Dallin's Bias and Blunders in American Studies on the USSR," *Slavic Review*, 1973, Vol.73, No.3, 577—587.

Armstrong, J., *Ideology, Politics and Government in the Soviet Union, an Introduction*, New York: Frederick A. Praeger, 1962.

Armstrong, J., "New Essays in Sovietological Introspection," *Post-Soviet Affairs*, 1993, Vol.9, No.2, pp.171—175.

Armstrong, J., "Sources of Administrative Behavior: Some Soviet and Western European Comparisons," *American Political Science Review*, 1965, Vol.59, No.3, pp.643—655.

Armstrong, J., *The Politics of Totalitarianism: The Communist Party of the Soviet Union from 1934 to the Present*, New York: Random house, Cop., 1961.

Atkinson, D., "Soviet and East-European Studies in the United

States," *Slavic Review*, 1988, Vol.47, No.3, pp.397—413.

Authority, *Power and Policy in the USSR: Essays Dedicated to Leonard Schapiro*, London: Macmillan, 1983.

Azrael, J., *Managerial Power and Soviet Politics*, Cambridge: Harvard University Press, 1966.

Angela Stent., *The Limits of Partnership: U.S.-Russian Relations in the Twenty-First Century*, New Jersey: Princeton University Press, 2014.

Andrei P., *Tsygankov. Russia's Foreign Policy: Change and Continuity in National Identity*, Washington, DC: Rowman & Littlefield Publishers, 2010.

Andrei P. *Tsygankov. Russophobia, Anti-Russian Lobby and American Foreign Policy*, New York: Palgrave Macmillan, 2009.

Anthony Lake, *From Containment to Enlargement*, Washington, DC: Johns Hopkins University, 1993.

Acton E., *Nazism and Stalinism: A Suitable Case for Comparison?*, Shaftsbury: The Historical Association, 1998.

Avrich P., *Kronstadt 1921*, New Jersey: Princeton University Press, 1970.

Aron L., *Russia's Revolution: Essays 1989—2006*, Washington, DC: AEI Press, 2007.

Allison R. Russia, *the West & Military Intervention*, Oxford: Oxford University Press, 2013.

Backer, G., *The Deadly Parallel: Stalin and Ivan the Terrible*, New York: Random House, 1950.

Bacon, E., *The Gulag at War: Stalin's Forced Labour System in the Light of the Archives*, New York: New York University Press, 1994.

Bailes, K., "Stalin and the Making of a New Elite: A Comment," *Slavic Review*, 1980, Vol.39, No.2, pp.286—289.

Bailes, K., *Technology and Society under Lenin and Stalin: Ori-*

gins of the Soviet Technical Intelligentsia, *1917—1941*, Princeton: Princeton University Press, 1978.

Barber, J., *Working-Class Culture and Political Culture in the 1930s*, New York: The Culture of the Stalin Period, 1990.

Barghoorn, F., "Understanding Stalin—or Critically Judging Him?/F. Barghoorn," 1981, *Soviet Union*, Vol.8, pp.29—33.

Barghoorn, F., *Politics in the USSR*: *A Country Study*, Boston: Little, Brown, 1966.

Barnett, V., Zweynert J., *Economics in Russia. Studies in Intellectual History*, Burlington, VT: Ashgate, 2008.

Baron, N., "Stalinist Planning as Political Practice: Control and Repression on the Soviet Periphery, 1935—1938," *Europe-Asia Studies*, 2004, Vol.56, No.3, pp.439—462.

Bauer, R., *How the Soviet System Works*: *Cultural*, *Psychological*, *and Social Themes*, Cambridge, Mass.: Harvard University Press, 1956.

Bauer, R., *The Soviet Citizen*, Cambridge, Mass.: Harvard University Press, 1961.

Beck, F., *Russian Purge and Extraction of Confession*, New York: W. Godin, 1951.

Beichelt, T., "Autocracy and Democracy in Belarus, Russia and Ukraine," *Democratization*, 2004, Vol.11, No.5, pp.113—132.

Belin, L., *Political Bias and Self-Censorship in the Russian Media*, Oxford: Oxford University Press, 2000.

Bell, D., "Ten Theories in Search of Reality," *World Politics*, 1958, Vol.10, No.3, pp.327—365.

Berliner, J., *Soviet Industry from Stalin to Gorbachev*: *Studies in Management and Technological Progress*, New York: Cornell University Press, 1988.

Bialer, Seweryn, "The Death of Soviet Communism," *Foreign Affairs*, 1991, Vol.70, No.5, pp.166—181.

Bradley, Bill, "Eurasia Letter: A Misguided Russia Policy," *Foreign Policy*, 1995, No.101, pp.81—115.

Breakthrough, *Emerging New Thinking: Soviet and Western Scholars Issue a Challenge to Build a World Beyond War*, New York: Walker & Company, 1988.

Brzezinski, Zbigniew, "Selective Global Commitment," *Foreign Affairs*, 1991, Vol.70, No.4, pp.1—20.

Brzezinski, Zbigniew, "The Cold War and Its Aftermath," *Foreign Affairs*, 1992, Vol.71, No.4, pp.31—49.

Bettelheim, C., "Stalinism as the Ideology of State Capitalism," *Review of Radical Political Economics*, 1981, Vol.13, No.1, pp.40—54.

Alexander Dallin, *Between Totalitarianism and Pluralism*, New York: Garland Pub, 1992.

Beyond Sovietology: International Relations Theory and the Study of Soviet, Helsinki: Russian Foreign and Security Policy, 1998.

Beyond Sovietology: Essays in Politics and History. New York: Routledge, 1993.

Beyond Sovietology. S. G. Solomon, ed. New York: M. E Sharp, 1993.

Beyond Soviet Studies, Washington, D.C.: The Woodrow Wilson Center Press, 1995.

Bialer, S., *Stalin's Successors: Leadership, Stability and Change in the Soviet Union*, Cambridge: Cambridge University Press, 1980.

Black, C., *American Teaching about Russia*, Bloomington: Indiana University Press, 1959.

Boffa, G., *The Stalin Phenomenon*, New Delhi: Sterling, 1992.

McVay, G., *Bolshevik Culture: Experiment and Order in the Russian Revolution*, Bloomington: Indiana University Press, 1985.

Bonnell, V., "The Peasant Woman in Stalinist Political Art of the 1930's," *American Historical Review*, 1993, Vol.98, No.1, pp.55—82.

Boterbloem, K., *Life and Death under Stalin: Kalinin Province*,

1943—1953, Montreal: McGill-Queen's University Press, 1999.

Bown, M., *Art under Stalin*, New York: Holmes & Meier Publishers, 1991.

Breslauer, G., "In Defense of Sovietology," *Post-Soviet Affairs*, 1992, Vol.8, No.3, pp.197—238.

Brooks, J., *Thank You, Comrade Stalin! Soviet Public Culture From Revolution to Cold War*, Princeton: Princeton University Press, 2000.

Brower, D., "Stalinism and the View from Below," *The Russian Review*, 1987, Vol.46, No.4, pp.379—381.

Brown, A., *Contemporary Russian Politics: a Reader*, New York: Oxford University Press, 2001.

Brown, A., *Soviet Politics and Political Science*, London: Macmillan, 1974.

Brown, A., *The Study of Totalitarianism and Authoritarianism*, *The British Study of Politics in the Twentieth Century*, London: British Academy, 1999.

Brumberg, A., "Changes in Russia and the American Right," *Dissent*, 1992, Vol.39, No.1, pp.120—136.

Brumberg, A., "Sic Transit Post-Sovietology," *The Nation*, 1996, Vol.262, No.4.

Brzezinski, Z., *Ideology and Power in Soviet Politics*, New York: Frederick A. Praeger, 1962.

Brzezinski, Z., *Political Power, USA/USSR*, New York: Viking Press, 1965.

Brzezinski, Z., *The Permanent Purge: Politics in Soviet Totalitarianism*, Cambridge: Harvard University Press, 1956.

Bullock, A., *Hitler and Stalin: Parallel Lives*, London: HarperCollins, 1991.

Bunce V., "From Soviet Studies to Comparative Politics: The Unfinished Revolution," *Soviet Studies*, 1979, Vol.30, No.1, pp.43—55.

Bunce, V., *Comparative Democratization: Lessons from the Post-Socialist Experience*, Cambridge: Cambridge University Press, 2003.

Bunce, V., "Union of Soviet Socialist Republics," in Handbook of Political Science Research on the USSR and Eastern Europe: Trends from the 1950s to the 1990s. Westport, 1992.

Burawoy M., "The End of Sovietology and the Renaissance of Modernization Theory," *Contemporary Sociology*, 1992, Vol. 21, No.6, pp.774—785.

Burawoy, M., *From Sovietology to Comparative Political Economy*, Washington: Beyond Soviet studies, 1995.

Burbank, J., "Controversies over Stalinism: Searching for a Soviet Society," *Politics & Society*, 1991, Vol.19, No.3, pp.325—340.

Burrowes, R., "Totalitarianism. The Revised Standard Version," *World Politics*, 1969, Vol.21, No.2, pp.272—294.

Byrnes, R., *A History of Russian and East European Studies in the United States: Selected Essays*, Lanham: University Press of America, 1994.

Byrnes, R., *Don Treadgold: A Builder of Slavic Studies, Religious and Secular Forces in Late Tsarist Russia: Essays in Honor of Donald W. Treadgold*, Seattle, WA: University of Washington Press, 1992.

Byrnes, R., *Soviet History*, New Jersey: Soviet Studies Guide London, 1992.

Bennett W.L., "Toward a theory of press-state relations in the United States," *Journal of Communication*, 1990, Vol. 40, No. 2, pp.103—127.

Byrnes, R. F., *A History of Russian and East European Studies in the United States: Selected Essay*, Lanham, MD: University Press of America, 1994.

Bettelheim Ch., *Class Struggles in the USSR 1917—1923*, New York: Monthly Review Press, 1976.

Billington J. H., *The Icon and the Axe: An Interpretive History of Russian Culture*, New York: Vintage, 1970.

Black C. E., *Understanding Soviet Politics: The Perspective of Russian History*, Boulder, CO: Westview Press, 1986.

Broido V., *Lenin and the Mensheviks: The Persecution of Socialists under Bolshevism*, Aldershot, Eng.: Gower, 1987.

Brown E. J., *Russian Literature since the Revolution*, Cambridge, Mass.: Harvard University Press, 1982.

Brailsford H., *The Russian Workers' Republic*, London: Allen & Unwin, 1921.

Brzezinski Z. K., *Between Two Ages: America's Role in the Technetronic Era*, New York: Viking Press, 1970.

Brzezinski Z. K., *The Permanent Purge: Politics in Soviet Totalitarianism*, Cambridge, MA: Harvard University Press, 1956.

Brzezinski Z., *Second Chance. Three Presidents and the Crisis of American Superpower*, New York: Basic Books, 2007.

Brzezinski Zb., Scowcroft B., *America and the World. Conversations on the Future of American Foreign Policy*, New York: Basic Books, 2008.

Brzezinsk, Zb., *The Grand Chessboard. American Primacy and Its Geostrategic Imperatives*, New York: Basic Books, 1998.

Bull H., *The Anarchical Society. A Study of Order in World Politics*, New York: Columbia University Press, 1977.

Baker P., Glasser S., *Kremlin Rising. Vladimir Putin's Russia and the End of Revolution*, New York: Scribner, 2005.

Baker P., Glasser S., *Kremlin Rising*, New York: Potomac Books Inc., 2005.

Carnaghan, E., "Alienation, Apathy, or Ambivalence? 'Don't Knows' and Democracy in Russia," *Slavic Review*, 1996, Vol. 55, No.2, pp.325—363.

Carothers, T., "The End of Transition Paradigm," *Journal of*

Democracy, 2002, Vol.13, No.1, pp.5—21.

Carr, E., *Studies in Revolution*, New York: Grosset & Dunlap, 1964.

Carr, E., *The Russian Revolution from Lenin to Stalin*, New York: Palgrave Macmillan, 1979.

Getty, J., "Case Study: Party and Purge in Smolensk: 1933—1937," *Slavic Review*, 1983, Vol.42, No.1, pp.60—79.

Cassinelli, C., *Total Revolution: A Comparative Study of Germany under Hitler, the Soviet Union under Stalin, and China under Mao*, Santa Barbara, Calif.: Clio Books, 1976.

Cox M., "The Necessary Partnership? The Clinton Presidency and Post-Soviet Russia," *International Affairs*, 1994, Vol.70, No.4, pp.635—659.

Chandler, A., "The Interaction of Post-Sovietology and Comparative Politics: Seizing the Moment," *Communist and Post-Communist Studies Chandler*, 1994, Vol.27, No.1, pp.3—17.

Chase, W., *Enemies Within the Gates? The Comintern and the Stalinist Repression, 1934—1939*, New Haven: Yale University Press, 2001.

Chase, W., "Social History and Revisionism of the Stalinist Era," *The Russian Review*, 1987, Vol.46, No.4, pp.382—385.

Chatterjee, C., "Models of Selfhood and Subjectivity: The Soviet Case in Historical Perspective," *Slavic Review*, 2008, Vol.67, No.4, pp.967—986.

Choldin, M., "Area Studies in United States Libraries: Slavic and East European Collections," *Advances in Librarianship*, 1991, Vol.15, pp.237—276.

John C. Campbell, *Chronicle of a Revolution: A Western-Soviet Inquiry into Perestroika*, New York: Pantheon Books, 1990.

Cockburn, P., *Getting Russia Wrong: The End of Kremlinology*, London: Verso, 1989.

Cohen, M., "Theories of Stalinism: Revisiting a Historical Problem," *Dissent*, 1992, Vol.39, No.2, pp.176—191.

Cohen, S., "Bolshevism and Stalinism: New Reflections on an Old Problems," *Dissent*, 1977, Vol.24, No.2, pp.190—205.

Cohen, S., *Bukharin and the Bolshevik Revolution; A Political Biography, 1888—1938*, New York: Alfred A. Knopf, 1973.

Cohen, S., *Rethinking the Soviet Experience: Politics and History since 1917*, New York: Oxford University Press, 1985.

Cohen, S., "Stalin's Terror as Social History," *The Russian Review*, 1986, Vol.45, No.4, pp.375—384.

Fleron, Frederic J., *Communist Studies and the Social Sciences: Essays on Methodology and Empirical Theory*, Chicago: Rand McNally, 1969.

Cohen, Lenard J., *Communist Systems in Comparative Perspective*, Garden City, New York: Anchor Press, 1974.

Connor, W., *Foreign Area Research in the National Interest: American & Soviet perspectives*, New York: International Research & Exchanges Board, 1982.

Connor, W., "Why We Surprised?," *American Scholar*, 1991, Vol.60, No.2, pp.175—184.

Conquest, R., "Academe and the Soviet myth," *The National Interest*, 1993, Vol.3, No.22, pp.91—98.

Conquest, R., *Inside Stalin's Secret Police: NKVD Politics, 1936—1939*, Stanford, Calif.: Hoover Institution, 1985.

Conquest, R., *Power and Policy in the U.S.S.R. The Study of Soviet Dynastics*, New York: St. Martin's Press, 1961.

Conquest, R., "Revisionizing Stalin's Russia," *The Russian Review*, 1987, Vol.46, No.4, pp.386—390.

Conquest, R., *Stalin and the Kirov Murder*, New York: Oxford University Press, 1989.

Conquest, R., *Stalin: Breaker of Nations*, New York: Viking,

1991.

Conquest, R., "The Great Terror Revisited," *Survey*, 1971, Vol.16, No.1, pp.92—93.

Conquest, R., *The Great Terror: A Reassessment*, New York: Oxford University Press, 1990.

Conquest, R., *The Great Terror: Stalin's Purge of the Thirties*, New York: The Macmillan Company, 1968.

Conquest, R., *The Harvest of Sorrow: Soviet Collectivization and the Terror-Famine*, New York: Oxford University Press, 1986.

Conquest, R., *The Nation Killers: The Soviet Deportation of Nationalities/R. Conquest*, London: Macmillan, 1970.

Conquest, R., "Totalitarianism and Technology," *Forbes*, 2012, Vol.158, No.13.

Archie Brown, *Contemporary Russian Politics: a Reader*, New York: Oxford University Press, 2001.

Viola, Lynne, ed., *Contending with Stalinism. Soviet Power and Popular Resistance in the 1930s*, London: Cornell University Press, 2002.

Joint Committee, *Continuity and Change in Russian and Soviet Thought*, New York: Russell & Russell, 1967.

Conway, M., "Stalinism and Nazism. Dictatorships in Comparison. Review," *English Historical Review*, 1999, Vol.114, No.455, pp.269—271.

Cowley, M., "Echoes from Moscow: 1937—1938," *Southern Review*, 1984, Vol.20, No.1, pp.1—11.

Cox, M., "The End of the USSR and the Collapse of Soviet Studies," *Coexistence*, 1994, Vol.31, No.2, pp.89—104.

Cox, M., "Trotsky and his Interpreters; or, will the Real Leon Trotsky Please Stand up?" *Russian Review*, 1992, Vol. 51, No. 1, pp.84—102.

S. Fitzpatrick Ed., *Cultural Revolution in Russia, 1928—1931*,

Bloomington: Indiana University Press, 1978.

Cushman, T., "Empiricism versus Rationalism in Soviet Studies: A Rejoinder," *Journal of Communist Studies*, 1990, Vol.1, No.6, pp.86—98.

Campbell D., *Writing Security: United States Foreign Policy and the Politics of Identity*, Minneapolis, MN: University of Minnesota Press, 1992.

Chamberlin W.H., *The Russian Revolution*, 1917—1921. Vols.2, New York: Macmillan Co., 1935.

Chamberlin W.H., *Soviet Russia*, Boston: Little, Brown, 1931.

Chamberlin W. H., *Russia's Iron Age*, Boston: Little, Brown, 1934.

Clark E., *Facts and Fabrications about Soviet Russia*, New York: Rand School of Social Science, 1920.

Claudin-Urondo C., *Lenin and the Cultural Revolution*, Hassocks (Eng.): Harvester Press, 1977.

Cliff T., *Lenin*, Vols.4, London: Pluto Press, 1975.

Corrigan Ph., *Socialist Construction and Marxist Theory*, New York: Macmillan, 1978.

Fleron, Frederic J., *Communist Studies and the Social Sciences*, Chicago: Rand McNally, 1969.

Sh. Fitzpatrick, *Cultural Revolution in Russia*, *1928—1931*, Bloomington: Indiana University Press, 1978.

Cushman Th., *Rock Music Counterculture in Russia*, Albany, New York: SUNY Press, 1995.

Chase W. J., *Workers, Society and the Soviet State. 1918—1929*, Urbana; Chicago: Chicago University Press, 1987.

Cohen S., "Stalin's Terror as Social History," *The Russian Review*, 1986, Vol.45, No.4, pp.456—457.

Cowan L. G., *A History of the School of International Affairs and Associated Area Institutes*, New York: Columbia University

Press, 1954.

Cannon, Lou, *President Reagan, The Role of a Lifetime*, New York: Public Affairs, 2000.

D'Agostino, A., *Soviet Succession Struggles: Kremlinology and the Russian question from Lenin to Gorbachev*, Boston: Allen & Unwin, 1988.

Dallin, A., "Bias and Blunder in American Studies on the USSR," *Slavic Review*, 1973, Vol.32, No.3, pp.577—587.

Dallin, A., *Political Terror in Communist System*, Stanford: Stanford University Press, 1970.

Dallin, D., *Forced Labour in Soviet Russia*, New Haven: Yale University Press, 1947.

Dallin, D., *From Purge to Coexistence: Essays on Stalin's and Khrushchev's Russia*, Chicago: Regnery, Cop., 1964.

Dallin, D., *The Changing World of Soviet Russia*, New Haven: Yale University Press, 1956.

Daniels, R., "Is Sovietology Dead Too?" *The New Leader*, 1991, Vol.74, No.10, pp.9—23.

Daniels, R., "Soviet Society and American Soviet Studies: a Study in Success?" in *Rethinking the Soviet Collapse: Sovietology, the Death of Communism and the New Russia*, London: Pinter, 1998.

Daniels, R., *The Conscience of the Revolution: Communist Opposition in Soviet Russia*, Cambridge, Mass.: Harvard University Press, 1960.

Daniels, R., "The Soviet Union in Post-Soviet Perspective," *The Journal of Modern History*, 2002, Vol.74, No.2, pp.381—391.

Danner M., "Marooned in the Cold War, America, the Alliance, and the Quest for a Vanished World," *World Policy Journal*, 1997, Vol.14, No.3, pp.1—23.

Daniels, R., "Thought and Action under Soviet Totalitarianism: A Reply to George Enteen and Lewis Siegelbaum," The Russian Review,

1995, Vol.54, No.3, pp.341—350.

Daniels, R., *Trotsky, Stalin and Socialism*, Boulder: Westview Press, 1991.

Daniels, R., "Was Stalin Really a Communist?" *Soviet and Post-Soviet Review*, 1993, Vol.20, No.2—3, pp.169—175.

David-Fox, M., "Memory, Archives, Politics: The Rise of Stalin in Avtorkhanov's Technology of Power," *Slavic Review*, 1995, Vol.54, No.4, pp.988—1003.

Davies, R., "Soviet Military Expenditure and the Armaments Industry, 1929—33: A Reconsideration," *Europe-Asia Studies*, 1993, Vol.45, No.4, pp.577—608.

Davies, R., "Stalin, Grain Stocks and the Famine of 1932—1933," *Slavic Review*, 1995, Vol.54, No.3, pp.642—657.

Davies, R., *The Socialist Offensive: The Collectivisation of Soviet Agriculture, 1929—1930*, Cambridge: Harvard University Press, 1980.

Davies, R., *The Years of Hunger: Soviet Agriculture, 1931—1933*, New York: Palgrave Macmillan, 2004.

Davies, S., *Popular Opinion in Stalin's Russia: Terror, Propaganda and Dissent, 1934—1941*, Cambridge: Cambridge University Press, 1997.

De Jonge, A., *Stalin and the Shaping of the Soviet Union*, New York: William Morrow & Co., 1986.

Deli, P., "The Image of the Russian Purges in the Daily Herald and The New Statesman," *Journal of Contemporary History*, 1985, Vol.20, No.2, pp.261—282.

Deutscher, I., *Ironies of History: Essays on Contemporary Communism*, New York: Oxford University Press, 1966.

Deutscher, I., *Russia in Transition and Other Essays*, New York: Coward-McCann, 1957.

Deutscher, I., *Stalin, A Political Biography*, New York: Oxford University Press, 1949.

Deutscher, I., *The Prophet Armed: Trotsky, 1879—1921*, London: Oxford University Press, 1954.

Deutscher, I., *The Prophet Outcast: Trotsky, 1929—1940*, London: Oxford University Press, 1963.

Deutscher, I., *The Prophet Unarmed: Trotsky, 1921—1929*, London: Oxford University Press, 1959.

Diamond S., *Compromised Campus: The Collaboration of Universities with the Intelligence Community, 1945—1955*, New York: Oxford University Press, 1992.

Deutscher, I., *The Unfinished Revolution: Russia, 1917—1967*, New York: Oxford University Press, 1967.

Diamond, S., *Compromised Campus: The Collaboration of Universities with the Intelligence Community, 1945—1955*, New York: Oxford University Press, 1992.

Dolan, J., "Sovietology without Soviets," *Book Review*, 1999, No.23.

Dubrovnik, G., "Soviet Studies in American History," *History Teacher*, 1992, Vol.25, No.3, pp.76—96.

Dunham, V., *In Stalin's Time: Middleclass Values in Soviet Fiction*, Cambridge: Cambridge University Press, 1976.

Dunn, W., *The Soviet Economy and the Red Army, 1930—1945*, Westport: Praeger, 1995.

Dmitri V. Trenin, *Post-Imperium: A Eurasian Story*, Washington D.C.: Carnegie Endowment for International Peace, 2011.

Deutscher I., *Marxism, Wars and Revolutions*, London: Verso, 1984.

Deutscher I., *Russia in Transition*, New York: Coward McCann, 1957.

Deutscher I., *Stalin: A Political Biography*, New York: Oxford University Press, 1949.

Deutscher I., *Trotsky, 3 vols*, New York: Oxford University

Press, 1954—1963.

Djilas M., *The New Class: An Analysis of the Communist System*, New York: Praeger, 1957.

Deudney, Daniel and Ikenberry, G. John, "The International Sources of Soviet Change," *International Security*, 1991, Vol.16, No.3, pp.174—117.

D. E. Hoffman, *The Oligarchs: Wealth and Power in the New Russia*, Cambridge: Harvard University Press, 2003.

Developments in Russian Politics, Ed. By Stephen White, Zvi Gitelman and Richard Sakwa, Durham: Duke University Press, 2005.

David S. Foglesong, *The American Mission and the "Evil Empire"*, Cambridge: Cambridge University Press, 2007.

Easton, D., *The Political System: An Inquiry into the State of Political Science*, New York: Alfred A. Knopf, 1953.

Economy and Society in Russia and the Soviet Union, 1860—1930: Essays for Olga Crisp, New York: Palgrave Macmillan, 1992.

Edele, M., "Soviet Society, Social Structure, and Everyday Life: Major Frameworks Reconsidered," *Kritika*, 2007, Vol. 8, No. 2, pp.349—373.

Education and Social Mobility in the Soviet Union, 1921—1934, Cambridge: Cambridge University Press, 1979.

Elite Studies and Communist Politics: Essays in Memory of Carl Beck, Pittsburgh: University of Pittsburgh Center for International Studies, 1984.

Ellman, M., "Soviet Industrialization: A Remarkable Success?" *Slavic Review*, 2004, Vol.63, No.4, pp.841—849.

Ellman, M., "The Soviet 1937 Provincial Show Trials: Carnival or Terror?" *Europe-Asia Studies*, 2001, Vol.53, No.8, pp.1221—1233.

Emmons, T., "Russia Then and Now in the Pages of The American Historical Review and Elsewhere: A Few Sentimental Notes," *American Historical Review*, 1995, Vol.100, No.4, pp.1136—1149.

Engerman D., "William Henry Chamberlin and Russia's Revolt against Western Civilization," *Russian History*, 1999, Vol.26, No.1, pp.45—64.

Enteen G., "More about Stalin and the Historians: A Review Article," *Soviet Studies*, 1982, Vol.34, No.3, pp.448—454.

Ericson, R., "The Classical Soviet-Type Economy: Nature of the System and Implications for Reform," *Journal of Economic Perspectives*, 1991, Vol.5, No.4, pp.1—18.

Erlich, A., *The Soviet Industrialization Debate, 1924—1928*, Cambridge: Harvard University Press, 1960.

Evans, J., "The Communist Party of the Soviet Union and the Women's Question: The Case of the 1936 Decree In Defense of Mother and Child," *Journal of Contemporary History*, 1981, Vol.16, No.4, pp.757—775.

Entman R. M., *Projections of Power: Framing News, Public Opinion, and U.S. Foreign Policy*, Chicago: University of Chicago Press, 2009.

Edmonds, Robin, *Soviet Foreign Policy, 1962—1973: The Paradox of Super power*, London: Oxford University Press, 1975.

Erickson J., *The Soviet High Command 1918—1941*, New York: St. Martin's Press, 1962.

Feklyunina V., "Russia's international images and its energy policy, An unreliable supplier?" *Europe-Asia Studies*, 2012, Vol.64, No.3, pp.449—469.

Francis Fukuyama, *The End of History and the Last Man*, New York: Free Press, 1992.

Fainsod, M., *How Russia is Ruled*, Cambridge: Harvard University Press, 1953.

Fainsod, M., *Smolensk under Soviet Rule*, Cambridge: Harvard University Press, 1958.

Fields, G., "The Ascendancy and Calamity of the Planned Economy,"

International Review of Sociology, 1997, Vol. 7, No. 2, pp. 243—266.

Figes, O., *The Whisperers: Private Life in Stalins Russia*, London: Picador, 2007.

Filtzer, D., *Soviet Workers and Stalinist Industrialization: The Formation of Modern Soviet Production Relations, 1928—1941*, New York: M. E. Sharpe, 1986.

Fisher, L., *Gandhi and Stalin: Two Signs at the World's Crossroads*, London: Harper & Brothers Publishers, 1947.

Fitzpatrick, S., "A Response to Michael Ellman," *Europe-Asia Studies*, 2002, Vol.54, No.3, pp.473—476.

Fitzpatrick, S., "Afterward: Revisionism Revisited," *The Russian Review*, 1986, Vol.45, No.4, pp.409—410.

Fitzpatrick, S., *Education and Social Mobility in the Soviet Union, 1921—1934*, New York: Cambridge University Press, 1979.

Fitzpatrick, S., *Everyday Stalinism: Ordinary Life in Extraordinary Times: Soviet Russia in the 1930s*, Oxford, Oxford University Press, 1999.

Fitzpatrick, S., "How the Mice Buried the Cat: Scenes from the Great Purges of 1937 in the Russian Provinces," *The Russian Review*, 1993, Vol.52, No.3, pp.299—320.

Fitzpatrick, S., "New Perspectives on Stalinism," *The Russian Review*, 1986, Vol.45, No.4, pp.357—373.

Fitzpatrick, S., "Russia's Twentieth Century in History and Historiography," *Australian Journal of Politics and History*, 2000, Vol.46, No.3, pp.378—387.

Fitzpatrick, S., "Stalin and the Making of a New Elite, 1928—1937," *Slavic Review*, 1979, Vol.38, No.3, pp.377—402.

Fitzpatrick, S., *Stalin's Peasants: Resistance and Survival in the Russian Village after Collectivization*, New York: Oxford University Press, 1994.

Fitzpatrick, S., *Stalinism: New Directions*, New York: Routledge, 2000.

Fitzpatrick, S., *Tear off the Masks! Identity and Imposture in Twentieth-Century Russia*, Princeton: Princeton University Press, 2005.

Fitzpatrick, S., *The Cultural Front: Power and Culture in Revolutionary Russia*, Ithaca: Cornell University Press, 1992.

Flaherty, P., "The Socio-Economics Dynamics of Stalinism," *Science & Society*, 1988, Vol.52, No.1, pp.79—87.

Fleron, F., "Post-Soviet Political Culture in Russia: An Assessment of Recent Empirical Investigations," *Europe-Asia Studies*, 1996, Vol.48, No.2, pp.225—260.

Fleron, F., "Sovietology and Perestroika: Methodology and Lessons from the Past," *Harriman Institute Forum*, 1991, Vol. 5, No.1, pp.17—27.

Fleron, F., "The Logic of Inquiry in Post-Communist Studies: Art or Science?" *Communist and Post-Communist Studies*, 1996, Vol.29, No.3, 223—234.

Fletcher, W., *A Study in Survival: The Church in Russia, 1927—1943*, New York: The Macmillan Company, 1965.

Foucault, M., *Discipline and Punish: The Birth of the Prison*, London: Vintage Books, 1977.

Fulbright J, W., *The Arrogance of Power*, New York: Random House, 1966.

Fürst, J., *Late Stalinist Russia: Society between Reconstruction and Reinvention*, London: Routledge Publishers, 2006.

Fürst, J., "Prisoners of the Soviet Self? Political Youth Opposition in Late Stalinism," *Europe-Asia Studies*, 2002, Vol.54, No.3, pp.353—375.

Fürst, J., *Stalin's Last Generation: Youth, State and Komsomol 1945—53*, London: Oxford University Press, 2003.

Filene P., *Americans and the Soviet Experiment*, *1917—1933*, Cambridge: Harvard University Press, 1967.

Fischer L., *The Life of Lenin*, New York: Harper & Row, 1964.

Fifty Years of Communism in Russia, Milorad M., Drachkovitch, ed, Pennsylvania: Pennsylvania State University Press, 1968.

Fitzpatrick Sh., *The Cultural Front*: *Power and Culture in Revolutionary Russia*, Ithaca: Cornell University Press, 1992.

Fitzpatrick Sh., *Education and Social Mobility in the Soviet Union*, *1921—1934*, Cambridge: Cambridge University Press, 1979.

Fitzpatrick Sh., *Russian Revolution 1917—1932*, Oxford: Oxford University Press, 1985.

Fish S., *Democracy Derailed in Russia*, *The Failure of Open Politics*, Cambridge: Cambridge University Press, 2005.

Gans-Mors, J., "Searching for Transitologists: Contemporary Theories of Post-Communist Transitions and the Myth of a Dominant Paradigm," *Post-Soviet Affairs*, 2004, Vol.20, No.4, pp.320—349.

Gel'man, V., "Regime Transition, Uncertainty and Prospects for Democratization: The Politics of Russia's Regions in a Comparative Perspective," *Europe-Asia Studies*, 1999, Vol.51, No.6, pp.939—956.

Gelb, M., "An Early Ethnic Deportation: The Far-Eastern Koreans," *The Russian Review*, 1995, Vol.54, No.7, pp.352—364.

Gelb, M., "Karelian Fever: The Finnish Immigrant Community During Stalin's Purges," *Europe-Asia Studies*, 1993, Vol.45, No.6, pp.1091—1116.

Gerschernkron, A., *Economic Backwardness in Historical Perspective*, Cambridge: The Belknap Press of Harvard University Press, 1962.

Getty, A., *Origins of the Great Purges*: *The Soviet Communist Party Reconsidered*, *1933—1938*, New York: Cambridge University Press, 1985.

Getty, A., "State and Society under Stalin: Constitutions and

Elections in the 1930s," *Slavic Review*, 1991, Vol.50, No.1, pp.18—35.

Getty, A., "State, Society, and Superstition," *The Russian Review*, 1987, Vol.46, No.4, pp.391—396.

Getty, A., "Victims of the Soviet Penal System in the Pre-war Years: A First Approach on the Basis of Archival Evidence," *American Historical Review*, 1993, Vol.98, No.4, pp.1017—1049.

Gill, G., *The Origins of the Stalinist Political System*, Cambridge: Cambridge University Press, 1990.

Gleason, A., "The Great Reforms and the Historians Since Stalin's Death," *Russian History*, 1990, Vol.17, No.3, pp.1—16.

Gaddis J.L., "History, Grand Strategy and NATO Enlargement," *Survival*, Spring 1998, Vol.40, No.1, pp.145—151.

Gaddis J.L., *The United States and the End of the Cold War, Implications, Reconsiderations, Provocations*, Oxford: Oxford University Press, 1992.

Garthoff R. L., *The Great Transition, American-Soviet Relations and the End of the Cold War*, Wash. D.C.: The Brookings Institution, 1994.

Gleason, A., *Totalitarianism: The Inner History of the Cold War*, New York: Oxford University Press, 1995.

Gleason, G., "The National Factor and the Logic of Sovietology," in *The Post-Soviet Nations: Perspectives on the Demise of the USSR*, New York: Columbia University Press, 1992.

Gleason, G., "Where Academics Feared to Tread," *Problems of Post-Communism*, 2001, Vol.48, No.3, pp.45—48.

Goldman, W., "Stalinist Terror and Democracy: The 1937 Union Campaign," *American Historical Review*, 2005, Vol.110, No.5, pp.1427—1453.

Goldman, W., *Women, the State and Revolution: Soviet Family Policy and Social Life, 1917—1936*, New York: Cambridge University Press, 1993.

Gorer, G., *The People of Great Russia: A Psychological Study*, London: The Cresset Press, 1949.

Griesse, M., "Soviet Subjectivities: Discourse, Self-Criticism, Imposture," *Kritika*, 2008, Vol.9, No.3, pp.609—624.

Gronow, J., *Caviar with Champagne: Common Luxury and the Ideals of the Good Life in Stalin's Russia*, Oxford: Berg Publishers, 2003.

Getty, John Arch, *Origins of the Great Purges: The Soviet Communist Party Reconsidered, 1933—1938*, Cambridge: Cambridge University Press, 1983.

Getzler I., *Kronstadt 1917—1921: The Fate of a Soviet Democracy*, Cambridge: Cambridge University Press, 1982.

Grey I., *The First Fifty Years, Soviet Russia 1917—1967*, London: Hodder & Stoughton, 1967.

Gurian W., *Bolshevism, Notre Dame*, IND.: Notre Dame University Press, 1952.

Goldgeier J. and McFaul M., "What to Do About Russia," *Policy Review*, 2005, No.133, pp.45—62.

Gaddis, John L., "International Relations, Theory and the End of the Cold War," *International Security*, 1991, Vol.17, No.3, pp.5—58.

Gaddis, John L., *The United States and the End of the Cold War, Implications, Reconsiderations, Provocations*, Oxford: Oxford University Press, 1992.

Garthoff, Raymond L., *The Great Transition, American-Soviet Relations and the End of the Cold War*, Washington, D.C.: The Brookings Institution, 1994.

Glazer, Charles L. and Fetter, Steve, "National Missile Defense and the Future of U.S. Nuclear Weapons Policy," *International Security*, 2001, Vol 26, No.1, pp.40—92.

Gorbachev's Russia and American Foreign Policy, Ed., by Seweryn

Bialer and Michael Mandelbaum, Boulder: Westview Press, 1988.

Goldgeier, James, *Not Whether But When, The U.S. Decision to Enlarge NATO*, Washington, D. C.: The Brookings Institution, 1999.

Goodby, James E., *Europe Undivided, The New Logic of Peacein U.S.—Russian Relations*, Washington, D.C.: Institute of Peace, 1998.

Gress, David, *From Plato to NATO: the Idea of the West and Its Opponents*, New York: Free Press, 1998.

G.W. Breslauer, *Gorbachev and Yeltsin as Leaders*, Cambridge: Cambridge University Press, 2002.

Hagen von, M., "The Stalin Debate and the Reformulation of the Soviet Past," *Harriman Institute Forum*, 1992, Vol.5, No.7.

Hazard J. N., *Recollections of a Pioneering Sovietologist*, New York: Oceana, 1984.

Hagen von, M., "The Stalin Question," *The Nation*, 1991, Vol.252, No.11.

Halfin, I., "Between Instinct and Mind: The Bolshevik View of the Proletarian Self," *Slavic Review*, 2003, Vol.62, No.1, pp.34—40.

Halfin, I., "Looking into the Oppositionists' Souls: Inquisition Communist Style," *The Russian Review*, 2001, Vol. 60, No. 3, pp.316—339.

Halfin, I., "Rethinking the Stalinist Subject: Stephen Kotkin's 'Magnetic Mountain' and the State of Soviet Historical Studies," *Jahrbücher für Geschichte Osteuropas*, 1996, Vol.64, No.3, pp.456—463.

Halfin, I., *Terror in my Soul: Communist Autobiographies on Trial*, Cambridge: Harvard University Press, 2003.

Hanson, S., "Social Theory and the Post-Soviet Crisis: Sovietology and the Problem of Regime Identity," *Communist and Post-Communist Studies*, 1995, Vol.28, No.1, pp.119—130.

Hanson, S., "Sovietology, Post-Sovietology, and the Study of Postcommunist Democratization," *Democratizatsija: The Journal of Post-Soviet Democratization*, 2003, Vol.11, No.1, pp.119—130.

Harris, J., "The Growth of the Gulag: Forced Labour in the Urals Region, 1929—31," *The Russian Review*, 1997, Vol. 56, No. 2, pp.265—280.

Harris, J., "Was Stalin a Weak Dictator?"*The Journal of Modern History*, 2003, Vol.75, No.2, pp.375—386.

Harrison, M., "GDPs of the USSR and Eastern Europe: Towards an interwar comparison," *Europe-Asia Studies*, 1994, Vol.46, No.2, pp.243—259.

Harrison, M., *Soviet Planning in Peace and War, 1938—1945*, Cambridge: Cambridge University Press, 1985.

Harrison, M., "Stalinism in Post-Communist Perspective," *Europe-Asia Studies*, 1997, Vol.49, No.3, pp.959—987.

Harrison, M., "The Soviet Military-Economic Effort during the Second Five-Year Plan, 1933—1937," *Europe-Asia Studies*, 1997, Vol.49, No.3, pp.147—169.

Hayes, N.,"Ten Years After, Reflections of a Re-covering Sovietologist," Symposium, 2002, No.3, pp.20—25.

Hazard, J., *Recollections of a Pioneering Sovietologist*, New York: Oceana Publications, 1984.

Hazard, J., *The Soviet System of Government*, Chicago: The University of Chicago Press, 1957.

Haass, Richard N., "What to Do With American Primacy," Foreign Affairs, 1999, Vol.78, No.5, pp.37—49.

Hoffmann, Stanley, *Dead Ends*, *American Foreign Policy in the New Cold War*, Cambridge: Ballinger Publishing Company, 1983.

Hunter Robert E., "Solving Russia: Final Piece in NATO's Puzzle," *The Washington Quarterly*, Vol. 23, No. 1, 2000, pp. 115—134.

Hedin, A. "Stalinism as a Civilization: New Perspectives on Communist Regimes," *Political Studies Review*, Vol. 2, No. 2, 2004, pp.166—184.

Hellbeck J., *Laboratories of the Soviet Self: Diaries from the Stalin Era*, Warrenton: Columbia University, 1998.

Hellbeck J., *Revolution on my Mind: Writing a Diary under Stalin*, Cambridge: Harvard University Press, 2006.

R.Haass, *The Reluctant Sheriff. The United States after the Cold War*, New York: Council on Foreign Relations, 1997.

Hunter R. E., "Solving Russia: Final Piece in NATO's Puzzle," *The Washington Quarterly*, Vol.23, No.1, Winter 2000, pp.115—134.

Hellbeck J., "Speaking Out: Language of Affirmation and Dissent in Stalinist Russia," *Kritika: Explorations in Russian and Eurasian History*, 2000, Vol.1, No.1, pp.71—96.

Hendley, K., "Rewriting the Rules of the Game in Russia: the Neglected Issue of the Demand for Law," *East European Constitutional Review*, 1999, Vol.8, No.4, pp.89—95.

Herspring D., "Political Scientists and Sovietology," *Problems of Communism*, 1992. Vol.41, No.1—2, pp.114—116.

Himmelfarb, G., "A Letter to Robert Conquest," *Academic Questions*, 1991, Vol.4, No.4, pp.44—48.

Hingley, R., *Joseph Stalin: Man and Legend*, New York: Smithmark Pub, 1974.

Hoffmann E., "Nurturing Post-Sovietology: Some Practical Suggestions," *Harriman Institute Forum*, 1993, Vol.6, No.6—7.

Holden G., *Sovietology, Peace Research and Gender Studies: Historical Disciplines and the Possibility of Integration*, Main: The Peace Research Institute Frankfurt, 1992.

Hollander P., "Sociology and the Collapse of Communism," *Society*, 1992, Vol.30, No.1, pp.29—32.

Hollander P., "Soviet Terror, American Amnesia," *National Re-*

view, Vol.46, No.8.

Horowitz D., *Isaac Deutscher: The Man and His Work*, London: Macdonald and Co., 1971.

Hosking G., *A History of the Soviet Union*, London: Harper Collins Publishers, 1985.

Hosking G., *Homo Sovieticus or Homo Sapiens? Perspectives from the Past*, London: School of Slavonic and Eastern European Studies, 1987.

Hosking G., *The First Socialist Society: A History of the Soviet Union from Within*, Cambridge: Harvard University Press, 1985.

Hough J., *How the Soviet Union is Governed*, Cambridge: Harvard University Press, 1979.

Hough J., "The 'Dark Forces', the Totalitarian Model, and Soviet History," *The Russian Review*, 1987, Vol.46, No.4, pp.397—403.

Hough J., *The Soviet Prefects: The Local Party Organs in Industrial Decision-Making*, Cambridge: Harvard University Press, 1969.

Hough J., *The Soviet Union and Social Science Theory*, Cambridge: Harvard University Press, 1977.

Huber R., "The August Revolution and Soviet Studies: Problems, Priorities, and the Council's Program for Research and Training," *Items (Social Science Research Council)*, 1991, Vol.45, No.4.

Hudson H., "Terror in Soviet Architecture: The Murder of Mikhail Okhitovich," *Slavic Review*, 1992, Vol.51, No.3, pp.448—467.

Hughes J., "Patrimonialism and the Stalinist System: The Case of S. I. Syrtsov," *Europe-Asia Studies*, 1996, Vol.48, No.4, pp.551—568.

Hughes J., *Stalin, Siberia, and the Crisis of the New Economic Policy*, Cambridge: Harvard University Press, 1991.

Hughes J., *Stalinism in a Russian Province: A Study of Collectivization in Siberia*, New York: Cornell University Press, 1996.

Hunter H., *Faulty Foundations: Soviet Economic Policies, 1928—1940*, Princeton: Princeton University Press, 1992.

Hutton P.H., *Foucault, Freud, and the Technologies of the Self*, Amherst: University of Massachusetts Press, 1988.

Hyde H., *Stalin: The History of a Dictator*, London: Popular Library, 1971.

Herrmann R., *Perceptions and Behavior in Soviet Foreign Policy*, Pittsburgh: University of Pittsburgh Press, 1985.

Harriman A., *Peace with Russia?*, New York: Simon and Schuster, 1959.

Hook S. Revolution, *Reform and Social Justice*, New York: New York University Press, 1975.

Haslam J., *The Voices of Integrity: E.H. Carr, 1892—1982. London*, New York: Verso, 1999.

Hellman J.S., "Winners Take All: The Politics of Partial Reform in Postcommunist Transitions," *World Politics*, 1998, Vol. 50, pp.203—234.

Ilic M., "The Great Terror in Leningrad: A Quantitative Analysis," *Europe-Asia Studies*, 2000, Vol.52, No.8, pp.1515—1534.

Inkeles A., "Models and Issues in the Analysis of Soviet Society," *Survey*, 1966, No.60, 3—18.

Inkeles A., *Public Opinion in Soviet Russia: A Study in Mass Persuasion*, Cambridge: Harvard University Press, 1950.

Ikenberry J. G., *After Victory: Institutions, Strategic Restraint, and the Rebuilding of Order after Major Wars*, Princeton: Princeton University Press, 2001.

Ikenberry John G., "The Myth of Post-Cold War Chaos," *Foreign Affairs*, 1996, Vol.75, No.3, pp.79—91.

Inkeles A., *Social Change in Soviet Russia*, Cambridge: Harvard

University Press, 1968.

Inkeles A., *The Soviet Citizen: Daily Life in a Totalitarian Society*, Cambridge: Harvard University Press, 1959.

Iyegar S. and Simon A., "News Coverage of the Gulf Crisis and Public Opinion," *Communication Research*, 1994, Vol. 20, No. 3, pp.369—383.

Jacobson J., "Soviet Communism and the Socialist Vision," *New Brunswick*, 1972, Vol.7, No.2.

Jacobson M., *Origins of the GULAG: The Soviet Prison-Camp System, 1917—1934*, Lexington: University Press of Kentucky, 1993.

Jansen M., *Stalin's Loyal Executioner. People's Commissar Nikolas Ezhov, 1895—1940*, Stanford: Hoover Institution Press, 2002.

Jasny N., *The Soviet Economy During the Plan Era*, Stanford: Stanford University Press, 1951.

Jones D., "Is there a Sovietology of South-East Studies?," *International Affairs*, 2000, Vol.77, No.4, pp.843—865.

Joravsky D., *Soviet Marxism and Natural Science, 1917—1932*, New York: Columbia University Press, 1961.

Josephson P., "Physics, Stalinist Politics of Science and Cultural Revolution," *Soviet Studies*, 1988, Vol.40, No.2, pp.245—265.

James M., *Goldgeier, Michael McFaul. Power and Purpose: U.S. Policy Toward Russia after the Cold War*, Washington D.C.: Brookings Institution Press, 2003.

Jack F. Matlock, *Autopsy on an Empire. The American Ambassador's Account of the Collapse of the Soviet Union*, New York: Random House, 1995.

Jeffrey Mankoff, *Russian Foreign Policy: The Return of Great Power Politics*, Lanham: Rowman & Littlefield Publishers, 2011.

John Mearshimer, "Why the Ukraine Crisis Is the West's Fault," *Foreign Affairs*, 2014, Vol.93, No.5, pp.77—84.

Jasny Naum, *The Socialized Agriculture of the USSR*, Stanford:

Hoover Institute Press, 1949.

Jasny N., *Soviet Economists of the Twenties. Names to Be Remembered*, Cambridge: Cambridge University Press, 1972.

J. Dunlop, "Russia: Confronting a Loss of Empire, 1987—1991," *Political Science Quarterly*, 1993, Vol.108, pp.603—634.

J. H. Slagle, *The Democratic Transition of Russia's Military Russia's Democratic Moment? Defining US Policy to Promote Democratic Opportunities in Russia. Air War College Studies in National Securities*, Montgomery, AL: Air Univ. Press, 1996.

J. Mendelson, "America, Russia, and the future of arms control," *Current history*, 2001, Vol.100, pp.323—329.

Kanet R., "Is Comparison Useful or Possible?" *Studies in Comparative Communism*, 1975, Vol.8, No.1—2.

Kang-Bohr Y., "Appeals and Complaints: Popular Reactions to the Party Purges and the Great Terror in the Voronezh Region, 1935—1939," *Europe-Asia Studies*, 2005, Vol.57, No.1, pp.135—154.

Karatnycky A., "Getting It All Wrong: The Fall of Sovietology," *Freedom Review*, 1992, Vol.23, No.2, pp.49—55.

Kassof A., "The Administered Society: Totalitarianism Without Terror," *World Politics*, 1964, Vol.16, No.4, pp.558—575.

Kautsky J., "Comparative Communism Versus Comparative Politics," *Studies in Comparative Communism*, 1973, Vol. 6, No. 2, 257—269.

C. Kelly, "Kul 'turnost' and the Language of Politics in the Early Soviet Period," *Europe-Asia Studies*, 2002, Vol.54, No.4, pp.573—602.

Kemp-Welch, A., *Stalin and the Literary Intelligentsia, 1928—39*, New York: Palgrave Macmillan, 1991.

Kenez P., *History of the Soviet Union from the Beginning to the End*, Cambridge: Harvard University Press, 1996.

Kenez P., "Stalinism as Humdrum Politics," *The Russian*

Review, 1986, Vol.45, No.4, pp.396—397.

Kenez P., "The Cultural Revolution in Cinema," *Slavic Review*, 1988, Vol.47, No.2, pp.414—433.

Kennedy-Pipe C., "Getting It Right, Getting It Wrong: The Soviet Collapse Revised," *International Affairs*, 1999, Vol.75, No.2, pp.369—375.

Kharkhordin O., *The Collective and the Individual in Russia. A Study of Practices*, Berkeley: University of California Press, 1999.

Kharkhordin O., "The End of Rationing in the Soviet Union, 1934—1935," *Europe-Asia Studies*, 1999, Vol.51, No.4, pp.557—609.

King C., "Post-Sovietology: area studies or social science," *International Affairs*, 1994, Vol.70, No.2, pp.149—164.

King C., *Designing Social Inquiry: Scientific Inference in Qualitative Research*, Princeton: Princeton University Press, 1994.

Knight A., "Beria and the Cult of Stalin: Rewriting Transcaucasian Party History," *Soviet Studies*, 1991, Vol.43, No.4, pp.749—763.

Knight A., *Beria: Stalin's First Lieutenant*, Princeton: Princeton University Press, 1993.

Kerner R.J., "Slavonic Studies in America," *The Slavonic Review*, 1924, Vol.3, No.8, pp.243—258.

Knight A., *Who killed Kirov? The Kremlin's greatest Mystery*, New York: Hill & Wang, 1999.

Koestler A., *Darkness at Noon. Translated by Daphne Hardy*, New York: Vintage, 1940.

Konecny P., "Library Hooligans and Others: Law, Order, and Student Culture in Leningrad, 1924—38," *Journal of Social History*, 1996, Vol.30, No.1, pp.97—128.

Kort M., *The Soviet Colossus: A History of the USSR*, Boston: Unwin Hyman, 1990.

Kotkin S., "1991 and the Russian Revolution: Sources, Conceptual Categories, Analytical Frameworks," *Journal of Modern History*,

1998, Vol.70. No.2, pp.384—425.

Kotkin S., *Magnetic Mountain: Stalinism as a Civilization*, Berkeley: University of California Press, 1995.

Kotkin S., "Terror, Rehabilitation, and Historical Memory: An Interview with Dmitrii Iurasov," *The Russian Review*, 1992, Vol.51, No.2, pp.238—262.

Kotkin S., ed. John Scott., *Behind the Urals: An American Worker in Russia's City of Steel*, Bloomington: Indiana University Press, 1999.

Kozlova N., *The Diary as Initiation and Rebirth: Reading Everyday Documents of the Early Soviet Era*, *Everyday Life in Early Soviet Russia: Taking the Revolution Inside*, Bloomington: Indiana University Press, 2006.

Kennan G.F., *Memoirs, 1925—1950*, Boston: Little, Brown and Co., 1967.

Krylova A., '*In Their Own Words?' Soviet Women Writers in Search for their Selves*, *A History of Womens Writing in Russia*, Cambridge: Cambridge University Press, 2002.

Krylova A., *Identity, Agency, and the First Soviet Generation*, *Generations in Twentieth Century Europe*, Basingstoke: Palgrave Macmillan, 2007.

Krylova A., "The Tenacious Liberal Subject in Soviet Studies," *Kritika*, 2000. Vol.1, No.1, pp.28—42.

Kuromiya H., *Soviet Memoirs as a Historical Source*, *A Researcher's Guide to Sources on Soviet Social History in the 1930s*, New York: Routledge, 1990.

Kuromiya H., "Re-examining Opposition under Stalin," *Europe-Asia Studies*, 2004, Vol.56, No.2, pp.789—802.

Kuromiya H., *Stalin's Industrial Revolution: Politics and Workers, 1928—1932*, Cambridge: Cambridge University Press, 1990.

Kuromiya H., "Stalinism and Historical Research," *The Russian*

Review, 1987, Vol.46, No.4, pp.357—373.

Klenov A., "Russia-USA: A 'Software' Update," *International Affairs: A Russian Journal of World Politics, Diplomacy & International Relations*, 2012, Vol.58, No.5, pp.36—44.

Kenez P., *The Birth of Propaganda State*, Cambridge: Cambridge University Press, 1985.

Kennan G.F., *Russia and the West under Lenin and Stalin*, N.Y.: New American Library, 1962.

Kingston-Mann E., *Lenin and the Problem of Marxist Peasant Revolution*, N.Y.: Oxford University Press, 1983.

Kulski W.W., *The Soviet Regime: Communism in Practice*, NY: Syracuse University Press, 1954.

Kuromia Hiroaki., *Stalin's Industrial Revolution: Politics and Workers, 1928—1932*, Cambridge, UK: Cambridge University Press, 1988.

Kaiser Robert G., "Gorbachev: Triumph and Failure," *Foreign Affairs*, 1990, Vol.70, No.1, pp.160—174.

Kennan George F., "Communism in the Russian History," *Foreign Affairs*, 1990, Vol.69. No.5, pp.177—186.

K. D. Beasley, *Russian Military Reform From Perestroika to Putin: Implications for U.S. Policy*, Biblio Scholar, 2004.

K. Giles., "Military Service in Russia: No New Model Army," *CSRC*, May 2007.

K. Giles, "Where Have All The Soldiers Gone? Russian Military Manpower Plans versus Demographic Reality," *CSRC*, October 2006.

Kuchins A., *Alternative Futures for Russia to 2017. A Report of the Russia and Eurasia Program*, Wash. D. C.: Center for Strategic and International Studies, 2007.

Kubicek P., "Russian Foreign Policy and the West," *Political Science Quarterly*, 1999—2000, Vol.114, No.4, pp.547—564.

Karen Dawisha, "Russian Foreign Policy in the Near Abroad and

Beyond," *Current History*, October 1996, pp.330—334.

Layne Ch. A., *The Peace of Illusions. American Grand Strategy from 1940 to the Present*, Ithaca: Cornell University Press, 2006.

Legvold R., "All the Way. Crafting a U.S.-Russian Alliance," *The National Interest*, Winter 2002/03, No.70, pp.21—31.

Lieven A., "Against Russophobia," *World Policy Journal*, Winter 2000/2001, No.4, pp.25—32.

Linz J.J., *Totalitarian and Authoritarian Regimes*. Boulder CO: Lynne Rienner Publishers, 2000.

Lowe D. and Joel T., *Remembering the Cold War*, London: Routledge, 2013.

Lucas E., *The New Cold War*, London: Palgrave, 2009.

Labedz L., *The Use and Abuse of Sovietology*, New Brunswick: Transaction publ., 1989.

Lahusen T., *How Life Writes the Book: Real Socialism and Socialist Realism in Stalin's Russia*, Ithaca: Cornell University Press, 1997.

Lane D., *Politics and Society in the USSR*, New York: New York University Press, 1978.

Laqueur W., "Intelligence and Secrecy: Sovietology Redux," *Society*, 1993, Vol.30, No.2, pp.6—13.

Laqueur W., *The Dream that Failed: Reflections on the Soviet Union*, New York: Oxford University Press, 1994.

Laqueur W., *The Fate of the Revolution, Interpretations of Soviet History*, New York: Oxford University Press, 1967.

Laqueur W., *The Fate of the Revolution, Interpretations of Soviet History from 1917 to the Present*, New York: Oxford University Press, 1987.

Laqueur W., "Why Stalin? A National Debate," *Society*, 1990, Vol.27, No.3, 26—42.

Laue von T., "Stalin Among Moral and Political Imperatives, or

How to Judge Stalin?," *Soviet Union*, 1981, Vol.8, No.1, pp.1—3.

Laue von T., *Why Lenin? Why Stalin? A Reappraisal of the Russian Revolution, 1900—1930*, Philadelphia: J. B. Lippincott Company, 1964.

London, *Leadership Selection and Patron-client Relations in the USSR and Yugoslavia*, Boston: George Allen & Unwin, 1983.

Leites N., *A Study of Bolshevism*, Leites: Glencoe, 1953.

Lenoe M., "Did Stalin Kill Kirov and Does It Matter?," *The Journal of Modern History*, 2002, Vol.74, No.2, 352—380.

Leonard R., "Studying the Kremlin's Secret Soldiers: A Historiographical Essay on the GRU, 1918—1945," *Journal of Military History*, 1992, Vol.56, No.3, pp.403—422.

Lew R., *Grappling with Social Realities: Moshe Lewin and the Making of Social History*, *Stalinism: Its Nature and Aftermath: Essays in Honour of Moshe Lewin*, Armonk: Palgrave Macmillan, 1992.

Lewin M., *Lenin's Last Struggle*, New York: Pantheon Books, 1968.

Lewin M., *Political Undercurrents in Soviet Economic Debates: From Bukharin to the Modern Reformers*, Princeton: Princeton University Press, 1974.

Lewin M., "Society and the Stalinist State in the Period of the Five Year Plans," *Social History*, 1976, No.2, pp.139—175.

Lewin M., "Stalinism Appraised and Reappraise," *History*, 1975, Vol.60, No.198.

Lewin M., *The Gorbachev Phenomenon: A Historical Interpretation*, Berkeley: University of California Press, 1991.

Lewin M., *The Making of the Soviet System: Essays in the Social History of Interwar Russia*, New York: The New Press, 1985.

Lewis J., *Stalin: A Time for Judgment*, New York: Pantheon Books, 1990.

Lieven D., "Western Scholarship on the Rise and Fall of the Soviet

Regime: The View from 1993," *Journal of Contemporary History*, 1994, Vol.29, No.2, pp.195—227.

Linden R., *Khrushchev and the Soviet Leadership, 1957—1965*, Baltimore: The Johns Hopkins Press, 1966.

Livers K., "The Soccer Match as Stalinist Ritual: Constructing the Body Social in Lev Kassils's The Goalkeeper of the Republic," *The Russian Review*, 2001, Vol.60, No.4, pp.592—613.

Lloyd J., "Democracy in Russia," *The Political Quarterly*, 1993, Vol.64, No.2, pp.147—155.

Lorimer F., *The Population of the Soviet Union: History and Prospects*, Geneva: League of Nations, 1946.

Lovell S., "The Making of the Stalin-Era Dacha," *The Journal of Modern History*, 2002, Vol.74, No.2, pp.253—288.

Lowenthal R., *Developments vs. Utopia in Communist Policy, Change in Communist Systems*, Stanford: Stanford University Press, 1970.

Lynch M., *Stalin and Khrushchev: The USSR, 1924—1964*, London: Hodder and Stoughton, 1990.

Lyons E., *Our Secret Allies: The Peoples of Russia*, London: Hassell Street Press, 1954.

Lambert R., *Soviet Disarmament Policy, 1922—1931*, Washington: Generic, 1964.

Lane Ch., *The Rites of Rulers. Ritual in Industrial Society the Soviet Case*. Cambridge: Cambridge University Press, 1981.

Lane D., *Leninism: A Sociological Interpretation*. Cambridge: Cambridge University Press, 1981.

Lasch Ch., *The American Liberals and the Russian Revolution*, N.Y.: Columbia University Press, 1962.

Labedz L., *The Use and Abuse of Sovietology. New Brunswick*, N.J.: Transaction Publishers, 1989.

Laqueur W., *The Fate of The Revolution. Interpretations of So-*

viet History, N.Y.: Collier Books, 1967.

Levine I.D., *The Man Lenin*, N.Y.: T. Selzer, 1924.

Lewin M., *The Making of the Soviet System*, L.: Methuen, 1985.

Lewis R., *Science and Industrialization in the USSR*, L.: Macmillan, 1979.

Lovenstein M., *American Opinion of Soviet Russia*, Washington DC: Lovenstein Press, 1941.

Matlock J. F., "Dealing with a Russia in Turmoil," *Foreign Affairs*, 1996, Vol.75, No.3, pp.38—51.

McFaul M., "The Liberty Doctrine," *Policy Review*, 2002, No.112, pp.1—24.

McFaul M., "Getting Russia Right," *Foreign Policy*, 2000, No.117, pp.58—71.

McGann J. Scholars, *Dollars and Policy Advice*: *A Report*, Philadelphia: Foreign Policy Research Institute, 2004.

Mead W. R., "No Cold War Two," *World Policy Journal*, Summer 1994, Vol.11, No.2, pp.1—17.

Maddox T. Red, "Fascism, Brown Bolshevism: The American Image of Totalitarianism in the 1930s," *The Historian*, 1977, Vol.40. No.1, pp.212—220.

Malia M., "From Under the Rubble, What?," *Problems of Communism*, 1992, Vol.41, No.1—2.

Malia M., *The Soviet Tragedy*: *A History of Socialism in Russia*, *1917—1991*, New York: Free Press, 1994.

Malia M., "To the Stalin Mausoleum," *Daedalus*. 1990, Vol.199, No.1, pp.295—344.

Mandelbaum M., *The Anatomy of Historical Knowledge*, London: Baltimore, 1977.

Manning R., "Government in the Soviet Countryside in the Stalinist Thirties: The Case of the Belyi Raion in 1937," *Carl Beck*

Papers in Russian and East European Studies, Pittsburgh, 1984.

Manning R., "State and Society in Stalinist Russia," *The Russian Review*, 1987, Vol.46, No.4, pp.407—411.

Mark E., "October or Thermidor? Interpretations of Stalinism and the Perception of Soviet Foreign Policy in the United States, 1927—1947," *American Historical Review*, 1989, Vol.94, No.4, pp.937—962.

Malia M., *Russia under Western Eyes. From the Bronze Horseman to the Lenin Mausoleum*, Cambridge: The Belknap Press, 1999.

Manning C., *A History of Slavic Studies in the United States*, Milwaukee: Marquette University Press, 1957.

Motyl A., *Sovietology, Rationality, Nationality. Coming to Grips with Nationalism in the USSR*, New York: Columbia University Press, 1990.

Malia, Martin., "From Under the Rubble, What?," *Problems of Communism*, 1992, Vol.16, No.1—2, pp.89—106.

Markwick J., "A Discipline in Transition? From Sovietology to 'Transitology'," *Journal of Communist Studies and Transition Politics*, 1996, Vol.12, No.3, 255—276.

Marrin A., *Stalin*, New York: Viking Kestrel, 1988.

James von Geldern, *Mass Culture in Soviet Russia: Tales, Poems, Songs, Movies, Plays and Folklore, 1917—1953*, Bloomington: Indiana University Press, 1995.

McCauley M., *Stalin and Stalinism*, Harlow: Pearson/Longman, 1983.

McCauley M., *The Soviet Union since 1917*, New York: Longman, 1981.

McClellan W., *Russia: A History of the Soviet Period*, Bergen: Englewood Cliffs, 1986.

McClelland J., "What Made Stalinism Work?," *History of Education Quarterly*, 1984, Vol.24, No.3, pp.445—453.

McCutcheon R., "The 1936—1937 Purge of Soviet Astronomers," *Slavic Review*, 1991, Vol.50, No.1, pp.100—117.

McFaul M., "One Step Forward, Two Steps Back," *Journal of Democracy*, 2000, Vol.11, No.3, pp.19—33.

Mandelbaum, Michael, "A Perfect Failure. NATO's War against Yugoslavia," *Foreign Affairs*, 1999, Vol.78, No.5, pp.2—8.

Mandelbaum, Michael, "Preserving the New Peace," *Foreign Affairs*, 1995, Vol.74, No.3, pp.9—13.

Mandelbaum, Michael, "Westernizing Russia and China," *Foreign Affairs*, 1997, Vol.76, No.3, pp.80—95.

Matlock, Jack F., "Dealing with a Russia in Turmoil," *Foreign Affairs*, 1996, Vol.75, No.3, pp.38—51.

McFaul, Michael, "A Precarious Peace. Domestic Politics in the Making of Russian Foreign Policy," *International Security*, 1997, Vol.22, No.3, pp.5—35.

McFaul, Michael, "Why Russia's Politics Matter," *Foreign Affairs*, 1995, Vol.74, No.1, pp.87—99.

Melanson, Richard A. *American Foreign Policy since the Vietnam War. The Search for Consensus from Nixon to Clinton*, London(England): M.E. Sharpe, 2000.

McNeal, R. *Stalin: Man and Ruler*, London: Macmillan Press, 1988.

Menashe, L., "From Stalin to Gorbachev: Moshe Lewin on Soviet History," *International Labor and Working-Class History*, Spring 1989, Vol.35, pp.53—61.

Merridale, C., "Glasnost and Stalin: New Material, Old Questions," *The Historical Journal*, 1993, Vol.36, No.1, pp.233—243.

Merridale, C., *Moscow Politics and the Rise of Stalin: The Communist Party in the Capital, 1925—1932*, Basingstoke(Hants.): Macmillan, 1990.

Merridale, C., "The 1937 Census and the Limits of Stalinist

Rule," *The Historical Journal*, 1996, Vol.39, No.1, pp.225—240.

Meyer, A., "Coming to Terms with the Past ... and with one's Older Colleagues," *The Russian Review*, 1986, Vol.45, No.4, pp.401—408.

Meyer, A., "Politics and Methodology in Soviet Studies," *Studies in Comparative Communism*, 1991, Vol.24, No.2, pp.127—136.

Meyer, A., *The Soviet Political System: An Interpretation*, New York: Random House, 1965.

Meyer, S., "Key Questions for Soviet Studies," *The Chronicle of Higher Education*, 1991, Vol.38, No.12.

Miller, F., *Folklore for Stalin: Russian Folklore and Pseudofolklore of the Stalin Era*, Armonk: M.E. Sharpe, 1990.

Mills, C., "The Moral Epistemology of Stalinism," *Politics & Society*, 1994, Vol.22, No.1, pp.31—57.

Montefiore, S., *Stalin: At the Court of the Red Tsar*, London: Weidenfeld and Nicolson, 2014.

Moore, B., *Soviet Politics: The Dilemma of Power; The Role of Ideas in Social Change*, Cambridge: Harvard University Press, 1950.

Moore, B., *Terror and Progress USSR: Some Sources of Change and Stability in the Soviet Dictatorship*, Cambridge: Harvard University Press, 1954.

Motyl, A., " Sovietology in One Country or Comparative Nationality Studies?"*Slavic Review*, 1989, Vol.48, No.1, pp.83—90.

Motyl, A, Sovietology, Rationality, Nationality: Coming to Grips with Nationalism in the USSR/A, Motyl, New York, 1990.

Motyl, A., "The End of Sovietology: From Soviet Studies to Post-Soviet Studies," in *The Post-Soviet Nations: Perspectives on the Demise of the USSR*, New York: Columbia University Press, 1992.

Motyl, A., *Will the Non-Russians Rebel? State, Ethnicity and Stability in the USSR*, London: Cornell University Press, 1987.

Maguire R.A., *Red Virgin Soil: Soviet Literature in the 1920s*, Princeton: Princeton University Press, 1968.

Male D.J., *Russian Peasant Organization Before Collectivization*, Cambridge: Cambridge University Press, 1971.

Mazour A., *Russia Tsarist and Communist*, Princeton: Van Nostrand, 1962.

Meyer A. G., *The Soviet Political System*, New York: Random House, 1965.

Millar J.R., *The ABC of Soviet Socialism*, Urbana: Chicago University Press, 1981.

Moore B., *Soviet Politics*, New York: Harper and Row, 1965.

Moorehead, Alan, *The Russian Revolution*, New York: Harper & Brothers, 1958.

McFaul M., *Russia's Unfinished Revolution, Political Change from Gorbachev to Putin*, Ithaca and London: Cornell University Press, 2001.

M. L. Goldman, "Russia's Middle Class Muddle," *Current History*, October, 2006, Vol.105, pp.321—326.

Michael McFaul, "Realistic Engagement: A new Approach to American-Russian Relations," *Current History*, October 2001, Vol.100, pp.313—322.

Naiman, E., "On Soviet Subjects and the Scholars who Make Them," *The Russian Review*, 2001, Vol.60, No.3, pp.307—315.

Nove, A., An Economic History of the U.S.S.R., New York: Penguin Books, 1969.

Nove, A., *Economic Rationality and Soviet Politics or Was Stalin Really Necessary*? New York: Frederick A. Praeger, 1964.

Nove, A., *Stalinism and After*, London: George Allen & Unwin, 1975.

Nove, A., "Stalinism: Revisionism Reconsidered," The Russian Review, 1987, Vol.46, No.4, pp.412—417.

Narkiewicz O., *The Making of the Soviet State Apparatus*, Manchester: Manchester University Press, 1970.

Nove, A., *An Economic History of the USSR*, Harmondsworth: Penguin, 1982.

Novick P., *That Noble Dream*, *The Objectivity Question and the American Historical Profession*, Cambridge: Cambridge University Press, 1988.

Nichols T., "Putin's First Two Years: Democracy or Authoritarianism?"*Current History*, 2002 October, Vol.101, pp.307—312.

Odom, W., "Soviet Politics and After: Old and New Concepts," *World Politics*, 1992, Vol.45, No.1, pp.66—98.

Orlovsky, D., "The New Soviet History," *Journal of Modern History*, 1990, Vol.62, No.4, pp.253—272.

Oren I., *Our Enemy and US*: *America's Rivalries and the Making of Political Science*, Ithaca: Cornell University Press, 2002.

Owen, John M., "Transnational Liberalism and U.S. Primacy," *International Security*, 2001, Vol.26, No.3, pp.117—152.

Pethybridge R., *The Social Prelude to Stalinism*, London: Macmillan, 1974.

Pethybridge R., *One Step Backwards*, *Two Steps Forward*, *Soviet Society and Politics in the New Economic Policy*, Oxford: Clarendon Press, 1990.

Pipes Richard, *The Russian Revolution*, New York: Knopf, 1990.

Pipes Richard, *Russia under the Bolshevik Regime*, New York: Knopf, 1993.

Polonsky M., Taylor R., *USSR*: *From an Original Idea*, London: Faber and Faber, 1986.

Parrish, M., *The Lesser Terror*: *Soviet State Security*, *1939—1953*, Westport: Praeger, 1996.

Payne, M., *Stalin's Railroad*: *Turksib and the Building of Socialism*, Pittsburgh: University of Pittsburgh Press, 2001.

Payne, R., *The Rise and Fall of Stalin*, New York: Simon and Schuster, 1965.

Peris, D., "The 1929 Congress of the Godless," *Soviet Studies*, 1991, Vol.43, No.4, pp.711—732.

Pethybridge, R., "Stalinism as Social Conservatism?" *European Studies Review*, 1981, Vol.11, No.4, pp.461—485.

Pethybridge, R., *The Social Prelude to Stalinism*, New York: St. Martin's Press, 1974.

Pipes R., "1917 and Revisionists," *The National Interest*, 1993, No.31, pp.68—79.

Philosophical Sovietology: The Pursuit of a Science, Dordrecht, Boston, Lancaster, and Tokyo: Reidel, 1988.

Ploss, S., *Conflict and Decision-Making in Soviet Russia*, Princeton: Princeton University Press, 1965.

Pohl, J., *The Stalinist Penal System: a Statistical History of Soviet Repression and Terror, 1930—1953*, Jefferson: McFarland, 1997.

Political and Economic Encyclopedia of the Soviet Union and Eastern Europe, Chicago: Oxford University Press, 1990.

Political Culture and Communist Studies, Basingstoke: M. E. Sharpe, Inc., 1984.

Political Science and Area Studies: Methodology and Empirical Theory: Rivals or Partners? Bloomington: Indiana University Press, 1975.

Politics and the Soviet System: Essays in Honour of Frederick C., London: Macmillan Press, 1989.

Politics, Work, and Daily Life in the USSR: A Survey of Former Soviet Citizens, Cambridge: Cambridge University Press, 1987.

Pomper, P., "Historians and Individual Agency," History & Theory, 1996, Vol.35, No.3, pp.281—308.

Pomper, P., *Lenin, Trotsky and Stalin: The Intelligentsia and*

Power, New York: Columbia University Press, 1990.

Post-Communist Studies and Political Science: Methodology and Empirical Theory in Sovietology, Chicago: Rand McNally & Co., 1993.

Priestland, D., "Marx and the Kremlin: Writing on Marxism-Leninism and Soviet Politics after the Fall of Communism," *Journal of Political Ideologies*, 2000, Vol.5, No.3, pp.337—390.

Puddington, A., "Denying the Terror Famine," *The National Review*, 1992, Vol.44, No.10, pp.33—36.

Petro N., *The Rebirth of Russian Democracy*, Cambridge: Harvard University Press, 1995.

Petrov N., Lopman M. and Hale H., "Three dilemmas of hybrid regime governance: Russia from Putin to Putin," *Post-Soviet Affairs*, 2014, Vol.31, No.1, pp.1—26.

Post-Communist Studies and Political Science: Methodology and Empirical Theory in Sovietology, ed, by Frederic J, Fleron, Jr, and Erik P, Hoffmann, Boulder, CO: Westview Press, 1993.

Pipes R., "Is Russia Still an Enemy?" *Foreign Affairs*, 1997, Vol.76, No.5, pp.65—78.

Powaski R. E., *Return to Armageddon, The United States and the Nuclear Arms Race, 1981—1999*, New York: Oxford University Press, 2000.

Post-Communism: Four Perspectives, Ed. by Michael Mandelbaum, New York: A Council on Foreign Relations, 1996.

Rancour-Laferriere, D., The Mind of Stalin: A Psychoanalytic Study, Ann Arbor: Ardis, Cop., 1988.

Randall, F., Stalin's Russia: An Historical Reconsideration, New York: Free Press, 1965.

Ravindranathan, T., "The Legacy of Stalin and Stalinism: A Historiographical Survey of the Literature, 1930—1990," *Canadian Journal of History*, 1994, Vol.29, No.1, pp.113—146.

Reddaway, P., "Sovietology and Dissent: New Sources on Protest," *RFE/RL Research Report*, 1993, Vol.2, No.5.

Rees, E., *Stalinism and Soviet Rail Transport, 1928—1941*, New York: St. Martin's Press, 1995.

Reese, R., "Red Army Opposition to Forced Collectivization, 1929—1930: The Army Wavers," Slavic Review, 1996, Vol.55, No.1, pp.24—45.

Reese, R., *Stalin's Reluctant Soldier: A Social History of the Red Army, 1925—1941*, Lawrence: University Press of Kansas, 1996.

Reese, R., "The Impact of the Great Purge on the Red Army: Wrestling with Hard Numbers," *Soviet and Post-Soviet Review*, 1992, Vol.19, No.1—3, pp.71—90.

Reexamining the Soviet Experience: Essays in Honor of Alexander Dallin, Boulder: Westview Press, 1996.

Remington, T., "Sovietology and System Stability," *Post-Soviet Affairs*, 1992, Vol.8, No.3, pp.239—269.

Researcher's Guide to Sources on Soviet Social History in the 1930s, Armonk: Routledge, 1990.

Reshetar, J., *A Concise History of the Communist Party of the Soviet Union*, New York: Praeger, Inc., 1964.

Rethinking the Soviet Collapse: Sovietology, the Death of Communism and the New Russia, London: Continuum Intl Pub Group, 1998.

Revolution from Above: Where is the Soviet Union going? London: Hutchinson, 1988.

Revolution in Low: Contributions to the Development of Soviet Legal Theory, 1917—1938, Armonk: Sharpe, Cop., 1990.

Rice C., "Promoting National Interest," *Foreign Affairs*, 2000, Vol.79, No.1, pp.45—62.

Rubinstein A. Z., "America's Stake in Russia Today," *Orbis*,

1997, Vol.41, No.1, pp.31—38.

Russian Foreign Policy in Transition, *Anthology*, Ed, by A, Melville & T, Shakleina, Budapest: CEU Press, 2005.

Russian Foreign Policy in the 21st Century & the Shadow of the Past, Ed, by R, Legvold, New York: Columbia University Press, 2007.

Russia's Wrong Direction: *What the United States Can and Should Do*, Report of an Independent Task Force, Washington D.C.: Council on Foreign Relations, 2006.

Rigby, T., "Totalitarianism and Change in Communist Systems," *Comparative Politics*, 1972, Vol.4, No.3, pp.433—453.

Rigby, T., *Communist Party Membership in the U. S. S. R., 1917—1967*/T, Rigby, Princeton: Princeton University Press, 1968.

Rigby, T., *Political Elites in the USSR*: *Central Leaders and Local Cadres from Lenin to Gorbachev*, Brookfield: Edward Elgar, 1990.

Rigby, T., *The Changing Soviet System*: *Mono-Organizational Socialism from Its Origins to Gorbachev's Reconstructuring*, Brookfield: Elgar, Cop., 1990.

Rigby, T., "Traditional, Market, and Organization Societies," *World Politics*, 1964, Vol.16, No, 4, pp.539—557.

Riggs, J., "Russia's Political Party System As an Impediment to Democratization," *Democratizatsija*: *The Journal of Post-Soviet Democratization*, 2004, Vol.12, No.2, pp.265—293.

Rittersporn, G., "History, Commemoration and Hectoring Rhetoric," *The Russian Review*, 1987, Vol.46, No.4, pp.418—423.

Rittersporn, G., "Rethinking Stalinism," *Russian History*, 1984, Vol.11, No.4, pp.343—361.

Rittersporn, G., "Soviet Politics in the 1930s," *Studies in Comparative Communism*, 1986, Vol.19, No.2, pp.105—128.

Roberts, G., "Stalin's Terror? New Interpretations," *Modern*

History Review, 1995, Vol.6, No.4, pp.18—20.

Robinson, N., "Beyond Soviet Studies, Book reviews," *Europe-Asia Studies*, 1996, Vol.48, No.4, pp.306—332.

Rose, R., "How Floating Parties Frustrate Democratic Accountability: a Supply-Side View of Russia's Elections," *East European Constitutional Review*, Vol.9, No.1—2, pp.215—223.

Rosefielde, S., "An assessment of the Sources and Uses of Gulag Forced Labour 1929—56," *Soviet Studies*, 1981, Vol.33, No.1, pp.51—87.

Rosefielde, S., "Documented Homicides and Excess Deaths: New Insights into Scale of Killing in the USSR During 1930s," *Communist and Post-Communist Studies*, 1997, Vol.30, No.3, pp.321—331.

Rosefielde, S., "Excess Collectivization Deaths 1929—1933: New Demographic Evidence," *Slavic Review*, 1984, Vol.43, No.1, pp.83—88.

Rosefielde, S., "Excess Deaths and Industrialization: A Realist Theory of Stalinist Economic Development in the 1930's," *Journal of Contemporary History*, 1988, Vol.23, No.2, pp.277—289.

Rosefielde, S., "Excess Mortality in the Soviet Union: A Reconsideration of the Demographic Consequences of Forced Industrialization 1929—1949," *Soviet Studies*, 1983, Vol.35, No.3, pp.385—409.

Rosefielde, S., "Incriminating Evidence: Excess Deaths and Forced Labour under Stalin: A Final Replay to Critics," *Soviet Studies*, 1987, Vol.39, No.2, pp.292—313.

Rosefielde, S., "Stalinism in Post-Communist Perspective: New Evidence on Killing, Forced Labour and Economic Growth in the 1930's," *Europe-Asia Studies*, 1996, Vol.48, No.6, pp.959—987.

Rossman, J., "The Teikovo Cotton Workers' Strike of April 1932: Class, Gender and Identity Politics in Stalin's Russia," *Russian Review*, 1997, Vol.56, No.1, pp.44—69.

Rowney, D., *Transition to Technocracy: The Structural Origins of the Soviet Administrative State*, Ithaca: Cornell University Press,

1989.

Ruder, C., *Making History for Stalin: The Story of the Belomor-Canal*, Gainesville: University Press of Florida, 1998.

Rummel, R., *Lethal Politics: Soviet Genocide and Mass Murder since 1917*, New Brunswick: Transaction Publishers, 1990.

Rummel, R., *Power Kills: Democracy as a Method of Nonviolence*, New Brunswick: Routledge, 1997.

Rummel, R., *Statistics of Democide: Genocide and Mass Murder since 1900*, Charlottesville: LIT Verlag, 1997.

Rutland, P., "Post-Sovietology Blues: Reflections on a Tumultuous Decade," *Democratizatsija: The Journal of Post-Soviet Democratization*, 2003, Vol.11, No.1, pp.34—41.

Rutland, P., "Sovietology: From Stagnation to Perestroika? A Decade of Doctoral Research in Soviet Politics," *Occasional Papers* (Kennan Institute for Advanced Russian Studies), Vol.241, Washington, 1990.

Rutland, P., "Sovietology: Notes for a Post-Mortem," *The National Interest*, 1993, No.31, pp.109—122.

Rutland, P., "Sovietology: Who Got It Right and Who Got It Wrong," in *Rethinking the Soviet Collapse: Sovietology, the Death of Communism and the New Russia*, London: Pinter, 1998.

Ronald Asmus, *A Little War that Shook the World: Georgia, Russia, and the Future of the West*, New York: Palgrave Macmillan, 2010.

Roberts G., "History, Theory, and the Narrative Turn in International Relations," *Review of International Studies*, 2006, Vol.32, No.4, pp.703—714.

Robertson G., *The Politics of Protest in Hybrid Regimes*, Cambridge: Cambridge University Press, 2011.

Radkey O. H., *The Unknown Civil War in Soviet Russia, A Study of the Green Movement in the Tambov Region, 1920—1921*,

Stanford: Hoover Institution Press, 1976.

Rigby Th. H., *Lenin's Government: Sovnarkom, 1917—1922*, Cambridge: Cambridge University Press, 1979.

Reexamining the Soviet Experience: Essays in Honor of Alexander Dallin, Boulder, CO: Westview Press, 1996, p.206.

Reversing Relations with Former Adversaries: U.S. Foreign Policy after the Cold War, Gainsville: University Press of Florida, 1998.

Russian Foreign Policy since 1990, Ed. By Peter Shearman, Boulder: Westview Press, 1995.

Robert D., "Power, Ideas, and New Evidence on the Cold War's End," *International Security*, 2003, Vol.26, No.3, pp.70—92.

Rutland P., "A Flawed Democracy," *Current History*, October 1998, No.97, pp.313—318.

Roeder Ph., *Postcommunism and the Theory of Democracy*, Princeton: Princeton University Press, 2001.

Ross C., "Putin's Federal Reforms and the Consolidation of Federalism in Russia: One Step Forward, Two Steps Back," *Communist and Post-Communist Studies*, 2003, Vol.36, No.1, pp.29—47.

Rosefielde, S., *Russia in the 21st Century: The Prodigal Superpower*, Cambridge: Cambridge University Press, 2009.

Rosefielde, S., "Illusion of Transition: Russia's Muscovite Future," *Eastern Economic Journal*, 2005, Vol.31, No.2, pp.285—299.

Rosefielde, S., "Russia's Warped Transition: The Destructive Consequences of Ethically Unconstrained Utility Seeking," *Eastern Economic Journal*, 1999, Vol.25, No.4, pp.459—476.

R. Service, *Russia: Experiment with a People*, Massachusetts: Harvard University Press, 2003.

S. Legvold, *Russian Foreign Policy in the 21st Century & the Shadow of the Past*, New York: Columbia University Press, 2007.

Donaldson, R. H. and Joseph L. Nogee, *The Foreign Policy of*

Russia: Changing Systems, Enduring Interests, New York: Routledge, 2002.

Cox, M., *Rethinking the Soviet Collapse: Sovietology, the Death of Communism and the New Russia*, New York: Pinter, 1998.

Sakwa, R., "Postcommunist Studies: Once Again Through the Looking Glass (darkly)?" *Review of International Studies*, 1999, Vol.25, No.4, pp.709—719.

S. Blank, "This Time We Really Mean It: Russian Military Reform," *Russia and Eurasia Review*, Vol.2, No.1, January 7, 2003.

Sicherman, H., "The Revenge of Geopolitics," *Orbis*, 1997, Vol.41, No.2, pp.7—13.

Simes, D. K., *After the Collapse: Russia Seeks Its Place as a Great Power*, New York: Simon & Schuster, 1999.

Parrott, B., ed., *State Building and Military Power in Russia and the New States of Eurasia*, London: M.E. Sharpe, 1995.

Sakwa, R., "Russian Studies: The Fractured Mirror," *Politics*, 1996, Vol.16, No.3, pp.133—141.

Sakwa, R., "Subjectivity, Politics and Order in Russian Political Evolution," *Slavic Review*, 1995, Vol.54, No.4, pp.943—964.

Sartori, G., "Concept Misinformation in Comparative Politics," *American Political Science Review*, 1970, Vol.64, No.4, pp.1033—1053.

Schapiro, L., *Totalitarianism*, New York: Pan Macmillan, 1972.

Schroeder, G., "Reflection on Economic Sovietology," *Post-Soviet Affairs*, Vol.11, 1995, No.3, pp.197—234.

Scott, J., *Behind the Urals: An American Worker in Russia's City of Steel*, Bloomington: Indiana University Press, 1989.

Sendich, M. and Sendich, D. L., "Russian and Slavic Programs and Faculty in U.S. and Canadian Universities and Colleges: 1994—1995," *Russian Language Journal*, 1994, Vol. 48, No. 159/161, pp.305—307, 309—367.

Shachtman, M., *The Bureaucratic Revolution: The Rise of the Stalinist State*, New York: Donald Press, 1962.

Sharlet, R., "Systematic Political Science and Communist Systems," *Slavic Review*, 1967, Vol.26, No.1, pp.22—26.

Shaw, J. T., "AATSEEL: The First Fifty Years," *Slavic and East European Journal*, 1991, Vol. 35, AATSEEL Golden Jubilee Issue, pp.3—192.

Shea, C., "New Faces and New Methodologies Invigorate Russian Studies," *Chronicle of Higher Education*, February 20, 1998.

Shearer, D., *Industry, State, and Society in Stalin's Russia, 1926—1934*, Ithaca: Cornell University Press, 1996.

Shlapentokh, V., "Soviet Society and American Sovietologists: A Study in Failure?" in M. Cox, *Rethinking the Soviet Collapse: Sovietology, the Death of Communism and the New Russia*, London; New York: Pinter, 1998.

Shleifer, A. and Treusman D., "A Normal Country," *Foreign Affairs*, 2004, Vol.83, No.2, pp.20—38.

Shleifer, A. and Treisman D., "A Normal Country: Russia after Communism," *The Journal of Economic Perspectives*, 2005, Vol.19, No.1, pp.151—174.

Siegelbaum, L. ed., *Borders of Socialism: Private Spheres of Soviet Russia*, New York: Palgrave Macmillan, 2006.

Siegelbaum, L., "Masters of the Shop Floor: Foremen and Soviet Industrialisation," in Lampert, N. and Rittersporn, G. T. et al., *Stalinism: Its Nature and Aftermath: Essays in Honour of Moshe Lewin*, London: Palgrave Macmillan, 1992.

Siegelbaum, L., "Robert V. Daniels and the *Longue Duree* of Soviet History," *The Russian Review*, 1995, Vol. 54, No. 3, pp. 330—340.

Siegelbaum, L., "Soviet Car Rallies of the 1920s and 1930s and the Road to Socialism," *Slavic Review*, 2005, Vol.64, No.2, pp.247—

273.

Siegelbaum, L., *Stakhanovism and the Politics of Productivity in the USSR, 1935—1941*, Cambridge: Cambridge University Press, 1988.

Siegelbaum, L. and Suny, R., "Making the Command Economy: Western Historians on Soviet Industrialization," *International Labor and Working Class History*, 1993, No.43, pp.65—76.

Skilling, H., "Interest Groups and Communist Politics," *World Politics*, 1966, Vol.18, No.3, pp.435—451.

Skilling, H., "Interest Groups and Communist Politics Revisited," *World Politics*, 1983, Vol.36, No.1, pp.1—27.

Slider, D., "Russia's Governors and Party Formation," in A. Brown ed., *Contemporary Russian Politics: a Reader*, Oxford: Oxford University Press, 2001.

Smith, S., "Writing the History of the Russian Revolution after the Fall of Communism," *Europe-Asia Studies*, 1994, Vol.46. No.4, pp.563—578.

Rosenberg, W. and Siegelbaum, L. ed., *Social Dimensions of Soviet Industrialization*, Bloomington: Indiana University Press, 1993.

Solomon, P., "Soviet Criminal Justice and the Great Terror," *Slavic Review*, 1987, Vol.46, No.3—4, pp.391—413.

Solomon, P., *Soviet Criminal Justice under Stalin*, Cambridge: Cambridge University Press, 1996.

Cooper, J., Perrie, M. and Rees, E. A. et al., *Soviet History, 1917—1953: Essays in Honour of R.W. Davies*, New York: Palgrave Macmillan, 1995.

Davies, R. W., "Soviet Investment for Planned Industrialization, 1929—1937: Policy and Practice," *Selected Papers, from 2nd World Congress for Soviet and East European Studies*, 1980, Garmisch-Partenkirchen, Germany, Berkeley: Berkeley Slavic Specialties, 1984.

Thompson, T.L. and Sheldon, R. et al., *Soviet Society and Cul-*

ture: *Essays in Honour of Vera S. Dunham*, Boulder, Colo.: Westview Press, 1988.

Kershaw, I. and Lewin, M. et al., *Stalinism and Nazism*: *Dictatorships in Comparison*, Cambridge: Cambridge University Press, 1997.

Siegelbaum, L. et al., *Stalinism as a Way of Life*: *A Narrative in Documents*, New Haven: Yale University Press, 2000.

Tucker, R.C. ed., *Stalinism*: *Essays in Historical Interpretation*, New York: Routledge, 1999.

Urban, G. R. ed., *Stalinism*: *Its Impact on Russia and the World*, New York: St. Martin's Press, 1982.

Lampert, N. and Rittersporn. G. et al. *Stalinism*: *Its Nature and Aftermath*: *Essays in Honour of Moshe Lewin*, Armonk: M.E. Sharpe, 1992.

Getty, J. and Manning, R. et al., *Stalinist Terror*: *New Perspectives*, Cambridge: Cambridge University Press, 1993.

Stites, R., "Stalinism and the Restructuring of Revolutionary Utopianism," in H. Gunther ed., *The Culture of the Stalin Period*, New York: Palgrave Macmillan, 1990, pp.78—94.

Stone, D., "Tukhachevsky in Leningrad: Military politics and exile, 1928—31," *Europe-Asia Studies*, 1996, Vol.48, No 8, pp.1365—1386.

Studer, B., "Liquidate the Errors or Liquidate the Person? Stalinist Party Practices as Techniques of the Self," in B. Studer and H. Haumann, et al., *Stalinistische Subjekte*: *Individuum und System in der Sowjetunion und der Komintern*, *1929—1953*, Zürich: Chronos, 2006.

Suny, R., "A Second Look at Sovietology and the National Question," *AAASS Newsletter*, 1993, Vol.33, No.3.

Suny, R., "Rethinking Soviet Studies: Bringing Non-Russians Back In," in D. Orlovsky ed., *Beyond Soviet Studies*, Washington

D.C.: The Woodrow Wilson Center Press, 1995.

Suny, R., *The Soviet Experiment: Russia, the USSR and the Successor States*, New York: Oxford University Press, 1998.

Suny, R., "Toward a Social History of the October Revolution," *American Historical Review*, 1983, Vol.88. No.1, pp.31—52.

Swianiewicz, S., *Forced Labour and Economic Development: an Enquiry into Experience of Soviet Industrialization*, London: Oxford University Press, 1965.

Talbott, S., *The Russia Hand: A Memoir of Presidential Diplomacy*, Random House Trade, 2003.

Walt, S.M., "Two Cheers for Clinton's Foreign Policy," *Foreign Affairs*, 2000, Vol.79, No.2, pp.63—79.

Stent, A., "US—Russia Relations in the Second Obama Administration," *Survival*, 2012, Vol.54, No.6, pp.123—138.

Service, R., *The Russian Revolution, 1900—1927*, London: Macmillan, 1986.

Seton-Watson, H., *From Lenin to Khrushchev: The History of World Communism*, New York: Routledge, 1985.

Shanin, T., *The Awkward Class: Political Sociology of Peasantry in a Developing Society: Russia 1910—1925*, Oxford: Clarendon Press, 1972.

Shteppa, K. F., *Russian Historians and the Soviet State*, New Brunswick, NJ: Rutgers University Press, 1962.

Siegelbaum, L.H., *Stakhanovism and the Politics of Productivity in the USSR, 1935—1941*, Cambridge: Cambridge University Press, 1988.

Stokes, C., *The Evolution of Trotsky's Theory of Revolution*, Washington, D.C.: University Press of America, 1982.

Schlesinger, A. Jr., "Back to Womb? Isolationism's Renewed Threat," *Foreign Affairs*, 1995, Vol.74, No.4, pp.2—8.

Simes, D.K., *After the Collapse: Russia Seeks Its Place as a*

Great Power, N.Y.: Simon & Schuster, 1999.

Jervis, R. and Bialer, S, et al., *Soviet-American Relations After the Cold War*, Durham: Duke University Press, 1991.

Parrott, B. ed., *State Building and Military Power in Russia and the New States of Eurasia*, New York: Routledge, 1995.

Shleifer A., *A Normal Country: Russia After Communism*, Cambridge, Mass., Harvard University Press, 2005.

Shleifer, A. and Treisman, D., *Without a Map: Political Tactics and Economic Reform in Russia*, Cambridge, M.A.: MIT Press, 2000.

Simes D., "The Return of Russian History," *Foreign Affairs*, 1994, Vol.73, No.1, pp.67—82.

White, S., *Russia's New Politics: the Management of a Postcommunism Society*, New York: Cambridge University Press, 2000.

Holmes, S., "Simulation of Power in Putin's Russia," *Current History*, 2001, Vol.100, No.648, pp.307—312.

Nunn, S. and Stulberg, A.N., "The Many Faces of Modern Russia," *Foreign Affairs*, 2000, Vol.79, No.2, pp.45—62.

Cohen, S., *Failed Crusade: America and the Tragedy of Postcommunist Russia*, New York: W.W.Norton and Company, 2000.

Walt, S.M., *Taming American Power: The Global Response to U.S. Primacy*, New York: W.W.Norton and Company, 2006.

Fish, M.S., *Democracy from Scratch: Opposition and Regime in the New Russian Revolution*, Princeton, N.J.: Princeton University Press, 1995.

Fish, M.S., *Democracy Derailed in Russia: The Failure of Open Politics*, Cambridge: Cambridge University Press, 2005.

Cohen, S. F., "Russian Studies without Russia," *Post-Soviet Affairs*, 1999, Vol.15, No.1, pp.37—55.

Taras, R. ed., *Handbook of Political Science Research on the USSR and Eastern Europe: Trends from the 1950s to the 1990s*, Westport, Conn.: Greenwood Press, 1992.

Mandelbaum, M. ed., *The New Russian Foreign Policy*, N.Y.: Council on Foreign Relations Press, 1998.

Quester, G. ed., *The Nuclear Challenge in Russia and the New States of Eurasia*, Armonk, N.Y.: M.E. Sharpe, 1995.

Talbott, S., "Post-Victory Blues," *Foreign Affairs*, 1991, Vol.71, No.1, pp.53—63.

Terry, K. and Schmitter, P., "From an Iron Curtain to a paper Curtain: Grounding Transitologists or Students of Postcommunism," *Slavic Review*, 1995, Vol.54, No.4, pp.965—978.

Thatcher, I., "Stalin and Stalinism: A Review Article," *Europe-Asia Studies*, 2004, Vol.56. No.6, pp.907—919.

Kanet, R. ed., *The Behavioral Revolution and Communist Studies: Applications of Behaviorally Oriented Political Research on the Soviet Union and Eastern Europe*, New York: Free Press, 1971.

Feldbrugge, F. J. M. ed., *The Distinctiveness of Soviet Low*, Dordrecht; Boston: Martinus Nijhoff, 1987.

Davies, R.W. et al., *The Economic Transformation of the Soviet Union, 1913—1945*, Cambridge: Cambridge University Press, 1993.

Wallander, C.A. and Wildermuth, A. et al., *The Sources of Russian Foreign Policy After the Cold War*, Boulder, Colo.: Westview Press, 1996.

Dobrenko, E., *The Landscape of Stalinism: The Art of Ideology of Soviet Space*, Seattle, WA: University of Washington Press, 2003.

Rees, E.A. ed., *The Nature of Stalin's Dictatorship: The Politburo, 1924—1953*, London: Palgrave Macmillan, 2004.

Dallin, A. ed., *The Nature of the Soviet System*, New York: Garland, 1992.

Motyle, A. ed., *The Post Soviet Nations: Perspectives on the Demise of the USSR*, New York: Columbia University Press, 1992.

Ploss, S. ed., *The Soviet Political Process: Aims, Techniques, and Examples of Analysis*, Waltham, M.A.: Ginn, 1970.

Shtromas, A. and Kaplan, M.A. et al., *The Soviet Union and the Challenge of the Future*. Vol. 1—3, New York: Paragon House, 1988—1989.

Nove, A. ed., *The Stalin Phenomenon*, New York: St. Martin's Press, 1993.

Daniels, R.V. ed., *The Stalin Revolution: Foundation of Soviet Totalitarianism*, Lexington, M.A.: Heath, 1972.

Daniels, R.V. ed., *The Stalin Revolution: Fulfillment or Betrayal of Communism?* Boston: D.C.Heath, 1965.

Ali, T. ed., *The Stalinist Legacy: Its Impact on Twentieth-century World Politics*, New York: Peguin, 1984.

Harding, N. ed., *The State in Socialist Society*, Albany: State University of New York Press, 1984.

Black, C.E. ed., *The Transformation of Russian Society: Aspects of Social Change since 1861*, Cambridge, M.A.: Harvard University Press, 1960.

Thompson, J., *A Vision Unfulfilled: Russia and the Soviet Union in the Twentieth Century*, Lexington: Cengage Learning, 1996.

Thurston, R., "Fear and Belief in the USSR's 'Great Terror': Response to Arrest, 1935—1939," *Slavic Review*, 1986, Vol. 45, No.2, pp.214—234.

Thurston, R., *Life and Terror in Stalin's Russia, 1934—1941*, New Haven: Yale University Press, 1996.

Thurston, R., "Social Dimension of Stalinist Rule: Humor and Terror in the USSR, 1935—1941," *Journal of Social History*, 1991, Vol.24, No.3, pp.553—574.

Thurston, R., "The Soviet Family During the Great Terror, 1935—1941," *Soviet Studies*, 1991, Vol.43, No.3, pp.553—574.

Timasheff, N., *The Great Retreat: the Growth and Decline of Communism in Russia*, New York: Dutton, 1946.

Totalitarianism at the Crossroads, edited by Ellen Frankel Paul,

London: Transaction Books, 1990.

Totalitarianism in Perspective: Three Views, edited by Carl J, Friedrich, Michael Curtis and Benjamin R, Barber, New York: Praeger Publishers, 1969.

Treadgold, D., *Twentieth Century Russia*, Chicago: Rand McNally, 1972.

Treml, V., *Censorship, Access, and Influence: Western Sovietology in the Soviet Union*, Berkeley: University of California, 1999.

Tucker, R., "Czars and Commissars," *New Republic*, 1991, Vol.204, No.3.

Tucker, R., *Political Culture and Leadership in Soviet Russia: From Lenin to Gorbachev*, Brighton: Cambridge University Press, 1987.

Tucker, R., "Sovietology and Russian History," *Post-Soviet Affairs*, 1992, Vol.8, No.3, pp.175—196.

Tucker, R., *Stalin as Revolutionary, 1879—1929: A Study in History and Personality*, New York: Norton, 1973.

Tucker, R., *Stalin in Power: The Revolution from Above, 1928—1941*, New York: W.W. Norton, 1990.

Tucker, R., *The Soviet Political Mind: Stalinism and Post-Stalin Change*, New York: Frederick A. Praeger, 1971.

Tucker R.C. *Stalin as Revolutionary*, 1879—1929, New York: Norton, 1973.

Tucker R. C. *Stalin in Power: The Revolution from Above*, 1928—1941, New York: Norton, 1990.

Tucker, R., "The Stalin Period as an Historical Problem," *The Russian Review*, 1987, Vol.46, No.4, pp.424—427.

Tucker, R., "Towards a Comparative Politics of Movement Regimes," *American Political Science Review*, 1961, Vol.55, No.2, pp.281—289.

Tsygankov A.P., *Russophobia*, London: Palgrave, 2009.

Tsygankov A.P., *The Strong State in Russia*, Oxford: Oxford University Press, 2014.

Tsygankov A.P. and Parker D., "The securitization of democracy: The freedom house ratings of Russia," *European Security*, 2015, Vol.24, No.1, pp.77—100.

Thomas Graham, *Russia's Decline and Uncertain Recovery*, Washington D.C.: Carnegie Endowment for International Peace, 2002.

Thomas Graham, *U.S.-Russian Relations at the Turn of the Century*, Washington D. C.: Carnegie Endowment for International Peace, 2000.

The Russian Intelligentsia, edited by R. Pipes, New York: Columbia University Press, 1961.

The Trotsky Papers, 1917—1922, Hague: Mouton, 1964.

Timasheff N.S., *The Great Retreat: The growth and Decline of Communism in Russia*, New York: E.P.Dutton & Co., 1946.

Treadgold D.W. *Twentieth Century Russia*, Chicago: Rand McNally, 1959.

Treml V. G., *Censorship, Access, and Influence: Western Sovietology in the Soviet Union*, Berkeley: University of California, 1999.

Talbott S., *The Russia Hand, A Memoir of Presidential Diplomacy*, New York: Random House, 2002.

Ulam, A., *A History of Soviet Russia*, New York: Holt Rinehart & Winston, 1976.

Ulam, A., *Stalin; The Man and His Era*, New York: Viking Press, 1973.

Ulam, A., "The State of Soviet Studies: Some Critical Reflections," *Survey*, 1964, No.50, pp.53—61.

Ulam, A., *The Unfinished Revolution, An Essay on the Sources of Influence of Marxism and Communism*, New York: Random House, Cop., 1960.

Ulam A. B., *Expansion and Coexistence: Soviet Foreign Policy*,

1917—1973, 2nd Edition, Fort Worth: Holt, Rinehart and Winston, Inc., 1974.

Ulam A. B., *The New Face of Soviet Totalitarianism*, Cambridge: Harvard University Press, 1963.

Unger, A., "On the Meaning of Sovietology," *Communist and Post-Communist Studies*, 1998, Vol.31, No.1, pp.17—27.

Unger, A., *The Totalitarian Party: Party and People in Nazi Germany and Soviet Russia*, New York: Cambridge University Press, 1974.

Viola, Lynne, *The Best Sons of the Fatherland: Workers in the Vanguard of Soviet Collectivization*, New York: Oxford University Press, 1987.

Viola, L., "In Search of Young Revisionis," *The Russian Review*, 1987, Vol.46, No.4, pp.428—431.

Viola, L., *Peasant Rebels under Stalin: Collectivization and the Culture of Peasant Resistance*, New York: Oxford University Press, 1996.

Viola, L., "Popular Resistance in the Stalinist 1930s: Soliloquy of a Devil's Advocate," *Kritika*, 2000, Vol.1, No.1, pp.45—69.

Viola L., *The Best Sons of the Fatherland: Workers in the Vanguard of Soviet Collectivization*, New York: Oxford University Press, 1987.

Viola L., "The Peasant Nightmare: Visions of Apocalypse in the Soviet Countryside," *Journal of Modern History*, 1990, Vol.62, No.4, pp.747—770.

Walker, M., "Post-Sovietology, Area Studies, and the Social Sciences," *Harriman Institute Forum*, 1993, Vol.6, No.6—7, pp.291—297.

Wallace, W., "From Soviet Studies to Europe-Asia Studies," *Europe-Asia Studies*, 1993, Vol.45, No.1, pp.3—6.

Waller, M., "The-Isms of Stalinism," *Soviet Studies*, 1968,

Vol.20, No.2, pp.229—234.

Ward, C., *Stalin's Russia*, New York: Bloomsbury Academic, 1993.

Ward, M., "Controversies over Stalinism: Searching for a Soviet Society," *Politics & Society*, 1991, Vol.19, No.3, pp.325—340.

Waters, E., "The Bolsheviks and the Family," *Contemporary European History*, 1995, Vol.4, No.3, pp.275—291.

Watson, D., *Molotov and Soviet Government: Sovnarkom, 1930—1941*, New York: St. Martin's Press, 1996.

Wheatcroft, S., "On Assessing the Size of Forced Concentration Camp Labour in the Soviet Union, 1929—56," *Soviet Studies*, 1981, Vol.33, No.2, pp.265—295.

Wheatcroft, S., "The Scale and Nature of German and Soviet Repression and Mass Killings, 1930—1945," *Europe-Asia Studies*, 1996, Vol.48, No.8, pp.1319—1353.

Wheatcroft, S., "The Scale and Nature of Stalinist Repression and its Demographic Significance: On Comments by Keep and Conquest," *Europe-Asia Studies*, 2000, Vol.52, No.6, pp.1143—1159.

Wheatcroft, S., "Towards a Thorough Analysis of Soviet Forced Labour Statistics," *Soviet Studies*, 1983, Vol.35, No.2, pp.223—237.

Wheatcroft, S., "Victims of Stalinism and the Soviet Secret Police: The Comparability and Reliability of the Archival Data—Not the Last Word," *Europe-Asia Studies*, 1999, Vol.51, No.2, pp.315—345.

White, S., *Communist Political Systems: An Introduction*, New York: Palgrave HE UK, 1982.

White, S., *Political Culture and Soviet Politics*, New York: St. Martin's Press, 1980.

Whitfield, S., *Into the Dark: Hannah Arendt and Totalitarianism*, Philadelphia: Temple University Press, 1980.

Wildman, A., "Is Social History of Stalinist Russia Possible?" *The Russian Review*, 1993, Vol.52, No.3, pp.31—52.

Wildman, A., "More Controversy," *The Russian Review*, 1987, Vol.46, No.4, pp.375—378.

Wildman, A., "The Complexities of Soviet History," *The Russian Review*, 1995, Vol.54, No.3, pp.6—8.

Willerton, J., "Clientilism in the Soviet Union: An Initial Examination," *Studies in Comparative Communism*, 1979, Vol.12, No.1, pp.159—183.

Wintrobe, R., "The Tinpot and the Totalitarian: An Economic Theory of Dictatorship," *American Political Science Review*, 1990, Vol.84, No.3, pp.849—872.

Wolfe, B. D., *Communist Totalitarianism: Keys to the Soviet System*, Boston: Beacon Press, 1961.

Wood, A., *Stalin and Stalinism*, London: Routledge, 1990.

Ward, Chris, *Russia's Cotton Workers and the New Economic Policy: Shop-floor Culture and State Policy, 1921—1929*, Cambridge: Cambridge University Press, 1990.

Ward, Chris, *Stalin's Russia*, London: Edward Arnold, 1993.

White S., *Political Culture and Soviet Politics*, London: Macmillan, 1979.

W. E. Odom, *Collapse of the Soviet Military*, London: Yale University Press, 2000.

Youngblood, D., "The Fate of Soviet Popular Cinema During the Stalin Revolution," *The Russian Review*, 1991, Vol.50, No.2, pp.148—162.

Yurchak, A., *Everything Was forever, until it Was no more: The Last Soviet Generation*, Princeton: Princeton University Press, 2006.

Zaleski, E., *Stalinist Planning for Economic Growth, 1933—1952*, Chapel Hill: University of North Carolina Press, 1980.

Zwick, P., "The Perestroika of Soviet Studies: Thinking and Teaching about the Soviet Union in Comparative Perspective," *Political*

Science and Politics, 1991, Vol.24, No.3, pp.461—467.

(二) 俄文文献

Американская русистика: Вехи историографии последних лет. Советскийпериод. Антология/Сост. М. Дэвид-Фокс. Самара: Самарский университет, 2001.

Араловец Н. Потери населения советского общества в 1930-е годы: проблемы, источники, методы изучения в отечественной историографии//Отечественная история. 1995. №1. С.135—146.

Алексеева Т. А. Россия в пространстве глобального восприятия//Международные процессы. 2007. №2. С.52—63.

Арбатов Г. А. Перспективы советско-американских отношений//США—экономика, политика, идеология. 1985. №6. С.40—46.

Арбатов Г. А. Российско-американские отношения: проблемы и задачи//США—экономика, политика, идеология. 1994. №12. С.3—12.

Арбатов А. Г. Безопасность для России и Запада//Мировая экономика и международные отношения. 1999. №9. С.3—20.

Арбатов А. Г. Национальная безопасность России в многополярном мире//Мировая экономика и международные отношения. 2000. №10. С.21—28.

Арбатов А. Г. Национальная идея и национальная безопасность: место России в большой политике//Мировая экономика и международные отношения. 1998. №5. С.5—21; №6. С.5—19.

Арбатов А. Г. Российская национальная идея и внешняя политика (мифы и реальность). М.: Московский общественный научный фонд, 1998.

Баберовски Й. Враг есть везде. Сталинизм на Кавказе/Пер. с нем. М.: РОССПЭН, Фонд «Президентский центр Б.Н. Ельцина», 2010.

Баберовски Й. Красный террор. История сталинизма/Пер. с нем. М.: РОССПЭН, 2007.

Байерляйн Б. «Предатель—ты，Сталин!»：Коминтерн и коммунистические партии в начале Второй мировой войны（1939—1941）：Утраченная солидарность левых сил/Пер. с нем. М.：РОССПЭН，Фонд «Президентский центр Б.Н. Ельцина»，2011.

Балуев Б.П. П.Б. Струве как историк（к постановке проблемы）//Отечественная история. 2001. №2. С.117—133.

Барон Н. Власть и пространство. Автономная Карелия в Советском государстве，1920—1939/Пер. Сангл. М.：РОССПЭН，Фонд «Президентский центр Б.Н. Ельцина»，2011.

Белгородская Л. В. Образ Российской империи в зеркале англо-американских справочно-энциклопедических изданий XX в.. Красноярск：Красноярский университет，2006.

Белканов Н. А. Педагогическая советология о русских исторических корнях советской школы и педагогики//Педагогика. 2001. №5. С.102—114.

Биггарт Дж. Бухарин，«культурная революция» и истоки сталинизма//Отечественная история. 1994. №2. С.90—105.

Бирман М.А. К истории изучения жизненного и творческого пути П.Н. Милюкова//Отечественная история. 1997. №1. С.93—98.

Бирман М.А. М.М. Карпович и «Новый журнал»//Отечественная история. 1999. №5—6. С.112—116.

Блинкин А. Я. «Kritika»—американский журнал по истории СССР//Вопросы истории. 1983. №4. С.162—168.

Блинкин А.Я. Советологические центры США：Справочник. М.：ИНИОН，1989.

Блюм А.，Меспуле М. Бюрократическая анархия：статистика и власть при Сталине/Пер. с фр. М.：РОССПЭН，2008.

Болдырева Н.Д. Документальная «россика» в архивах Англии//История СССР. 1959.№5. С.214—226.

Болховитинов Н. Н. «Отечественная история» и российское зарубежье//Отечественная история. 2000. №5. С.123—127.

Болховитинов Н.Н. Марксистские и леворадикальные тенденции в современной историографии США//Вопросы истории. 2002. №12. С. 154—158.

Болховитинов Н. Н. Роль русских историков в становлении русистики в США//Вопросы истории. 2001. №4. С.3—20.

Большакова О.В. П.А. Зайончковский и его американские ученики//Отечественная история. 2004. №4. С.92—107.

Борисов Ю.С. Политическая реабилитация в СССР(1950—1960-е гг.) в освещении западной историографии//Отечественная история. 1992. №5. С.205—209.

Бреслауэр Дж. В защиту советологии//Современная сравнительная политология: Хрестоматия/Науч. ред. Г.В. Голосов, Л.А. Галкина. М.: ЗАО "Первый печат. двор", 1997.

Буганов В.И. Административные реформы в России и проблемы их изучения в современной западной историографии//Отечественная история. 1992. №3. С.203—210.

Буллок А. Гитлер и Сталин: жизнь великих диктаторов. В 2 т. 3-е изд., испр., доп. Смоленск: Русич, 2000.

Барановский В. Г. Трансформация мировой системы в 2000-х годах//Международные процессы. 2010. №1. С.4—13.

Баталов Э. Я. Мировое развитие и мировой порядок (анализ современных американских концепций). М.: РОССПЭН, 2005.

Баталов Э. Я. Русская идея и Американская мечта. М.: ПРОГРЕСС-ТРАДИЦИЯ, 2009.

Баталов Э.Я. Без идеала//Свободная мысль. 1996. №3. С.73—83.

Баталов Э.Я. Новая эпоха—новый мир//Свободная мысль. 2001. №1. С.4—13.

Баталов Э.Я. Русская идея и Американская мечта. М.: Институт США и Канады РАН, 2001.

Богатуров А. Д. Великие державы на Тихом океане. История и теория международных отношений в Восточной Азии после Второй мировой войны(1945—1995). М.: Институт США и Канады РАН, 1996.

Богатуров А. Д. Равновесие недоверия. Приоритеты России на фоне смены власти в США//Международные процессы. 2009. №3. С.25—36.

Богатуров А. Д. Глобальные аспекты «цивилизационного» влияния США в XXI в.//Мировая экономика и международные отношения. 2007. №9. С.114—122.

Богатуров А. Д. Три поколения внешнеполитических доктрин России//Международные процессы. 2007. №1. С.54—69.

Богатуров А. Д. Лидерство и децентрализация в международной системе//Международные процессы. 2006.№3. С.5—15.

Богатуров А. Д. «Стратегия выравнивания» в международных отношениях и внешней политике США//Мировая экономика и международные отношения. 2001. №2. С.20—29.

Барановский В. Г. Косово: российские интересы слишком значительны//Международная жизнь. 1999. №6. С.34—46.

Батюк В. И. Комиссия Гор-Черномырдин: рождение, жизнь, смерть ... воскресение?//Pro et Contra. 2000. №2. С.40—53.

Батюк В.И. Первые пять лет российско-американских отношений//США—экономика, политика, идеология. 1997. №4. С.47—60.

Батюк В.И. Российско-американские отношения в 1990-е гг.: итоги и уроки//Полития. 2000. №2. С.134—147.

Богатуров А. Д. Евразийский устой мировой стабильности//Международная жизнь. 1993. №2. С.34—46.

Богатуров А. Д. Кризис миросистемного регулирования//Международная жизнь. 1993. №7. С.30—40.

Богатуров А. Д. Плюралистическая однополярность и интересы России//Свободная мысль. 1996.№2. С.25—36.

Богатуров А. Д. Россия—Америка. От неизбежного партнерства к избирательному сопротивлению//Международная жизнь. 1998. №6. С.8—16.

Богатуров А.Д. Синдром поглощения в международной политике//Pro et Contra. 1999. №4. С.28—48.

Богатуров А. Д., Давыдов Ю. П., Трофименко Г. А. Российско-американские отношения: испытание выбором. М.: Институт США и Канады РАН, 1995.

Богатуров А. Д., Кожокин М. М., Плешаков К. В. После империи: демократизм и державность во внешней политике России. М.: Российский научный фонд, 1992.

Богатуров А.Д., Косолапов Н.А., Хрусталев М.А. Очерки теории и политического анализа международных отношений. М.: Научно-образовательный форум по международным отношениям, 2002.

Богатуров А.Д., Кременюк В.А. Российско-американские отношения: между конфронтацией и партнерством//США—экономика, политика, идеология. 1996. №7. С.3—12.

Богомолов О.Т. Россия и Восточная Европа//Международная жизнь. 1994. №4. С.24—35.

Киссинджер Г. Дипломатия. Пер с англ. М.: Ладомир, 1997.

Панарин А.С. Реванш истории: российская стратегическая инициатива в XXI веке. М.: Логос, 1998.

Кривохижа В. И. Россия в новой структуре международных отношений//Полис. 1995. №3. С.9—22.

Торкунов А. В. Международные отношения после косовского кризиса//Международная жизнь. 1999. №12. С.45—52.

Косов Ю. В. Безопасность: геополитический аспект//Вестник Санкт-Петербургского университета. Сер. 6. Философия, политология, социология, право, международные отношения. 1999. №13. С.79—86.

Брутенц К.Н. Введение в XXI век?//Свободная мысль. 1999. №6. С.6—20.

Верт Н. Террор и беспорядок. Сталинизм как система/Пер. с фр. М.: РОССПЭН, Фонд «Президентский центр Б.Н. Ельцина», 2010.

Виола Л. Крестьянский бунт в эпоху Сталина: Коллективизация и культура крестьянского сопротивления/Пер. с англ. М.：РОССПЭН，Фонд «Президентский центр Б.Н. Ельцина»，2010.

Власть и советское общество в 1917—1930-е годы：новые источники//Отечественная история. 2000. №1. С.129—142.

Внешняя политика и безопасность современной России：Хрестоматия：В 4 т./Сост. Т. А. Шаклеина. Исследования и документы. М.：РОССПЭН，2002.

Воскресенский А. Д. Многофакторное равновесие в международных отношениях//Свободная мысль. 2000. №4. С.7—24.

Второй срок администрации Буша. Старые проблемы и новые ответы/Отв.ред. Т. А. Шаклеина. М.：ИСК РАН，2006.

Внешнеполитическая стратегия республиканской администрации США(2001—2002 гг.)/Под ред. В.А. Кременюка и П.Т. Подлесного. М.：Институт США и Канады РАН，2002.

Воскресенский А.Д. Сбалансированное многомерное партнерство—оптимальная стратегия для России//Восток. 1998.№1. С.23—29.

Воскресенский А.Д. «Третий путь». Внешняя политика России перед выбором//Свободная мысль. 1999. №5. С.40—55.

Ганелин Р.Ш. Материалы по истории Февральской революции в Бахметьевском архиве Колумбийского университета//Отечественная история. 1992. №5. С.156—166.

Глебов С. The Story of Us：Прошлое и перспективы модернизации гуманитарного знания глазами историков//Новое литературное обозрение. 2003. №2. С.190—210.

Глэнц Д.М. Обзор «Журнала славянских военных исследований» (The Journal of Slavic Military Studies)//Отечественная история. 1997. №4. С.124—128.

Голдман В.З. Женщины у проходной. Гендерные отношения в советской индустрии(1917—1937)/Пер.с англ. М.：РОССПЭН，Фонд «Президентский центр Б.Н. Ельцина»，2010.

Голубев А.В. Тоталитаризм как феномен российской истории XX

века/А.В. Голубев//Власть и общество в СССР: политика репрессий (20—40-е гг.): Сб. ст. М.: Ин-т рос. истории, 1999.

Голубев А.В. Феномен сталинизма в контексте мирового исторического процесса. Международный семинар в Новосибирске//Отечественная история. 1993. №5. С.215—217.

Гольдблатт Х. К изучению славянской средневековой культуры в США. Обзор журнала «Slavic and East European Journal» за тридцать лет//Отечественная история. 1993. №1. С.213—221.

Горинов М.М. Советская история 1920—30-х годов: от мифов к реальности/М. М. Горинов//Исторические исследования в России. Тенденции последних лет: Сб. ст./Под ред. Г. А. Бордюгова. М.: АИРО-ХХ, 1996.

Грациози А. Великая крестьянская война в СССР. Большевики и крестьяне. 1917—1933/Пер. с итал. М.: РОССПЭН, 2008.

Грациози А. Советский Союз в 209 цитатах: 1914—1991/Пер. с итал. М.: РОССПЭН, Фонд «Президентский центр Б.Н. Ельцина», 2010.

Грегори П. Политическая экономия сталинизма/Пер. с англ. М.: РОССПЭН, 2008.

ГУЛАГ: Экономика принудительного труда./Отв. ред. Л. И. Бородкин, П. Грегори, О.В. Хлевнюк. М.: РОССПЭН, 2008.

Гаджиев К. С. Геополитические горизонты России. Контуры нового миропорядка. М.: Экономика, 2007.

Гаджиев К. С. Демократическое и имперское начала во внешнеполитической стратегии США//Мировая экономика и международные отношения. 2007. №8. С.31—41.

Глинский-Васильев Д. Ю. Политические ограничители расширения НАТО и возможности России//Мировая экономика и международные отношения. 2000.№7. С.15—29.

Гуськова Е. Ю. Кризис в Косове: История и современность//Новая и новейшая история. 1999. №5. С.26—51.

Гаджиев К. С. От биполярной к новой конфигурации геополитических сил//Мировая экономика и международные отношения. 1993. №7. С.62—76.

Глазьев С. Ю. Российская реформа и новый мировой порядок//Российский экономический журнал. 1997. №7. С.3—16.

Глинский-Васильев Д. Ю. Между утопизмом и фатализмом: российская элита как субъект евроатлантической экспансии//Россия XXI. 2000. №1. С.4—41.

Горбачев М.С. Перестройка и новое мышление для нас и для всего мира. М.: Политиздат, 1987.

Грушко А. В. Россия—НАТО. «Двадцатка», кажется, заработала//Международная жизнь. 2002. №7. С.87—94.

Гуськова Е.Ю. Кризис в Косове: история и современность//Новая и новейшая история. 1999. №5. С.26—51.

Даниелс Р.В. Взлет и падение коммунизма в России/Пер. с англ. М.: РОССПЭН, Фонд «Президентский центр Б.Н. Ельцина», 2011.

Девис Р. Вторая пятилетка: механизм смены экономической политики//Отечественная история. 1994. №3. С.180—190.

Девис Р. У. Советская экономика в период кризиса. 1930—1933 годы//История СССР. 1991.№4. С.198—210.

Дённингхаус В. В тени «Большого Брата»: Западные национальные меньшинства в СССР(1917—1938)/Пер. с нем. В. Дённингхауса. М.: РОССПЭН, Фонд «Президентский центр Б.Н. Ельцина», 2011.

Джоравски Д. Сталинский менталитет и научное знание/Д. Джоравски//Американская русистика: Вехи историографии последних лет. Советский период. Антология/Сост. М. Дэвид-Фокс. Самара, 2001.

Дзевановский М.К. Профессор Михаил Карпович(1888—1959)//Славяноведение.2002. №1. С.173—177.

Дэвид-Фокс М. Отцы, дети и внуки в американской историографии царской России//Американская русистика: Вехи историографии последних лет. Императорский период. Самара, 2000.

Дэвид-Фокс М. Семь подходов к феномену советской системы: Разные взгляды на первую половину «краткого» XX века//Американская русистика: Вехи историографии последних лет. Советский период. Антология/Сост. М. Дэвид-Фокс. Самара, 2001.

Дэвис Р. У. Отмена карточной системы в СССР в 1934—1935 годы//Отечественная история. 1999. №5. С.87—108.

Дюллен С. Сталин и его дипломаты: Советский Союз и Европа, 1930—1939 гг./Пер. с фр. М.: РОССПЭН, Фонд «Президентский центр Б.Н. Ельцина», 2009.

Давыдов Ю. П. Расширение зоны ответственности Атлантического мира//США Канада: экономика—политика—культура. 2000. №3. С.12—30.

Дилигенский Г. Г. Хочет ли Россия дружить с Западом?//Мировая экономика и международные отношения. 2002. №4. С.29—39.

Давыдов В. Ф. Россия и США: проблемы взаимодействия в укреплении режима нераспространения ядерного оружия. М.: Институт США и Канады РАН, 1997.

Дугин А. Г. Основы геополитики: геополитическое будущее России. М.: Арктогея-центр, 1999.

Есиков С. А. Российская деревня в годы нэпа: К вопросу об альтернативах сталинской коллективизации. М.: РОССПЭН, Фонд «Президентский центр Б.Н. Ельцина», 2010.

Ергин Д., Густафсон Т. Россия: Двадцать лет спустя. Четыре сценария/Пер.с англ. М.: Международные отношения, 1995.

Евзеров Р.Я. Глобализация и евразийский выбор//Свободная мысль. 2001. №10. С.59—67.

Жук С.И. Современная американская историография о крестьянстве пореформенной России//Вопросы истории. 2001. №1. С.151—159.

Закария Ф. Будущее свободы: Нелиберальная демократия в США и за их пределами/Пер. с англ.; под ред. В. Л. Иноземцева. М.: Ладомир, 2004.

Зайнетдинов Ш. Р. Революция, насилие, прогресс (Американский историк о проблемах российской истории)//Отечественная история. 1995. №5. С.129—136.

Загладин Н. В. «Новый мировой беспорядок» и внешняя политика России//Мировая экономика и международные отношения. 2000. №1. С.14—26.

Загладин Н. В. Политика США в отношении России: Факторы формирования и динамика//Мировая экономика и международные отношения. 2007. №3. С.73—84.

Земсков В. ГУЛАГ (историко-социологический аспект)//Социологические исследования. 1991. №6. С.10—27; 1991, №7. С.3—16.

Земсков В. К вопросу о масштабах репрессий в СССР//Социологические исследования. 1995. №3. С.112—121.

Земсков В.Н. О некоторых проблемах «Большого террора» 1937—1938 годов//Отечественная история. 2000. №1. С.200—205.

Зиновьев А. А. Русская судьба. Исповедь отщепенца. М.: Центрполиграф, 1999.

И снова об историках-«ревизионистах»//Отечественная история. 1999. №3. С.121—125.

Иван Smith. Современный антиквариат//Новое литературное обозрение. 2001. №5. С.29—37.

Иванов И. С. Новая российская дипломатия. Десять лет внешней политики страны. М.: ОЛМА-ПРЕСС, 2002.

Иноземцев В. М. Контуры посткризисного мира//Россия в глобальной политике. 2009. №3.

Игрицкий Ю. И. Еще раз по поводу «социальной истории» и «ревизионизма» в изучении сталинской России//Отечественная история. 1999. №3. С.121—125.

Игрицкий Ю. Концепция тоталитаризма: уроки многолетних дискуссий на Западе//История СССР. 1990. №6. С.172—190.

Игрицкий Ю. Снова о тоталитаризме//Отечественная история.

1993. №1. C.3—17.

Ильиных В. А. Хроники хлебного фронта (заготовительные кампании конца 1920-х гг. в Сибири. М.: РОССПЭН, Фонд «Президентский центр Б.Н. Ельцина», 2010.

Ильюхов А. А. Как платили большевики: Политика советской власти в сфере оплаты труда в 1917—1941 гг. М.: РОССПЭН, Фонд «Президентский центр Б.Н. Ельцина», 2010.

Интервью с профессором Джефри Хоскингом//Отечественная история. 1997. №5. С.121—127.

Истер Дж. М. Советское государственное строительство. Система личных связей и самоидентификация элиты/Пер. с англ. М.: РОССПЭН, Фонд «Президентский центр Б.Н. Ельцина», 2010.

История России: диалог российских и американских историков. Саратов: Изд-во Сарат. ун-та, 1994.

Иванов И. С., Халоша Б. М. Россия—НАТО: что дальше?// Мировая экономика и международные отношения. 1999. №6. С.5—15.

Ивашов Л.Г. Вашингтонская стратегия НАТО: эволюция стратегической концепции НАТО в послевоенном мире и влияние происходящих изменений на роль и место России в геополитическом пространстве// Военно-исторический журнал. 2000. №1. С.3—12.

Ивашов Л. Г. Глобальный тупик или гармония цивилизаций?// Свободная мысль. 2002. №9. С.21—28.

Игрицкий Ю.И. Испытание гегемонией//Свободная мысль. 2002. №9. С.29—42.

Коэн С. Провал крестового похода. США и трагедия посткоммунистической России/Пер. с англ. М.: АИРО-XX, 2001.

С. Коэн. Американская политика и будущее России//Полис.1993. №3. С.86.

Кабытов П. С. Зенит «прекрасной эпохи»: сталинизм глазами американских историков//Американская русистика: Вехи историографии последних лет. Советский период. Антология/Сост. М. Дэвид-Фокс.

Самара, 2001.

Каммен М. Современная американская историография и «проблемная история»//Вопросы истории. 1998. №3. С.45—62.

Кан А.С. Постсоветские исследования о политических репрессиях в России и СССР//Отечественная история. 2003. №1. С.120—133.

Кенан Дж. Ф. Америка и русское будущее//Новая и новейшая история. 2001. №3. С.95—100.

Кип Дж., Литвин А. Эпоха Иосифа Сталина в России. Современная историография/Пер. с англ. М.: РОССПЭН, Фонд «Президентский центр Б.Н. Ельцина», 2009.

Кодин Е. «Смоленский архив» и американская советология. Смоленск: СГПУ, 1998.

Кодин Е.В. «Гарвардский проект». М.: РОССПЭН, 2003.

Кондратьева Т.С., Соколов А.К. Режимные люди в СССР. М.: РОССПЭН, Фонд«Президентский центр Б.Н. Ельцина», 2009.

Кондрашин В.В. Голод 1932—1933 годов: трагедия российской деревни. М.: РОССПЭН, 2008.

Кондрашин В.В. Крестьянство России в Гражданской войне: к вопросу об истоках сталинизма. М.: РОССПЭН, Фонд «Президентский центр Б.Н. Ельцина», 2009.

Коровицына Н.В. От изучения социальных трансформаций к обновленным восточноевропейским исследованиям//Социологические исследования. 2004. №11. С.23—39.

Коткин С. Говорить по-большевистски(из кн. «Магнитная гора: Сталинизм как цивилизация»)//Американская русистика: Вехи историографии последних лет. Советский период. Антология/Сост. М. Дэвид-Фокс. Самара, 2001.

Козырев А.В. Стратегия партнерства//Международная жизнь. 1995. №5. С.5—15.

Кокошин А.А. Реальный суверенитет. М.: Изд-во «Европа», 2006.

Кортунов С. В. Россия в мировой политике после кризиса. М.: Красная Звезда, 2011.

Косолапов Н. А. Пороговый уровень и вероятность конфликта США с Россией//Международные процессы. 2008. №3. С.15—25.

Косолапов Н. А. Россия, США и мировое развитие//Pro et Contra. 2000.№2. С.121—137.

Косолапов Н. А. Становление субъекта российской внешней политики//Pro et Contra. 2001. №1—2. С.7—30.

Кременюк В. А. Россия вне мирового общества//Международные процессы. 2006. №3. С.52—61.

Кременюк В. А. Россия и евроатлантика: Перспективы отношений//Между народные процессы. 2011. №1. С.4—14.

Кривохижа В. И. На пороге изменений в миропорядке//Международная жизнь. 2001. №4. С.30—39.

Кулагин В. М. Мир в XXI веке: Многополюсный баланс сил или глобальный Pax Democratica?//Полис. 2000. №1. С.23—37.

«Круглый стол». Деятельность Центра североамериканских исследований//Новая и новейшая история. 2003. №6. С.180—189.

Кудров В. Достоинства и недостатки западной экономической советологии//Вопросы экономики. 2000. №11. С.64—78.

Куромия Х. О «слабости» сталинской России//Отечественная история. 2003. №4. С.3—14.

Клепацкий Л. Н. Дилеммы российской внешней политики//Международная жизнь. 2000. №7. С.25—34.

Козырев А. В. Преображение. М.: Международные отношения, 1995.

Косолапов Н.А. Анализ внешней политики: основные направления исследования//Мировая экономика и международные отношения. 1999. №2. С.77—85.

Косолапов Н.А. Внешняя политика и внешнеполитический процесс субъектов международных отношений//Мировая экономика и международные отношения. 1999. №3. С.64—73.

Косолапов Н.А. Россия，США и мировое развитие//Pro et Contra. 2000. №2. С.121—137.

Косолапов Н.А. Становление субъекта российской внешней политики// Pro et Contra. 2001. №1—2. С.7—30.

Кочетов Э.Г. Геоэкономика и стратегия России. Истоки и принципы построения внешнеэкономической доктрины. М.：Московский общественный научный фонд，1997.

Киссинджер Г. Нужна ли Америке внешняя политика?/Пер. с англ.；под ред.В. Л. Иноземцева. М.：Ладомир，2002.

Кременюк В. А. Америка—европейская держава. А Россия?// США—экономика，политика，идеология. 1995. №8. С.55—58.

Кременюк В. А. Внешняя политика Москвы в поисках пути// Международная жизнь. 2001. №4. С.13—21.

Кременюк В. А. Конец или начало истории?//США—экономика，политика，идеология. 1990. №5. С.54—58.

Кременюк В.А. Россия—США：первые уроки балканского кризиса 1999 г.//США＊Канада：экономика，политика，культура. 2000. №1. С.5—15.

Кривохижа В. И. На пороге изменений в миропорядке//Международная жизнь. 2001. №4. С.30—39.

Кувалдин В. Б. Югославский кризис и внешнеполитическая стратегия России//Мировая экономика и международные отношения. 1999. №9. С.21—25.

Кулагин В. М. Мир в XXI веке：многополюсный баланс сил или глобальный Pax Democratica?//Полис. 2000. №1. С.23—37.

Лавров С. В. Сдерживание России：Назад в будущее?//Россия в глобальной политике. 2007. №4. С.8—21.

Лидерство и конкуренция в мировой системе. Россия и США/Отв. Ред.А. Д. Богатуров и Т. А. Шаклеина. М.：УРСС，2009.

Лёве Х.-Д. Сталин/Пер. с нем. М.：РОССПЭН，Фонд «Президентский центр Б.Н. Ельцина», 2009.

Легволд Р. Российское досье//Россия в глобальной политике. 2009. №4. С.73—91.

Легволд Р. Между партнерством и разладом//Россия в глобальной политике. 2006. №5. С.141—152.

Лукин А. В. Англоязычная советология и общественные науки в России//США: экономика, политика, идеология. 1995. №9. С.38—50.

Люкс Л. История России и Советского Союза: От Ленина до Ельцина/Пер. с нем. М.: РОССПЭН, Фонд «Президентский центр Б.Н. Ельцина», 2009.

Лебедева М. М., Мельвиль А. Ю. «Переходный возраст» современного мира//Международная жизнь. 1999. №10. С.76—84.

Малиа М. В поисках истинного Октября(Размышления о советской истории, западной советологии и новой книге Ричарда Пайпса)//Отечественная история. 1992. №4. С.178—187.

Малиа М. Из-под глыб, но что? Очерк истории западной советологии//Отечественная история. 1997. №5. С.93—109.

Малиа М. Советская история//Отечественная история. 1999. №3. С.134—141.

Мартин Т. Империя «положительной деятельности». Нации и национализм в СССР, 1923—1939/Пер.с англ. М.: РОССПЭН, Фонд «Президентский центр Б.Н. Ельцина», М., 2011.

Международные отношения на постсоветском пространстве/Под ред. И. Д. Звягельской и Н. А. Косолапова. М.: Московский общественный научный фонд, 2000.

Мигранян А. М. Россия в поисках идентичности(1985—1995). М.: Международные отношения, 1997.

Мигранян А. М. Конец России?//Свободная мысль. 2002. №7. С.4—12.

Миронов Б. Н. Пришел ли постмодернизм в Россию?//Отечественная история. 2003. №3. С.135—146.

Мурашко Г. П. К дискуссии о типах тоталитаризма//Вопросы истории. 2001. №8. С.107—112.

Малия М. Клио под надзором. Россия в американской историографии//Родина. 1997. №1. С.68—74.

Надькин Т. Д. Сталинская аграрная политика и крестьянство Мордовии. М.: РОССПЭН, Фонд «Президентский центр Б. Н. Ельцина», 2010.

Некрасов А. А. Становление и этапы развития западной советологии: Текст лекций. Ярославль: Яросл. гос. ун-т., 2000.

Нитобург Э. Русские трудовые иммигранты в США (конец XIX в.—1917 г.): адаптация и судьбы//Отечественная история. 2002. №5. С.63—75.

Нитобург Э. Л. В поисках своей ниши в американском обществе (третья волна русских эмигрантов в США)//Отечественная история. 2004. №1. С.83—93.

Нитобург Э. Русские «перемещенные лица» в США: история и судьбы//Новая и новейшая история. 2001. №4. С.11—27.

Олегина И. Н. Журнал «The Russian Review» в 1998—1999 годах//Отечественная история. 2000. №6. С.125—135.

Осокина Е. А. Золото для индустриализации: «ТОРГСИН». М.: РОССПЭН, Фонд «Президентский центр Б.Н. Ельцина», 2009.

Осокина Е. А. Жертвы голода 1933 года: сколько их? (Анализ демографической статистики ЦГАНХ СССР)//История СССР. 1991. №5. С.18—26.

Павлова И.В. Американский историк-русист о времени и о себе//Вопросы истории. 2004. №7. С.126—130.

Павлова И.В. Власть и общество в СССР в 1930-е годы//Вопросы истории. 2001. №10. С.46—56.

Павлова И.В. Понимание сталинской эпохи и позиция историка//Вопросы истории. 2002. №10. С.3—18.

Павлова И. Современные западные историки сталинской России 30-

х гг.（Критика «ревизионистского» подхода）//Отечественная история. 1998. №5. С.107—121.

Петров Е. В. Научно-педагогическая деятельность русских историков-эмигрантов в США：Первая половина XX столетия：Источники и историография. СПб.，2000.

Поварницына Б. И. «Русский вопрос» глазами американцев（американская историография 1985—2000 годов о положении русских в СССР и в постсоветских государствах）. Пермь：Перм. гос. техн. ун-т，2002.

Поляков Ю.А. Человек в повседневности（исторические аспекты）//Отечественная история. 2000. №3. С.125—132.

Прозоров Б. Преемственность основных функций американской советологии（от изучения СССР к изучению посткоммунистической России）//Власть. 2001. №9. С.54—63.

Печатнов В. О. «Любовь-горечь» к Америке//Международные процессы. 2006. №1. С.30—40.

Проблемы лидерства во внешнеполитической деятельности США. Итоги первого срока администрации Буша/Под ред. Т. А. Шаклеиной. М.：ИСК РАН，2005.

Проблемы трансатлантических отношений в начале XXI века/Отв. Ред. В. А. Кременюк и Т. А. Шаклеина. М.：ИСК РАН，2007.

Неклесса А.И. ORDO QUADRO—Четвертый порядок：пришествие постсовременного мира//Полис. 2000. №6. С.6—23.

Никонов В.А. Политическая панорама XXI века//Международная жизнь. 2001. №6. С.9—16.

Олещук Ю. Ф. Еще раз об американской опасности//Свободная мысль. 2002. №4. С.15—22.

Панарин А. С. «Вторая Европа» или «Третий Рим»//Вопросы философии. 1996. №10. С.19—31.

Петровский В. Ф. Диалог о всеобъемлющей безопасности//Международная жизнь. 1989. №10. С.10—12.

Пикаев А. А. Российско-американский контроль над стратегическими вооружениями и международная безопасность//Pro et Contra. 2000. №2. С.20—39.

Примаков Е. М. Россия в мировой политике//Международная жизнь.1998. №6. С.3—9.

Примаков Е. М. Россия: реформы и внешняя политика//Международная жизнь. 1998. №7. С.15—20.

Рогов С. М. Доктрина Буша//Свободная мысль. 2002. №4. С.4—14.

Рогов С. М. Евразийская стратегия для России. М.: Институт США и Канады РАН, 1998.

Рогов С. М. Россия и США в многополярном мире//США—экономика, политика, идеология. 1992. №10. С.3—14.

Рогов С. М. Соперничество или сотрудничество?//Свободная мысль. 2000. №9. С.30—41.

Рогов С.М. 11 сентября 2001 г.: реакция США и последствия для российско-американских отношений. М.: Институт США и Канады РАН, 2001.

Российско-американские отношения и выборы в США и России в 1999—2000 гг./Отв. ред. Т. А. Шаклеина. М.: Институт США и Канады РАН, 2001.

Россия и международные режимы безопасности/Отв. Ред. А. Д. Богатуров. М.: Московский общественный научный фонд, 1998.

Росов В.А. Еще раз в русских архивах в США//Вопросы истории. 2000. №7. С.118—124.

Рогов С. М. Вторая администрация Джорджа Буша-младшего//США Канада: экономика—политика—культура. 2006. №2. С. 3—30; 2006. №3. С.3—32.

Российская наука международных отношений: новые направления/Под ред. А. П. Цыганкова и П. А. Цыганкова. М.: ПЕР СЭ, 2005.

Россия в современной системе обеспечения глобальной

стабильности. Политика и восприятие/Отв. ред. А. А. Кокошин. М.: УРСС, 2008.

«Смоленский архив» как «зеркало советской действительности»//Вопросы истории. 2003. №9—12.

Смоленщина на страницах американской исторической литературы. Смоленск: Смол. гос. пед. ун-т, 2000.

Современная мировая политика: Прикладной анализ/Под ред. А. Д. Богатурова. М.: Аспект Пресс, 2009.

Самуйлов С.М. После югославской войны: размышления о России, США, Западе в целом//США * Канада: экономика, политика, культура. 2000. №3. С.65—83.

Сергеев В. М., Полякова Т. В. Россия и современный мировой порядок//Полития. 2000. №4. С.184—197.

Саймс Д. Теряя Россию//Россия в глобальной политике. 2007. №6. С.21—36.

Филитов А. М. Научные связи историков в годы «холодной войны»: взгляд с «другой стороны»//Отечественная история. 2000. №4. С.128—139.

Фицпатрик Ш. «Приписывание к классу» как система социальной идентификации//Американская русистика: Вехи историографии последних лет. Советский период. Антология/Сост. М. Дэвид-Фокс. Самара, 2001.

Фицпатрик Ш. Повседневный сталинизм. Социальная история Советской России в 30-е годы: город/Ш. Фицпатрик. М., 2002.

Фицпатрик Ш. Срывайте маски!: Идентичность и самозванство в России XX века/Пер. с англ. М.: РОССПЭН, Фонд «Президентский центр Б.Н. Ельцина», 2011.

Фоглесонг Д. Американские надежды на преобразование России во время Второй мировой войны//Новая и новейшая история. 2003. №1. С.80—105.

Федоров Ю.Е. Кризис внешней политики России: концептуальный аспект//Pro et Contra. 2001. №1—2. С.31—49.

Хаасс Р. США—Россия: Перейти Рубикон//Россия в глобальной политике. 2007. №3. С.57—65.

Хлевнюк О. В. Хозяин. Сталин и утверждение сталинской диктатуры. М.: РОССПЭН, Фонд «Президентский центр Б. Н. Ельцина», 2010.

Хлевнюк О. Политбюро. Механизмы политической власти в 30-е годы/О. Хлевнюк. М.: РОССПЭН, 1996.

Холквист П. «Осведомление—это альфа и омега нашей работы»: Надзор за настроениями населения в годы большевистского режима и его общеевропейский контекст//Американская русистика: Вехи историографии последних лет. Советский период. Антология/Сост. М. Дэвид-Фокс. Самара, 2001.

Хорхордина Т. И. Архивы и тоталитаризм(Опыт сравнительно-исторического анализа)//Отечественная история. 1994. №6. С. 145—159.

Хрусталев Е. Ю., Цымбал В. И. Военная безопасность России: замыслы и реалии//Мировая экономика и международные отношения. 2001. №1. С.34—41.

Чубарьян А.О. Десятилетие внешней политики России//Международная жизнь. 2001. №6. С.3—8.

Шаклеина Т. А. Россия и США в новом мировом порядке. М.: ИСКРАН, 2002.

Шаклеина Т. А. Российская внешнеполитическая мысль. В поисках национальной стратегии. М.: Московский общественный научный фонд, 1997.

Шаклеина Т. А. Внешняя политика США: Консенсус между правительством и общественностью?//США. Канада: экономика—политика—культура. 2000. №11. С.54—68.

Шаклеина Т. А. Итоги международной деятельности США и перспективы их отношений с Россией//США. Канада: экономика—политика—культура. 2009. №2. С.3—21.

Шаклеина Т. А. «Порядок после Грузии» или «порядок при Обаме»//Международные процессы. 2008. №3. С.4—14.

Штудер Б., Унфрид Б. Сталинские партийные кадры. Практика идентификации и дискурсы в Советском Союзе 1930-х гг./Пер. с нем. М.: РОССПЭН, Фонд «Президентский центр Б.Н. Ельцина», 2011.

Экономика и политика в современных международных отношениях/Отв. Ред. А. Д. Богатуров. М.: УРСС, 2008.

Юинг Е.Т. Учителя эпохи сталинизма: власть, политика и жизнь школы 1930-х гг./Пер. с англ. М.: РОССПЭН, Фонд «Президентский центр Б.Н. Ельцина», 2011.

(三) 中文文献

白春仁:《俄罗斯学呼唤沟通文化的自觉》,载《中国俄语教学》2005 年第 8 期。

[英]彼得・霍普柯克:《大博弈:英俄帝国中亚争霸战》,张望、岸青译,北京:中国青年出版社 2015 年版。

陈岳等:《以深化地区国别研究推动中国国际关系学科的发展》,载《教学与研究》2016 年第 7 期。

方福前:《根据"硬核"和"保护带"来划分经济学流派》,载《中国人民大学学报》2004 年第 1 期。

冯绍雷:《20 世纪的俄罗斯》,北京:生活・读书・新知三联书店 2007 年版。

冯绍雷:《跨学科背景下的俄罗斯问题研究》,载《俄罗斯研究》2007 年第 1 期。

冯绍雷:《三十年中国改革开放与三个"十年"的俄国问题研究——基于前社会主义国家转型比较的一项观察》,载《俄罗斯研究》2008 年第 4 期。

冯绍雷:《一场远未终结的辩论——关于苏联解体问题的学术诠释》,载《世界经济与政治》2012 年第 3 期。

冯绍雷:《制度变迁与对外关系——1992 年以来的俄罗斯》,上海:

上海人民出版社 1997 年版。

冯忠良等:《教育心理学》,北京:人民教育出版社 2010 年版。

福山:《学术界何以有负于国家:区域研究的衰落》,载《国外社会科学》2005 年第 3 期。

付晓霞:《探讨俄罗斯学》,载《中国俄语教学》2008 年第 8 期。

国玉奇:《复合型俄罗斯学人才的培养与课程改革》,载《中国俄语教学》2005 年第 11 期。

[美]哈罗德·M.莱克:《国会图书馆的俄罗斯馆藏以及服务:过去,现在,将来》,罗甘本译,载《俄罗斯研究》2011 年第 1 期。

[美]肯尼思·沃尔兹:《国际政治理论》,信强译,上海:上海人民出版社 2003 年版。

李明滨:《俄罗斯学教育的回顾与展望》,载《中国俄语教学》2014 年第 6 期。

梁志:《美国"地区研究"兴起的历史考察》,载《世界历史》2010 年第 1 期。

刘宝存等:《美国大学区域研究:发展、影响及争论》,载《比较教育研究》2013 年第 11 期。

刘丰:《从范式到研究纲领:国际关系理论的结构问题》,载《欧洲研究》2006 年第 5 期。

[美]罗伯特·D.卡普兰:《即将到来的地缘战争:无法回避的大国冲突及对地理宿命的抗争》,涵朴译,广州:广东人民出版社 2013 年版。

[美]罗伯特·基欧汉:《霸权之后》,苏长和等译,上海:上海人民出版社 2001 年版。

[美]罗伯特·杰维斯:《国际政治中的知觉与错误知觉》,秦亚青译,北京:世界知识出版社 2003 年版。

牛可:《美国地区研究创生期的思想史》,载《国际政治研究》2016 年第 6 期。

庞中英:《中国与亚洲——观察、研究、评论》,上海:上海社会科学出版社 2005 年版。

钱其琛:《外交十记》,北京:世界知识出版社 2003 年版。

任晓:《本土知识的全球意义——论地区研究与 21 世纪中国社会

科学的追求》,载《北京大学学报(哲学社会科学版)》2008 年第 5 期。

唐世平等:《中国的地区研究:成就、差距和期待》,载《世界经济与政治》2005 年第 11 期。

汪宁:《丝绸之路大文化背景下俄罗斯东欧中亚区域国别研究的学科构建》,载《新疆师范大学学报》(哲学社会科学版)2017 年第 2 期。

王缉思:《中国的地区国别政治研究:历史、理论与方法》,载《国际政治研究》2016 年第 5 期。

王鹏:《西方苏联学研究中的范式及范式转换》,载《当代世界社会主义问题》1999 年第 2 期。

[美]威廉·奥多姆:《苏联军队是怎样崩溃的》,王振西等译,北京:新华出版社 2000 年版。

熊·布思林:《国际关系学、区域研究与国际政治经济学——关于使用 IPE 批判理论研究中国的问题》,载《世界经济与政治》2003 年第 3 期。

徐葵:《美国的苏联问题研究发展概况——访美考察记之一》,载《苏联东欧问题》1983 年第 1 期。

徐洋:《西方学者眼中的苏联学》,载《国外理论动态》1999 年第 1 期。

许华:《美国的苏联学研究》,载《俄罗斯中亚东欧研究》2004 年第 6 期。

[美]亚历山大·温特:《国际政治的社会理论》,秦亚青译,上海:上海人民出版社 2000 年版。

杨成:《中国俄苏研究的范式重构与智识革命——基于学术史回顾和比较研究的展望》,载《俄罗斯研究》2011 年第 1 期。

[英]伊姆雷·拉卡托斯:《科学研究纲领方法论》,兰征译,上海:上海译文出版社 1999 年版。

于滨:《从 X 到 Z:西方"苏联学"的兴与衰》,载《俄罗斯研究》2011 年第 1 期。

于滨:《普京三任外交启动:光荣、梦想与现实》,载《俄罗斯研究》2012 年第 6 期。

于滨:《西方苏联学的内核与外延》,载《俄罗斯研究》2013 年第

6期。

于滨:《转型的迷茫与困惑》,载《俄罗斯研究》2011年第6期。

俞正樑等:《21世纪全球政治范式》,上海:复旦大学出版社2005年版。

张建华:《俄国史》,北京:人民出版社2004年版。

张建华:《历史学视角:对中国俄罗斯学的战略性思考》,载《俄罗斯文艺》2007年第6期。

赵传君:《关于创建中国俄罗斯学的探讨》,载《俄罗斯中亚东欧研究》2010年第6期。

赵传君:《试论俄罗斯学的研究对象》,载《黑龙江对外经贸》2011年第1期。

赵传君:《试论俄罗斯学的研究方法》,载《经济研究导刊》2011年第1期。

赵传君:《中国需要建立一门新学科——俄罗斯学》,载《北方经贸》2011年第1期。

[美]兹比格纽·布热津斯基:《大棋局——美国的首要地位及其地缘战略》,上海:上海人民出版社1998年版。

资中筠主编:《战后美国外交史——从杜鲁门到里根》(上册),北京:世界知识出版社1994年版。

后　记

2015年7月，刚刚博士毕业的我进入目前供职的教育部人文社科重点研究基地华东师范大学俄罗斯研究中心从事博士后研究，指导老师是国内著名的俄苏问题专家冯绍雷教授。在冯老师的指导下，我的博士后研究报告尝试对美国俄罗斯学发展历程进行概括性梳理与总结，希望以更广阔的视角观察和理解俄罗斯，并为推进中国的俄罗斯学发展寻求可能的交叉点和互动处。本书正是在2017年6月答辩的博士后出站报告基础上多次修改、补充、拓展完成的，其中部分内容曾在《国外社会科学》《冷战国际史研究》《新时代强国道路：历史经验与本土话语》等学术期刊和专著中发表。

本书得以顺利出版，首先要特别感谢冯绍雷教授。在撰写和修改过程中，针对总体框架、主要内容、行文逻辑与遣词、研究素材的获取与筛选、注释规范与引用等，冯老师都多次嘱咐我要再三推敲、深思熟虑，并给出了不少宝贵的修改意见和建议。

本书的完成也得到许多前辈、师长、好友的指导和帮助。长期在美国文博大学政治系任教，且对美国的国际关系理论和俄罗斯学发展有多年近距离观察和深入研究的于滨教授，在百忙之中阅读了本书初稿的主体内容，并提出了一些修改建议。迄今依稀记得，2016年夏于滨教授受邀到访华东师大俄罗斯研究中心，他在讲座中推荐的澳大利亚迪肯大学中国学者潘成鑫博士的著作《国际政治中的知识、欲望与权力：中国崛起的西方叙事》（2016年社会科学文献出版社翻译出版）中提出的“知识、欲望、权力、想象”等范畴，有助于我更好地理解西方话语的深层次逻辑。2016年受邀在华东师范大学讲学的美国弗吉尼亚大学俄罗斯与东欧研究中心前主任（1993—2008）阿伦·林奇（Allen C. Lynch）教授，也欣然为我推荐了美国俄罗斯学的经典参考书目，他也对本书的内容框架提出了宝贵建议。江苏省委党校孙超副教授也为我提供了有关原美国驻俄罗斯大使、俄罗斯问题专家迈克尔·麦克福尔的系列研究素材。此外，本书的写作和修改也参考学习了苏联时期和当代俄罗斯的专家学者关于美国俄罗斯学的不少研究成果。过去五年，笔者还利用多次到访俄罗斯的机会，先后在俄罗斯国家图书馆、俄罗斯科学院社会科学情报研究所及其下属的俄罗斯学中心、莫斯科国立大学等科研机构与高校获取了大量相关研究资料。借助俄罗斯专家学者的研究视角，我可以更好地理解美国俄罗斯学发展的历史背景与主要历程。在此，请允许我对大家说一声诚挚的感谢！

在学习和工作过程中，我也深深地体会到，学术研究没有一条康庄大道，也没有完全可复制的成功之路，每一个人都会在自己成长的道路上遇到无数的黑暗，在黑暗中不断摸索，穷尽各种智慧，才能最终看到光明。这背后最离不开的是亲人的默默关爱和无私帮助，因此，我要特别感谢父母对我的养育之恩以及爱人陈雪的支持、理解和鼓励！

最后，感谢上海市哲学社会科学规划课题（中青年理论骨干班专项）的资助。2019 年，笔者有幸参加上海市第 36 期中青年理论骨干学习研讨班（新时代中国话语与中国道路专题）的学习，本书也是这次理论学习的主要结业成果。感谢多位专家在项目评审和书稿审读中提出的宝贵修改意见与建议。感谢上海人民出版社推荐拙作列入冯绍雷教授主编的“国外俄苏研究丛书”，并在编辑出版过程中给予的大力支持。没有他们的帮助，本书不可能这么快呈现在读者面前。

梳理美国俄罗斯学的主要发展历程仅是我做的一个初步尝试，且这一宏观视域下的学术史考察存在的缺憾是，我还没有机会去到美国涉俄苏研究的高校或科研机构开展访学交流，故对规模庞大、纷繁复杂的美国俄罗斯学的过去与当下的理解肯定存在偏颇，即使当今时代获取第一手研究资料已经相当便利。想到俄罗斯哲学家车尔尼雪夫斯基说：“既然太阳上也有黑点，人世间的事情就更不可能没有缺憾。”姑且借此自我安慰，努力把这种缺憾留在今后的工作中去弥补。

由于我的知识积累和写作水平都有限，书中难免有不妥之处，恳请学界长辈、同仁批评匡正。当然，拙作可能存在的问题与错误均由我负责。

万青松

二〇二三年八月

于上海市江桥镇陋室

图书在版编目(CIP)数据

美国的俄罗斯学研究：一项基于学术史的批判性考察/万青松著.—上海：上海人民出版社，2024
(国外俄苏研究丛书)
ISBN 978-7-208-18733-7

Ⅰ.①美… Ⅱ.①万… Ⅲ.①俄罗斯-研究-现代
Ⅳ.①D751.2

中国国家版本馆CIP数据核字(2024)第034941号

责任编辑 王 琪
封面设计 零创意文化

国外俄苏研究丛书
美国的俄罗斯学研究
——一项基于学术史的批判性考察
万青松 著

出 版 上海人民出版社
(201101 上海市闵行区号景路159弄C座)
发 行 上海人民出版社发行中心
印 刷 上海商务联西印刷有限公司
开 本 635×965 1/16
印 张 23.25
插 页 2
字 数 340,000
版 次 2024年3月第1版
印 次 2024年3月第1次印刷
ISBN 978-7-208-18733-7/D·4259
定 价 98.00元

国外俄苏研究丛书

美国的俄罗斯学研究 ——一项基于学术史的批判性考察	万青松　著
冷战后日本的俄苏研究	阎德学　著
冷战后英国的俄苏研究	封　帅　著
冷战后斯堪的纳维亚地区的俄苏研究	韩冬涛　著